Ausführliches Verzeichnis der

Guttentag'schen Sammlung

Deutscher Reichs- und Preußischer Gesetze

— Textausgaben mit Anmerkungen; Taschenformat —

welche alle wichtigeren Gesetze in unbedingt zuverlässigen Gesetzestexten und in mustergültiger Weise erläutert enthält, befindet sich hinter dem Sachregister.

Guttentag'sche Sammlung
Nr. 94. Deutscher Reichsgesetze. Nr. 94.
Textausgaben mit Anmerkungen.

Die Beamtenhaftpflichtgesetze des Reiches und der Bundesstaaten.

Zusammengestellt und erläutert
von
Kammergerichtsrat **Dr. H. Delius**
in Berlin.

Zweite vermehrte und verbesserte Auflage.

Berlin 1909.
J. Guttentag, Verlagsbuchhandlung,
G. m. b. H.

Vorwort zur ersten Auflage.

Die Materie der Haftpflicht der Beamten bzw. des Staates (öffentlich-rechtliche Korporation) für den aus rechtswidrigen Handlungen der Beamten erwachsenen Schaden hat leider nur in den §§ 839 ff. BGB. und im § 12 der Reichs-Grundbuchordnung eine reichsrechtliche Regelung gefunden, während Art. 77 EG. z. BGB. die bisherige Buntscheckigkeit im übrigen bestehen ließ. Eine Zusammenstellung des geltenden Rechts, welche bisher noch fehlte, erscheint mit Rücksicht auf die engen Beziehungen zwischen den einzelnen Bundesstaaten geboten, um so mehr als der Geschädigte in manchen Staaten und bei manchen Verwaltungszweigen nicht den schuldigen Beamten, sondern direkt den Staat oder die öffentlich-rechtliche Korporation, in deren Diensten der Beamte steht, in Anspruch nehmen muß, also durch falsche Klageanstellung sich leicht unnütze Kosten zuziehen kann. Da die Ersatzansprüche des Geschädigten unter Umständen erst in 30 Jahren verjähren, war es angezeigt, auch das bisherige Recht zur Darstellung zu bringen.

Der Stoff erwies sich bei der Bearbeitung spröder, als vorausgesetzt werden konnte. Alle

Möglichkeiten zu erörtern, war mit Rücksicht auf die überaus große Zahl von Dienstvorschriften und daraus folgenden Amtspflichten nicht möglich, jedoch ist auf jede Beamtenkategorie, soweit etwas Besonderes für sie in Betracht kam, ausführlich eingegangen. Auch die Haftpflicht der nicht zu den Beamten zählenden Personen, der Geschworenen und Schöffen, der Schiedsrichter, der Beisitzer in den Sondergerichten, der Rechtsanwälte usw., ist der Vollständigkeit halber miterörtert.

Um den Wert des Buches zu erhöhen, sind überall praktische Fälle aus der Judikatur in die Darstellung mit eingeflochten. Für die Beschaffung der im § 36 enthaltenen gesetzlichen Bestimmungen spricht der Verfasser allen denen, welche ihm dabei behilflich waren, insbesondere den hohen Staatsministerien verschiedener Bundesstaaten, hiermit nochmals seinen besten Dank aus.

Cottbus, im Februar 1901.

Der Verfasser.

Vorwort zur zweiten Auflage.

Die neuen Gesetze Preußens und Oldenburgs von 1908 bzw. 1909 über die Haftung des Staates usw. für Amtspflichtverletzungen von Beamten bei Ausübung der öffentlichen Gewalt haben eine Neuauflage erforderlich gemacht. Das Werk ist wesentlich umgestaltet, um eine größere Übersichtlichkeit in der etwas spröden Materie zu verschaffen, und ferner erheblich erweitert. Die Darstellung des alten Rechts ist beibehalten, da Ersatzansprüche unter Umständen erst in 30 Jahren verjähren. Die Rechtsprechung der höchsten Gerichte ist überall nachgetragen, ebenso die Ergebnisse der Literatur.

Eine reichsrechtliche Regelung der Haftpflichtfrage steht nach der Begründung zu dem Reichsgesetze über die Haftung der Reichsbeamten nicht zu erwarten, es wird jedoch dort die Hoffnung ausgesprochen, daß die Bundesstaaten dem Beispiel Preußens auf dem Wege der Landesgesetzgebung Folge leisten werden. Das Reichsgesetz über die Haftung der Reichsbeamten steht noch aus. Es schließt sich eng an das preußische Gesetz an und soll in einem Nachtrag erscheinen.

Auf die Zusätze S. 453 sei auch an dieser Stelle besonders aufmerksam gemacht.

Berlin, im September 1909.

Dr. Delius.

Verzeichnis der Abkürzungen.

a. a. O. = am angegebenen Orte.
Abg. H. = Abgeordnetenhaus.
Abs. = Absatz.
a. E. = am Ende.
AG. = Ausführungsgesetz.
ALR. = Allg. Landrecht für die preuß. Staaten.
And. Ans. = Anderer Ansicht.
Art. = Artikel.
Bd. = Band.
bzw. = beziehungsweise.
BGB. = Bürgerliches Gesetzbuch.
Bl. = Blatt.
B. oder Bolze = Bolze, Praxis des Reichsgerichts in Zivilsachen.
ZPO. = Zivilprozeßordnung für das Deutsche Reich in der Fassung vom 20. Mai 1898.
DJZ. = Deutsche Juristenzeitung.
E. = Entscheidung.
EG. z. = Einführungsgesetz zum . . . .
Entsch. = Entscheidung.
Ges. = Gesetz.
Gl. Ans. = Gleicher Ansicht.
Groschuff = Groschuff-Eichhorn-Delius, Preuß. Strafgesetze.
Gruchot = Gruchots Beiträge.
GS. = Gesetzsammlung.
GVG. = Gerichtsverfassungsgesetz für das Deutsche Reich in der Fassung vom 17. Mai 1898.

JMBl. = Preußisches Justizministerialblatt.
KG. = Kammergericht.
v. Kamptz-Delius, Rechtspr. = Rechtsprechung des RG. u. des KG. auf den Gebieten des öffentl. Rechts.
Komp. Ger. = Preuß. Gerichtshof zur Entscheidung des Kompetenzkonfliktes.
Komm. = Kommentar.
MBl. f. d. i. V. = Preuß. Ministerialblatt für die innere Verwaltung.
Mot. = Motive.
N. = Note.
Obertr. = Preußisches Obertribunal.
OLG. = Oberlandesgericht.
OVG. = Preuß. Oberverwaltungsgericht.
Preuß. VBl. = Preuß. Verwaltungsblatt.
Recht = Recht, Rundschau für den deutsch. Juristenstand von Sörgel.
RBG. = Reichsbeamtengesetz v. 18. Mai 1907.
RG. = Reichsgericht.
RGBl. = Reichsgesetzblatt.
ROHG. = Reichsoberhandelsgericht.
S. = Seite.
Selbstv. = Selbstverwaltung.
Seuff. Arch. = Seufferts Archiv.
StPO. = Strafprozeßordnung für das Deutsche Reich.
StGB. = Strafgesetzbuch für das Deutsche Reich.
vgl. = vergleiche.

Literaturverzeichnis.

Bauer, Die rechtlichen Grenzen der Gehorsamspflicht i. Hirths Annalen. 1902, S. 886.

Boden, Haftung der Beamten der freiw. Gerichtsbarkeit i. Zentralbl. f. freiw. Gerichtsbarkeit. 1902, S. 244.

Brettner, Haftpflicht des Grundbuchrichters i. Recht. 1902, S. 430.

Brie, G., Die richterliche Haftung bei Urteilen. Breslau 1906.

Delius, Haftpflicht der Beamten i. d. deutsch. Jur.-Ztg. 1904, S. 9 und im Recht 1906, S. 650.

Dernburg, Das bürgerliche Recht. Bd. I § 67 IV, § 70. 1. Aufl. Halle a. S. 1900.

Dock, Haftung des Staates aus rechtswidr. Handlungen seiner Beamten i. Archiv f. öff. Recht. 16, 241.

Foerster-Eccius, Preuß. Privatrecht. Berlin.

Fuchs-Arnheim, Grundbuchrecht. Bd. 2, S. 154 ff.

Geser, Die zivilrechtl. Verantwortlichkeit der Beamten aus rechtswidrigen Amtshandlungen. Freiburg (Schweiz) 1899.

Gierke, Haftung des Staates u. der Gemeinden für Beamten i. Verhandl. des 28. deutschen Juristentages 1905. Bd. I, S. 102.

Haffner, Ueber die zivilrechtliche Verantwortlichkeit der Richter (Syndikatsklage). Freiburg i. B. 1885.

Hagen, Vier Studien über Kostenentscheidung in Gruchots Beiträgen. Bd. 43, S. 841.

Hatschek, Die rechtliche Stellung des Fiskus i. BGB. Sonderabdruck aus d. Verwaltungsarchiv 1899, S. 44.

Hüssener, Die zivilrechtl. Verantwortlichkeit der Beamten wegen Verletzung der Amtspflicht. Dissertation. 1901.
Huther, Haftung der Grundbuchbeamten, in der Mecklenburgischen Zeitschrift f. Rechtspflege. Bd. XVII, S. 98.
Kappelmann, Haftpflicht der öffentl. Korporationen für schädigende Handlungen ihrer Beamten bei Ausübung der öffentl. Gewalt, im Preuß. Verwaltungsblatt XX, 485.
Kayser, Staatsamt und Staatsdienst. Inauguraldissertation. Regensburg 1899.
Kisch, Elsaß-Lothring. Landesprivatrecht. § 61, S. 335 ff. Halle a. S. 1905.
Klewitz, Die Entschädigungsansprüche aus rechtswidrigen Amtshandlungen. Berlin 1891.
Krais, v., Zur Frage der Beamtenhaftung i. Bl. für administrat. Prax. 33, 33 u. 50, 289.
Linckelmann, Schadensersatzpflicht aus unerlaubten Handlungen. Berlin 1898.
Liszt, v., Deliktsobligationen. Berlin 1898.
Löning, Haftung des Staates aus rechtswidrigen Handlungen seiner Beamten. Frankfurt a. M. 1879.
Meltz, Die Beamtenhaftpflicht nach BGB. Leipzig 1904.
Nöldeke, Die zivilrechtl. Haftung des Richters nach dem BGB. in Gruchots Beiträgen Bd. 42, S. 795.
Oberneck, Das Reichsgrundbuchrecht. Berlin 1909.
Oertmann, Die Haftung der Notare i. Zentralbl. f. freiw. Gerichtsbarkeit. 1904. S. 771.
— Haftung des Staates i. d. J.-Ztg. 1906. S. 922.
— Recht der Schuldverhältnisse. Berlin 1902. 1. Aufl.
Oppenhoff, Verantwortlichkeit der Richter i. d. deutsch. Jur.-Ztg. 1902. S. 480.
Pfeiffer, Praktische Ausführungen aus allen Teilen der Rechtswissenschaft. Bd. II, S. 381. Hannover 1828.

Pfizer, Die zivilrechtl. Verantwortlichkeit der Beamten, im Archiv f. d. zivil. Praxis Bd. 72, S. 92.

Piloty, Haftung des Staates für rechtswidrige Handlungen usw. der Beamten bei Ausübung staatl. Hoheitsrechte i. Hirths Annalen. 1888. S. 245.

Rehm, Der Beamtenbegriff des BGB. i. Hirths Annalen. 1900. S. 369 ff.

Rosenstock, Haftung der Beamten nach dem BGB. im Preuß. Verwaltungsblatt XX, 557.

Rothschild, Die Haftung der Justizbeamten. Dissertation. 1902.

Schelhorn, Amtshaftpflicht gegenüber Dritten i. Hirths Annalen. 1906. S. 439 ff., 525 ff., 606 ff. u. 662.

Schefold, Haftpflicht des Staates i. Archiv f. zivil. Praxis. Bd. 97, Heft 3.

Schneider, Die Haftbarkeit des Spruchrichters im Arch. f. zivil. Praxis Bd. 91, S. 209.

Schollmeyer, Recht der einzelnen Schuldverhältnisse (2. Aufl.). Berlin 1904.

Scholz, Die Haftung des Richters nach dem BGB. in der Juristischen Zeitschr. für Elsaß-Lothringen. Jahrgang 22, S. 366.

Schwarze, Haftung des Richters, in der Zeitschr. für Rechtspfl. N. F. Bd. XI (1853), S. 113 ff., Bd. XII (1854), S. 289 ff.

Stengel, v., Die Haftung des Staates für den durch seine Organe u. Beamten Dritten zugefügten Schaden i. Hirths Annalen. 1901. S. 481 u. 561.

Stephan, Haftpflicht der Beamten, in der Zeitschr. für Gemeindebeamte. 1901. S. 13 ff.

Sundheim, Praktische Rechtsfragen (1827) I. Über Schadensstiftung durch Staatsbeamte und Haftverbindlichkeit des Staates dafür.

Weber, Über die Haftung des Richters, in der Zeitschr. f. Zivilrecht u. Praxis, Bd. VII (1834), S. 1 ff.

Zachariae, Über die Haftungsverbindlichkeit des Staates aus rechtswidrigen Handlungen und Unterlassungen seiner Beamten, in der Zeitschr. f. die gesamte Staatswissenschaft. Bd. XIX, S. 582—652.

Die Kommentare zum BGB. von Planck, Fischer-Henle, Gareis, Hölder, Löwenfeld (bei Staudinger), H. Neumann, Rehbein.

Die Darstellungen des bürgerl. Rechts von Crome I § 16 S. 58; Endemann I § 44 u. 49; Cosack I § 33, 37, 165 IX; Eck I § 16 S. 58; Goldmann u. Lilienthal I § 236 S. 903; Kohler I 99ff., 328ff.; Landsberg S. 118, 575; Leonhard S. 128; Matthiaß I § 36 I A.; Hachenburg (2. Aufl.).

Inhaltsverzeichnis.

Einleitung.

Hat ein Beamter in Ausübung seiner amtlichen Verrichtungen oder infolge Unterlassung derselben jemandem einen Schaden zugefügt, so fragt es sich, wer hat für denselben aufzukommen. Haftet der Beamte oder haftet der Staat bzw. die öffentlich-rechtliche Korporation, in deren Diensten der Beamte steht? Haften Beamter oder Staat ein jeder für sich allein oder haften sie als Gesamtschuldner bzw. der Staat als Bürge? Ist die Haftpflicht des Staates nur eine subsidiäre, im Falle des Unvermögens des Beamten? Darf der Staat, wenn er den Schaden ersetzt hat, gegen den schuldigen Beamten Regreß nehmen? Wie verhält es sich mit dem Ersatz des Schadens, welchen der Beamte nicht einer Privatperson, sondern dem Staate (Korporation) selbst, in dessen Diensten er steht, zugefügt hat?

Alle diese Fragen sollen in der nachstehenden Abhandlung zur Erörterung gelangen und zwar auch unter Berücksichtigung des Rechts der einzelnen Bundesstaaten.

Um indes das Gebiet, auf dem wir uns zu bewegen haben, klar zu umschreiben, wird hervorgehoben, daß es sich nur um die Haftpflichtfälle handelt, in denen ein rechtswidriges Verhalten des Beamten den Schaden herbeigeführt hat, sei es bei Vornahme von Privatrechtsgeschäften, sei es bei Ausübung der dem Beamten übertragenen öffentlichen Gewalt.

Die Frage der Haftung für Beschädigungen von Privatpersonen durch rechtmäßige Amtshandlungen der Organe des Staates (Expropriation, Schaden infolge von Mobilmachung usw.) scheidet aus. Wenn hier überhaupt eine Haftung vorgesehen ist, wie z. B. in den durch § 75 Einl. zum preuß. Allg. Landrecht gedeckten Fällen, so ist nur der Staat (bzw. die Gemeinde) der Ersatzpflichtige, nicht etwa sein ausführendes Organ, der Beamte. Vgl. Stengel in Annalen des Deutschen Reiches 1901 S. 481 ff. u. 561 ff.

Bezüglich der Haftpflicht des Staates oder des öffentlich-rechtlichen Verbandes usw. für rechtswidrige Amtshandlungen seiner Beamten ist in den verschiedenen deutschen Bundesstaaten ein einheitlicher Rechtszustand noch nicht erzielt. Vgl. unten § 5. Auf der einen Seite stehen die Interessen der Privatpersonen, welche die widerrechtliche Schädigung ihres Vermögens ohne Darbietung eines Aequivalents regelmäßig als ein bitteres Unrecht empfinden werden, auf der anderen Seite diejenigen des Staates und seiner Beamten, deren pekuniäre Mittel eventuell als Ersatzobjekt zu dienen haben.

Die Verletzung der dem Beamten obliegenden Pflichten kann Rechtsfolgen dreifacher Art herbeiführen, nämlich disziplinarische, strafrechtliche und zivilrechtliche. Die drei Arten von Rechtsfolgen schließen sich nicht gegenseitig aus, sie stehen nicht in alternativer Konkurrenz, sondern sie können gleichzeitig nebeneinander eintreten, sofern in dem pflichtwidrigen Verhalten der Beamten die Voraussetzungen für alle drei Arten von Rechtsverletzungen enthalten sind.

Die strafrechtliche und disziplinarrechtliche Verantwortlichkeit der Beamten wird nur insoweit berührt werden, als dies zum Verständnis der zivilrechtlichen Beamtenverantwortlichkeit, welche den Gegenstand des vorliegenden Buches bildet, erforderlich erscheint.

Der Einfachheit halber wird für die öffentlich-rechtliche Korporation, deren Haftpflicht für ihre Beamten in derselben Weise geregelt ist, wie diejenige des Staates, fortan der Ausdruck „Verband" gebraucht werden.

Ueber die Frage, inwiefern eine Klage auf Unterlassung weiterer schädigender Handlungen gegen einen Beamten im Rechtswege zulässig ist, vgl. RG. VI. ZS. 21. Sept. 1908, JurWoch. S. 653.

Buch I.

§ 1. Allgemeine Vorschriften über Haftpflicht.

a) Die Haftpflichtfrage überhaupt. Zwecks Beantwortung der Haftpflichtfrage bezüglich des entstandenen Schadens muß unterschieden werden,

ob der Beamte a) in Ausübung der ihm anvertrauten privatrechtlichen Verrichtungen oder

b) in Ausübung der ihm anvertrauten öffentlichen Gewalt gehandelt hat;

bzw. ob der Staat (öffentlich-rechtl. Korporation, Verband usw.)

a) als Fiskus, als privatrechtliche Person, als Vermögenssubjekt, oder

b) als Inhaber der Hoheitsrechte und der Regierungsgewalt erscheint.

In den Fällen zu a) sind maßgebend die §§ 31 und 89 BGB. für die Haftung des Staates (Verband usw.) und die §§ 839—841 BGB. für die Haftung des Beamten, falls dieser direkt in Anspruch genommen wird.

In den Fällen zu b) entscheidet über die Haftung

des Staates usw. gemäß Art. 77 EG. z. BGB. das Landesrecht der einzelnen Bundesstaaten, über die Haftung des Beamten, falls der Staat usw. nicht primär haftet, dagegen wiederum die §§ 839—841 BGB. und speziell des Vormundschaftsrichters die §§ 1674 und 1848 BGB. Wegen der Haftpflicht der Grundbuchbeamten s. unten §§ 6 u. 7.

Ist der Staat (Verband) durch die Amtshandlung usw. seines Beamten direkt geschädigt oder tritt er, weil er dem Beschädigten zunächst den Schaden hat ersetzen müssen, als Regreßnehmer gegen den Beamten auf, so entscheidet das öffentliche Recht des betreffenden Bundesstaates.

b) Der Staat (Verband) als Vermögenssubjekt und als Inhaber von Hoheitsrechten. In Ausübung der öffentlichen Gewalt handelt der Beamte dann, wenn es sich um Ausübung von Rechten und um Erfüllung von Pflichten handelt, welche ihre Quelle nicht im Privatrecht, sondern im öffentlichen Recht haben, bei dem der Staat nicht als Fiskus, nicht als Subjekt von Privatrechten, sondern als Inhaber von Hoheitsrechten oder der oder einer Regierungsgewalt, in Betracht kommt[1]. Es muß eine Tätigkeit vorliegen, welche

[1] Dem Staate stehen gleich die Gemeinden, Kreise usw. überhaupt die öffentlich-rechtlichen Korporationen, soweit denselben die Ausübung von öffentlich-rechtlichen Funktionen anvertraut ist. In diesem Falle erscheinen sie als Organe des Staates, die staatliche Rechte ausüben.

unmittelbar auf Verwirklichung öffentlicher Zwecke gerichtet ist (v. Krais S. 297). Hier greift der Staat auf Grund seiner obrigkeitlichen Machtbefugnisse in der Form von Urteilen oder verbindlichen Beschlüssen und Verfügungen in die Rechtssphäre seiner Untertanen ein. Bei Wahrnehmung der sonstigen staatsdienstlichen Funktionen besteht kein Herrschaftsverhältnis, kraft dessen einseitig Rechtsverhältnisse geschaffen werden, vielmehr stehen sich der Staat und das Publikum als koordinierte Subjekte gegenüber. Dies gilt in den Fällen, wo der Staat als Fiskus in privatrechtliche Beziehungen tritt, wie ein Privater gewerbliche Unternehmungen betreibt (Eisenbahnen, Post- und Telegraphenanstalten, Bergwerke, Salinen, Tabak- und Porzellanfabriken usw.) oder wo die einzelnen Behörden des Staates zur Erfüllung der ihnen zugewiesenen Staatsaufgaben genötigt sind, nebenher privatrechtliche Geschäfte abzuschließen (Arbeits-, Lieferungsverträge usw.)[1]. An dem privatrechtlichen Charakter der vom Staate abgeschlossenen Rechtsgeschäfte ändert es nichts, wenn

---

[1]) Klewitz, S. 66. Für das Staatsvermögen wird ein staatlicher Beamter nicht bloß insofern, als er privatrechtliche Verträge im Namen des Fiskus abschließt oder einen Akt fiskalischer Vermögensverwaltung vornimmt, sondern überall da tätig, wo er durch seine Amtshandlungen in privatrechtliche Beziehungen zu den Beteiligten tritt. Dahin gehört bei Stromregulierungen die Benutzung der Ufergrundstücke zu Regulierungsarbeiten (RG. V. ZS. 1. März 1902, JurWoch. S. 226[48]).

in gewissen Verhältnissen, z. B. beim postalischen oder Eisenbahn-Verkehr die freie Entschließung der Kontrahenten in bezug auf die Fixierung des Vertragsinhalts gesetzlich eine Beschränkung erfährt. Wenn auch bei Staatsanleihen, staatlichen Garantieübernahmen oder dgl. öffentlich-rechtliche Gesichtspunkte mit unterlaufen, so wird man doch die betreffenden Geschäfte, soweit es sich um ihren Abschluß und ihre Erfüllung handelt, nach den Grundsätzen des Privatrechts zu beurteilen haben.

Daß die Handlung des Beamten in Ausübung eines staatlichen Zwangsrechts erfolgt, ist nicht erforderlich, es kann vielmehr auch ein Akt des staatlichen Schutzes, der staatlichen Fürsorge in den Bereich der Betätigung der öffentlichen Gewalt fallen. Derselbe Akt, der den Willen des einen der vom Staate gesetzten Ordnung und damit der Anordnung oder dem Befehl des zur Ausführung bestellten Beamten unterwirft, kann für den, der die Gewalt des Staates anruft, oder für die Allgemeinheit ein Akt des Schutzes oder der Fürsorge sein. Ein solcher Akt der Ausübung eines Hoheitsrechtes kann sich in eine Reihe von auf einen Zweck gerichteten Handlungen der Vorbereitung, des Vollzugs, der Ausführung spalten. Alle fallen aber in den einen Bereich der Betätigung der öffentlichen Autorität und Gewalt. Eine Betätigung dieser liegt somit auch vor, wenn die konkrete Handlung oder Unterlassung nicht unmittelbar auf die Ausübung eines Zwanges gerichtet ist (RG. Entsch. i. ZS. 56, 89).

Einzelne Behörden, z. B. die Gerichte und die Verwaltungsbehörden, pflegen vorwiegend auf öffentlich-rechtlichem Gebiete tätig zu werden, während z. B. die Postanstalten, Eisenbahnen, Bergwerks-, Fabrik- und ähnliche Betriebe des Staates oder der Kommune überwiegend eine Tätigkeit ausschließlich auf privatrechtlichem Gebiet ausüben.

Ein Beamter kann sowohl privatrechtliche wie öffentlich-rechtliche Funktionen zu erfüllen haben. Der Landgerichtspräsident ist Richter und schließt auch namens des Justizfiskus Verträge z. B. über Lieferung von Materialien ab.

Es ist nicht immer sicher, ob eine einzelne Funktion der Beamten aus dem öffentlichen Recht entspringt oder aus dem Privatrecht[1]).

Letzteres ist für das Gebiet des Preuß. Rechts angenommen, wo es sich um gesetzliche Pflichten handelt, die jeder Eigentümer hat, also auch

---

[1]) Zu beachten ist, daß es sich nicht bei jeder Tätigkeit kraft öffentlichen Rechts um „Ausübung der öffentlichen Gewalt" handelt. Vgl. RG. 18. Sept. 1908, JurWoch. S. 652. — In allen Verhältnissen gemischter Natur und insbesondere hinsichtlich der Verwaltung und Benutzung der öffentlichen Sachen und öffentlichen Anstalten tritt die Verantwortlichkeit des Staates usw. ein. In dubio contra fiscum. Vgl. Hatschek S. 45 ff.

der Fiskus als Eigentümer von Grundstücken oder als Bauherr, Bauunternehmer usw.[1]).

So ist die Haftbarkeit des Fiskus ausgesprochen: für das Scheitern eines Kahnes bei einer Eisenbahnbrücke durch Aufrennen auf eine nicht signalisierte Verpfählung[2]), für Ueberschwemmung einer Wiese durch den unbefugten Wasserstau bei einer fiskalischen Mühle, Beschädigung durch Einsturz einer mangelhaft konstruierten Mauer auf fiskalischem Boden[3]), Beschädigung eines Menschen durch Sturz in eine vorschriftswidrig offen gelassene Grabenleitung auf einem Bahnhof des Eisenbahnfiskus[4]), für Beschädigung durch Sprengungen beim Straßenbau,[5]) für Beschädigung durch mangelhaften Zustand der Bedachung einer Badehalle[6]). Die Haftung des Staates als Fiskus ist aber verneint, weil die staatlichen Forstbehörden in unzulässiger Weise den Privatforsten Eigentumsbeschränkungen auferlegt hatten (RG. Entsch. i. ZS. 8, 226).

Die Haftbarkeit eines Provinzialverbandes ist anerkannt bei einer unzulässigen Deichanlage,[7])

---

[1]) Vgl. jedoch §§ 12 u. 79 II, 15 ALR. (RG. Entsch. i. ZS. 44, 175) in § 20b.

[2]) Obertr., Strieth. Arch. 27, 128.

[3]) Obertr., Entsch. 61, 1.

[4]) Entsch. der ROHG. 8, 201.

[5]) RG. E. 17, 105.

[6]) RG. E. 31, 246.

[7]) RG. E. 26, 300.

diejenige einer Stadtgemeinde als Eigentümerin einer Brücke bezüglich des beim Passieren der Brücke durch deren vorschriftswidrigen Zustand angerichteten Schadens[1]).

Die Frage, ob es sich um eine öffentlich-rechtliche oder um eine privatrechtliche Funktion handelt, hat zwar, nachdem in Preußen und anderen Bundesstaaten der Staat die den Beamten nach § 839 BGB. treffende Verantwortlichkeit übernommen hat, nicht mehr die Bedeutung, wie früher. Immerhin ist der Unterschied aber noch erheblich, denn bei Ausübung der öffentlichen Gewalt haftet der Staat für alle Beamten, während seine Haftung im Falle der §§ 31 u. 89 BGB. (privatrechtliche Verrichtungen) auf diejenigen Beamten sich beschränkt, welche als „verfassungsmäßig berufene Vertreter" angesehen werden, allerdings braucht letztere kein Verschulden zu treffen.

Der Vorbehalt des Art. 77 EG. z. BGB. setzt gegenüber den allgemeinen Bestimmungen der §§ 89, 31 BGB. eine Ausnahme fest und ist deshalb seinem Geltungskreis nach einschränkend zu bestimmen. Hiernach ist eine Haftung der Körperschaften des öffentlichen Rechts nach §§ 89, 31 solange anzunehmen, als diese eine Vermögensverwaltung führen, mag die Vermögensverwaltung auch zu öffentlichen Zwecken und infolge eines Hoheitsrechtes erfolgen.

---

[1]) Obertr. Entsch. 14, 92 u. RG. Entsch. i. ZS. 55, 24.

Aus der Praxis sind folgende Fälle hervorzuheben:

1. Die Ausstellung der sog. Unschädlichkeitsatteste ist nicht die Ausübung einer Funktion der Direktion in Vertretung und im Interesse der Landschaft (altpreußischer landschaftl. Kreditverband), sondern die Ausübung einer vom Staate ihr im öffentlichen Interesse delegierten behördlichen Funktion[1]).

2. Die von einem landschaftlichen Kreditverband im Wege der Zwangsvollstreckung verhängte Sequestration eines bepfandbrieften Gutes stellt sich als die Ausübung einer öffentlich-rechtlichen, der Landschaft als Behörde zustehenden Befugnis dar[2]).

3. Ein Beamter hatte für den Fiskus Lieferungsscheine empfangen und unterschlagen. Der Fiskus ist verurteilt, weil durch die Ablieferung im Interesse des Fiskus eine Privatverbindlichkeit begründet sei[3]). Diese Entscheidung ist indes nicht zu billigen und steht, da es sich um einen Akt der Regierungsgewalt handelt, mit der sonstigen Judikatur des Obertribunals in Widerspruch.

4. Bei der Sorge für die Sicherheit der Schiffahrt in öffentlichen Strömen (vgl. §§ 12 u. 79 II, 15 ALR.) handelt es sich zwar um öffentlich-rechtliche Verhältnisse, aber nicht um Ausübung der öffentlichen Gewalt[4]).

---

1) RG. VI 5, 11. 1891. E. 28, 335.
2) OLG. Stettin in RG. E. 29, 234.
3) Simon und Stampf, Rechtssprüche 2, 221.
4) RG. III. ZS. 18. Sept. 1908, DJZtg. S. 1223.

5. Keine Ausübung der öffentlichen Gewalt ist die Tätigkeit eines **Gemeindebeamten** beim Verkauf eines gemeindlichen Grundstücks[1]), die Amtstätigkeit der Postagenten gegenüber dem Publikum bei Vermittelung des Post- und Telegraphenwesens[2]).

6. Für den Schaden, welcher bei industrieller Zwangsarbeit in der **Strafanstalt** einem **Gefangenen** durch das Verschulden eines Beamten zugefügt wird, richtet sich die Haftung nach Art. 77 EG. z. BGB., dem Gefangenen gegenüber tritt der Staat in der Strafvollstreckung und in der Zuweisung der Arbeit zum Zwecke des Strafvollzuges nur als öffentliche Gewalt, als Staatshoheit, in keiner Weise als vermögensrechtliches Subjekt, als Träger privater Rechte und Pflichten, als Fiskus auf; der Gesichtspunkt des Erwerbes tritt ihm gegenüber vollständig zurück. Der Gefangene ist es, gegen den allein gerade die öffentliche Gewalt als solche sich kehrt, und die Verträge mit Gewerbeunternehmern, die selbst privatrechtlicher Natur sind, werden doch nur geschlossen, damit der Staat der öffentlich-rechtlichen, durch das Gesetz begründeten Pflicht, die Gefangenen zwangsweise zu beschäftigen, genügen kann (RG. VI. ZS. 10. Dezember 1903. Entsch. 56 220).

---

[1]) Bayr. Verwaltungsgerichtshof v. 22. April 1903, Sammlung 24, 476.

[2]) Bayr. Verwaltungsgerichtshof, 13. Mai 1903, Sammlung 24, 514.

7. Ausübung der öffentlichen Gewalt liegt ferner vor bei einem preußischen Polizeidiener (RG. 21. März 1904, Gruchot 48, 1057), bei einem Gemeindebeamten, der zwar in erster Linie mit der Leitung eines gewerblichen Unternehmens der Gemeinde (Gasanstalt) betraut ist, dem aber zugleich die Funktionen der Wohlfahrtspolizei übertragen sind (RG. 15. Oktober 1903, Entsch. 55, 365 u. 11. Mai 1904, JurWoch. S. 353); bei dem Gerichtsvollzieher im Zwangsvollstreckungsverfahren (RG. 29. Oktober 1903, Entsch. 56, 89), beim Konkursrichter und den mit den Amtsfunktionen des Gerichtsschreibers im Konkursverfahren betrauten Beamten (RG. 14. Dezember 1903, JurWoch. 1904 S. 85), dagegen nicht bei einem Bürgermeister, wenn er als Vorstand der städtischen Sparkasse eine unrichtige Auskunft über ein Sparkassenguthaben erteilt (RG. 3. April 1908).

8. Militärische Verhältnisse.

Was die Frage anlangt, ob die Tätigkeit des Offiziers,[1]) infolge deren ein Unfall eingetreten ist, als eine Ausübung der öffentlichen Gewalt im Sinne

---

[1]) Derselbe hatte Glühzündapparate zwecks Prüfung ihrer Brauchbarkeit im Auftrage der Feldgeräteverwaltung zur Explosion zu bringen. Einige Apparate waren nicht explodiert und dann auf Veranlassung des Offiziers weggeworfen worden. Kinder, welche dieselben fanden, verletzten sich bei der nachträglich erfolgenden Explosion.

des Art. 77 EG. z. BGB. oder vielmehr als eine auf privatrechtlichem Gebiet liegende Handlung zu betrachten sei, so wäre allerdings das erstere anzunehmen, wenn hierbei nur ein auf die militärische Ausbildung der Truppen abzielender Akt, nur die Betätigung der Fürsorge für die Kriegstüchtigkeit des Heeres in Frage stände. Solche Handlungen bzw. Anordnungen von seiten der Truppenkommandos erfolgen in direkter Ausübung des Militärhoheitsrechtes. Dahin gehören beispielsweise die Schießübungen, das Gefechtsschießen der Truppen, Übungen der Pioniere im Schanzen- oder Brückenbau, im Mineurdienst. Vgl. RG. Entsch. 24 Nr. 6 S. 36ff. u. RG. VI. ZS. 30. März 1903, Entsch. 54, 198ff.

Auch der Betrieb der einen Teil der Militärverwaltung bildenden militärtechnischen Einrichtungen, wie Artilleriewerkstätten, mag, soweit dieser Betrieb an sich in Betracht kommt, als ein Ausfluß des Militärhoheitsrechtes zu betrachten sein; so für die Frage, ob über einen Anspruch auf Unterlassung eines solchen Betriebes der Rechtsweg zulässig sei. Vgl. RG. Entsch. i. ZS. 44 Nr. 55 S. 225ff. Davon wesentlich verschieden sind aber Anordnungen und Handlungen der Militärverwaltung, welche lediglich aus Anlaß der Ausübung eines Hoheitsrechtes erfolgen, jedoch ihrer Natur und Zweckbestimmung nach der staatlichen Vermögensverwaltung angehören, militärfiskalische Anordnungen oder Akte. Bei diesen handelt es sich um privatrechtliche Angelegenheiten des Staates, und der Staat, also auch der Militärfiskus, soweit er in privatrechtliche Beziehungen zu den Beteiligten tritt, untersteht auf diesem Gebiete den Vorschriften des bürgerlichen Rechtes. Das gilt insbesondere hinsichtlich der vom Gesetze dem Eigentümer oder Besitzer auferlegten Verantwortlichkeit wegen der durch seine Sachen verursachten Beschädigungen. Die Unterhaltungspflicht an Gebäuden und mit einem Grundstück verbundenen Werken, die Fürsorge bezüglich der Gefährdungen ausschließenden Beschaffenheit oder Behandlung von Eigentumsgegenständen überhaupt sind, sofern der allgemeine Verkehr und die Sicherheit desselben hiervon berührt werden, ein Erfordernis des bürgerlichen Verkehrs und Rechtslebens. Vgl. RG. VI. ZS. v. 19. März 1903, Entsch. 54, 157 ff., 159; vom 22. Februar 1903, Entsch. 54, 53.

Eine privatrechtliche Haftung trifft den Fiskus, auch den Militärfiskus, wofern er bei Verwahrung, Untersuchung, Bei- oder Wegschaffung der zu fiskalischen Beständen gehörigen Materialien die im Verkehr erforderliche Sorgfalt außer acht läßt. Diese Haftung wird nicht dadurch ausgeschlossen, daß die fraglichen Verrichtungen an sich im militärischen Interesse vorgenommen werden, während sie allerdings nicht Platz greift, soweit die Handhabung oder Verwendung fiskalischer Gegenstände — Waffen,

Munition, Feldgeräte — unmittelbar eine Ausübung des eigentlichen militärischen Dienstes darstellt (RG. VI. ZS. 29. Juni 1903, Entsch. 55, 174).

Wird durch die von der Militärbehörde zu Übungs- und Verkehrszwecken eingerichtete Telegraphenleitung eine zufällig vorübergehende Person getötet, so kommt die Militärhoheit nicht in Frage, da in der Unterhaltung und Beaufsichtigung eines dem Militärfiskus gehörenden Gegenstandes lediglich eine privatrechtliche Angelegenheit zu sehen ist (OLG. Colmar i. R. d. OLG. V, 246).

9. Ein Zollkreuzer, welcher dazu bestimmt ist, durch seine Fahrten den richtigen Eingang der Zölle zu kontrollieren und herbeizuführen, dient nicht zum gewerbsmäßigen Betriebe der Schiffahrt, sondern zur Ausübung des Hoheitsrechtes auf Erhebung der Zölle.

Die Verletzung gewisser schiffahrtspolizeilicher Vorschriften seitens des Schiffsführers begründet nicht eine Verantwortlichkeit des Eigentümers des Schiffes, des Fiskus, denn diese Vorschriften richten sich nicht gegen den Schiffseigentümer als solchen, sondern gegen den Schiffsführer, der Fall der Nichterfüllung einer dem Fiskus als Eigentümer obliegenden gesetzlichen Verpflichtung liegt also nicht vor (RG. III. ZS. 19. Dez. 1893, Entsch. 32, 144).

10. Dem durch mangelhafte Errichtung und Unterhaltung von Anlagen im Kaiser Wilhelm-Kanal geschädigten Dritten steht das Reich aus-

schließlich auf dem Gebiete des Privatrechts gegenüber, von einer Ausübung der öffentlichen Gewalt kann keine Rede sein (RG. III. ZS. 24. April 1908, Entsch. 68, 365).

11. Der Zwangslotse handelt in Ausübung der ihm anvertrauten öffentlichen Gewalt (OLG. Rostock 16. Mai 1906, DJurZtg. 1907 S. 135).

c) Anwendbarkeit des alten und des neuen Rechts. Durch das am 1. Januar 1900 in Kraft getretene BGB., die Ausführungsgesetze und Nebengesetze sowie die Reichsgrundbuchordnung sind die über unsere Materie ergangenen Gesetze vielfach abgeändert.

Für die Frage, ob das alte oder neue Recht zur Anwendung zu bringen, ist maßgebend der Zeitpunkt der Vollendung des Versehens des betreffenden Beamten. Wann derselbe eingetreten ist, muß daher in jedem einzelnen Falle festgestellt werden. Liegt er vor dem 1. Januar 1900, so ist das alte Recht maßgebend. Auf den Zeitpunkt, in welchem der Schaden eingetreten ist, kommt es nicht an. Vgl. Turnau, Grundbuchordnung II, 545 und Art. 170 EG. z. BGB. Wegen Verjährung des Schadensersatzanspruches ist Art. 169 EG. z. BGB. maßgebend.

Dieselben Grundsätze sind entsprechend zur Anwendung zu bringen gegenüber dem neuen Gesetze Preußens von 1909.

d) Welches örtliche Recht ist maßgebend?

Es kommt vor, daß Beamte eines Bundesstaates im Bereiche eines andern Amtshandlungen vorzunehmen haben z. B. Eisenbahnbeamte, Zollbeamte, Untersuchungsrichter, Polizeibeamte bei Nacheile (§§ 177 und 168 GVG.) usw. Wird bei dieser Gelegenheit ein Schaden verursacht, so richtet sich die Haftung des Staates bzw. des Beamten nach dem Rechte des Staates, in dessen Diensten der Beamte steht.

Nach OLG. Colmar (Art. v. 22. Mai 1903, Recht S. 341) soll die Haftung der Beamten bzw. des Staates nach dem Rechte desjenigen Rechtsgebietes zu beurteilen sein, in dem der Schadensersatzanspruch entstanden ist. Diese Ansicht erscheint nicht richtig. Daß der Staat für Amtshandlungen fremder Beamten in seinem Gebiete nicht haftet, ist selbstverständlich. Soll aber der Staat, welcher für seine Beamten nicht haftet, deshalb, weil der Schaden in dem Gebiete eines andern Staates, welcher für seine Beamten haftet, angerichtet ist, nun für seine Beamten haften? Keine Schwierigkeiten ergeben sich, wenn nach dem Rechte beider Staaten eine Haftung des Staates abgelehnt wird. Unsere Frage muß ohne Rücksicht auf den Ort der Schadensstiftung beantwortet werden. Ist z. B. das Staatsbeamtenverhältnis ein preußisches, so ist dasselbe vollständig nach preußischem Rechte zu beurteilen. Wo die Dienste verrichtet werden, erscheint gleichgültig, sie bleiben stets Handlungen eines preußischen

Beamten. Ist der Bamte objektiv zur Ausübung von Amtshandlungen außerhalb des Bundesstaates, in dessen Diensten er steht, nicht zuständig, so haftet er überhaupt nicht als Beamter, sondern als Privatmann.

Haftet der Staat an Stelle des Beamten, so ist er für Schäden, welche ein Beamter bei zulässigerweise vorgenommener Amtsausübung außerhalb seines Bundesstaates, ja selbst des Deutschen Reiches angerichtet hat, ausschließlich verantwortlich, die Klage gegen den Beamten ist abzuweisen.

Nun ist allerdings für den Geschädigten im Deutschen Reiche ein Gerichtsstand am Ort der Schadensstiftung gegeben und wird deshalb der haftende Staat dort Recht nehmen müssen. Das Prozeßgericht hat jedoch lediglich sein eigenes Prozeßrecht anzuwenden, wenn auch in materiellrechtlicher Beziehung das Recht des Staates, dem der Beamte angehört, maßgebend ist. Würde z. B. in einem Prozesse vor einem außerpreußischen Gerichte zugunsten des preußischen Beamten der Konflikt gemäß dem preußischen Gesetze vom 24. April 1854 erhoben und vom Oberverwaltungsgericht für begründet erklärt, so wäre dieses Urteil für das Prozeßgericht nicht bindend, weil das Gesetz von 1854 auf Landesrecht beruht. Vgl. RG. 12. Nov. 1907, Recht 1908 S. 44 u. Entsch. i. ZS. 67, 77.

Haben verschiedene Bundesstaaten, z. B. in Thüringen, eine sogenannte Gerichtsgemeinschaft geschlossen, so richtet sich die Haftung für die Gerichtsbeamten nach dem Recht des Staates, welchem der betreffende Beamte angehört, auch wenn der Schaden in dem angeschlossenen Gerichtsbezirk des fremden Bundesstaates verursacht ist.

Buch II.

§ 2. Schadensersatzpflicht bei Ausübung der öffentlichen Gewalt.

Vorbemerkung. Das römische Recht enthält keine allgemeinen Vorschriften über die privatrechtliche Verantwortlichkeit der Beamten. Ueberschritten letztere ihre Amtsbefugnisse und begingen sie dabei ein Delikt z. B. Sachbeschädigung, so hafteten sie wie Private[1]. Nur gegen den Richter, welcher ein ungerechtes Urteil gefällt hat, wird der dadurch verletzten Partei ein Anspruch auf Schadensersatz gewährt[2]. Außerdem gab man seit der Kaiserzeit dem Pupillen (Mündel) eine actio tutelae subsidiaria gegen die niederen Magistrate, welche ihre Pflichten bei Bestellung eines Vormundes zum Schaden des Unmündigen versäumt hatten. Auf

---

[1] l 13 D. de per. et commodo 18, 6.

[2] l 15 D. de judiciis 5, 1; l 6 D. de extraord. cogn. 50, 13.

die Haftung des Richters wegen Fällung eines ungerechten Urteils (sog. Syndikatsklage) beziehen sich auch verschiedene ältere deutsche Reichsgesetze (Reichskammergerichtsordnung v. 1555 Th. I Tit. 53 §§ 5, 6, 10[1]); jüngster Reichstagsabschied v. 1654 Art. 157.

Gewohnheitsrechtlich ist dann die Syndikatsklage im gemeinen Recht weiter ausgebildet und namentlich auch auf andere Amtshandlungen des Richters sowie auf die Tätigkeit der nicht richterlichen Beamten erstreckt.

Von den neueren Gesetzgebungen haben das österreichische Gesetzbuch (vgl. § 1341), der code civil und das schweizerische Bundesgesetz neben den allgemeinen Bestimmungen über die Haftung aus unerlaubten Handlungen keine besonderen Vorschriften über die Haftung der Beamten wegen Verletzung der Amtspflicht aufgenommen. Nur die Haftung der Richter hat das französische Recht im code de proced. Art. 505 ff. geregelt[2]) (vgl. außerdem wegen Haftung der Zivilstandesbeamten code civil Art. 51, 52). Auch in Oesterreich, d. h. im

[1]) . . . „wo eine Parthey vermeint, daß aus Betrug oder Arglist von Geschenk, Mieth, Gab, Bitt, Freundschaft, Feindschaft oder andere dergleichen Ursachen wegen eine nichtige und ungerechte Urtheil gefällt, und gegeben wäre, dieselbe Parthey soll in diesem Fall Maß halten, die Urtheiler so angezeigter Gestalt gehandelt, ad syndicatum zu stellen".

[2]) Vgl. unter § 10 Note 1.

Staate der Reichsratsländer, sind in Ansehung der Haftung der richterlichen Beamten wegen der von letzteren in Ausübung ihrer amtlichen Wirksamkeit verursachten, auf Verschulden beruhenden Rechtsverletzungen durch Gesetz vom 12. Juli 1872 (RGBl. Nr. 112) besondere Vorschriften ergangen.

Eine andere Gruppe von Gesetzgebungen hat dagegen die privatrechtliche Verantwortlichkeit der Beamten wegen Verletzung der Amtspflicht Dritten gegenüber ganz allgemein geregelt. Dahin gehört insbesondere das preuß. Allg. Landrecht, welches in dem Titel: „Ueber die Rechte und Pflichten der Diener des Staates" (II, 10 §§ 88—91; 127—145) die einschlägigen näheren Bestimmungen enthält, welche nach der Verordnung vom 23. September 1867 auch für die neu erworbenen Landesteile gelten[1]. Das sächsische Gesetzbuch von 1863 enthält Vorschriften in den §§ 1506 und 1507[2].)

Das BGB. hat die Haftpflicht des Beamten in den §§ 839, 1674 und 1848 geregelt. Wegen der Haftung des Staates für seine Beamten s. unten §§ 3 ff.

Die Frage der Haftung des Staates für rechtswidrige Handlungen und Unterlassungen seiner Beamten ist seit langer Zeit Gegenstand wissen-

[1]) RG. in Gruchots Beiträgen 28, 868 und Seuff. Arch. 41, 18. Vgl. unten § 10 Note 1.

[2]) Vgl. unten § 10 Note 1.

schaftlicher Erörterung. Die früher sogar noch von Bluntschli, Staatsrecht S. 46 geteilte Ansicht, daß der Staat (oder die Gemeinde) dann für den von dem Beamten verursachten Schaden hafte, wenn er sich bei Anstellung desselben oder bei der Aufsicht über seine Dienstführung eines dolus oder eines culpa schuldig gemacht habe, ist jetzt aufgegeben[1]).

Gegen die allgemeine Haftung des Staates ist zunächst geltend gemacht, daß durch die Annahme derselben der Gesamtheit der Steuerpflichtigen eine neue Last aufgebürdet werde, was nicht angehe. Hiergegen ist zu sagen, daß der Fall der Inanspruchnahme des Staates so selten eintritt, daß damit eine Gefahr für die Staatswirtschaft nicht zu befürchten ist, um so weniger als dem Staat sein Regreß gegen den Beamten gewahrt wird. Vgl. Bericht der Kommission des preuß. Abgeordnetenhauses Drucksachen Nr. 346 S. 2 Session 1907/08. Sodann aber dürfte es nur der Billigkeit entsprechen, wenn ein Schaden, welcher einem Staatsbürger eben als Untertanen des Staates von letzterem bzw. dessen Organen zugefügt ist, auf die Gesamtheit der steuerzahlenden Bürger umgelegt wird.

Auch der Einwand Rönne's (Staatsrecht der preuß. Monarchie 1883 Bd. 3 S. 583), daß der Staat als solcher gar nicht Subjekt von Privat-

---

[1]) Eine Haftung für culpa in instituendo läßt sich niemals auf den Staat, sondern immer nur auf einen höheren Beamten zurückführen. Vgl. § 90 II, 10 ALR.

rechten oder Verbindlichkeiten sein könne, der Fiskus aber in Beziehung auf die Organe der Staatsgewalt ein dritter sei, den die Haftung für deren Handlungen oder Unterlassungen nichts angehe, ist hinfällig, weil Staat und Fiskus nicht als zwei verschiedene, voneinander getrennte Persönlichkeiten aufzufassen sind und der Satz, daß der Staat als solcher niemals gegen Privatpersonen Verbindlichkeiten übernehmen könne, nicht bewiesen ist. (Haffner S. 102.)

Für die direkte Haftungsverbindlichkeit des Staates hat sich auch der deutsche Juristentag 1867 (Verh. III, 78 ff.), 1871 (Verh. III, 63) und 1906 (Verh. III, 133 u. 180) ausgesprochen.

Der Staat wird durch seine Beamten repräsentiert. Wenn der Beamte als Vertreter der Hoheitsrechte des Staates handelt, so ist es doch immer der Staat, welcher handelt, die Person der Beamten tritt in den Hintergrund. Der Einwand, daß eine gesetzwidrige Ausübung der Amtsgewalt dem Staat nicht zur Last fallen könne, weil sie gegen seinen Willen und Auftrag geschehe, geht unrichtigerweise von der Annahme eines privatrechtlichen Mandats aus, und verkennt, daß das Verhältnis der Beamten zum Staat ein staatsrechtliches ist.

Die Machtbefugnis, mit welcher der Staat den Beamten ausstattet, der Gehorsam, der von den Untertanen verlangt und eventuell erzwungen wird, erfordert, daß dem Verletzten ein Anspruch auf volle Entschädigung aus der Staatskasse zustehen muß, wenn in Ausübung der Majestätsrechte durch einen Beamten eine Verletzung rechtswidrigerweise zugefügt wird. Auf den Einwand, daß eine Ersatzpflicht des Staates nur gerechtfertigt wäre, wenn dem Untertanen unbedingter Gehorsam zugemutet werde, ist zu erwidern, daß wenn auch rechtlich das letztere nicht der Fall, es doch faktisch wenig Fälle geben wird, wo ein Widerstand gegen die rechtswidrige Anordnung möglich ist. Zu diesen Erwägungen, welche zunächst nur einen Anspruch wegen rechtswidriger Handlungen begründen, tritt hinzu, daß kraft der Verpflichtung des Staats, allen Angehörigen Schutz zu verleihen, die Staatsangehörigen auch Ersatz des Schadens fordern können, welche sie durch rechtswidrige Versäumung dieser Pflicht, also durch Unterlassungen, erlitten haben.

Die Haftpflicht des Staates muß eine primäre sein, nicht eine subsidiäre. Der Geschädigte muß sich auf die sicherste und einfachste Weise Rechtsschutz verschaffen können. Es verstößt gegen die Billigkeit, den Beschädigten zunächst an den Beamten zu verweisen, bei dem er selbst nach einem obsiegenden Urteil vielleicht nicht zu einem Ersatz kommt, weil derselbe nicht zahlungsfähig ist, und dann erst hinterher an den ihm gegenüber eigentlich Schuldigen zu weisen, gegen den er dann nochmals den Prozeßweg betreten soll.

Die Lösung, welche unsere Frage im Deutschen Reich gefunden hat (vgl. unten §§ 5 ff.) darf eine befriedigende nicht genannt werden. Statt sie einheitlich durch Reichsgesetz zu regeln, ist sie im wesentlichen noch der Gesetzgebung der einzelnen Bundesstaaten überliefert, so daß ein buntscheckiger Rechtszustand bestehen geblieben ist. Sodann bleibt der Geschädigte unbefriedigt, wenn dem Beamten kein vertretbares Versehen zur Last fällt. Nur ausnahmsweise, z. B. in Preußen, Bayern und Württemberg tritt die Haftpflicht des Staats ein, wenn ein Verschulden des Beamten deshalb nicht vorliegt, weil er sich im Zustande der Bewußlosigkeit usw. befunden hat. Die Vorschrift des § 31 (§ 89) BGB. für entsprechend anwendbar zu erklären, verbietet sich deshalb, weil der Staat dann nicht für alle Beamten haften würde, sondern nur für diejenigen, welche als „verfassungsmäßig berufene Vertreter" anzusehen sind. Es empfiehlt sich de lege ferenda folgende Bestimmung des Reichsrechts: „Der Staat sowie die Körperschaften, Stiftungen und Anstalten des öffentlichen Rechts sind für den Schaden verantwortlich, den ihre Beamten durch eine in Ausführung der diesen zustehenden privatrechtlichen Verrichtungen oder in Ausübung der diesen anvertrauten öffentlichen Gewalt begangene, zum Schadensersatz verpflichtende Handlung einem Dritten oder dem Staate usw. zufügen." Auch die Haftungsbeschränkungen der Post und Eisenbahn müssen fortfallen.

Abteilung I.

Haftpflicht des Staates (Verbandes).

A. Vorschriften allgemeinen Inhalts; Haftung auf Grund spezieller Reichs- und Landesgesetze.

§ 3.

Im BGB. ist die Frage der Haftung des Staates für die Versehen der Beamten bei Ausübung der öffentlichen Gewalt absichtlich nicht geregelt worden. (KomBer. des Reichstags S. 64.) Einmal wurde diese Frage als dem öffentlichen Recht angehörend hingestellt. Dann wurde erwogen, daß eine Regelung höchstens hinsichtlich der Haftung des Reichs für die Versehen der Reichsbeamten erfolgen könne und eine Regelung der Haftung der Einzelstaaten für die Versehen ihrer Beamten in die öffentlich-rechtlichen Befugnisse der Einzestaaten in unzulässiger Weise eingreife, endlich sich die finanzielle Tragweite nicht übersehen lasse. Die Haftung des Staates ist deshalb lediglich durch die Gesetze der einzelnen Bundesstaaten geregelt. Jedoch hat der Reichsgesetzgeber durch einzelne Gesetze eingegriffen. Wo nichts Abweichendes bestimmt ist, haben Ausländer mit dem Inländer gleiche Rechte.

a) Die Haftung des Reichs für Verschulden der Reichsbeamten soll durch ein besonderes Gesetz festgestellt werden (s. Vorwort).

b) In der Reichsgrundbuchordnung hat das Reich die Haftpflicht der Grundbuchbeamten selbst geregelt. Der Wortlaut des § 12 der Grundbuchordnung ist unten in § 6 angegeben.

c) Entschädigung bei unschuldig erlittener Strafe oder Untersuchungshaft. In Ausführung des § 8 der sog. Grundrechte des deutschen Volkes vom 27. Dezember 1848, welcher lautet:

„Im Falle einer widerrechtlich verfügten oder verlängerten Gefangenhaltung ist der Schuldige und nötigenfalls der Staat dem Verletzten zur Genugtuung und Entschädigung verpflichtet."

haben folgende Staaten gesetzl. Bestimmungen erlassen:

Baden (Strafprozeßord. v. 1864 § 184); Württemberg (Strafprozeßord. v. 1868 Art. 95); Thüringische Staaten (Sachsen-Weimar, Meiningen, beide Schwarzburg, Anhalt und beide Reuß; Strafproz. v. 1850 Art. 143), Braunschweig (Ges. v. 4. Juli 1851

Art. 3 § 8), Oldenburg (Ges. v. 22. Nov. 1852 Art. 39 § 6), Sachsen-Altenburg (Strafprozeßord. v. 1854 Art. 122).

Die Vorschriften sind in Baden und Württemberg durch die Ausf.-Gesetze z. BGB. überholt. Im übrigen gelten sie noch und sind auch durch die unten erwähnten Reichsgesetze nicht gegenstandslos geworden. Vgl. Gierke, Verhandl. des 28. Deutsch. Juristentags I, 128 und Löning S. 123 Anm. 2.

Das Reichsgesetz betr. die Entschädigung der im Wiederaufnahmeverfahren freigesprochenen Personen vom 20. Mai 1898 (RGBl. S. 345) lautet, soweit es hier interessiert:

§ 1. „Personen, welche im Wiederaufnahmeverfahren freigesprochen oder in Anwendung eines milderen Strafgesetzes mit einer geringeren Strafe belegt werden, können Entschädigung aus der Staatskasse verlangen, wenn die früher erkannte Strafe ganz oder teilweise gegen sie vollstreckt worden ist. Das Wiederaufnahmeverfahren muß die Unschuld des Verurteilten bezüglich der ihm zur Last gelegten Tat oder bezüglich eines die Anwendung eines schwereren Strafgesetzes begründenden Umstandes ergeben oder doch dargetan haben, daß ein begründeter Verdacht gegen den Angeklagten nicht mehr vorliegt.

Außer dem Verurteilten haben diejenigen, denen gegenüber er kraft Gesetzes unterhaltspflichtig war, Anspruch auf Entschädigung.

Der Anspruch auf Entschädigung ist ausgeschlossen, wenn der Verurteilte die frühere Verurteilung vorsätzlich herbeigeführt oder durch grobe Fahrlässigkeit verschuldet hat.

Die Versäumung der Einlegung eines Rechtsmittels ist nicht als eine Fahrlässigkeit zu erachten."

§ 2. „Gegenstand des dem Verurteilten zu leistenden Ersatzes ist der für ihn durch die Strafvollstreckung entstandene Vermögensschaden. Unterhaltsberechtigten ist insoweit Ersatz zu leisten, als ihnen durch die Strafvollstreckung der Unterhalt entzogen worden ist."

§ 3. „Die Entschädigung wird aus der Kasse desjenigen Bundesstaats gezahlt, bei dessen Gerichte das Strafverfahren in erster Instanz anhängig war.

Bis zum Betrage der geleisteten Entschädigung tritt die Kasse in die Rechte ein, welche dem Entschädigten gegen Dritte um deswillen zustehen, weil durch deren rechtswidrige Handlungen seine Verurteilung herbeigeführt war."

§ 6. „In den zur Zuständigkeit des Reichsgerichts in erster Instanz gehörigen Sachen ist statt der Staatskasse die Reichskasse ersatzpflichtig . . ."

Das Gesetz findet nach § 465 MilStrafGerOrd. v. 1. Dez. 1898 (RGBl. S. 1189) auch auf die im militärgerichtlichen Verfahren Verurteilten entsprechende Anwendung. Die Entschädigung wird von der Militärverwaltung desjenigen Kontingents gezahlt, bei dessen Gericht das Strafverfahren in erster Instanz anhängig war. Der Ersatzanspruch geht auf die Kontingentsverwaltung über (§ 466 a. a. O.). Bei der Marine ist die Reichskasse ersatzpflichtig.

Die einschlägigen Vorschriften des Reichsgesetzes betr. die Entschädigung für unschuldig erlittene Untersuchungshaft vom 14. Juli 1904 (RGBl. S. 321) lauten:

§ 1. „Personen, die im Strafverfahren freigesprochen oder durch Beschluß des Gerichts außer Verfolgung gesetzt sind, können für erlittene Untersuchungshaft Entschädigung aus der Staatskasse verlangen, wenn das Verfahren ihre Unschuld ergeben oder dargetan hat, daß gegen sie ein begründeter Verdacht nicht vorliegt. Außer dem Verhafteten haben diejenigen, denen gegenüber er kraft Gesetzes unterhaltspflichtig war, Anspruch auf Entschädigung."

§ 2 zählt die Fälle auf, in denen der Anspruch auf Entschädigung ausgeschlossen ist oder werden kann.

§ 3 entspricht dem § 2 des Gesetzes v. 1898, § 7 dem § 3 und § 9 dem § 6 ebenda.

Nach § 10 a. a. O. findet das Gesetz auf die im militärgerichtlichen Verfahren freigesprochenen Personen entsprechende Anwendung. An die Stelle der Staatskasse tritt im Heer die Kasse desjenigen Kontingents, bei dessen Gerichte das Verfahren in erster Instanz anhängig war, in der Marine die Reichskasse. Wegen der Schutztruppen vgl. Verordnung v. 6. Nov. 1904 (RGBl. S. 441).

Nach beiden Gesetzen ist der Ersatzanspruch des Geschädigten gegen den Staat gegeben, ohne daß einen Beamten ein Verschulden zu treffen braucht. Hier interessieren uns nur die Fälle, wo auch ein schuldiger Beamter vorhanden ist.

Der Geschädigte hat zwei Ansprüche, welche unabhängig voneinander sind und ihm zur Auswahl stehen, einmal einen gegen den schuldigen Beamten auf Grund des § 839 BGB. und sodann einen gegen den Staat auf Grund der Gesetze von 1898 und 1904.

Der erstere wird regelmäßig der weitergehende sein und die auf Grund der Gesetze von 1898 und 1904 gewährte Entschädigung übersteigen. v. Schelhorn S. 636 bemerkt, daß für einen Schaden, welcher nicht Vermögensschaden ist, ausschließlich nur der Beamte haftet. Sofern nach Landesrecht an Stelle der Beamten der Staat haftet, geht auch der erste Anspruch des Geschädigten gegen den Staat. Dieser hat dann nach dem betreffenden Landesgesetz einen Ersatzanspruch gegen den Beamten.

Der Beamte haftet wegen vorsätzlicher oder fahrlässiger Vernachlässigung seiner Amtspflicht Bei dem Gesetze betr. die Entschädigung der im Wiederaufnahmeverfahren freigesprochenen Personen handelt es sich immer um ein ungerechtes Urteil (§ 839 Abs. 2 BGB.). Hier tritt eine Haftung des Beamten nur bei vorsätzlicher Rechtsbeugung ein. Bei dem anderen Gesetze betr. Entschädigung für unschuldig erlittene Untersuchungshaft sind jedoch Fälle denkbar, wo dem Beamten Vorsatz oder Fahrlässigkeit zur Last fällt.

Schelhorn S. 635 meint, daß der Staat primär und ausschließlich dem Geschädigten hafte und ersterem ein Regreßanspruch gegen den Beamten nicht zustehe, sofern der Beamte nur fahrlässig gehandelt habe (§ 839 BGB.). Da dann der Beamte nur subsidiär hafte, also nur so weit, als der Verletzte „auf andere Weise keinen Ersatz erlangen könne", so liege, da eben der Staat primär hafte, ein Anspruch des Geschädigten gegenüber dem Beamten, welcher auf den Staat übergehen könne, gar nicht vor. Es bedarf wohl keiner näheren Ausführung, daß diese Ansicht unrichtig ist. Sowohl § 3, wie § 7, ist in den erwähnten Gesetzen dahin zu intepretieren, daß hinter dem Worte „zustehen" einzuschalten ist: „oder ohne die Bestimmungen dieses Gesetzes zustehen würden".

Es kann der Fall eintreten, daß der Geschädigte nur von dem Beamten Ersatz zu erlangen vermag, insbesondere dann, wenn der Staat von dem ihm in dem § 2 Abs. 2 und 3 des Gesetzes von 1904 gewährten Verweigerungsrecht Gebrauch macht. Dem Beamten steht in solchen Fällen eine Einrede nicht zu; er haftet vielmehr, soweit nicht etwa das Vorhandensein der in diesen Absätzen erwähnten Umstände sein Verschulden ausschließt oder doch wenigstens nach § 254 BGB. infolge konkurrierenden Verschuldens des Verletzten die Verantwortlichkeit des Beamten ganz oder teilweise wegfällt. Soweit § 254 BGB. dies nicht verhindert, kann sich eine wenigstens teilweise Haftung des Beamten auch dann ergeben, wenn der Verletzte vorsätzlich oder fahrlässig die Verurteilung oder Verhaftung mit verschuldet hat, also in allen Fällen, in welchen eine Voraussetzung für den Eintritt der Staatshaftung nach den Gesetzen von 1898 und 1904 fehlt (v. Schelhorn S. 636).

Hat der Geschädigte schuldhaft versäumt, den Anspruch gegen den Staat auf Grund der Gesetze von 1898 und 1904 ordnungsmäßig (innerhalb der Präklusivfristen von drei bzw. sechs Monaten) geltend zu machen, so bleibt der erste, in drei Jahren verjährende Anspruch gegen den schuldigen Beamten auf Grund des § 839 BGB. oder den an dessen Stelle haftenden Staat bestehen. v. Schelhorn S. 664 meint das Gegenteil, weil der Geschädigte es sich selbst zuzuschreiben habe, wenn er die vorhandene anderweitige Ersatzmöglichkeit verloren habe. Wäre die Ansicht richtig, dann würde doch der Anspruch des Geschädigten gegen den nur „fahrlässigen“ Beamten, soweit er den auf Grund der Gesetze von 1898 und 1904 gegen den Staat gegebenen Anspruch übersteigt, bestehen bleiben. Allein die ganze Argumentation ist falsch. Hätte der Geschädigte vom Staate Entschädigung erhalten, so wäre damit die Sache nicht erledigt, denn der Staat würde gegen den Beamten Regreß nehmen. Der Einwand aus § 839 Abs. 1 BGB. nützte also dem Beamten nichts. Ueberdies handelt es sich um zwei selbständige Ansprüche des Geschädigten auf Grund verschiedener Gesetze.

Soweit der Geschädigte vom Staate oder dem

Beamten Ersatz bekommen hat, ist sein Anspruch erloschen. Der schuldige Beamte, welcher Ersatz geleistet, hat keinen Regreßanspruch gegen den Staat.

d) Schädigungen durch Truppenübungen. Der § 14 des Gesetzes über die Naturalleistungen für die bewaffnete Macht im Frieden vom 24. Mai 1898 (RGBl. S. 360) lautet:

„Alle durch die Benutzung von Grundstücken zu Truppenübungen, sowie die in den Fällen des § 12 (Benutzung von Brunnen und Tränken) entstehenden Schäden werden aus Militärfonds vergütet."

Natürlich bleibt das Regreßrecht gegen die schuldige Militärperson vorbehalten, z. B. wenn nicht bloß die für die Uebungen bestimmten Felder betreten werden oder bei Schießübungen die Kugeln auf ein benachbartes Grundstück geschossen werden und dort Schaden anrichten.

Auch eine direkte Klage des Geschädigten gegen den schuldigen Beamten ist gegeben, sofern nicht an Stelle desselben der Staat nach Landesgesetz haftet. Vgl. § 5 unten.

e) Preßsachen: Dem im Jahre 1889 im Reichstage gestellten Antrage Barth auf Erlaß eines Gesetzes, welches für den Fall der gesetzlich nicht begründeten Beschlagnahme von Druckschriften sowie des gesetzlich nicht begründeten Verbots des ferneren Erscheinens periodischer Druckschriften die Schadensersatzpflicht des Staates vorbehältlich des

Rückgriffs auf die ersatzpflichtigen Beamten feststellt, ist nicht stattgegeben. Das eine ähnliche Bestimmung enthaltende badische Preßgesetz vom Jahre 1868 ist durch das Reichspreßgesetz vom 7. Mai 1874 beseitigt. In Oesterreich haftet die Staatskasse für Schadenszufügungen zufolge ungerechtfertigter Beschlagnahme, welche die Sicherheitsbehörde oder die Staatsanwaltschaft veranlaßt hat. (§ 10 des Gesetzes vom 17. Dezember 1862 u. § 491 StPO. v. 1873.)

An landesgesetzlichen Vorschriften sind noch folgende hervorzuheben:

f) Depositenwesen: Die diesbezüglichen Vorschriften sind nach Art. 145 EG. z. BGB. unberührt geblieben. Eine direkte Verpflichtung des Staates besteht in Preußen (Ges. v. 19. Juli 1875 § 3 u. Hinterlegungsord. v. 14. März 1879 § 8), Baden (Gesetz v. 3. Aug. 1837 Art. 17, 18), Hessen (Gesetz v. 20. Okt. 1821 § 19); Hamburg (§ 13 der Hinterlegungsordnung v. 14. Juli 1899), Braunschweig (Gesetz v. 27. Dez. 1862 u. 20. Aug. 1867 § 28 u. §§ 6 u. 7 des Ges. v. 12. Juni 1899); Sachsen-Weimar (Gesetz v. 12. Febr. 1840 §§ 85 u. 86), Sachsen-Altenburg (§ 28 AG. z. BGB.); Oldenburg (Bekanntmachung v. 26. Febr. 1840); Elsaß-Lothringen (Gesetz v. 4. Nov. 1872 u. 24. April 1853), endlich im Königreich Sachsen (nach der Praxis der Gerichte).

Subsidiär haftet der Staat in Mecklenburg (Depositenordnung v. 20. Sept. 1834) und in Sachsen-Meiningen (Gesetz v. 29. März 1833 Art. 7). Vgl. die Zusammenstellung bei Löning S. 133 Anm. 3.

g) Im Anschluß hieran mag bemerkt werden, daß der Staat für diejenigen Gegenstände, welche nicht durch einen Vertrag ihm anvertraut sind, sondern welche er unter Anwendung seiner Zwangsgewalt in Verwahrung genommen hat, haftet, falls dieselben durch Verschulden seiner Beamten beschädigt oder in Verlust geraten sind. Die Frage war früher streitig. Von seiten der Regierungen wurde die Ersatzpflicht meistens geleugnet (StenBer. des Reichstags 1876 S. 466ff.). Im Reichstag ist bei Beratung der StPO. ein Antrag, daß der Fiskus für die Rückgabe des in Verwahrung oder in Beschlag genommenen Gegenstandes nach den für die gerichtlichen Hinterlegungen geltenden Rechtsnormen haften sollte, abgelehnt worden (StenBer. des Reichstags 1876 S. 462). Neuerdings bejaht jedoch das Reichsgericht die Frage in konstanter Praxis.

Auch bei Gelegenheit der Ausübung eines Staatshoheitsrechts und zur Unterstützung der Ausübung desselben können privatrechtliche Verhältnisse zustande kommen. Mag man dieses Verhältnis als ein stillschweigend geschlossenes, vertragsartiges, dem Verwahrungsvertrage ähnlich oder gleich zu erachtendes Rechtsverhältnis beziehen, jedenfalls haftet der Staat aus ihm dem Kläger unmittelbar für die Rückgabe der Gegenstände, sofern er nicht beweist, daß sie durch ein von ihm nicht zu vertretendes Ereignis ihm abhanden gekommen sind.

Der Staat haftet für den Verlust von Gegenständen (Karten, Urkunden usw.) welche im Prozesse eine Partei auf Anordnung des Richters auf der Gerichtsschreiberei niedergelegt hat (RG. VII. ZS. 22. April 1902, Entsch. 53, 219) oder für den Verlust eines Buches, welches eine Partei in einem Prozesse dem Gericht übergeben hat (RG. 8. Februar 1901, JurWoch. S. 191). Wegen Haftung des Staates bei Quarantänemaßregeln s. RG. 21. Januar 1908, Recht S. 209.

Vgl. Seuffert, Archiv III, 257, V, 135 und XXVI, 34. Auch das preuß. Obertribunal (Zentralbl. für 1837 S. 303) hat den Staat verurteilt, als Waren, welche ein Zollbeamter rechtswidrig in Beschlag genommen hatte, durch Schuld des Beamten demnächst verdorben waren und an ihrem Wert verloren hatten. Das Reichsgericht hat übrigens schon früher folgendermaßen entschieden:

Ein Staatsanwalt hatte bei einer Haussuchung im Hause des Klägers ein Wertpapier beschlagnahmt, weil die Ehefrau eines Diebstahls verdächtig war. Nach Freisprechung derselben ist der Fiskus zur Rückzahlung des Erlöses an den Kläger, aus dessen Gewahrsam das Papier genommen, verurteilt, weil er diesem durch das in Verwahrungnehmen begründete quasi kontraktliche Verhältnis persönlich verpflichtet werde, ohne daß sich der Fiskus darauf berufen könne, daß der Staatsanwalt das Papier dem städtischen Magistrat ausgeantwortet hatte, welcher sich wegen gezahlter Armenunterstützungen daraus bezahlt gemacht hatte, denn in dieser Beziehung stehe dem Magistrat kein Zwangsvollstreckungsrecht zu (RG. Bolze 3, N. 311).

Die Zollbehörde haftet übrigens für die ihr zur zollamtlichen Behandlung übergebenen Poststücke nur in demselben Umfange, wie die Post (RG. VI. ZS. 14. Februar 1901, Entsch. 48 256).

Gegen den schuldigen Beamten hat der Staat (Verband) einen Regreßanspruch. Der Geschädigte kann auch direkt gegen den schuldigen Beamten klagen, sofern nicht der Staat für ihn haftet. Vgl. unten § 5.

h) Oeffentliche Zusammenrottungen: Hier haftet allerdings nicht der Staat, sondern die Gemeinde, in deren Bezirk der Schaden durch Tumult, Zusammenrottungen usw. entstanden ist. Die Landesgesetze sind durch Art. 108 EG. z. BGB. aufrecht erhalten.

Preußen: Gesetz v. 11. März 1850 mit Verordnung vom 17. Aug. 1835, § 11.

Bayern: Gesetz v. 12. März 1850 (Art. 142 AG. z. BGB.).

Baden: Gesetz v. 13. Februar 1851.

Württemberg: Gesetz v. 28. August 1849.

Schwarzburg-Rudolstadt: AG. z. BGB. Art. 53 u. 58.

Elsaß-Lothringen: Ges. v. 10 vendémiaire IV (vgl. Kisch S. 352).

Diese Gesetze lassen die Haftung der Gemeinde unabhängig von jedem Verschulden, und sogar dann eintreten, wenn sie mangels eigener Polizeigewalt keinerlei Mittel zur Abwehr des Schadens besitzt.

Hessen: Gesetz v. 3. März 1859 (neue Fassung v. 30. Sept. 1899; AG. Art. 275).

Sachsen-Altenburg: Gesetz v. 25. März 1837.

Anhalt: (Art. 31. AG. z. BGB.).

Nach diesen drei Gesetzen haften die Gemeinden insbesondere, wenn die Gemeindebehörden nicht alles getan haben, um das Verbrechen zu verhindern; mithin für rechtswidrige Unterlassungen ihrer Organe und Beamten.

Nach dem Sachsen-Koburg-Gothaischen Gesetz (Art. 21 AG. z. BGB.) und demjenigen von Schwarzburg-Sondershausen (AG. Art. 20) haftet die Gemeinde zwar auch in diesem Falle, erhält aber Ersatz aus der Staatskasse.

Königreich Sachsen: BGB. § 1496.

Das preuß. Gesetz betr. die Verpflichtung der Gemeinden zum Ersatz des bei öffenlichen Aufläufen verursachten Schadens v. 11. März 1850 (GS. S. 199) bestimmt:

§ 1. „Finden bei einer Zusammenrottung oder einem Zusammenlaufen von Menschen durch offene Gewalt oder durch Anwendung der dagegen getroffenen gesetzlichen Maßregeln Beschädigungen des Eigentums oder Verletzungen von Personen statt, so haftet die Gemeinde, in deren Bezirk diese Handlungen geschehen sind, für den dadurch verursachten Schaden."

Die §§ 2 und 3 enthalten Spezialbestimmungen.

§ 6. „Bezüglich der Entschädigungspflicht derjenigen Personen, welchen eine solche nach Maßgabe der besonderen Gesetze obliegt, wird durch vorstehende Bestimmungen nichts geändert. Der Gemeinde, welche ihrer Entschuldigungspflicht genüge geleistet hat, steht der Regreß an die für den Schaden nach allgemeinen Grundsätzen Verhafteten zu."

Es genügt zur Begründung der Entschädigungsforderung gegen eine Stadt, daß Unruhen in derselben stattgefunden haben und daß bei dieser Gelegenheit z. B. ein Mensch (durch einen vom Militär abgegebenen Schuß) verletzt ist. Der Verletzte brauchte sich nicht im Gebiete der Stadt zu befinden, als er die Verletzung erhielt, es genügt Aufenthalt in der Nachbargemeinde (RG. 14. März 1892, Gruchot 36, 1079).

Wenn bei Zusammenrottungen erregter Volksmassen den Polizeiorganen die Weisung gegeben wird, nötigenfalls mit Waffengewalt Ansammlungen in den Straßen zu zerstreuen und die in ihre Häuser zurückgedrängten Menschen zu verhindern, wieder auf die Straße zu treten, so ist, wenn ein in ein Haus eingedrungener Exekutivbeamter hier jemanden aus der vor ihm fliehenden Menge körperlich beschädigt, damit ohne weiteres ein örtlicher und zeitlicher Zusammenhang zwischen dem Tumult und der körperlichen Beschädigung gegeben.

Das Wort „dagegen" im § 1 G. bezieht sich — wie sich aus Zweck und Entstehungsgeschichte des Gesetzes ergibt — nicht sowohl auf das unmittelbar vorausgehende Wort „offene Gewalt", als vielmehr auf die Worte „Zusammenrottungen und Zusammenläufe".

Soweit sich die Exekutivbeamten im Rahmen der getroffenen Maßregeln, d. i. der ihnen von dem Leiter der Sicherheitsorgane in den Schranken des Gesetzes erteilten Anordnungen bewegen, sind die Gemeinden für die von den Exekutivbeamten herbeigeführten Beschädigungen und Verletzungen haftbar, auch wenn diese Beamten in fahrlässiger Ueberschreitung ihrer Befugnisse gehandelt haben (RG. III. ZS. 17. Dez. 07, 190/07, Breslau 12. März 07, Recht 08, 129).

Der Regreßanspruch der Gemeinde geht gegen den Beamten, welcher schuldhaft Schaden verursacht hat, und falls der Staat an Stelle desselben haftet, gegen letzteren. Sedes materiae ist § 832 BGB. Der Geschädigte kann auch direkt gegen den schuldigen Beamten klagen, sofern nicht etwa der Staat für ihn haftet.

i) Zum Schluß mag noch erwähnt werden, daß in einer Reihe von Fällen eine Haftung des Reiches, des Staates oder der Kommunalverbände vorgesehen, jedoch auf ein bestimmtes Maß beschränkt ist. Eine weitergehende Haftung ist aus besonderen Gründen ausgeschlossen. Vgl. § 135 des Gewerbeunfallgesetzes v. 5. Juli 1900 (RGBl. S. 585), § 146 des Unfallversicherungsgesetzes für Land- und Forstwirtschaft, § 45 Abs. 2 des Bauunfallversicherungsgesetzes und § 133 des Seeunfallversicherungsgesetzes in der Fassung der Bekanntmachung v. 5. Juli 1900, ferner § 23 des Reichsgesetzes betr. Unfallfürsorge für Gefangene v. 30. Juni 1900 (RGBl. S. 536), §§ 10, 12 und 14 des Reichs-Unfallfürsorgegesetzes für Beamte usw. v. 18. Juni 1901 (RGBl. S. 211), § 38 Abs. 1 bzw. § 41 Abs. 2 des Reichsgesetzes über die Pensionierung von Offizieren usw. v. 31. Mai 1906 (RGBl. S. 565 und S. 593) endlich §§ 10—13 des preuß. Beamten-Unfallfürsorgegesetzes v. 2. Juni 1902 (GS. S. 153). In allen diesen Fällen handelt es sich jedoch der Regel nach nicht um Ausübung der öffentlichen Gewalt. Vgl. auch § 19 Nr. 2.

B. Landesbeamte.

§ 4. Gemeinsame Vorschriften.

Für Reichsbeamte soll ein besonderes Gesetz erlassen werden. Vgl. Vorwort. Die Rechtslage der preußischen Beamten wird unten in Buch V erörtert.

Art. 77 des Einf.-Gesetz z. BGB.[1]) bestimmt:

„Unberührt bleiben die landesgesetzlichen Vorschriften über die Haftung des Staates, der Gemeinden und anderer Kommunalverbände (Provinzial-, Kreis-, Amtsverbände) für den von ihren Beamten in Ausübung der diesen anvertrauten öffentlichen Gewalt zugefügten Schaden sowie die landesgesetzlichen Vorschriften, welche das Recht des Beschädigten, von den Beamten den Ersatz eines solchen Schadens zu verlangen, insoweit ausschließen, als der Staat oder der Kommunalverband haftet."

[1]) Der Art. 77 spricht im Gegensatz zu § 89 BGB. nur vom Staate, den Gemeinden und anderen Kommunalverbänden. Es ist jedoch zulässig, daß landesgesetzlich auch die Haftung für ihre Beamten anderen juristischen Personen des öffentlichen Rechtes auferlegt werden kann. Dies ist z. B. in Elsaß-Lothringen geschehen, wo alle öffentliche Anstalten für haftbar erklärt sind. Anderer Ansicht Grünebaum im Recht 1908 S. 772. Gierke, Verhandl. des 28. Deutschen Juristentages I S. 121, will sogar die Vorschriften über die Haftung des Staates und der Gemeinden analog anwenden, wenn im Namen einer anderen juristischen Person des öffentlichen Rechts öffentliche Gewalt ausgeübt wird. Das erscheint jedoch nicht richtig. Vgl. auch Oertmann, Bayr. Landesprivatrecht S. 258 und 260. Soweit der Staat die Haftung für den Beamten nicht übernommen hat, haftet der Beamte dem Geschädigten direkt gemäß § 839 BGB. Staudinger zu § 839 N. 14a meint, daß weil der Gerichtsvollzieher bei Verletzung seiner Pflicht seinem Auftraggeber gegenüber sich nicht in Ausübung der öffentlichen Gewalt befinde, eine landesgesetzliche Vorschrift, nach welcher der Staat auch in solchem Falle für den Gerichtsvollzieher hafte, nicht rechtsgültig sei. Dies ist nicht richtig. Vgl. OLG. München 16. Nov. 1906. (Recht 1907 S. 59.)

1. Nach Art. 218 Einf.-Gesetz z. BGB. können für die Fälle der Beamtenhaftung auch neue landesgesetzliche Bestimmungen getroffen werden. Es ist der einzelne Staat befugt, die gesamte Haftpflicht des Beamten, wie sie im BGB. (§§ 839 ff.) geregelt ist, abzuschaffen und dafür selbst die Rolle des Ersatzpflichtigen zu übernehmen. Dabei darf er aber den Umfang seiner eigenen direkten Haftung nicht geringer bemessen, als ihn das BGB. für die Haftpflicht der Beamten bemessen hat, wenn er die direkte Ersatzverbindlichkeit der Beamten ganz ausschließen will. Soweit nach den Landesgesetzen die Haftpflicht des Staates eine geringere ist, als nach dem BGB. die unmittelbare Haftpflicht der Beamten, bleibt letztere bestehen. Die Landesgesetzgebung kann also die Rechte des Geschädigten nicht beschränken, sondern höchstens erweitern, insofern als sie ihm an Stelle des häufig nicht ersatzfähigen Beamten einen solventen Verpflichteten, den Staat, gibt. Vgl. Nöldeke S. 808.

Die Haftung des Beamten selbst kann durch Landesgesetz nicht verschärft werden, dagegen steht nichts im Wege, daß der Staat eine noch weitergehende Verantwortlichkeit übernimmt, als nach § 839 BGB. den Beamten treffen würde, also z. B. auf Ersatz des durch eine rein objektiv unrechtmäßige Amtshandlung verursachten Schadens. Das gilt auch für die Gemeinden usw. Es ist selbstverständlich, daß der Staat (öffentlich-rechtl. Verband usw.), wo er den Schaden dem Verletzten ersetzt hat, Regreß gegen den schuldigen Beamten hat. Dieser Anspruch kann aber landesgesetzlich ausgeschlossen oder verringert werden.

2. Unter den Bundesstaaten lassen sich folgende Gruppen unterscheiden (vgl. § 5):

α) Es wird ein privatrechtlicher Anspruch auf Schadensersatz gegen den Staat aus ungehöriger Ausübung oder Nichtausübung behördlicher amtlicher Funktionen grundsätzlich verneint. Der Geschädigte muß also, wenn der schuldige Beamte unpfändbar ist, seinen Schaden selbst tragen [1]). Dieser Grundsatz gilt auch im völkerrechtlichen Verkehr; aus internationaler Kourtoisie wird aber der Staat in Notfällen wohl einspringen.

Ebensowenig wie der Fiskus bei unmittelbaren Staatsbeamten, haftet bei mittelbaren Staatsbeamten die Korporation oder Gemeinde, in deren Diensten sie stehen und deren Angelegenheiten sie verwalten, für Versehen, die sich bei Wahrnehmung der ihnen neben der Vertretung der juristischen Person zustehenden obrigkeitlichen Befugnisse zu schulden kommen lassen [2]).

---

[1]) Ist der Schaden ein ungewöhnlich hoher, so wäre es angemessen, daß derselbe vom Staate freiwillig ersetzt würde. Dieser Gedanke hat bereits schon einmal in dem österreichischen Gesetze vom 12. März 1859 (RGBl. Nr. 46) gesetzlichen Ausdruck gefunden.

[2]) RG. VI. 5. 11. 1891. E. 28, 235.

Auf diesem Standpunkt stehen, nachdem ihn Preußen seit Erlaß des Gesetzes von 1909 verlassen hat: Braunschweig, Sachsen-Meiningen, Sachsen-Altenburg[1]), Schwarzburg-Rudolstadt, Waldeck, Schaumburg-Lippe, Lippe, Lübeck, Bremen und Hamburg[2]). Auch Mecklenburg-Schwerin und -Strelitz sowie Anhalt lehnen eine Haftung grundsätzlich ab, eine Haftung soll nur insoweit eintreten, als sie durch Reichsgesetz oder für gewisse Verhältnisse durch Landesgesetz vorgeschrieben ist.

β) Andere Staaten erklären den Staat (die Gemeinde usw.) in erster Linie für den entstandenen Schaden haftbar, nämlich Preußen, Baden, Bayern, Reuß jüngere Linie, Koburg-Gotha, Württemberg, Oldenburg und gestatten den Regreß gegen den Beamten. Für das Königreich Sachsen wird die Geltung eines Gewohnheitsrechtes angenommen, kraft dessen der Staat und die Gemeinden an Stelle ihrer Beamten haften (RG. 15. Okt. 1903, Entsch. i. ZS. 55 S. 364 u. OLG. Dresden i. R. d. OLG. 14, 1).

γ) Eine dritte Gruppe läßt den Staat (Korporation) als Bürgen[3]) haften. Es sind dies Hessen[4]),

---

[1]) Nur bei Hinterlegungen haftet der Staat.

[2]) Vgl. OLG. Hamburg 21. März 1908, R. d. OLG. 18, 101. S. jedoch wegen der Verwaltungsbehörden im § 5 unter „Hamburg".

[3]) §§ 765 ff. BGB.

[4]) Hier ist die Haftung für Notare und Gerichtsvollzieher ausgeschlossen.

Elsaß-Lothringen, Reuß ältere Linie, Sachsen-Weimar und Schwarzburg-Sondershausen[1]).

Die Haftpflicht des Staates ist hier nur subsidiär, sie kann nur beansprucht werden, wenn von dem Beamten Ersatz nicht zu erlangen ist. Allein dies bedeutet für die praktische Rechtsverfolgung kein Hindernis, weil die Fälle, in welchen der Bürge die Einrede der Vorausklage nicht geltend machen kann, Anwendung finden. Doch kann sich der Beschädigte z. B. sofort an den Staat bzw. die Gemeinde halten, wenn anzunehmen ist, daß die Zwangsvollstreckung in das Vermögen des Beamten zu einer Befriedigung seiner Ansprüche nicht führen werde (§ 774 BGB.). In den meisten Fällen, in welchen die Lage des ersatzpflichtigen Beamten tatsächlich eine derartige ist, wird es ohne Schwierigkeit möglich sein, die betreffende Annahme glaubhaft zu machen.

3. Wo Staat und Verband überhaupt, sei es primär oder subsidiär, haftbar sind, da haften sie, von Sondervorschriften abgesehen, z. B. Preußen, Bayern und Württemberg, nicht in weiterem Maße wie der Beamte, sondern nur unter denselben Voraussetzungen wie dieser, sie können sich also gleichfalls auf die Vorteile des § 839 BGB. berufen.

[1]) Dieser Staat schließt die Haftung für Notare überhaupt aus und beschränkt sie bei Gerichtsvollziehern auf 300 Mark für jeden Einzelfall.

Durch die Vorschrift, daß der Staat oder Verband an Stelle des Beamten haftet, ist die Inanspruchnahme des Beamten ausgeschlossen.

Die Ausf.-Gesetze für Preußen, Bayern, Baden, Weimar, Koburg-Gotha und beide Reuß verweisen ausdrücklich auf § 839 BGB. Eine Verweisung auf § 839 liegt auch in Art. 202 des AG. für Württemberg vor, da sich dessen Fassung an den Wortlaut des § 839 anschließt. Aber auch nach den Ausführungsgesetzen für Hessen und Elsaß-Lothringen, die allgemein von dem Schaden sprechen, den der Beamte in Ausübung der öffentlichen Gewalt einem Dritten zufügt, kommt nur § 839 in Betracht. Kirsch S. 346 meint, daß aus §§ 823 und 826 BGB. eine Haftung begründet sein könne. Gierke S. 122 verneint dies mit Recht. Wie steht es aber in denjenigen Fällen, in welchen zwar die Voraussetzungen des § 839 BGB. erfüllt sind, zugleich aber auch die bloße Berufung auf die Bestimmungen der §§ 823 ff. für den Verletzten genügt? Hat er hier die Wahl zwischen der Inanspruchnahme des Staates und des Beamten? v. Schelhorn S. 667 meint, daß die direkte Belangung des Beamten insoweit ausgeschlossen sei, als der Staat hafte, es aber dem Verletzten durch keine Bestimmung verwehrt sei, auf Grund der §§ 823 ff. gegen den Beamten vorzugehen; er glaubt jedoch, daß sich auch die gegenteilige Ansicht verteidigen lasse, man könne sagen, die Inanspruchnahme des Beamten sei soweit ausgeschlossen, als vom Staate voller Schadensersatz erlangt werden könne. Richtiger Ansicht nach ist die Haftung des Beamten in § 839 BGB. erschöpfend geregelt. Vgl. unten § 10 Note 2.

4. Für Gehilfen oder Stellvertreter, deren sich ein Beamter befugter Weise bedient, haftet der Staat nur in demselben Umfange, in dem der Beamte selbst nach § 831 BGB. für seine Gehilfen haftet. Vgl. §§ 41 ff. I 13 ALR. im § 5 bei „Preußen". Insoweit diese Haftung auf Grund des Art. 78 EG. z. BGB. landesgesetzlich erweitert ist, werden dadurch auch der Staat und die Gemeinden belastet. Vgl. Bayr. Notariatsgesetz Art. 115, Württemberg AG. z. BGB. Art. 96 Abs. 5, Art. 102 Abs. 2; Badisches Notariatsgesetz Art. 115; Elsaß-Lothr. AG. §§ 37—38.

5. Wo eine Haftung des Staates für Gerichtsvollzieher und Notare besteht, da gilt dies auch für die Verletzung der Pflicht gegenüber dem Auftraggeber. Vgl. Gierke S. 123 Anm. 86.

Mangels entgegenstehender Vorschrift haftet der Staat usw. auch für den das Züchtigungsrecht überschreitenden Lehrer. Vgl. Gierke S. 123 Anm. 84; and. Ans. Oertmann S. 259.

6. Manche Ausführungsgesetze enthalten eine Klausel, nach der die staatliche oder kommunale Haftung Ausländern gegenüber nur insoweit eintritt, als die Gegenseitigkeit verbürgt ist. Unter „Ausländern" sind Nichtreichsangehörige zu verstehen. Die

Ablehnung der Haftung Angehörigen anderer deutschen Staaten gegenüber in diesen Gesetzen ist nichtig, weil sie dem Art. 3 der Reichsverfassung widerspricht. Vgl. z. B. im § 5 unter „Gotha". Nach der herrschenden Ansicht (vgl. Laband, Staatsrecht S. 169 Nr. 2) erstreckt sich aber Art. 3 nur auf physische Personen, nicht auch auf juristische. Allerdings hat das Reichsgericht (Entsch. i. ZS. 6, 142) einmal das Gegenteil angenommen.

Der geschädigte Ausländer muß beweisen, daß in dem ausländischen Staat eine entsprechende Haftung Deutschen gegenüber anerkannt ist. Verweigert der deutsche Staat die Entschädigung, weil Gegenseitigkeit nicht verbürgt ist, so hat der Ausländer die Klage aus § 839 BGB. gegen den Beamten.

7. Verpflichteter Teil ist grundsätzlich stets der Staat oder der Verband, in dessen Diensten der Beamte steht. Steht der Beamte im Dienste des Staates und der Gemeinde oder im Dienste mehrerer Kommunalverbände, so haftet derjenige Verband, in dessen Diensten gerade die schädigende Handlung vorgenommen ist. Vgl. aber das preuß. Ges. von 1909 in Buch V unten.

8. In mehreren Staaten ist gemäß § 11 EG. z. GVG. die Verfolgung des Ersatzanspruches gegen den Beamten oder den Staat (Verband) im Rechtswege an eine verwaltungsgerichtliche Vorentscheidung geknüpft, welche entweder unbedingt er-

gehen muß oder nur im Falle des Verlangens der vorgesetzten Behörde. In Betracht kommen folgende Staaten: Bayern, Baden, Hessen, Elsaß-Lothringen und Preußen und in gewissem Sinne auch Mecklenburg-Schwerin und -Strelitz. Vgl. die Einzelheiten im § 5 unten sowie für Preußen im Buch V. Hier spricht man von der Erhebung des sog. Konflikts. Wegen der preuß. Polizeibeamten vgl. auch Buch V unten § 6.

9. Ist für die Ausübung eines Rechts der Rechtsweg nicht gegeben, so ist auch eine Schadensersatzklage wegen unrichtiger Ausübung dieses Rechts gegen den Staat bzw. den Beamten nicht statthaft. Vgl. RG. Entsch. in ZS. 67, 403. So hat der preuß. Gerichtshof zur Entscheidung der Kompetenzkonflikte am 14. Dez. 1907 (D. Jur.-Ztg. 1908 S. 488) für den Schadensersatzanspruch eines Offiziers gegen einen Vorgesetzten, weil ein angeblich wissentlich falscher Bericht zur Entlassung des ersteren geführt habe, den Rechtsweg nicht für gegeben erachtet. Es handelt sich, so wird ausgeführt, um die dienstliche Mitwirkung des Vorgesetzten bei einem Hoheitsrechte (Ämterbesetzungsrecht), und über die Ausübung eines Hoheitsrechtes haben die Gerichte kein Urteil abzugeben. Ob hier der Rechtsweg wirklich ausgeschlossen ist, kann zweifelhaft sein. In Preußen kann also durch Erhebung des sog. Kompetenzkonfliktes die Schadensersatzklage von den ordentlichen Gerichten abgerufen werden. Ob dies gegenüber dem § 839

BGB., welcher dem Geschädigten ausdrücklich Schadensersatz gewährt, mangels einer ausdrücklichen Vorschrift zulässig ist, erscheint nicht zweifelhaft.

§ 5. Die gesetzlichen Vorschriften der einzelnen Bundesstaaten über die Haftpflicht des Staates bzw. der Beamten.

Eine Haftpflicht des Staates (Verbandes) für bei Ausübung der öffentl. Gewalt verursachte Schäden gibt es in denjenigen Staaten nicht, bei welchen einschlägige Bestimmungen nicht angegeben sind.

1. Anhalt:

a) Ausf.-Ges. z. BGB. v. 18. April 1899 (Gesetzs. 1899 S. 57—89) Art. 32: Für den Schaden, den ein Beamter in Ausübung der ihm anvertrauten öffentlichen Gewalt einem Dritten zufügt, haftet der Staat, die Gemeinde oder der Kommunalverband, in deren Diensten der Beamte steht, nur insoweit, als eine solche Haftung durch Reichs- oder Landesgesetz vorgeschrieben ist.

Soweit nach Landesgesetz eine Haftung des Fiskus oder einer Körperschaft des öffentl. Rechts besteht, kann Ausländern die Entschädigung verweigert werden, wenn nicht nachgewiesen ist, daß in dem Heimatsstaate des Beschädigten eine entsprechende Haftung Deutschen gegenüber anerkannt ist.

b) Ausf.-Ges. z. Grundbuchordnung v.

20. April 1899 (Gesetzs. 1899 S. 139—144), Art. 9 (gleichlautend mit § 11: Lippe-Detmold).

2. Baden.

Gesetz betr. die Ausführung des BGB. vom 17. Juni 1899 (Gesetz- u. Verordnungsbl. 1899 S. 229—248).

Art. 5. Verletzt ein Beamter des Staates in Ausübung der ihm anvertrauten öffentlichen Gewalt vorsätzlich oder fahrlässig die ihm gegenüber einem Dritten obliegende Amtspflicht, so trifft dem Beteiligten gegenüber die im BGB. bestimmte Verantwortlichkeit an Stelle des Beamten den Staat.

Soweit nicht die Amtshandlung eines Beamten der streitigen oder freiwilligen Gerichtsbarkeit[1]) in Frage steht, ist die nach Absatz 1 zulässige Verfolgung des Staates im Falle des Verlangens des dem Beamten vorgesetzten Ministeriums an die Vorentscheidung des Verwaltungsgerichtshofes gebun-

[1]) Hierher gehören die Richter einschließlich die Bürgermeister und deren Stellvertreter (soweit sie richterliche Funktion in bürgerlichen Rechtssachen ausüben), die Gerichtsnotare, Gerichtsschreiber, Gerichtsvollzieher, Standesbeamten und die Mitglieder der Grund- u. Pfandbuchbehörden. Auch die Staatsanwälte sind einzurechnen. Dasselbe gilt für die Beamten der Kaufmanns- u. Gewerbegerichte, da nicht etwa nur von „ordentlicher streitiger Gerichtsbarkeit" die Rede ist. Vgl. Gravenhorst, Konflikt S. 187 ff. Die Beamten der Verwaltungsgerichte gehören nicht hierher.

den[1]). Das Verlangen kann nur solange gestellt werden, als in dem gerichtlichen Verfahren ein landgerichtliches Endurteil nicht verkündet[2]) ist.

Auf das Verfahren vor dem Verwaltungsgerichtshof findet das Gesetz vom 14. Juni 1884, die Verwaltungsrechtspflege betreffend, auf die Entscheidung Art. 11 des Gesetzes vom 24. Februar 1880, den Verwaltungsgerichtshof und das verwaltungsgerichtliche Verfahren betreffend, Anwendung[3]).

Soweit der Staat in diesen Fällen den Beschädigten befriedigt, ebenso im Falle des § 12 der

---

[1]) Auch bei mittelbaren Beamten ist der Konflikt zulässig, dagegen nicht bei kirchlichen Beamten. Das Ministerium in Baden kann die Vorentscheidung zugunsten eines Ministers verlangen. Die Beamten (auch nur vorübergehend angestellte) müssen sich in Ausübung staatlicher oder kommunaler Hoheitsrechte befunden haben; haben sie nur Rechte ausgeübt, die dem Staat oder Kommunalverband als juristischer Person des Privatrechts zustehen, so kann die Vorentscheidung nicht verlangt werden.

[2]) Zustellung ist nicht erforderlich.

[3]) Zu prüfen ist die Frage der objektiven Ueberschreitung der Amtsbefugnisse und nach der badischen Praxis gleichzeitig des subjektiven Verschuldens bei der Amtsüberschreitung. Vgl. Gravenhorst S. 136 Anm. 2 und Badischer Verwaltungsgerichtshof, ebenda S. 191. Das Reichsgericht (Urt. v. 12. Nov. 1908, JurWoch. 1909 S. 196) ist jetzt anderer Absicht, nach ihm genügt es, daß die Amtsbefugnisse objektiv überschritten sind und daß dem Ersatzberechtigten ein Schaden entstanden sein könnte. Die entgegenstehende Ansicht (Entsch. 64, 299) ist vom Reichsgericht aufgehoben.

Grundbuchordnung, geht die Forderung auf den Staat über.

Die vorstehenden Bestimmungen finden auf die Haftung der Gemeinden und anderer Kommunalverbände entsprechende Anwendung.

Ausländern [1]) kann die Entschädigung verweigert werden, wenn nicht nachgewiesen ist, daß in dem Heimatsstaate des Beschädigten eine der Vorschrift des Absatzes 1 entsprechende Haftung [2]) Inländern gegenüber anerkannt wird.

3. Bayern [3]):

a) Ausf.-Ges. z. BGB. v. 9. Juni 1899 (Beilage z. Gesetz- u. Verordnungsbl. 1899 Nr. 28 S. 1—82.

Art. 60. Verletzt ein Beamter des Staates, einer Gemeinde oder eines anderen Kommunalverbandes in Ausübung der ihm anvertrauten öffentlichen Gewalt vorsätzlich oder fahrlässig die ihm einem Dritten gegenüber obliegende Amtspflicht, so trifft dem Dritten gegenüber die im § 839 BGB. bestimmte Verantwortlichkeit an Stelle des Beamten den Staat

---

[1]) D. h. Reichsausländer (Art. 3 Reichsverf.).

[2]) D. h. wenn subsidiäre Haftung des Staates oder der Gemeinde besteht. Vgl. Gierke, Verhdl. des 28. Deutsch. Juristentags I, 125.

[3]) Vgl. v. Schelhorn S. 665 u. Oertmann, Bayr. Landesprivatrecht Abt. I S. 258 ff., 268. Wegen des früheren bayrischen Rechts s. Becher, Materialien Abt. IV u. V. AG. z. BGB. Bd. I S. 78 ff., und v. Schelhorn S. 534

oder den Verband, in dessen Diensten der Beamte steht. Bei den Amtsgeschäften der Gerichtsvollzieher gilt dies auch für die Verletzung der Pflichten gegenüber dem Auftraggeber.

Ausländern[1]) kann die Entschädigung, vorbehaltlich der Haftung des Beamten, verweigert werden, wenn nicht nachgewiesen ist, daß in dem Heimatstaate des Beschädigten eine der Vorschrift des Absatz 1 Satz 1 entsprechende Haftung Deutschen gegenüber wenigstens insoweit anerkannt wird, als der Ersatz des Schadens von dem Beamten nicht zu erlangen ist.

Die für einzelne Klassen von Beamten bestehenden besonderen Vorschriften bleiben unberührt.

Der Beamte hat dem Staate oder dem Verbande, in dessen Diensten er steht, den Schaden zu ersetzen, der dem Staate oder dem Verbande aus der Verletzung der Amtspflicht entsteht. Die Vorschriften des § 852 BGB. finden mit der Maßgabe Anwendung, daß die dreijährige Verjährungsfrist mit dem Zeitpunkt beginnt, in dem die Ersatzpflicht des Staates oder des Verbandes dem Beschädigten gegenüber anerkannt oder rechtskräftig festgestellt ist.

Art. 61. Ist ein Beamter des Staates, einer Gemeinde oder eines anderen Kommunalverbandes für einen Schaden der in Art. 60 Abs. 1 bezeichneten Art deswegen nicht verantwortlich, weil er sich im

---

[1]) D. h. Reichsausländer (Art. 3 Reichsverf.).

Zustande der Bewußtlosigkeit oder in einem die freie Willensbestimmung ausschließenden Zustande krankhafter Störung der Geistestätigkeit befunden hat, so kann der Beschädigte von dem Staate oder dem Verbande Schadensersatz verlangen[1]).

Für den Schaden, der daraus entsteht, daß der Beamte bei einem Urteil in einer Rechtssache die Amtspflicht verletzt, ist der Staat oder der Verband in dem Falle des Abs. 1 nicht verantwortlich[2]).

Die Vorschriften des § 839 Abs. 1 Satz 2, Abs. 2 Satz 2, Abs. 3 BGB. und des Artikels 60 Abs. 1 Satz 2, Abs. 2, 3 finden entsprechende Anwendung[3]).

---

[1]) Es handelt sich hier um Fälle, in welchen die Verantwortlichkeit gemäß § 827 BGB. ausgeschlossen ist. Hier tritt also Haftung aus bloßer Versehung, ohne Verschulden, ein. Da Art. 61 auf den 4. Absatz des Art. 60 nicht Bezug nimmt, so fällt auch der Regreßanspruch des Staates oder Verbandes gegen den Beamten weg. Vgl. v. Schelhorn S. 675. — Hat sich der Beamte in den fraglichen Zustand schuldhaft durch Getränke oder ähnliche Mittel versetzt, so ist er verantwortlich in gleicher Weise, wie wenn ihm Fahrlässigkeit zur Last fiele.

[2]) Ohne diese Vorschrift könnten recht unangenehme Folgen eintreten und eine Gefahr für die gesamte Rechtspflege entstehen. Wenn z. B. ein Richter in Geisteskrankheit verfällt, so könnten schließlich alle diejenigen, welche jemals mit einem von diesen Beamten gefällten Urteil unzufrieden waren, mit der Behauptung hervortreten, auch dieses Urteil sei schon auf die geistige Erkrankung des Beamten zurückzuführen. Vgl. v. Schelhorn S. 674.

[3]) Aus dem Hinweis auf § 839 Abs. 1 Satz 2 ist richtig zu entnehmen, daß grundsätzlich in allen Fällen

b) Notariatsgesetz vom 9. Juni 1899 (Beilage z. Gesetzbl. 1899 Nr. 28 S. 137—166).

Art. 126. Für den Schaden, den ein Notar oder ein Notariatsverweser in Ausübung des ihm anvertrauten Amtes durch Verletzung der Amtspflicht einem Dritten zufügt, ist der Staat nach Maßgabe der Art. 60 u. 61 AG. z. BGB. verantwortlich.

Der Notar und der Notariatsverweser hat dem Staate nach Maßgabe des Art. 60 Abs. 4 AG. z. BGB. den Schaden zu ersetzen, der dem Staate aus der Verletzung der Amtspflicht entsteht. Für den Schaden, den hiernach ein Notariatsverweser dem Staate zu ersetzen hat, haftet dem Staate neben dem Notariatsverweser der Notar nach Maßgabe des Art. 115[1]).

Für den Schaden, den ein Notar oder ein Notariatsverweser in Ausübung des Amtes des Testamentsvollstreckers[2]) einem Dritten zufügt, haftet der Staat nicht.

---

des Abs. 1 vom Art. 61 den Staat nur eine subsidiäre Ersatzpflicht trifft, d. h. also nur, wenn nicht auf andre Weise Ersatz geschaffen werden kann. Muß die Handlung, wenn der Beamte sich im normalen Zustande befunden hätte, als eine vorsätzliche angesprochen werden, so haftet der Staat primär.

[1]) Enthält die gleiche Bestimmung, wie § 101 des preuß. Gesetzes, siehe § 17.

[2]) Die Übernahme eines solchen Amtes gehört nicht zu den eigentlichen Notariatsgeschäften.

c) Gesetz vom 8. Aug. 1878 betr. Errichtung eines **Verwaltungsgerichtshofes** (in der Fassung des Art. 165 des AG. z. BGB.[1]).

Art. 7 Abs. 2: Der Verwaltungsgerichtshof ist berufen, in den Fällen, in welchen der Staat, eine Gemeinde oder ein anderer Kommunalverband wegen des Schadens in Anspruch genommen werden soll, den ein Beamter in Ausübung der ihm anvertrauten öffentlichen Gewalt vorsätzlich oder fahrlässig einem Dritten zugefügt hat, die Vorentscheidung[2]) darüber zu treffen, ob der Beamte sich einer Überschreitung seiner Amtsbefugnisse oder der Unterlassung einer ihm obliegenden Amtshandlung schuldig gemacht hat. Das gleiche gilt, wenn ein Beamter wegen des Schadens in Anspruch genommen werden soll, den er durch einen in Ausübung oder in Veranlassung der Ausübung der ihm anvertrauten öffentlichen Gewalt vorgenommenen Handlung einem Dritten zugefügt hat. Soweit der Staat oder der Verband, in dessen Diensten der Beamte steht, einen Schaden zu ersetzen hat, für den der Beamte selbst nicht verantwortlich ist, hat der Verwaltungsgerichtshof die Vorentscheidung darüber zu treffen, ob der Beamte

---

[1]) Vgl. v. Schelhorn S. 682.

[2]) Die Vorschriften über die Vorentscheidung gelten für alle öffentl. Beamten sämtlicher Verwaltungszweige, insbesondere auch für die mittelbaren und die nur vorübergehend angestellten, nicht dagegen für Militärpersonen. Vgl. Gravenhorst S. 179.

seine Amtsbefugnisse überschritten oder eine ihm obliegende Amtshandlung unterlassen hat. Bei Handlungen eines Beamten der streitigen oder der freiwilligen Gerichtsbarkeit[1]) ist die Vorentscheidung nicht erforderlich[2]).

Die Vorentscheidung ist für das Gericht bindend[3]).

Soll der Anspruch gegen den Staat oder den Verband wegen schuldhafter Verletzung der Amtspflicht erhoben werden, so wirkt die Vorentscheidung auch für das Verhältnis zwischen dem Staate oder dem Verband und dem Beamten.

Auf das Verfahren finden die für Verwaltungsrechtssachen geltenden Vorschriften Anwendung. Vor Erlassung der Vorentscheidung ist auch im Falle des Abs. 2 Satz 1 der Beamte zu hören.

4. Braunschweig:

---

[1]) Die Beamten müssen als solche tätig werden. Haben sie als Organe der Justizverwaltung Handlungen vorgenommen, so ist die Vorentscheidung erforderlich. Da nicht von ordentlicher streitiger Gerichtsbarkeit die Rede ist, so ist die Vorentscheidung auch nötig bei Beamten der Kaufmanns- und Gewerbegerichte, nicht dagegen bei Beamten der Verwaltungsgerichte.

[2]) D. h. nicht zulässig.

[3]) Der bayr. Verwaltungsgerichtshof prüft nur die Frage der Gesetzmäßigkeit oder Gesetzwidrigkeit und des dienstlichen Verschuldens der Beamten, während er die Erledigung der Frage nach dem subjektiven Verschulden, nach Vorsatz und Fahrlässigkeit, dem ordentlichen Gericht überläßt. (Gravenhorst S. 132.) S. auch oben unter „Baden".

Ausf.-Ges. zur Grundbuchordnung vom 12. Juni 1899 (Gesetzs. 1899 S. 379—388).

§ 6. Ein Grundbuchbeamter ist dem Staate zum Ersatz alles dessen verpflichtet, was von dem Staate auf Grund der Vorschrift des § 12 der Grundbuchordnung wegen einer dem Grundbuchbeamten zur Last fallenden Verletzung der Amtspflicht hat aufgewendet werden müssen. Sind mehrere Grundbuchbeamte beteiligt, so haften sie als Gesamtschuldner.

Auf den nach Abs. 1 begründeten Anspruch finden die Vorschriften des § 852 des BGB. Anwendung.

5. Bremen[1]):

Wegen der Haftung des Staates für Notare, vgl. Gesetz betr. die Ausführung des Reichsgesetzes über die Angelegenheiten der freiwilligen Gerichtsbarkeit vom 18. Juli 1899.

Ausf.-Ges. zur Grundbuchordnung vom 18. Juli 1899 (Gesetzbl. 1899 S. 133—136):

§ 10. Verletzt ein Grundbuchbeamter vorsätzlich oder fahrlässig die ihm einem Dritten gegenüber obliegende Amtspflicht, so haftet er dem Staate für allen Schaden, der daraus nach der Vorschrift des

---

[1]) Für den durch das Schlemmen einer Straße seitens des bremischen Staates einem Hause zugefügten Schaden wurde der Staat, unabhängig davon, ob eine Regierungshandlung vorlag, auf Grund des Ordnals 95 vom Jahr 1433 für haftbar erklärt in dem Urteile des RG. v. 24. Juni 1895 (Entsch. 35 S. 148).

§ 12 der Grundbuchordnung entsteht. Mehrere beteiligte Beamte haften als Gesamtschuldner.

Fällt dem Beamten nur ein leichtes Verschulden zur Last, so kann der Senat den Ersatzanspruch des Staates ermäßigen oder anordnen, daß der Ersatzanspruch nicht geltend gemacht werden soll.

Auf die Verjährung des nach Abs. 1 begründeten Anspruchs und auf die Verpflichtung des Ersatzpflichtigen zur Herausgabe des durch die Verletzung der Amtspflicht Erlangten findet die Vorschrift des § 852 BGB. Anwendung. Die im § 852 Abs. 1 des BGB. bestimmte dreijährige Verjährungsfrist beginnt mit dem Zeitpunkt, in dem die Ersatzpflicht des Staates gegenüber den Beteiligten rechtskräftig festgestellt oder vom Staate anerkannt ist.

6. Elsaß-Lothringen:

a) Gesetz betr. die Ausf. des BGB. vom 17. April 1899 in der Fassung der Bekanntmachung vom 22. Dezember 1899 (Gesetzbl. 1900 S. 1—36):

Haftung der Beamten für ihre Gehilfen.

§ 37. Beamte, welchen die Verwaltung einer dem Staate gehörigen Kasse, eines dem Staate gehörigen Magazins oder die Annahme und die Aufbewahrung von dem Staate gehörigen Geldern oder geldeswerten Gegenständen obliegt, sind zum Ersatze des Schadens verpflichtet, den die von ihnen angenommenen Stellvertreter und Gehilfen in Ausübung der Verrichtungen, zu welchen sie bestellt sind, einem Dritten widerrechtlich zufügen.

Die Ersatzpflicht tritt auch in den Fällen des § 831 Abs. 1 Satz 2 BGB. ein.

§ 38. Die Bestimmungen des § 37 gelten auch für die Beamten der Bezirke, der Gemeinden und der anderen öffentlichen Anstalten.

Vorentscheidung:

§ 39. Wird ein Beamter wegen einer Handlung, die er in Ausübung der ihm anvertrauten öffentlichen Gewalt vorgenommen hat, zivilrechtlich oder strafrechtlich verfolgt, so ist die vorgesetzte Behörde befugt, die im § 11 Abs. 2 des Einf.-Ges. z. GVG. vom 27. Januar 1877 (RGBl. S. 77) bezeichnete Vorentscheidung zu verlangen[1].

Haftung des Staates und der öffentlichen Anstalten für ihre Beamten:

§ 40. Für den Schaden, den ein Beamter des

---

[1]) Jede vorgesetzte Behörde, nicht bloß die Zentralbehörde, ist befugt. Die Vorentscheidung kann auch für richterliche und sonstige Justizbeamte, wie Notare, Gerichtsvollzieher, Gerichtsschreiber verlangt werden; ebenso für mittelbar und nur vorübergehend angestellte Beamte; dagegen nicht für die nur im Dienste einer öffentlichen Anstalt stehenden, sowie für Geistliche. Vgl. Gravenhorst S. 214. Die Vorentscheidung fällt das Reichsgericht. Dieses prüft nur, ob der Beamte objektiv seine Amtsbefugnisse überschritten habe. Die Frage nach dem subjektiven Verschulden des Beamten, nach Vorsatz und Fahrlässigkeit, prüfen die ordentlichen Gerichte. Vgl. Gravenhorst S. 204 und RG. vom 1. Juli 1902, Entsch. 52, 107 sowie oben unter „Baden" zu Art. 5.

Staates, eines Bezirks, einer Gemeinde oder einer anderen öffentlichen Anstalt in Ausübung der ihm anvertrauten öffentlichen Gewalt einem Dritten zufügt, haftet der Staat, der Bezirk, die Gemeinde oder die öffentliche Anstalt, in deren Dienst der Beamte steht, in gleicher Weise wie der Beamte, soweit der Ersatz von diesem nicht zu erlangen ist. Der Staat, die Bezirke, die Gemeinden und die öffentlichen Anstalten haben dabei die rechtliche Stellung eines Bürgen.

Ausländern[1]) kann die Entschädigung verweigert werden, wenn nicht nachgewiesen ist, daß in dem Heimatsstaate des Beschädigten eine der Vorschrift des Abs. 1 entsprechende Haftung Deutschen gegenüber anerkannt ist.

Auf die Notare und Gerichtsvollzieher finden die Vorschriften des Abs. 1 nur insoweit Anwendung, als die Verrichtung, in deren Ausübung der Schaden verursacht wird, dem Notar oder Gerichtsvollzieher durch das Gericht übertragen ist (vgl. Art. 3 des Gesetzes vom 13. Febr. 1905, GS. S. 5).

b) Gesetz betr. die Ausführung der Grundbuchordnung vom 6. Nov. 1899 (Gesetzbl. 1899 S. 137—143).

Ersatzpflicht der Grundbuchbeamten:

§ 8. Die Grundbuchbeamten sind der Landeskasse zum Ersatz alles dessen verpflichtet, was die

---

[1]) D. h. Reichsausländern.

Landeskasse auf Grund der Vorschrift des § 12 der Grundbuchordnung vom 24. März 1897 wegen einer jenen Beamten zur Last fallenden, auf Vorsatz oder grober Fahrlässigkeit beruhenden Verletzung der Amtspflicht hat aufwenden müssen. Der Ersatzanspruch des Staates verjährt in drei Jahren von dem Zeitpunkte an, in welchem die Ersatzpflicht des Staates von diesem anerkannt oder ihm gegenüber rechtskräftig festgestellt worden ist.

7. Hamburg[1]):

a) Die Verfassung für Hamburg v. 28. Sep. 1860 Art. 89 bestimmt, daß die Verwaltungsbehörden[2]) von jedem, der sich durch ihre amtlichen Handlungen in seinem Privatrechte verletzt glaube, auf Entschädigung oder Abhilfe gerichtlich belangt werden könne. Das Gesetz vom 11. Aug. 1859 ordnet ferner an:

§ 4. Die Verwaltungsbehörden können, ohne daß es einer Erlaubnis dazu bedarf, von jedem, der sich durch ihre nicht richterlichen Verfügungen in seinem Privatrecht verletzt glaubt, auf Abhilfe oder Entschädigung gerichtlich belangt werden. Eine rechtskräftig zuerkannte Entschädigung ist dem Ver-

---

[1]) Vgl. OLG. Hamburg bei Neumann, Jahrb. des Deutsch. Rechts I, 2 S. 769, wo eine Haftpflicht des Staates verneint wird.

[2]) Bei Handlungen und Unterlassungen der Gerichte haftet also nach Hamburgischen Recht der Staat überhaupt nicht.

letzten aus den disponiblen Fonds der Verwaltung oder, wenn solche nicht zureichen, aus der allgemeinen Staatskasse zu leisten, unbeschadet des der Verwaltung oder dem Staat nach Gesetz und allgemeinen Rechtsgrundsätzen zustehenden Regresses wider diejenigen, welche schuldvoller Weise die Verletzung herbeigeführt haben.

§ 5. „Gegen einzelne Mitglieder oder Beamte einer Verwaltungsbehörde kann eine gerichtliche Klage wegen von ihnen in amtlicher Eigenschaft begangener Verletzung von Privatrechten nur nach vorausgegangener Beschwerde bei der betreffenden Behörde selbst erhoben werden. Erklärt in solchem Falle die Behörde nach angestellter Untersuchung, das Verfahren ihres Mitgliedes vertreten zu wollen — als wozu sie, soweit er ihren Instruktionen gemäß verfahren hat, verpflichtet ist, — so muß die Klage sodann gegen sie gerichtet werden. Anderenfalls ist die Klage gegen den einzelnen zu richten, wobei die Frage, ob nicht die dem Kläger zuerkannte Entschädigung dennoch aus dem Staatsvermögen, vorbehaltlich des Regresses gegen den Schuldigen, zu leisten sei, nach vorangegangenem rechtlichen Gehör der betreffenden Behörde in Gemäßheit allgemeiner Rechtsgrundsätze und der Umstände des einzelnen Falls zu entscheiden ist."

b) Ausführungsgesetz z. Grundbuchordnung vom 14. Juli 1899 (Amtsblatt 1899 S. 376—384).

§ 34. Ein Richter oder Gerichtsschreiber, welcher

vorsätzlich oder durch grobe Fahrlässigkeit seine Amtspflicht als Grundbuchbeamter verletzt, hat dem Staate in dem Umfange, in welchem dieser für den daraus entstandenen Schaden verantwortlich ist, Ersatz zu leisten.

Zur Bestellung einer Dienstkaution sind die Grundbuchbeamten nicht verpflichtet.

§ 35. Auf die Verjährung der Ersatzansprüche gegen den Staat findet der § 852 Abs. 1 BGB. auch dann entsprechende Anwendung, wenn die Ersatzpflicht ein Verschulden eines Grundbuchbeamten nicht zur Voraussetzung hat.

8. Hessen.

a) Gesetz betr. die Ausf. des BGB. vom 17. Juli 1899 (Reg.-Blatt 1899 S. 133—262).

Art. 77. Ein Beamter des Staates, einer Gemeinde oder eines anderen Kommunalverbandes kann wegen einer Handlung, die er in Ausübung oder in Veranlassung der Ausübung seines Amtes vorgenommen hat, zivilrechtlich oder strafrechtlich erst verfolgt werden, nachdem entweder von dem Verwaltungsgerichtshofe Vorentscheidung dahin getroffen worden ist, daß der Beamte sich einer Überschreitung seiner Machtbefugnisse oder der Unterlassung einer ihm obliegenden Amtshandlung schuldig gemacht hat, oder das dem Beamten vorgesetzte Ministerium erklärt hat, daß eine solche Vorentscheidung nicht verlangt werde. Es gilt als Verzicht des Ministeriums auf eine Vorentscheidung, wenn das Ministerium nicht innerhalb eines Monats, nachdem ihm ein darauf gerichteter Antrag des Geschädigten zugegangen ist, die Vorentscheidung beantragt[1]).

Art. 78. Für den Schaden, den ein Beamter (Art. 77) in Ausübung der ihm anvertrauten öffentlichen Gewalt einem Dritten zufügt, ist der Staat oder der Verband, für den der Beamte tätig war, in gleicher Weise wie der Beamte verantwortlich. Der Staat, die Gemeinde oder der Kommunalverband haben dabei die rechtliche Stellung eines Bürgen. Sobald der Beamte rechtskräftig zur Zahlung verurteilt ist, kann die Einrede aus § 771 BGB.[2]) nicht mehr erhoben werden.

Ist die Einrede der Vorausklage nach den Vorschriften des BGB. ausgeschlossen, so tritt eine Haftung des Staates oder Verbandes nur dann ein, wenn durch eine auf Antrag des dem Beamten vorgesetzten Ministeriums zu erlassende Vorent-

---

[1]) Die Vorentscheidung ist statthaft bei allen öffentlichen Beamten aller Verwaltungszweige, auch für die richterlichen und anderen Justizbeamten, ebenso für die mittleren und auch für die nur vorübergehend angestellten Beamten. Die eine Schuld des Beamten bejahende Vorentscheidung ist für das Gericht nicht bindend. Vgl. Gravenhorst S. 201. Der Hessische Verwaltungsgerichtshof prüft auch, ob auch subjektiv Ueberschreitung der Amtsbefugnisse vorliegt. Vgl. Gravenhorst S. 136 An. 2 u. oben unter „Baden".

[2]) Einrede der sogen. Vorausklage.

scheidung des Verwaltungsgerichtshofes festgestellt ist, daß die im Art. 77 bezeichneten Voraussetzungen vorliegen, oder wenn das dem Beamten vorgesetzte Ministerium erklärt hat, daß eine solche Vorentscheidung nicht verlangt werde. Die Vorschrift des Art. 77 Satz 2 findet entsprechende Anwendung.

Art. 79. Die im Art. 78 bestimmte Haftung tritt nicht ein bei Handlungen von Beamten, die ausschließlich auf den Bezug von Gebühren angewiesen sind, insbesondere bei Handlungen von Notaren und Gerichtvollziehern.

Art. 80. Die in Art. 78 bestimmte Haftung tritt Ausländern[1]) gegenüber nur insoweit ein, als Gegenseitigkeit verbürgt ist.

b) Gesetz betr. die Ausführung der Grundbuchordnung vom 22. Juli 1899 (RGBl. 1899 S. 363—367).

Art. 21. Verletzt ein Grundbuchbeamter vorsätzlich oder fahrlässig die ihm obliegende Amtspflicht, so trifft ihm dem Staate gegenüber die im § 839 BGB. bestimmte Verantwortlichkeit. Die im § 852 Abs. 1 BGB. bestimmte dreijährige Verjährungsfrist beginnt mit dem Zeitpunkte, in welchem die Ersatzpflicht des Staates den Beteiligten gegenüber rechtskräftig festgestellt oder vom Staate anerkannt ist.

---

[1]) D. h. Reichsausländern.

9. Lippe-Schaumburg.

Gesetz vom 23. Aug. 1899 betr. Ausführung des BGB. (Landesverordnung 1899 Nr. 13 S. 153—171).

§ 16. Hat im Falle des § 12 der Grundbuchordnung für das Deutsche Reich vom 24. März 1897 an Stelle des Grundbuchbeamten der Staat oder die Körperschaft, in deren Diensten der Beamte steht, Schadensersatz geleistet, so steht dem Staate oder der Körperschaft gegen den Beamten der Rückgriff in Höhe des geleisteten Schadensersatzes zu.

10. Lippe-Detmold.

Gesetz vom 17. Nov. 1899 zur Ausf. der Grundbuchordnung (Gesetzs. 1899 S. 529—532).

§ 11. Verletzt ein Grundbuchbeamter vorsätzlich oder fahrlässig die ihm obliegende Amtspflicht, so trifft ihn dem Staate gegenüber die im § 839 BGB. bestimmte Verantwortlichkeit.

Die im § 852 Abs. 1 BGB. vorgesehene dreijährige Verjährung beginnt mit dem Zeitpunkte, in welchem die Ersatzpflicht des Staates von diesem anerkannt oder ihm gegenüber rechtskräftig festgestellt ist.

11. Lübeck.

Ausf.-Ges. zur Grundbuchordnung vom 18. Dezember 1899 (Samml. der Lübeckschen Verordnungen Nr. 85).

§ 3. Ein Richter oder Gerichtsschreiber, welcher vorsätzlich oder durch grobe Fahrlässigkeit die ihm als Grundbuchbeamten obliegende Amtspflicht verletzt, hat dem Staate in dem Umfange, in welchem dieser von Beteiligten auf Grund von § 12 der Grundbuchordnung verantwortlich gemacht ist, Ersatz zu leisten. Als grobe Fahrlässigkeit ist es nicht anzusehen, wenn bei der Anlegung neuer Grundbuchblätter an Stelle von alten gemäß § 6 Absatz 2 und 3 dieses Gesetzes davon ausgegangen wird, daß die zur Vorbereitung dieser Anlegung auf Anweisung des Senates vom 18. Februar 1899 angefertigten Entwürfe zu den neuen Blättern den Inhalt der alten Blätter im Zeitpunkte, wo das Grundbuch als angelegt anzusehen ist, richtig wiedergegeben.

Der Ersatzanspruch des Staates verjährt in sechs Monaten von dem Zeitpunkte an, in welchem der Staat seine Verpflichtung aus § 12 der Grundbuchordnung anerkannt hat oder dazu rechtskräftig verurteilt ist.

12. Mecklenburg-Schwerin.

Verordnung vom 9. April 1899 zur Ausf. des BGB. (Reg.Bl. 1899 S. 57—171).

§ 49. Für den von einem landesherrlichen Beamten in Ausübung der ihm anvertrauten öffentlichen Gewalt zugefügten Schaden haftet der landesherrliche Fiskus nur insoweit, als eine solche Haftung durch Reichsgesetz oder für gewisse Rechtsverhältnisse durch Landesgesetz vorgeschrieben ist.

Die Vorschriften des vorstehenden Absatzes finden auch auf Körperschaften des öffentlichen Rechts Anwendung, wenn von einem in ihren Diensten stehenden Beamten in Ausübung der ihm anvertrauten öffentlichen Gewalt ein Schaden zugefügt ist.

Soweit nach Landesgesetz eine Haftung des Fiskus oder einer Körperschaft des öffentl. Rechts besteht, kann Ausländern die Entschädigung verweigert werden, wenn nicht nachgewiesen ist, daß in dem Heimatstaate des Beschädigten eine entsprechende Haftung Deutschen gegenüber anerkannt ist.

§ 79. Die Vorschriften des öffentlichen Rechts über die Ersatzpflicht des Grundbuchbeamten gegenüber dem Staate oder der Körperschaft, in deren Diensten der Beamte steht, wegen Verletzung der Amtspflicht bleiben unberührt.

Auf den nach Abs. 1 begründeten Anspruch finden die Vorschriften des BGB. Anwendung.

Mecklenburg-Schwerinsche und -Strelitzsche Verordnung zur Ausführung von § 11 der EG. z. GVG. v. 5. Mai 1879 (Reg.-Bl. f. Schwerin S. 101 und Offizieller Anz. f. Strelitz S. 137).

§ 1. „Zivilklagen, Privatklagen und öffentliche Klagen, welche gegen öffentliche Beamte wegen der in Ausübung oder in Veranlassung der Ausübung ihres Amtes vorgenommenen Handlungen erhoben werden, sind von den Gerichten in Abschrift Unserem Staatsministerium (Strelitz: Unserer Landesregierung) mitzuteilen.

§ 2. Auf Verlangen Unseres Staatsministeriums

(Strelitz: Unserer Landesregierung) ist durch eine Vorentscheidung[1]) festzustellen, ob der Beamte sich einer Überschreitung seiner Amtsbefugnisse oder der Unterlassung einer ihm obliegenden Amtshandlung schuldig gemacht habe.

§ 3. Die Vorentscheidung erfolgt ... durch das Reichsgericht[2]).

§ 6. Zu den öffentlichen Beamten[3]) ... gehören auch:

1. die Geistlichen und Küster;
2. die von den Obrigkeiten (Gutsbesitzern [Schwerin außerdem: Landesklöstern], Städten) zur Ausübung obrigkeitlicher Rechte angestellten Beamten sowie die von den Obrigkeiten an den öffentlichen Schulen angestellten Lehrer;
3. die von den Ortsobrigkeiten zum Forst- und Feldschutz bestellten, auf ihre Funktion beeidigten Personen;
4. die Gendarmen.

---

[1]) Die Vorentscheidung muß vor Rechtskraft des gerichtl. Urteils verlangt werden.

[2]) Sie ist bindend für das Gericht. Die Entscheidung erstreckt sich auf die Prüfung, ob der Beamte objektiv seine Amtsbefugnisse überschritten habe (RG. Rechtspr. 10, 385). Über das subjektive Verschulden des Beamten urteilen die ordentlichen Gerichte. Vgl. oben unter „Baden".

[3]) Ob sie ständig oder nur vorübergehend angestellt sind, ist gleichgültig.

§ 8. Bei Zivilklagen, durch welche

1. gegen die Mitglieder der Hypothekenbehörden bzw. der Grundbuch- und Hypothekenbuchbehörden Ansprüche auf Schadensersatz nach Maßgabe der Bestimmungen der Hypothekenordnungen bzw. der Grundbuch- und Hypothekenordnungen

oder

2. gegen die mit der Verwaltung der Obervormundschaft betrauten Beamten Ansprüche auf Schadensersatz wegen Überschreitung ihrer Amtsbefugnisse oder Unterlassung ihnen obliegender Amtshandlungen verfolgt werden, darf eine Vorentscheidung nicht verlangt werden.

13. Mecklenburg-Strelitz.

Verordnung zur Ausf. des BGB. vom 9. April 1899 (Offiz. Anz. 1899 S. 49—155).

§ 48 gleichlautend mit § 49 (Meckl.-Schwerin).

§ 77 gleichlautend mit § 79 (Meckl.-Schwerin).

Vgl. auch oben die Verordnung v. 5. Mai 1879.

14. Oldenburg.

Eine Haftpflicht des Staates für den Beamten existierte bisher nicht. Der Ersatzanspruch des Staates gegen den Grundbuchbeamten (§ 12 Grundbuchordnung) konnte auf Grund der Vorschriften über den Dienstvertrag geltend gemacht werden.

Jetzt bestimmt das Gesetz vom 22. Dez. 1908 (Gesetzbl. S. 1110).

§ 1. Verletzt ein Beamter des Staates in Ausübung der ihm anvertrauten öffentlichen Gewalt vorsätzlich oder fahrlässig die ihm einem Dritten gegenüber obliegende Amtspflicht, so trifft die in § 839 BGB. bestimmte Verantwortlichkeit an Stelle des Beamten den Staat.

Dasselbe gilt hinsichtlich der vom Staate angestellten Lehrer und Lehrerinnen an den Volksschulen.

Ist die Verantwortlichkeit des Beamten oder Lehrers (Lehrerin) deshalb ausgeschlossen, weil er den Schaden im Zustande der Bewußtlosigkeit oder in einen die freie Willensbestimmung ausschließenden Zustande krankhafter Störung der Geistestätigkeit verursacht hat, so hat gleichwohl der Staat den Schaden zu ersetzen, wie wenn dem Beamten Fahrlässigkeit zur Last fiele, jedoch nur insoweit, als die Billigkeit die Schadloshaltung erfordert.

§ 2. Dem Staat steht gegen den Beamten oder Lehrer (Lehrerin) ein Anspruch auf Ersatz des Schadens zu, den er durch die im § 1 Abs. 1 u. 2 bestimmte Verantwortlichkeit erleidet, gegen einen Grundbuchbeamten jedoch nur, wenn er vorsätzlich oder aus grober Fahrlässigkeit die ihm obliegende Amtspflicht verletzt hat.

Von der Geltendmachung des Ersatzanspruches kann aus Billigkeitsgründen in Ausnahmefällen ganz oder teilweise abgesehen werden.

Der Ersatzanspruch verjährt in drei Jahren von

dem Zeitpunkte ab, in dem der Ersatzanspruch des Dritten diesen gegenüber anerkannt oder dem Staate gegenüber rechtskräftig festgestellt ist.

Die Vorschrift des § 841 BGB. findet zugunsten des Staates entsprechende Anwendung.

§ 3. Die Vorschriften der §§ 1 und 2 finden entsprechende Anwendung:

1. auf die, außer den Lehrern und Lehrerinnen an den Volksschulen, im Dienst eines Kommunalverbandes stehenden Beamten mit der Maßgabe, daß an die Stelle des Staates der Kommunalverband tritt;

2. auf die Lehrer und Lehrerinnen eines besonderen Schulverbandes mit der Maßgabe, daß an die Stelle des Staates der Schulverband tritt. In Standesamtsbezirken, die aus mehreren Gemeinden gebildet sind, trifft die Verantwortung für die Amtspflichtverletzungen der in § 7 Abs. 4 des Reichsgesetzes über die Beurkundung des Personenstandes und die Eheschließung vom 6. Febr. 1875 (RGBl. S. 23) bestellten Standesbeamten die Gemeinde des Amtssitzes; die übrigen Gemeinden des Bezirks nehmen an den Kosten nach einem im Herzogtum vom Amte, in den Fürstentümern von der Regierung festzustellenden Maßstabe teil.

§ 4. Für die Ansprüche, die auf Grund dieses Gesetzes gegen den Staat, einen Kommunalverband oder einen besonderen Schulverband oder von diesen Verbänden gegen einen Beamten oder Lehrer

(Lehrerin) erhoben werden, sind die Landgerichte ohne Rücksicht auf den Wert des Streitgegenstandes ausschließlich zuständig.

§ 5. Den Angehörigen eines ausländischen Staates steht ein Ersatzanspruch auf Grund dieses Gesetzes nur insoweit zu, als nach einer in den Gesetzsammlungen des Großherzogtums enthaltenen Bekanntmachung des Staatsministeriums durch die Gesetzgebung des ausländischen Staates oder durch Staatsvertrag die Gegenseitigkeit verbürgt ist.

15. Preußen.

Siehe zunächst das Gesetz von 1909 Buch V und § 8 AG. z. GBO. in § 7.

a) Ganze Monarchie mit Ausnahme der Rheinprovinz [1 2]). Teil II Titel 10. Allg. Landrecht (§§ 88—91, 127—145).

---

[1]) Die §§ 88—91, 127—145 ALR. gelten jetzt nur noch im Verhältnis des Beamten zu seinem Staate (bzw. Verband), falls dieser direkt geschädigt ist. Vgl. unten § 8.

[2]) Die Vorschriften des Landrechts, welche gemäß Art. 80 EG. z. BGB. aufrecht erhalten sind, gelten auch in den neuen Provinzen. Vgl. Verordnung v. 23. Sept. 1867 (GS. S. 1619) § 1 Abs. 2 Nr. 2, Gesetze v. 25. Febr. 1878 (GS. S. 97) § 1 Nr. 1 u. v. 22. März 1891 (GS. S. 39) § 1 Nr. 1. In der Rheinprovinz mit Ausnahme der landrechtl. Gebietsteile gelten sie nicht (RG.-Entsch. i. CS. 43 Nr. 84 u. 56 Nr. 84). Die Art. 1382 u. 1383 Cod. civ. sind durch Art. 89 AG. z. BGB. vollständig, auch in öffentlich-recht. Beziehung, aufgehoben (vgl. RG. 26. Juni 1906, Entsch. i. CS. 63,

§ 88. Wer ein Amt übernimmt, muß auf die pflichtmäßige Führung desselben die genaueste Aufmerksamkeit wenden.

§ 89. Jedes dabei begangene Versehen, welches bei gehöriger Aufmerksamkeit und nach den Kenntnissen, die bei der Verwaltung des Amtes erfordert werden, hätte vermieden werden können und sollen, muß er vertreten.

§ 90. Vorgesetzte, welche durch vorschriftsmäßige Aufmerksamkeit die Amtsvergehungen ihrer Untergebenen hätten hindern können, sind für den aus Vernachlässigung dessen entstehenden Schaden, sowohl dem Staate, als einzelnen Privatpersonen, welche darunter leiden, verhaftet.

§ 91. Doch findet in beiden Fällen (§§ 89, 90) die Vertretung nur alsdann statt, wenn kein anderes gesetzmäßiges Mittel, wodurch den nachteiligen Folgen eines solchen Versehens abgeholfen werden könnte, mehr übrig ist[1]).

§ 127. Geschäfte, welche dem ganzen Kollegio obliegen, müssen von allen Mitgliedern desselben vertreten werden[2]).

---

431). Im Verhältnis des Staates zum Beamten sind die Vorschriften des Dienstvertrages entsprechend anwendbar. — Die §§ 90—97 II, 17 ALR. sind obsolet infolge Wegfalls der Patrimonialgerichtsbarkeit.

[1]) Der Beamte haftet für das geringste Versehen, aber selbst bei Vorsatz nur subsidiär.

[2]) Vgl. Strieth. Arch. 48, 292, 295.

§ 128. Inwiefern die Mitglieder für einen durch Vorsatz oder Versehen entstandenen Schaden als Mitschuldner, oder ein jeder nur für seinen Anteil, haften, ist nach allgemeinen gesetzlichen Vorschriften zu bestimmen. (T. I Tit. 6 §§ 29ff.)

§ 129. Kann in Fällen, wo jedes Mitglied nur für seinen Anteil haftet, von einem oder dem andern dessen Anteil an der Entschädigung nicht beigetrieben werden, so müssen die übrigen denselben zu gleichen Teilen vertreten.

§ 130. Der Einwand, daß ein Versehen durch den unrichtigen Vortrag eines Mitgliedes, oder durch die von demselben geschehene Abfassung einer dem Schlusse des Kollegii nicht gemäßen Verfügung, oder durch andere Pflichtwidrigkeiten oder Fahrlässigkeiten desselben entstanden sei, befreit das Kollegium nicht von der Einlassung auf die Klage[1].

§ 131. Findet sich aber bei der Untersuchung, daß dieser Einwand seine Richtigkeit habe, so muß der Kläger an dasjenige Mitglied, welches solchergestalt das Versehen unmittelbar begangen hat, vorzüglich sich halten.

§ 132. Nächst diesem haftet der Vorgesetzte, wenn er durch Anwendung der ihm vermöge seines Amtes obliegenden Aufmerksamkeit (§ 90) das vorgefallene Versehen hätte verhüten oder abwenden können[2].

---

[1]) Strieth. Arch. 48, 292.

[2]) Strieth. Arch. 6, 89.

§ 133. Die übrigen Mitglieder[1]) haften nur in Ermangelung beider, und nur insofern, als besondere Gesetze ihnen eine vorzüglich eigene Aufmerksamkeit auf die Handlungen ihrer Kollegen bei Geschäften dieser Art ausdrücklich zur Pflicht gemacht haben.

§ 134. Hat der Vorgesetzte das Geschäft ohne Zuziehung des Kollegii oder nur mit Zuziehung einiger Mitglieder vorgenommen, so ist derselbe nur allein oder nur mit den zugezogenen Mitgliedern verantwortlich[2]).

§ 135. Die nicht zugezogenen Mitglieder sind nur alsdann zur Vertretung gehalten, wenn hiernächst das Geschäft dem Kollegii vorgetragen und zu einer Zeit, da dem Versehen noch abgeholfen werden konnte, von selbigem genehmigt worden.

§ 136. Hat das Kollegium die Besorgung der verschiedenen Arten seiner Geschäfte unter seine Mitglieder eigenmächtig verteilt, so ändert dieses nichts an der Vertretungsverbindlichkeit der Mitglieder gegen die Partei.

§ 137. Doch bleibt den übrigen der Regreß gegen diejenigen Mitglieder vorbehalten, welche die Besorgung des Geschäfts ausschließend übernommen und dabei das Versehen begangen haben.

§ 138. Sind aber durch Gesetze, Amtsinstruktionen oder höhere Anweisungen gewisse Arten von Ge-

[1]) Strieth. Arch. 20, 195.
[2]) Strieth. Arch. 69, 13 (Anwendung auf Subalterne).

schäften einem oder etlichen Mitgliedern zur ausschließenden Besorgung angewiesen, so müssen diese für ein dabei begangenes Versehen und zwar, wenn ihrer mehrere sind, nach Vorschrift §§ 127, 128, 129 haften.

§ 139. Ist dem einen die eigentliche Besorgung des Geschäfts, den übrigen aber eine besondere Aufsicht über ihn solchergestalt angewiesen, so werden letztere nur für die Vernachlässigung dieser Aufsicht verantwortlich.

§ 140. Sind desgleichen zu einem gewissen Geschäfte besonders verordnete Mitglieder oder Subalternen zum Schadensersatze nicht vermögend, so haften der Vorgesetzte und die übrigen Mitglieder nur insofern, als bei der Auswahl oder Bestellung des Subjekts ein grobes oder mäßiges Versehen begangen oder die über das Geschäft zu führende allgemeine Aufsicht vernachlässigt worden.

§ 141. In keinem Falle sind Mitglieder eines Kollegii zur Vertretung gehalten, wenn ihnen bei dem Geschäfte, worin das Versehen vorgefallen ist, kein Votum zukam.

§ 142. Auch alsdann nicht, wenn sie mit Vorwissen und Genehmigung des Vorgesetzten abwesend waren.

§ 143. Ferner alsdann nicht, wenn sie durch Krankheit der Versammlung des Kollegii beizuwohnen verhindert worden.

§ 144. Endlich alsdann nicht, wenn sie überstimmt worden und ihr Votum schriftlich, unter Anführung der Gründe, zu den Akten gebracht haben.

§ 145. Auch die Erben der Mitglieder haften für den dem Erblasser obliegenden Ersatz, ebenso wie für andere Schulden desselben.

Für die Mitglieder der **Regierung** kommt der § 34 der Instruktion[1]) zur Geschäftsführung der Regierungen in den Kgl. Preuß. Staaten vom 23. Oktober 1817 (GS. S. 248) in Betracht, welcher bestimmt:

„.... ein jeder Departementsrat oder in einzelnen Sachen ernannter Dezernent .. ist ... auch für eine gründliche und vorschriftsmäßige Bearbeitung der dazu gehörigen Gegenstände ... zunächst und vollständig verantwortlich.

Von dieser prinzipalen Verantwortlichkeit wird auch niemand durch den Beitritt des Kollegiums bei den gehaltenen Vortrage befreit. Ist das Mitglied von dem Kollegium abgestimmt worden, so darf es den Beschluß nicht vertreten, wenn es seine abweichende Meinung in dem Dekrete kürzlich vermerkt und solches darunter von dem vorsitzenden Direktor oder Präsidenten hat bescheinigen lassen. Wohl aber haftet das Mitglied nachher vollständig

---

[1]) Diese Instruktion ist das die Vertretungsverbindlichkeit der Regierungsbeamten regelnde Sondergesetz und zugleich gegenüber den §§ 127 ff. II, 10 ALR. das jüngere Gesetz (RG. III. CS. 20. Okt. 1908, Recht S. 821).

für den weiteren Betrieb der Sache und eine zweck- und ordnungsmäßige Ausführung des Beschlusses. Auch kann dasselbe zur Verantwortung und vollen Vertretung gezogen werden, wenn es sich in der Folge ausweiset, daß es aus Unkunde des Sachverhältnisses, der Gesetze oder Vorschriften, oder vielleicht gar aus bloßem Eigensinn abweichender Meinung gewesen, oder aber durch falsche u. unvollständige Darstellung das Kollegium zu dem Beschluß verleitet hat."

ALR. Teil I Titel 13[1]).

§ 41. Geschäfte eines öffentlichen Amtes soll niemand eigenmächtig einem anderen an seiner Statt auftragen.

§ 42. Ist es dennoch geschehen, so sind die Handlungen des Substituten nichtig, und er sowohl, als sein Machtgeber haften, einer für beide und beide für einen, wegen alles daraus entstandenen Schadens.

§ 43. War jedoch der Substitut zur Verrichtung von Amtshandlungen dieser Art an sich qualifiziert, so wird zwar dadurch, daß der, welchem das Geschäft eigentlich oblag, ihn dazu eigenmächtig substituiert hat, die Handlung selbst noch nicht ungültig

---

1) Auch diese das Beamtenrecht betreffenden Paragraphen gelten als öffentliches Recht für die ganze Monarchie, wenn auch eine ausdrückliche Vorschrift für die neuen Provinzen fehlt. Vgl. auch Art. 89 AG. z. BGB.

§ 44. Derjenige aber, welcher sich eine solche eigenmächtige Substitution angemaßt hat, soll, nach Bewandtnis der Umstände, mit verhältnismäßiger Geld- oder Gefängnisstrafe belegt werden

§ 45. Auch von dieser Strafe bleibt ein Beamter frei, welcher durch Krankheit oder anderen Zufall die Geschäfte seines Amts zu verwalten, auf eine Zeitlang außerstand gesetzt worden, und auf so lange, bis von seinem Vorgesetzten wegen einstweiliger Versehung desselben, Anstalten getroffen worden, solche Amtshandlungen, die keinen Aufschub leiden, andern, welche zu Geschäften von gleicher Art öffentlich bestellt und verpflichtet sind, aufgetragen hat.

16. Reuß ältere Linie.

a) Gesetz vom 26. Oktober 1899 betr. die Ausführung des BGB. (GS. 1899 S. 25–64).

§ 69. Im Falle der Ersatzpflicht nach den Vorschriften der §§ 839, 1674, 1848 BGB. haften der Staat, die Gemeinden und andere Kommunalverbände für den von ihren Beamten in Ausübung der ihnen anvertrauten öffentlichen Gewalt zugefügten Schaden wie ein Bürge.

Die Vorschriften über die Haftung des Staates in Grundbuch- und Hinterlegungs- bzw. Depositensachen bleiben unberührt.

Ausländern kann die Entschädigung verweigert werden, wenn nicht nachgewiesen ist, daß in dem Heimatsstaate des Verletzten eine der Vorschrift des

Abs. 1 entsprechende Haftung gegenüber Angehörigen der deutschen Bundesstaaten anerkannt wird.

§ 29. Verletzt ein Beamter vorsätzlich oder fahrlässig die ihm in bezug auf die Hinterlegung obliegende Amtspflicht, so trifft den Beteiligten gegenüber die im § 839 BGB. bestimmte Verantwortlichkeit an Stelle des Beamten den Staat.

Der Staat ist berechtigt, von dem Beamten Ersatz zu verlangen.

§ 852 BGB. findet entsprechende Anwendung. Die dreijährige Verjährungsfrist beginnt mit dem Zeitpunkte, in welchem die Ersatzpflicht des Staates von diesem anerkannt, oder ihm gegenüber rechtskräftig festgestellt ist.

Sind mehrere Beamte beteiligt, so haften sie als Gesamtschuldner. Den durch Zufall entstehenden Schaden hat der Eigentümer des hinterlegten Gegenstandes zu tragen.

Nichtstaatsangehörigen[1]) gegenüber finden die Bestimmungen des Abs. 1 nur Anwendung, wenn in dem Heimatsstaate des Geschädigten eine entsprechende Haftung des Staats diesseitigen Staatsangehörigen gegenüber anerkannt wird.

b) Gesetz vom 28. Oktober 1899 zur Ausführung der Grundbuchordnung (Gesetzs. 1899 S. 85—90).

---

[1]) Ungültig, soweit darunter Reichsangehörige zu verstehen sind, weil die Vorschrift gegen Art. 3 Reichsverf. verstößt. Vgl. Gierke, Verhandl. des 28. deutsch. Juristentages I, 125.

§ 12. Der Staat ist berechtigt, wenn er an Stelle des Beamten nach § 12 Satz 1 der Grundbuchordnung hat Schadensersatz leisten müssen, von dem Beamten Ersatz zu verlangen. § 852 BGB. findet entsprechende Anwendung. Die dreijährige Verjährungsfrist beginnt mit dem Zeitpunkte, in welchem die Ersatzpflicht des Staates von diesem anerkannt oder ihm gegenüber rechtskräftig festgestellt ist.

Sind mehrere Beamte beteiligt, so haften sie als Gesamtschuldner.

17. Reuß jüngere Linie.

a) Gesetz vom 10. August 1899 betr. die Ausführung des BGB. (Gesetzs. Nr. 580 S. 1—45).

§ 48. Fügt ein Beamter in Ausübung der ihm anvertrauten öffentlichen Gewalt unter vorsätzlicher oder fahrlässiger Verletzung seiner Amtspflicht einem Dritten Schaden zu, so trifft den Beteiligten gegenüber die im § 839 BGB. bestimmte Verantwortlichkeit an Stelle des Beamten den Staat oder die Körperschaft, in deren Dienst der Beamte steht.

Der Staat ist berechtigt, wenn er nach Abs. 1 Schadensersatz hat leisten müssen, von dem Beamten Ersatz zu verlangen. Dieser Anspruch verjährt in drei Jahren von dem Zeitpunkte an, in welchem die Ersatzpflicht des Staates von letzterem anerkannt oder ihm gegenüber rechtskräftig festgestellt worden ist.

Sind mehrere Beamte beteiligt, so haften sie als Gesamtschuldner.

Angehörigen außerdeutscher Staaten kann die Entschädigung verweigert werden, wenn nicht nachgewiesen ist, daß in dem Heimatsstaate derselben eine den Vorschriften des Abs. 1 entsprechende Haftung den Angehörigen des Fürstentums gegenüber anerkannt wird.

b) Gesetz vom 10. August 1899 zur Ausf. der Grundbuchordnung (Gesetzs. S. 137—141).

§ 6. Der Staat ist berechtigt, wenn er an Stelle eines Grundbuchbeamten nach § 12 Abs. 1 der Grundbuchordnung Schadensersatz hat leisten müssen, von dem Beamten Ersatz zu verlangen.

Dieser Anspruch verjährt in drei Jahren von dem Zeitpunkte an, in welchem die Ersatzpflicht des Staates von letzterem anerkannt oder ihm gegenüber rechtskräftig festgestellt worden ist.

Sind mehrere Grundbuchbeamte beteiligt, so haften sie als Gesamtschuldner.

Wegen Haftung des Staates für Notare vgl. Notariatsordnung vom 10. August 1899; desgl. wegen der Notariatsvertreter.

18. Königreich Sachsen.

Das Ausf.-Gesetz zum BGB. enthält keine Bestimmungen.

a) Reskript, die Klage gegen Churfürstliche in officio fehlende Diener betr., den 18. October 1796 (3. F. I 2).

.... Wir haben Uns aus eurem untertänigsten Berichte v. 18. Februar dss. Js. geziemend vortragen lassen, welchergestalt bei Euch, von dem Königlichen Preußischen Obersten Schmidt von Wegnitz, als Besitzer des im Amte Schkeuditz gelegenen Ritterguts Wegnitz, entgegen dem Kammerherrn von Nostitz, als Stift Merseburgischen Oberforstmeister, wegen der ihm von Selbigem, durch angeblich unterlassene Befolgung der von dem dasigen Cammer-Collegio zur Wegschießung der Rehe erhaltenen Anweisung in seinem Geholze auf 6000 Thlr. — zugefügten Schaden eine förmliche Klage eingereichet worden, und wie ihr dieserhalb mit vorgedachtem Cammer-Collegio auch Communicando vernommen, wegen der auf diese Klage zu treffenden Verfügung aber, um Unsere Anweisung gebeten habet. — Da nun in dergleichen Fällen gegen den fehlenden Diener, nach der bisherigen Verfassung, nicht vor einer Justizinstanz Klage zu erheben, sondern bei der ihm vorgesetzten Instanz Beschwerde zu führen, und der etwaige Schadenersatz bei dieser zu suchen, von dieser aber ferner der Regreß an den fehlenden Diener zu nehmen ist; so usw.

b) Generale, die Einrichtung des Depositenwesens bei den Patrimonialgerichten betr.,

den 20. Juni 1817 (3. F. I 301).

§ 15. Das Gericht, welchem Deposita übergeben werden, und, soviel die Patrimonialgerichte auf dem

Lande betrifft, der jedesmalige Gerichtsherr, ist unbedingt verbunden, für die sichere Aufbewahrung derselben zu haften. — Daher muß jeder Schade, welcher den zur Verwahrung niedergelegten Sachen, durch Nachlässigkeit, Veruntreuung, oder andere widerrechtliche Handlungen, zugefügt wird, den Deponenten, in Städten aus den Cämmerei-Vermögen, und bei den Patrimonialgerichten auf dem Lande, von dem jedesmaligen Gerichtsherrn, vergütet werden. — Diese Vertretungsverbindlichkeit liegt auch dem Ersteher eines sub hasta publica verkauften Gutes ob. — Wird dieser Schaden aus dem Kämmereivermögen vergütet, so ist der Rat schuldig, den Regreß an diejenigen, denen die Sorge für die Deposita anvertraut war, oder die den Schaden verursacht haben, zu nehmen, und dadurch das Cämmerei-Vermögen wieder zu entschädigen. — Bloß denjenigen Schaden trägt der Eigentümer, der sich durch ungefähren Zufall an dem Deposito ereignet . . . .

In Anlehnung an diese Bestimmungen (Reskript v. 18. Okt. 1796 u. Generale v. 20. Juni 1817) hat sich in Sachsen das öffentlich-rechtliche und daher neben dem Gesetzbuch in Kraft verbliebene Gewohnheitsrecht entwickelt, daß Staat und Gemeinden für diejenigen Ansprüche, welche gegen ihre mit Wahrnehmung öffentlich-rechtlicher Befugnisse betrauten Beamten wegen Verschuldung in Ausübung derselben erwachsen sind, auch ihrerseits haften[1]). Vgl. z. B. Annalen N. F. 10 S. 493; 2. F. III S. 26; Archiv 1877, S. 45; 1883 S. 162 usw.

c) Verfassungsurkunde des Königreichs Sachsen vom 4. September 1831. § 49 lautet:

Jedem, der sich durch einen Akt der Staatsverwaltung in seinen Rechten verletzt glaubt, steht der Rechtsweg offen.

Ein besonderes Gesetz wird die nötigen Ausnahmen und Bestimmungen treffen, damit durch die Ausübung dieses Befugnisses der freie Fortgang der Verwaltung nicht gehemmt werde[2]).

Dann heißt es:

Der Rechtsweg findet statt, wenn jemand unter Behauptung, eine Verwaltungsbehörde habe ihre Amtsgewalt überschritten oder gemißbraucht, oder Amtspflichten vernachlässigt und es sei daraus für ihn Schaden entstanden, Entschädigung (nach Befinden Herstellung des vorigen Standes der Sache, Sachsenbuße) verlangt. Es dürfen jedoch Justizbehörden, wenn dabei Verwaltungsmaßregeln zur Sprache kommen, über die Notwendigkeit und Zweckmäßigkeit derselben in bezug auf das allgemeine

[1]) RG. 55, 365; OLG. Dresden v. 13. Juni 1902, R. d. OLG. 5, 210 und 30. November 1906, R. d. OLG. 14, 1. Nimmt der Grundbuchführer, statt die Partei an die Kasse zu verweisen die zur Eintragung erforderliche Vorschußleistung selbst in Empfang und unterschlägt das Empfangene, so haftet der Staat.

[2]) Als das besondere Gesetz ist anzusehen das sog. A. Gesetz vom 28. 1. 1835, § 7 Z. 3 Abs. 2.

Beste, soweit eine rechtliche Erörterung darüber in den Gesetzen nicht ausdrücklich nachgelassen worden, nicht erteilen, noch die Verordnungen der Verwaltungsbehörden für ungiltig erklären. Auch versteht es sich von selbst, daß Justizbehörden über die Verletzung oder Gefährdung bloßer Interessen (im Gegensatz der Rechte) und über Versagung von Gesuchen, deren Bewilligung dem Ermessen der Verwaltungsbehörden überlassen ist, nicht zu urteilen haben, ingleichen daß die Administrativjustizbehörden, wenn sie in ihrer richterlichen Eigenschaft innerhalb der Grenzen ihrer Kompetenz Entscheidungen geben, ganz den gewöhnlichen Justizbehörden gleich zu achten sind.

19. Sachsen-Altenburg.

a) Das Edikt für Sachsen-Altenburg vom 18. April 1831 schreibt vor, daß eine Klage auf Schadensersatz gegen den Fiskus statthaft sei, wenn der Beamte die Rechtsverletzung innerhalb seiner Amtsbefugnisse bewirkt und die Oberbehörde nicht alsbald auf Anrufen der Beteiligten anerkannt habe, daß eine Überschreitung der Dienstbefugnisse stattgefunden habe[1]).

b) Ausf.-Gesetz z. BGB. vom 4. Mai 1899 (Gesetzs. 1899 S. 31—63).

§ 28. Verletzt ein Beamter vorsätzlich oder fahr-

[1]) Die ähnliche Bestimmungen enthaltenden Verfassungen für Schwarzburg-Sondershausen und Mecklenburg-Schwerin gelten nicht mehr.

lässig die ihm in bezug auf die Hinterlegung obliegende Amtspflicht, so trifft den Beteiligten gegenüber die im § 839 BGB. bestimmte Verantwortlichkeit an Stelle des Beamten den Staat.

Der Staat ist berechtigt, von dem Beamten Ersatz zu verlangen. Auch auf diesen Ersatzanspruch findet § 852 BGB. entsprechende Anwendung.

Sind mehrere Beamte beteiligt, so haften sie als Gesamtschuldner.

Ausländern gegenüber kann der Staat die ihm nach Abs. 1 treffende Verantwortlichkeit ablehnen, wenn nicht nachgewiesen ist, daß in dem Heimatsstaate des Verletzten eine den Vorschriften des Abs. 1 entsprechende Haftung Deutschen gegenüber anerkannt ist.

c) Ausf.-Ges. z. Grundbuchordnung v. 4. Mai 1899 (Gesetzs. 1899 S. 69—73).

§ 16. Der Staat ist berechtigt, wenn er an Stelle des Grundbuchbeamten nach § 12 Abs. 1 der Grundbuchordnung hat Schadensersatz leisten müssen, von dem Beamten Ersatz zu verlangen. § 852 BGB. findet entsprechende Anwendung.

Sind mehrere Grundbuchbeamte beteiligt, so haften sie als Gesamtschuldner.

20. Sachsen-Koburg-Gotha.

a) Das Landesgrundgesetz für Sachsen-Koburg-Gotha vom 3. Mai 1852 § 68 bestimmt:

„Für die Schäden, welche einem Staatsangehörigen durch die Arglist oder grobe Verschuldung der Staatsbeamten als solcher verursacht worden, hat der Staat — insofern nicht besondere Gesetze in gewissen Fällen eine unmittelbare Vertretungsverbindlichkeit desselben festsetzen — dann zu haften, wenn der Beteiligte den Schadensersatz vom schuldigen Beamten nicht zu erlangen vermag[1])."

b) Ausf.-Ges. z. BGB. v. 20. Nov. 1899 (Ges.-S. 1899 Nr. 629 S. 199—247).

Art. 18. Unerlaubte Handlungen von Beamten.

§ 1. Insoweit ein Beamter wegen vorsätzlicher oder fahrlässiger Verletzung der Amtspflicht einem Dritten zum Schadensersatz gemäß §§ 839, 1674, 1848 BGB. verpflichtet ist, tritt an dessen Stelle der Staat, die Gemeinde oder der Gemeindeverband, in dessen Diensten er steht.

Der Staat, die Gemeinde und der Gemeindeverband sind befugt, von dem Beamten Ersatz zu verlangen, und verpflichtet, dies zu tun, wenn dessen Handlung auf Arglist oder grober Fahrlässigkeit beruht.

Sind mehrere Beamte beteiligt, so haften sie ihrer Dienstbehörde gegenüber als Gesamtschuldner.

§ 2. Die Bestimmungen des § 1 Abs. 2 u. 3 finden auch Anwendung, wenn der Staat in Gemäßheit des § 12 der Grundbuchordnung Schadensersatz zu leisten hat.

---

[1]) Wohl obsolet infolge des Gesetzes v. 20. Nov. 1899.

§ 3. Nichtstaatsangehörigen[1]) gegenüber finden die Bestimmungen des § 1 nur Anwendung, wenn in dem Heimatsstaate des Geschädigten eine entsprechende Haftung des Staates, der Gemeinde oder Gemeindeverbände diesseitigen Staatsangehörigen gegenüber anerkannt wird.

§ 4. Die Vorschriften des Art. 143 der Strafprozeßordnung vom 21. Sept. 1857 (Nr. 54 der Gemeinschaftlichen Gesetzsammlung) treten außer Kraft.

21. Sachsen-Meiningen.

Gesetz vom 14. Aug. 1899 zur Ausf. der Reichsgrundbuchordnung (Samml. 1899 Nr. 85 S. 399—404).

Art. 10. Die Grundbuchbeamten sind der Staatskasse zum Ersatz alles dessen, was die Staatskasse auf Grund der Vorschrift des § 12 der Reichsgrundbuchordnung vom 24. März 1897 wegen einer jenen Beamten zur Last fallenden Verletzung ihrer Amtspflicht hat aufwenden müssen, nur dann verpflichtet, wenn sie ihre Amtspflicht vorsätzlich oder grob fahrlässig verletzt haben.

Die im § 852 Abs. 1 BGB. vorgesehene 3jährige Verjährung beginnt mit dem Zeitpunkte, in welchen die Ersatzpflicht des Staates von diesem anerkannt oder ihm gegenüber rechtskräftig festgestellt ist.

---

[1]) Ungiltig, soweit Reichsangehörige gemeint sind. Vgl. oben Reuß ält. Linie zu § 29.

22. Sachsen-Weimar-Eisenach.

Ausf.-Ges. z. BGB. vom 5. April 1899 (RGBl. 1899 S. 123—195).

§ 91. Im Falle der Ersatzpflicht nach den Vorschriften des § 839 BGB. haften, soweit nicht in Unterpfands-, Grundbuchs- und Hinterlegungssachen besondere Vorschriften bestehen, der Staat, die Gemeinden und andere Kommunalverbände für den von ihren Beamten in Ausübung der ihnen anvertrauten öffentlichen Gewalt zugefügten Schaden wie ein Bürge.

Ausländern kann die Entschädigung verweigert werden, wenn nicht nachgewiesen ist, daß in dem Heimatstaate des Verletzten eine der Vorschrift des Abs. 1 entsprechende Haftung Deutschen gegenüber anerkannt ist.

Die Vorschriften des Art. 143 der Strafprozeßordnung vom 20. März 1850 treten außer Kraft.

23. Schwarzburg-Rudolstadt.

Ausf.-Ges. zur Grundbuchordnung vom 28. Februar 1900. (GS. Nr. XXVII S. 169—174):

Art. 22. Verletzt ein Grundbuchbeamter vorsätzlich oder aus grober Fahrlässigkeit die ihm obliegende Amtspflicht, so trifft ihn dem Staate gegenüber die im § 839 BGB. bestimmte Verantwortlichkeit. Die im § 852 Abs. 1 BGB. vorgesehene dreijährige Verjährung beginnt mit dem Zeitpunkt, in welchem die Ersatzpflicht des Staates von diesem dem Verletzten gegenüber anerkannt oder dem Staate gegenüber rechtskräftig festgestellt ist. Sind mehrere Grundbuchbeamte beteiligt, so haften sie als Gesamtschuldner.

24. Schwarzburg-Sondershausen.

a) Ausf.-Ges. z. BGB. vom 19. Juli 1899 (Ges. S. 1899 S. 29—64).

Art. 19. Haftung des Staates und der Gemeinden für Beamte.

§ 1. Wenn ein Staatsbeamter wegen vorsätzlicher oder fahrlässiger Verletzung seiner Amtspflicht einem Dritten nach den Vorschriften des § 839 BGB. zum Schadensersatz verpflichtet ist, so haftet der Staat dem Dritten für den verwirkten Schaden wie ein Bürge.

§ 2. Unberührt bleiben reichs- und landesgesetzliche Vorschriften, nach denen der Staat für den von Beamten bestimmter Behörden verwirkten Schaden in weiterem Umfange haftet.

§ 3. Die Haftpflicht des Staates gemäß § 1 erstreckt sich auch auf die das Gerichtsvollzieheramt wahrnehmenden Personen, jedoch im Einzelfalle nicht über den Betrag von 300 Mark hinaus.

Bezüglich der Notare ist jede Haftpflicht des Staates ausgeschlossen.

§ 4. In gleicher Weise wie der Staat (§ 1) haften auch die Gemeinden für den von ihren Beamten verwirkten Schaden.

§ 5. Ausländern gegenüber sind Staat oder Gemeinde nicht verpflichtet, wenn nicht nachgewiesen ist, daß in dem Heimatsstaate des Verletzten eine der Vorschrift des § 1 entsprechende Haftung Deutschen gegenüber anerkannt ist.

b) Ausführungsgesetz zur Reichsgrundbuchordnung v. 29. Juli 1899 (Ges.S. S. 150).

§ 29. Grundbuchbeamte sind diejenigen Beamten der Amtsgerichte, welche als Grundbuchrichter und Grundbuchführer die Geschäfte des Grundbuchamts besorgen.

Verletzt ein Grundbuchbeamter vorsätzlich oder fahrlässig die ihm obliegende Amtspflicht, so trifft ihn dem Staate gegenüber die im § 839 des BGB. bestimmte Verantwortlichkeit. Die im § 852 Abs. 1 des BGB. vorgesehene dreijährige Verjährung beginnt mit dem Zeitpunkt, in welchem die Ersatzpflicht des Staates von diesem anerkannt oder ihm gegenüber rechtskräftig festgestellt ist.

25. Waldeck.

Ausf.-Ges. z. Grundbuchordnung vom 11. Dez. 1899 (G.S. S. 175).

Art. 8 ist gleichlautend mit Art. 8 des preußischen Ausführungs-Gesetzes.

26. Württemberg[1]).

Ausf.-Ges. z. BGB. v. 28. Juli 1899 (RGBl. 1899 S. 423—539).

---

[1]) Vorentscheidung einer Verwaltungsbehörde (§ 11 EG. z. GVG.) ist nicht erforderlich. Vgl. Göz bei Maquardsen III, 1, 2 S. 153. Unrichtig Riedner zu Art. 77 BGB. Bem. II, 6.

Art. 202. Verletzt ein Beamter des Staates in Ausübung der ihm anvertrauten öffentlichen Gewalt vorsätzlich oder fahrlässig die ihm Dritten gegenüber obliegende Amtspflicht, so trifft den Beteiligten gegenüber die im BGB. bestimmte Verantwortlichkeit an Stelle des Beamten den Staat.

Die Verantwortlichkeit tritt außerdem ein, wenn die Haftung des Beamten nur deshalb ausgeschlossen ist, weil der Beamte die Amtspflicht im Zustande der Bewußtlosigkeit oder in einem die freie Willensbestimmung ausschließenden Zustand krankhafter Störung der Geistestätigkeit verletzt hat.

Ausländern kann die Entschädigung vorbehaltlich der Verfolgbarkeit des Anspruchs gegen den Beamten selbst verweigert werden, wenn nicht nachgewiesen ist, daß in dem Heimatsstaate des Beschädigten im Falle des Abs. 1 eine mindestens aushilfsweise Haftung des Staates Deutschen gegenüber anerkannt wird.

Art. 203. Soweit der Staat den Schaden ersetzt hat, ist der Beamte unter denselben Voraussetzungen und in demselben Umfange zur Erstattung an den Staat verpflichtet, wie er ohne die Bestimmung in Art. 202 gemäß den Vorschriften des BGB. dem Dritten den aus der Verletzung entstandenen Schaden zu ersetzen hätte. Dies gilt auch, wenn der Staat nach § 12 der Grundbuchordnung an der Stelle eines Grundbuchbeamten den Beteiligten Ersatz geleistet hat.

Art. 204. Die Bestimmungen des Art. 202 u. 203 finden auf die Haftung der Gemeinden und anderer Kommunalverbände für die Amtshandlungen ihrer Beamten entsprechende Anwendung.

§ 6. Grundbuchbeamte. Haftpflicht des Staates.

Der § 12 der Reichsgrundbuchordnung vom 24. März 1897 (RGBl. S. 139) bestimmt:

„Verletzt ein Grundbuchbeamter vorsätzlich oder fahrlässig die ihm obliegende Amtspflicht, so trifft den Beteiligten gegenüber die im § 839 BGB. bestimmte Verantwortlichkeit an Stelle des Beamten den Staat oder die Körperschaft, in deren Dienste der Beamte steht. Das Recht des Staates oder der Körperschaft, von dem Beamten Ersatz zu verlangen, bleibt unberührt.“

1. Altes Recht. Eine ausführliche Angabe des Rechts aller Bundesstaaten würde hier zu weit führen.

Eine genaue Zusammenstellung findet sich in Johow's Begründung des Entwurfs eines Sachenrechts S. 142 ff.

In den meisten Staaten war die Haftpflicht des Staates eine subsidiäre. Vgl. auch Löning S. 130.

2. Das frühere preußische Recht[1]), ins-

[1]) Das alte Recht hat noch Bedeutung für die Zeit vom 1. Oktober 1872 bis 31. Dezember 1899. Vgl.

besondere. § 29 der Grundbuchordnung vom 5. Mai 1872 (GS. S. 446 ff.), welche fast für die ganze Monarchie galt, bestimmte:

„Die Beamten des Grundbuchamts haften für jedes Versehen[1]) bei Wahrnehmung ihrer Amtspflichten, soweit für den Beschädigten von anderer Seite her Ersatz nicht zu erlangen ist.

Soweit der Beschädigte nicht im Stande ist, Ersatz seines Schadens von dem Grundbuchbeamten zu erhalten, haftet ihm für denselben der Staat."

α) Haftpflicht des Beamten.

Die Beamten müssen das geringste Versehen bei Wahrnehmung ihrer Amtspflichten vertreten. Es ist aber eine Unterscheidung der Aufgaben des Richters notwendig. Die richterliche Tätigkeit ist zu trennen von der bloß ausführenden. Überall da, wo der Grundbuchrichter zu urteilen hat, z. B. bei Prüfung der Legitimation in Sukzessionsfällen, wird ihm das Privileg des Spruchrichters gewährt[2]).

Es werden nicht Arten des Schadens nach den Grundsätzen des ALR. unterschieden, es muß also für mittelbaren und unmittelbaren Schaden[3]) Ersatz,

---

im übrigen Turnau, Grundbuchordnung Bd. II, S. 535 ff.

[1]) Auch bei dolus.

[2]) Dernburg, Preuß. Privatr. Bd. 2 § 198 Anm. 18; anderer Ansicht Förster-Eccius, Preuß. Privatr. Bd. 2 § 154 Anm. 33.

[3]) Vgl. § 10 Note 7 δ.

das volle Interesse, die vollständige Genugtuung geleistet werden[1]).

Die Haftpflicht des Beamten ist nur subsidiär. Wesentliche Voraussetzung ist, daß kein anderes gesetzmäßiges Mittel zur Hebung der nachteiligen Folgen des Versehens übrig ist[2]). Es sind hier die Ausführungen im § 10 Note 7 ε. zu vergleichen. Die Klage des Geschädigten gegen den Prinzipalverpflichteten muß im Gerichtsstande des Grundstücks angestellt werden, wenn sie dieses selbst oder ein damit in Verbindung stehendes Recht, eine eingetragene Last oder Forderung usw. betrifft (ZPO. § 26 [25]). Wegen des konkurrierenden Verschuldens des Beschädigten gelten die Grundsätze im § 10 Note 7 β.

Eigenes grobes Verschulden macht den Be-

---

[1]) Willenbücher, Grundbuchrecht, S. 154 Anm. 4. Turnau, Grundbuchrecht, Bd. II, S. 538 und RG. in Gruchot's Beiträgen, Bd. 33, S. 1082 meinen dagegen, daß auch in dem Falle, in welchem der Beamte für jedes Versehen, also auch für ein geringes Versehen zu haften habe, eine Untersuchung des Grades des Versehens überall da vorgenommen werden müsse, wo das Maß der Haftung von dem Grade des Versehens abhängt oder die Haftung dessen, der ein Versehen begangen hat, bei dem Vorhandensein einer Verschuldung auch auf Seite des Beschädigten wegfällt. Ist der Schaden nur ein mittelbarer, so kann dessen Ersatz bei einem geringen Versehen des Beschädigers nicht gefordert werden (ALR. I, 6 § 10 ff.).

[2]) ALR. II, 10 § 91; I, 20 §§ 433—435.

schädigten aller Schadloshaltung verlustig, wenn der Schaden nur aus einem mäßigen oder geringen Versehen des Grundbuchbeamten entstanden ist (ALR. I, 6 § 20 ff.; Strieth. Arch. 33, 272). Die Grundbuchbeamten haften, falls ihnen beiden ein Versehen zur Last fällt, solidarisch. Der Beamte, welcher den ganzen Ersatz geleistet, kann sich an den mitverhafteten Beamten wegen des auf ihn entfallenden Anteils halten (ALR. I, 6 § 33; I, 5 §§ 443—445). Vorsatz schließt aber den Regreß aus (ALR. I, 6 § 34).

Der Anspruch gegen den Beamten kann nur im Wege der Klage[1]) verfolgt werden und zwar, weil derselbe rein persönlicher Natur ist, in dem persönlichen Gerichtsstande des Beamten. Zuständig ist ohne Rücksicht auf den Wert des Streitgegenstandes ausschließlich das Landgericht (Ausf.-Ges. z. GVG. § 39[3])[2]).

β) Voraussetzungen der Haftpflicht des Staates sind:

Ersatzpflicht des Beamten; der Beschädigte muß ferner sein Recht gegen den Beamten soweit verfolgt haben, bis erwiesen ist, daß dieser seine Verbindlich-

---

[1]) Diese verjährt nach ALR. I, 6 §§ 54, 55 und Deklaration vom 31. März 1838 in drei Jahren von dem Zeitpunkt, in welchem sich herausgestellt hat, daß der Beschädigte von anderer Seite her Ersatz nicht erlangen kann, eventuell in 30 Jahren.

[2]) Näheres siehe in § 21.

keit zu erfüllen ganz oder zum Teil nicht imstande ist.

Die Stellung des Staates zu seinen Grundbuchbeamten ist die eines Bürgen zum Hauptschuldner (ALR. I, 14 §§ 200, 250). Die allgemeinen Grundsätze über Bürgschaft finden analoge Anwendung.

Ist der Grundbuchbeamte rechtskräftig zum Schadensersatz verurteilt, so verbleiben dem Staate doch alle Einreden gegen den Beschädigten, sofern dem Staat nicht der Streit verkündet ist (§§ 310, 311, I, 14 ALR.[1]).

Die Klage gegen den Staat ist zu erheben[2]).

Hat der Staat für seinen Beamten eintreten müssen, so tritt er, soweit er den Geschädigten befriedigt hat, in alle Rechte desselben gegen den Beamten, ohne daß es dazu einer ausdrücklichen Zession bedarf (§ 339 I, 14 ALR.). Jetzt ist maßgebend § 774 BGB.

3. Das neue Reichsrecht.

Nach der Begründung der Reichsgrundbuchordnung ist die direkte Haftpflicht des Staates für Versehen des Grundbuchbeamten eingeführt worden

---

[1]) In Mecklenburg nimmt man an, daß die Landesherrschaft das gegen die Behörde ergangene Urteil ohne Weiteres gegen sich selbst gelten lassen müsse, was sich nach allgemeinen Grundsätzen nicht rechtfertigen läßt. (Turnau, Grundbuchordnung II, 546.)

[2]) Näheres siehe im § 21.

wegen des Interesses des Beschädigten, dem die Erlangung des Ersatzes nicht dadurch erschwert werden dürfe, daß er erst zu einer unter Umständen ergebnislosen Rechtsverfolgung gegen den Beamten genötigt werde. Andererseits spreche auch die Rücksicht auf die Grundbuchbeamten mit, indem diese nach der Art ihrer Tätigkeit häufiger als andere Beamten in die Lage kämen, sich ersatzpflichtig zu machen.

Im Falle des § 12 ist eine Klage des Geschädigten gegen den schuldigen Beamten nicht zulässig, vielmehr muß der Staat verklagt werden.

Bezüglich der sachlichen und örtlichen Zuständigkeit für die Klage gelten die Ausführungen im § 21.

Der Staat haftet aber nur insofern und -solange, als der Beamte selbst nach der Vorschrift der §§ 839ff. BGB. haften würde. Es sind daher die Ausführungen in § 10 zu vergleichen.

Das Landesrecht kann die Haftung des Staates erweitern, wie dies z. B. in Preußen, Bayern und Württemberg für den Fall, daß der Beamte unzurechnungsfähig war, geschehen ist, aber nicht vermindern, also auch nicht eine Haftung des Beamten vor oder neben dem Staate begründen. Dagegen darf das Landesrecht den Regreßanspruch des Staates gegen den schuldigen Beamten ausschließen oder ermäßigen.

Der Schadensersatzanspruch steht auch Nichtangehörigen des deutschen Reichs zu; dies kann durch

Landesgesetz nicht abgeändert werden. Vgl. die Bestimmungen der einzelnen Landesgesetze in § 5.

Das Recht der Retorsion konstituiert Art. 31 Einf.-Ges. zum BGB.

Festzuhalten ist, daß im § 12 von den dem Grundbuchbeamten obliegenden Amtspflichten spricht, nicht von solchen, welche dem Beamten gegenüber einem Dritten obliegen. Nach der Denkschrift zur Grundbuchordnung soll durch die Fassung des § 12 klargestellt sein, daß im Sinne des § 839 sämtliche Amtspflichten des Grundbuchbeamten Pflichten sind, die ihm gegenüber einem Dritten obliegen. Aus dieser Abweichung des § 12 vom § 839 erhellt also eine erhebliche Ausdehnung der Ersatzpflicht. Der Satz bedarf jedoch der Einschränkung. Z. B. die Pflichten des preußischen Grundbuchführers zur Aufbewahrung und Verwendung von Schreibmaterialien und viele Dienstvorschriften sind zweifellos keine Pflichten, welche dem Grundbuchbeamten einem Dritten gegenüber obliegen. Die Vermutung, welche § 12 aufstellt, wird widerlegt werden können. Das ist im Einzelfalle zu prüfen.

Der Staat haftet, hiervon abgesehen, also den Beteiligten gegenüber auch für die Verletzung bloßer Ordnungsvorschriften seitens des Beamten, soweit dieselben für die Entstehung des Schadens kausal sind.

Die Amtspflichten des Grundbuchbeamten ergeben sich aus der Grundbuchordnung, den ergänzenden Landesgesetzen, aus den Verwaltungsvorschriften. Zu den hauptsächlichsten Pflichten gehören die Eintragungen in das Grundbuch, Erteilung von Hypothekenbriefen und beglaubigten Abschriften usw.

Die Verletzung einer Amtspflicht kann sowohl in Verzögerung oder Unterlassung (zu später Erledigung oder Nichterledigung eines Eintragungsantrages) als in einer Handlung (ungerechtfertigter Löschung) liegen.

Der § 12 macht die Unterscheidung notwendig, ob der Amtsrichter den Schaden als Grundbuchbeamter oder als Richter der freiwilligen Gerichtsbarkeit verursacht hat. Nur im ersteren Falle haftet der Staat, im anderen kommen die allgemeinen Grundsätze der Beamtenhaftung zur Anwendung. In der Praxis kommt es häufig vor, daß der Grundbuchrichter auch Akte der freiwilligen Gerichtsbarkeit z. B. Schuldverschreibungen, Kaufverträge usw. aufzunehmen hat. Wenn nun auch auf Grund derselben grundbuchliche Operationen vorgenommen werden, so ist doch nur die letztere Tätigkeit eine „grundbuchamtliche“. In Zweifelsfällen wird man sich für das dem Beamten günstigere Recht zu entscheiden haben, so daß § 12 zur Anwendung kommt.

Fuchs-Arnheim II, 159 meint, es komme nur darauf an, daß ein Grundbuchbeamter innerhalb des ihm als solchen zustehenden Kreises von Amtspflichten gehandelt hat, nicht aber darauf, daß die Handlung auch von einem andern Beamten hätte vorgenommen werden können, nehme daher der Grundbuchrichter die Bewilligung der Eintragung einer Hypothek zu Protokoll, so findet der § 12 Anwendung, nehme der Vormundschaftsrichter sie entgegen, der § 839 BGB. Das erscheint nicht richtig. Nur für spezifisch grundbuchamtliche Geschäfte, Auflassung usw. tritt Haftung gemäß § 12 ein.

Die Streitfrage des preuß. Rechts, ob bei Entscheidung reiner Rechtsfragen der Grundbuchrichter das Privileg des Spruchrichters in Anspruch nehmen darf, fällt jetzt, da das Vorrecht des Spruchrichters (§ 839 Abs. 2 BGB.) auf die streitige Gerichtsbarkeit beschränkt ist. Vgl. Fuchs, Bd. 2 S. 154 u. Brettner i. „Recht" 1902 S. 430; and. Ans. Dernburg Bd. 3 S. 102, welcher die verwaltende Tätigkeit des Grundbuchrichters von der urteilenden getrennt wissen will.

Fuchs meint jedoch, daß der der Vorschrift des § 839 Abs. 2 zugrunde liegende Gedanke, daß die richterliche Unabhängigkeit bei der Auslegung und Anwendung des Gesetzes nicht durch die Gefahr der Haftung beschränkt werden soll, auch bei Beurteilung der Frage, inwiefern die Auslegung von Rechtsvorschriften durch den Grundbuchbeamten als eine Pflichtverletzung angesehen werden kann, nicht außer acht gelassen werden dürfe.

Als Beteiligte, denen nach § 12 ein Ersatzanspruch gegen den Staat gegeben ist, sind alle diejenigen zu erachten, denen durch die Pflichtverletzung des Grundbuchbeamten unmittelbar ein Vermögensschaden erwachsen ist (Denkschrift S. 155). Fuchs II, 159 hält die Ausdrucksweise der Denkschrift nicht für korrekt, es komme nicht darauf an, ob der Schaden unmittelbar oder mittelbar durch die Handlung oder Unterlassung entstehe, vielmehr werde in der Regel gerade ein mittelbarer Schaden, d. h. ein durch ein hinzutretendes Ereignis vermittelter in Frage kommen, z. B. infolge redlichen Erwerbes der unrichtig eingetragenen Hypothek. Als „Beteiligter" ist nach Fuchs anzusehen nur derjenige Geschädigte, dessen Rechte und Pflichten durch die Verletzung der Amtspflicht, z. B. durch unrichtige Eintragung unmittelbar betroffen werden. „Hat der Eigentümer sich einem Hypothekar verpflichtet, eine vorstehende Hypothek löschen zu lassen, falls sie sich mit dem Eigentum vereinigt, und nach Stellung des Löschungsantrages, dem der Grundbuchrichter versehentlich nicht stattgegeben hat, über die Posten verfügt, so ist der geschädigte Gläubiger nur ein mittelbar Beteiligter, denn durch die Unterlassung der Löschung werden unmittelbar betroffen nur die Rechte und Pflichten des Gläubigers und des Schuldners. Daß der Gläubiger in dem angegebenen Fall nur mittelbar geschädigt ist, nämlich dadurch, daß der Eigentümer über die zu Unrecht nicht gelöschte Post verfügt, würde die Haftung aus § 12 GO. nicht ausschließen." Vgl. auch Gruchot 43, 469.

Nichtbeteiligten gegenüber haftet der Staat nicht. Nöldeke S. 825 sagt: „Hier wird der Grundbuchrichter Dritten gegenüber selbst haftbar, aber lediglich auf Grund des § 839 BGB., d. h. wenn er vorsätzlich oder fahrlässig eine ihm dem Dritten gegenüber obliegende Amtspflicht verletzt, ein Fall, welcher in der Praxis sich kaum ereignen wird."

Wer als Grundbuchbeamter anzusehen ist, ergibt das Landesrecht. Der Regel nach sind es der Grundbuchrichter und der Grundbuchführer, d. h. der mit der Wahrnehmung der Gerichtsschreiberei beauftragte Beamte, nicht die dem letzteren beigegebenen Hilfsbeamten. Nicht zu den Grundbuchbeamten ist zu zählen der Aufsichtsbeamte, der durch Unterlassen rechtzeitiger Bestellung eines Vertreters oder in anderer Weise seine Amtspflicht verletzt hat. Ebensowenig der Nachlaß-, Vormundschafts- oder Prozeßrichter usw., wenn er innerhalb seines Geschäftskreises mit Vorschriften des Grundbuchrechts befaßt ist.

Grundbuchrichter im Sinne des § 12 sind auch die Mitglieder der Beschwerdekammern der Landgerichte und der Beschwerdesenate der Oberlandesgerichte und des Reichsgerichts, da die Haftung des Staates nicht auf einer persönlichen Rücksichtnahme auf die in erster Instanz tätigen Grundbuchbeamten, sondern auf anderen Gründen, wie oben mitgeteilt, beruht. Anderer Ansicht Fuchs II, 156 und Willenbücher, Liegenschaftsrecht S. 300. Bei Versehen von Mitgliedern des Reichsgerichts, welche wohl zu den Seltenheiten gehören dürften, haftet das Reich. Vgl. Brettner im „Recht" 1902 S. 430.

Daß das „Reich" im § 12 nicht erwähnt ist, besagt nichts, denn das Reich tritt überall an Stelle des Staates. Vgl. RG. Entsch. i. ZS. 54, 198.

Die Gerichtsschreibereibeamten der höheren Instanzen sind keine Grundbuchbeamten, da sie Eintragungen im Grundbuch nicht vornehmen.

Konkurrierendes Verschulden des Beschädigten (§ 254 BGB.) kann den Schadensersatzanspruch ausschließen oder mindern. Ein Maßstab, wie ihn das preuß. Recht (§§ 10 ff. I, 6 ALR.) gab, fehlt. Es werden hauptsächlich Versehen des Beschädigten in Betracht kommen, welche in Unterlassungen bestehen. In der Unterlassung der Einziehung von Erkundigungen auf dem Grundbuchamte hat das Reichsgericht (Gruchot 27, 895 u. 33, 1080) kein Verschulden des Verletzten gesehen. Wenn auch die §§ 450 ff. u. 501 ff. I, 20 ALR. aufgehoben sind, so wird man doch auch jetzt annehmen müssen, daß der Gläubiger eine so wichtige Urkunde, wie den Hypothekenbrief zu prüfen hat und die daraus erkennbaren Fehler nicht ohne grobe Fahrlässigkeit auf sich beruhen lassen darf. Ein Verschulden des Verletzten kann auch darin liegen, daß er eine von Grundbuchbeamten irrtümlich beurkundete Erklärung unterschreibt, ohne den Beamten bei dem Verlesen des Protokolls auf das Versehen aufmerksam zu machen. Fuchs-Arnheim II, 160 meint: „Das Verschulden des Geschädigten wird nicht ohne weiteres schon dadurch aufgehoben, daß er in Grundbuchangelegenheiten nicht geschäftsgewandt ist, wenn er nach Lage des Falls einen Beistand oder Vertreter hätte hinzuziehen können. Ein konkurrierendes Verschulden liegt regelmäßig nicht schon darin, daß er die ihn schädigende Eintragung selbst beantragt hat, da der Antragsteller die Prüfung der Behörde erwarten kann. Verfährt der Grundbuchbeamte jedoch genau nach dem Wortlaute der von zuständiger Seite gestellten und an sich zulässigen, einen Schaden bewirkenden Anträge, so kann von einem Verschulden des Beamten nicht die Rede sein." Der § 839 Abs. 3 ist im Falle des § 12 ebenfalls anwendbar. Hat der Verletzte den Gebrauch eines Rechtsmittels unterlassen, so entfällt in jedem Falle der Schadensersatzanspruch, mag auch das Verschulden des Grundbuchbeamten auf Vorsatz oder grober Fahrlässigkeit, das des Verletzten nur auf geringem Versehen beruhen.

Als Rechtsmittel kommen in Grundbuchsachen die Beschwerde und die weitere Beschwerde in Betracht, ferner auch die Beschwerde im Dienstaufsichtswege. Vgl. im übrigen § 10 Nr. 7.

Bei fahrlässiger Pflichtverletzung des Grundbuchbeamten haftet der Staat nur subsidiär, also nur, wenn der Kläger auf andere Weise nicht Ersatz erlangen kann. Vgl. die bei Fuchs-Arnheim II, 161 angeführten Beispiele.

Eine Klage auf eventuelle Festsetzung der Vertretungspflicht des Staates, bevor alle Mittel zur Erlangung des Schadensersatzes gegen die an erster Stelle Verpflichteten erschöpft sind, ist nicht gegeben (§ 256 ZPO.).

Der Staat hat alle Verteidigungsmittel, welche dem Grundbuchbeamten, wenn er selbst verklagt worden wäre, zugestanden haben würden. Für die im Zustande krankhafter Geistesstörung vorgenommenen Amtshandlungen haftet der Staat nicht. Wenn sich aber der Grundbuchrichter durch geistige Getränke oder dgl. in einen vorübergehenden Zustand der Bewußtlosigkeit usw. versetzt hat, so haftet der Staat, wie wenn dem Grundbuchbeamten Fahrlässigkeit zur Last fiele, die Haftung ist nur ausgeschlossen, wenn der Staat beweist, daß der Beamte ohne Verschulden in diesen Zustand geraten ist. Vgl. aber Bayern und Württemberg im § 5.

Bei dem Prozesse braucht der Grad der Fahrlässigkeit nicht festgestellt werden. Dieser ist nur von Bedeutung für den Regreß des Staates gegen den Beamten. Der Beamte kann nach Oberneck, Grundbuchrecht S. 477 als Zeuge eidlich vernommen werden, da er nicht unmittelbar beteiligt ist, auch wenn ihm der Staat den Streit verkündet hat (§§ 68, 72, 66 ZPO.).

Nach Oberneck S. 478, unterliegt das Rechtsverhältnis des Fiskus zu dem Entschädigungsberechtigten den Grundsätzen der Schuldübernahme. (§§ 414 ff. BGB.) Es ist eine gesetzliche Sondernachfolge des Staates in die Schuld des Grundbuchbeamten, deren sofortige Wirkung auf den Gläubiger auf die Fiktion einer stillschweigenden Genehmigung desselben im Moment der objektiv entstandenen Deliktsobligation zurückzuführen ist.

Nach Fuchs-Arnheim II, 155 beruht die Haftung des Staates an Stelle des Beamten nicht auf dem Gesichtspunkte der Schuldübernahme; der Staat übernimmt nicht die Haftung für die Schuld eines Dritten, vielmehr sind die Handlungen, welche die Grundbuchbeamten als Organ des Staates in Ausübung ihres Amtes vornehmen, die Handlungen des Staates selbst.

Die Oberneck'sche Konstruktion dürfte den Vorzug verdienen. Mit eigenen Forderungen z. B. Kosten und Stempel der Auflassung bzw. Eintragung kann der Fiskus ohne weiteres kompensieren, mit Forderungen des Beamten gegen den Geschädigten erst nach deren Abtretung.

Gegen eine Forderung aus einer vorsätzlich begangenen unerlaubten Handlung ist die Aufrechnung nicht zulässig (§ 393 BGB.). Die Verantwortlichkeit des Staates erlischt gemäß § 852 BGB. durch Verjährung in 3 Jahren von dem Zeitpunkte an, in welchem der Verletzte von dem Schaden Kenntnis erlangt hat, ohne Rücksicht auf diese Kenntnis in 30 Jahren von der Begehung der Handlung an. Auf die Kenntnis von der Person des Ersatzpflichtigen kommt es nicht an, da der Staat ersatzpflichtig ist. Der Staat wird jedoch, soweit er Kosten für Vornahme von amtlichen Verrichtungen des Grundbuchbeamten empfangen hat, ohne daß dieselben ordnungsmäßig ausgeführt sind, als ungerechtfertigt bereichert angesehen werden dürfen, denn es handelt sich um Gebühren für gemachte bzw. zu machende Leistungen der Beamten des Staates. Hier tritt Verjährung erst in 30 Jahren ein (§ 195 BGB.).

Anstifter, Mittäter, Gehilfen zu dem Versehen des Grundbuchbeamten haften gemäß § 840 BGB., soweit sie nicht Grundbuchbeamte sind, solidarisch mit dem Staate für den Schaden.

Für die Ersatzpflicht des Staates ist der § 249 bzw. § 251 BGB. maßgebend. Der Verletzte braucht nicht in allen Fällen den Ausfall der Zwangsversteigerung abzuwarten, er kann z. B. die Herstellung einer der berechtigten Anwartschaft entsprechenden Rangeintragung bereits vorher verlangen, ebenso die Herbeiführung der Wiedereintragung eines zu Unrecht gelöschten Rechtes. Die Höhe des Vermögensschadens wird sich, wenn die Herstellung des ursprünglichen Zustandes nicht oder nur mit unverhältnismäßigen Aufwendungen möglich ist, häufig erst in der Zwangsversteigerung feststellen lassen.

Soweit der Staat Schadensersatz zu leisten hat, ist er zum Ersatze nur gegen Abtretung der Ansprüche verpflichtet, die dem Ersatzberechtigten gegen Dritte zustehen (§ 255 BGB.).

Wegen der Zuständigkeit des Gerichts usw. s. § 21.

Aus der Praxis mögen hier folgende Fälle Erwähnung finden:

1. Die Verfügungen auf die eingehenden Anträge sind vom Richter zu erlassen und vom Grundbuchführer auszuführen. Wenn der letztere die Verfügung im Auftrage des Richters und nach dessen Anweisungen oder aus Gefälligkeit gegen denselben entwirft, und nach erfolgter Unterzeichnung durch den Richter ausführt, so bleibt der Richter gleichwohl allein verantwortlich. (RG. im JustMBl. 1885, S. 165.)

2. Eine Verpflichtung des Amtsrichters, die von ihm erlassenen Verfügungen in der Art zu überwachen, daß ihm eine mangelhafte Ausführung derselben überall nicht entgehen kann, ist im Gesetze nicht begründet. Die Verletzung einer bestimmten Amtspflicht und das Vorhandensein einer daraus sich ergebenden Verschuldung, wie sie vorliegen würde, wenn der Amtsrichter bei Vorlegung der Expedition, die der Gerichtsschreiber in Ausführung der Verfügung des Amtsrichters zu entwerfen gehabt, infolge mangelhafter Prüfung der Expedition über-

sehen hätte, daß der Entwurf eines Benachrichtigungsschreibens übersehen wäre, ist nicht festgestellt. (RG. 21. Febr. 1889, Bolze 7 Nr. 277.)

3. Durch die Gegenzeichnung einer Expedition seitens des Grundbuchrichters bei der Superrevision haftet derselbe nicht bloß für die Übereinstimmung der Expedition, sondern auch für das Materielle der Verfügung selbst. (Obertr. Strieth. Arch. 48, 293.) Jetzt wohl obsolet. Vgl. Fuchs II, 164.

4. Wenn ein Grundeigentümer, welcher von einem Dritten Löschung der auf sein Grundstück eingetragenen Hypothek fordern darf, dadurch geschädigt ist, daß er mit seiner Klage auf Löschung gegen den Dritten kostenpflichtig abgewiesen ist, weil die Löschung erfolgt ist, ohne daß er die verfügte Nachricht erhalten hat, so ist der Grundbuchführer, welcher das Dekret nicht ausgeführt hat, wegen grober Verschuldung zur Erstattung der Kosten nebst deren Zinsen verpflichtet. Ein grobes Verschulden des Grundeigentümers liegt nicht vor, denn er durfte wegen § 121 der preuß. Grundbuchordnung vom 5. Mai 1872 annehmen, eine Löschung, von der er keine Nachricht erhielt, sei nicht erfolgt und hatte daher keine Veranlassung, vor Klageerhebung beim Amtsgerichte Erkundigungen darüber einzuziehen, ob nicht die Löschung inzwischen erfolgt sei (RG. in Gruchots Beiträgen 33, 1080).

5. Das Reichsgericht hat ein doppeltes Versehen darin gefunden, daß der Grundbuchrichter dem

Gläubiger, welcher unter Überreichung der Eintragungsbewilligung des Eigentümers den Antrag auf Eintragung einer Hypothek gestellt hatte, nicht rechtzeitig mitgeteilt hat, die Eintragung sei unzulässig, weil der Antrag des Eigentümers fehle und daß derselbe die vom Gläubiger vorgelegte Schuldurkunde an den Schuldner auf dessen einseitige Erklärung ausgefolgt hat; deshalb ist der Grundbuchrichter zum Ersatz des Schadens verurteilt, welchen der Gläubiger dadurch erlitten hat, daß er infolge der Eintragung einer anderen Hypothek an der ihm nach dem Zeitpunkt der Vorlegung seines Antrages gebührenden Stelle im Grundbuche bei der Subhastation ausgefallen ist. Es ist angenommen, daß der Gläubiger bei rechtzeitiger Benachrichtigung durch Ergreifung der Beschwerde oder durch Benutzung des im § 22 des EigErwerbsgesetzes gebotenen Rechtsmittels den Vorrang für seine Hypothek hätte erreichen können. (RG. E. 22, 235.)

6. Der Grundbuchrichter haftet für jeden dadurch entstandenen Schaden, daß er entgegen dem der Eintragung zugrunde liegenden Kaufvertrag, in welchem die Eintragung des Käufers als Eigentümer von der vorgegangenen Erfüllung einer Bedingung (z. B. von der gleichzeitigen Eintragung des Restkaufgeldes als Hypothek) abhängig gemacht ist, die Eintragung des neuen Eigentümers ohne Rücksicht auf die daran geknüpfte Bedingung bewirkt. (RG. in Gruchot's Beiträgen 25, 453.)

7. Der Grundbuchrichter hatte die Hypothek des Klägers vor der eines Dritten, für welche der Antrag früher eingegangen, versehentlich eintragen lassen. Kläger will dadurch in den Rechtsirrtum versetzt sein, seine Hypothek gehe der des Dritten vor, und aus diesem Grunde unterlassen haben, die Hypothek des Dritten mit herauszubieten. Infolgedessen ist zwar der Dritte befriedigt, Kläger ausgefallen. Konnte die Entstehung dieses Nachteils aus dem Versehen nicht vorausgesehen werden, so lag ein zufälliger Schaden vor (ALR. I, 6 § 4). Dann aber war zu erörtern, ob der Richter für diesen unter Hinzutritt des Rechtsirrtums des Klägers entstandenen, also mittelbaren Schaden, nach ALR. I, 6 § 16 und I, 3 § 13 verantwortlich zu machen war; auch, ob nicht der Kausalzusammenhang durch den Rechtsirrtum des Klägers unterbrochen war — Einl. § 12 — zumal Kläger im Versteigerungstermin über die wahre Rechtslage der Hypotheken informiert war, aber bei jener Ansicht beharrt und deshalb die Hypothek des Dritten nicht herausgeboten hat. (ALR. I, 6 § 19.) — (RG. 16. Juni 1887, Bolze, 4 Nr. 353.)

8. Der Käufer hat dem Verkäufer den vollen Kaufpreis gezahlt, weil nach dem vorgelegten Grundbuchblatt, auf welchem das Grundstück eingetragen war, Schulden nicht eingetragen waren; das Grundstück war aber auch auf einem anderen Grundbuchblatt eingetragen und dort mit Schulden belastet.

Die bereits vor vielen Jahren erfolgte Übertragung des Grundstücks ist von dem damaligen Grundbuchführer im Flurbuch nicht notiert und so versagte die Kontrolle, als auf Antrag des Eigentümers das angeblich noch nicht eingetragene Grundstück auf ein zweites Grundbuchblatt eingetragen wurde. Ein versehen des Richters würde nur vorliegen, wenn er die für die Provinz erlassenen Vorschriften (§ 133 Grundbuchordnung) nicht beachtet hätte. (RG. Bolze 1 Nr. 525.)

9. Ist einem Gläubiger bei Eintragung seiner Forderung in das Grundbuch das dieser Forderung vor einer anderen zustehende, ihm bekannte Vorrecht nicht gewahrt worden und versäumt er, den Voreingetragenen zur Berichtigung der Eintragung anzuhalten, macht auch von der ihm zustehenden Befugnis zum Bestreiten des ungerechtfertigten Vorrechts bei der Kaufgelderbelegungsverhandlung keinen Gebrauch und erleidet er infolgedessen an seiner Forderung Schaden, so kann er den Ersatz desselben vom Grundbuchrichter nicht verlangen, weil er sich durch eigene Nachlässigkeit des Hauptmittels zu seiner Befriedigung verlustig gemacht hat. (Obertr. Strieth. Arch. 62, 30.)

10. Unter Nichtberücksichtigung der Verfügung des preuß. Justizministers hatte der Richter bei Zurückführung des Grundbuches auf das Grundsteuerbuch einen neuesten Auszug aus der Grundsteuermutterrolle nicht erfordert, vielmehr auf Grund

einer von dem Grundbuchführer bei dem Katasteramte mündlich eingezogenen Information den Flächenraum des Pfandgrundstücks um mehrere Hektar zu groß im Grundbuche verzeichnen lassen. Die Erben des Richters sind zum Ersatz des Schadens verurteilt, den Kläger, welcher im Vertrauen auf die genügende Sicherheit bietende Größe des Grundstückes ein Darlehn gegeben hatte, bei der Subhastation erlitten hatte. (RG. Bolze 13, Nr. 217.)

11. Der Richter ist zum Ersatz des dem Zessionar erwachsenen Schadens verurteilt, weil er versehentlich in dem gebildeten Hypothekenbriefe eine Vorrechtseinräumung nicht vermerkt hatte. (RG. Bolze 13, Nr. 218.)

12. Ein Versehen des Grundbuchrichters im Sinne des § 118 preuß. Grundbuchordnung von 1872 liegt nicht vor, wenn er genau nach dem Wortlaute der von zuständiger Seite gestellten und an sich zulässigen Anträge verfährt. (RG. E. 39, 234.)

13. Die nach Württemberg. Pfandgesetze aus der nicht gerechtfertigten Löschung der Hypothek haftenden Mitglieder der Unterpfandsbehörde haben vorgängige Ausklagung des dritten Besitzers des Grundstücks gefordert. Die Klage ist deshalb abgewiesen, denn die replica doli, daß Beklagter dann von jenen Besitzern im Regreßwege belangt werden würde, steht dem Kläger nicht zu. Der Grundsatz dolo facit qui petit quod redditurus est gilt nur, wenn die Gegenpartei dem, welcher diesen Grundsatz

geltend macht, zurückgeben müßte, was sie von ihm fordert. (RG. Bolze 17 Nr. 186.)

14. Der Grundbuchrichter, welcher später beantragte Eintragungen bewirkt, bevor ein früherer Antrag erledigt ist, ist haftpflichtig; die Reihenfolge der Eintragungen bleibt maßgebend und kann weder durch Berichtigung des Grundbuchs noch durch Widerspruch geändert werden. (RG. 13. April 1904, Entsch. i. ZS. 57, 277.)

15. Ein sächsischer Grundbuchführer, der von einer Partei einen Kostenvorschuß annimmt, anstatt die Partei zur Zahlung an die Gerichtskasse zu verweisen, verletzt seine Amtspflicht (OLG. Dresden 16. Dez. 1904, Sächs. Arch. 15, 223).

16. Haftung bei Grundbuchanlegung: s. Recht 1908 S. 90. (Bayr. Oberst. Landesgericht 30. Dez. 1907.)

§ 7. Der Regreßanspruch des Staates gegen die Grundbuchbeamten.

Der Staat, welcher gemäß § 12 der Reichsgrundbuchordnung den Geschädigten befriedigt hat, kann gegen den schuldigen Beamten Regreß nehmen. Die Voraussetzungen sind in den einzelnen Bundesstaaten verschieden. Die einschlägigen gesetzlichen Bestimmungen sind oben im § 5 angegeben; die Anwendung derselben bietet keine Schwierigkeit.

An der Hand des jetzigen preußischen Rechts mag noch folgendes ausgeführt werden. Der für die ganze Monarchie geltende Art. 8 des preuß. Ausf.-Gesetzes z. Grundbuchordnung vom 26. 9. 1899 (GS. S. 397) bestimmt:

„Verletzt ein Grundbuchbeamter vorsätzlich oder aus grober Fahrlässigkeit die ihm obliegende Amtspflicht, so trifft ihn dem Staate gegenüber die im § 839 BGB. bestimmte Verantwortlichkeit. Die im § 852 Abs. 1 BGB. vorgesehene Verjährung beginnt mit dem Zeitpunkt, in welchem die Ersatzpflicht des Staates von diesem dem Verletzten gegenüber anerkannt oder dem Staate gegenüber rechtskräftig festgestellt ist.“

1. Durch diese Bestimmung sind die §§ 88—91 II, 10 ALR. — vgl. oben § 5 — modifiziert.

Hat der Grundbuchbeamte nicht aus grobem Versehen die ihm obliegende Amtspflicht verletzt, so trägt den Schaden unter allen Umständen der Staat. Dasselbe gilt im Falle des § 827 BGB. Der Beamte ist nur disziplinarisch verantwortlich. Diese Bestimmung wird hoffentlich dazu führen, daß der Geschäftsbetrieb in den preußischen Grundbuchämtern ein anderer wird, da für die oftmals übertriebene Ängstlichkeit des unter dem Damoklesschwerte des Regresses sitzenden Grundbuchrichters kein Untergrund mehr vorhanden ist, ohne daß damit einer leichtsinnigen Amtsführung das Wort geredet werden soll. Liegt Vorsatz oder grobes Versehen vor, so wird der Staat die Klage erheben müssen und darf nicht etwa aus Billigkeitsrücksichten hiervon Abstand nehmen.

2. Für den Begriff „grobe Fahrlässigkeit“ ist der § 18 I, 3 ALR. jetzt nicht mehr verwertbar. Für die unter der Herrschaft des neuen Rechts erlassenen Landesgesetze können nicht die aufgehobenen Landesgesetze herangezogen werden, sondern nur die an deren Stelle getretenen Vorschriften des BGB. Das BGB. enthält keine Begriffsbestimmung des groben Verschuldens. Es ist darunter eine „besonders schwere Vernachlässigung“ der gebotenen Sorgfalt oder eine ausnehmende Sorglosigkeit (Mot. I, 280) zu verstehen (RG. 22. April 1908, Recht S. 458). Die Unkenntnis höchstrichterlicher Entscheidungen ist nicht ohne weiteres als grobes Versehen anzusehen.

3. Jeder Grundbuchbeamte haftet für das Versehen, welches ihm in der ihm zugewiesenen Geschäftssphäre zur Last fällt, selbständig und allein. Das Präsentieren der eingehenden Anträge kann sowohl der Richter wie der Gerichtsschreiber vornehmen. Für eine Verletzung der Amtspflicht haftet im Falle der Vertretung nur der Vertreter, mag auch die Vertretung gegen die Geschäftsverteilung verstoßen. Der Amtsnachfolger hat nicht die Verpflichtung, vor jeder neuen Eintragung die Grundakten durchzusehen, ob etwa noch in den Grundakten eingeheftete Anträge unerledigt sind, wohl aber muß er die nicht eingehefteten Urkunden berücksichtigen. Hat der Richter auf einen Antrag eine Reproduktion verfügt,

der Gerichtsschreiber dieselbe nicht notiert, sondern die Urkunde in die Akten ordnungswidrig eingeheftet, so trifft dem Amtsnachfolger, welcher ohne Kenntnis des Antrages eine andere Post einträgt, kein Verschulden. Haftbar ist diesfalls der Grundbuchführer (RG. i. Gruchot 26, 442). Hat der Amtsnachfolger die Expedition der von seinem Vorgänger verfügten Eintragung zu prüfen, so haftet er nur für die Übereinstimmung zwischen Expedition und Verfügung, nicht auch für das Materielle der Verfügung. Hat der Amtsnachfolger Kenntnis von einem Versehen des Vorgängers, so kann er haftpflichtig werden, wenn er es unterläßt, gemäß § 54 GO. einen Widerspruch von Amtswegen einzutragen.

Zu den Amtspflichten des Grundbuchrichters gehört es hauptsächlich, die Einträge mit Angabe des Wortlautes zu verfügen, die gerichtlichen Protokolle aufzunehmen, die Expedition der Eintragungsverfügungen zu prüfen usw. Der Grundbuchführer hat die Vorlegung der Eingänge mit den Grundakten zur Verfügung, die Ausführung der Eintragungsverfügung, die Verwahrung der Urkunden, den Entwurf der Expedition, die Ausführung derselben, die Aufbewahrung der Grundbücher und Grundakten, des Tagebuches usw. zu besorgen. Er hat auch die Erklärungen zu Protokoll zu nehmen, welche der gerichtlichen Form nicht bedürftig sind.

Solidarisch sind die Beamten nur da verhaftet, wo sie ein Geschäft gemeinsam zu besorgen haben

z. B. die Unterzeichnung bei allen Eintragungen im Grundbuch und bei der Ausfertigung der Hypotheken-, Grundschuld- und Rentenschuld-Briefe und der nachträglich auf die letzteren gesetzten Vermerke sowie bei Erteilung beglaubigter Abschriften.

Eine Pflicht des Richters, den Gerichtsschreiber zu beaufsichtigen dahin, daß jede der richterlichen Anordnungen ausgeführt wird, besteht nicht. Führt der Gerichtsschreiber die Verfügung nicht aus, so haftet er allein. Würde sich allerdings der Richter nicht darum kümmern, ob ihm überhaupt ausgeführte Einträge vorgelegt werden, so würde auch bei ihm ein Verschulden anzunehmen sein. Hat der Gerichtsschreiber bei der Expedition die Benachrichtigung der Beteiligten nicht berücksichtigt, so hätte der Richter bei Prüfung der Expedition dies bemerken müssen; diesfalls liegt ein Versehen beider Beamten vor. Ist die Benachrichtigung verfügt und expediert, so haftet der Gerichtsschreiber allein, wenn sie nicht ausgeführt wird. Irrig ist die Ansicht des Landgerichts in der vom Reichsgericht (Gruchot 33, 1080) entschiedenen Sache, daß die Verpflichtung zur Benachrichtigung beiden Beamten obliege.

Es steht im Belieben des Staates, ob er den Richter oder Buchführer oder beide zugleich in Anspruch nehmen will. Hat bei solidarischer Verantwortlichkeit ein Beamter den ganzen Ersatz geleistet, so kann er sich an den mitverhafteten Beamten wegen des auf ihn entfallenden Anteils halten

(§ 426 BGB.), und zwar im Gegensatz zum bisherigen preußischen Recht, auch dann, wenn Vorsatz vorliegt.

Die Solidarhaft gegenüber dem Staate tritt aber nur ein, wenn beiden Grundbuchbeamten mindestens grobes Versehen zur Last fällt. Hat sich der Grundbuchführer z. B. nur eines mäßigen Versehens schuldig gemacht, so fällt bei ihm die Ersatzpflicht gegenüber dem Staate weg. Ebenso umgekehrt beim Richter.

Den Ersatzanspruch kann der Staat gegen den Beamten erst dann geltend machen, nachdem die Verpflichtung des Staates zum Ersatz des Schadens feststeht, entweder durch Anerkenntnis des Staates dem Verletzten gegenüber oder durch rechtskräftige Feststellung dem Staate gegenüber. Mit diesem Zeitpunkt beginnt die dreijährige Verjährung des Anspruchs gegen den Beamten.

Die Klage des Justizfiskus ist gegen den Beamten in dessen persönlichem Gerichtsstande geltend zu machen. Zuständig ist stets das Landgericht. Der Beamte kann, auch wenn der Fiskus rechtskräftig verurteilt ist, alle Einwendungen geltend machen, welche ihm gegenüber dem Beschädigten zustanden; es sei denn, daß er als Nebenintervenient dem Staate beigetreten ist, oder ihm der Staat in dem Vorprozesse den Streit verkündet hat; diesfalls wird der Beamte nur nach Maßgabe des § 68 bzw. 74 Abs. 3 ZPO. gehört.

Der Beamte muß alles erstatten, was der Staat dem Beschädigten hat entrichten müssen; auch Verzugszinsen zahlen.

Die Kosten des Vorprozesses treffen ihn ebenfalls, sofern dem Staat ein Verschulden bei demselben nicht zur Last fällt, z. B. das Bestreiten des Ersatzanspruchs des Geschädigten statt freiwilliger Erstattung begründet war.

Zum Ersatze des Schadens ist der Beamte in gleicher Weise wie der Staat gegen Abtretung der Ansprüche des Verletzten nach Maßgabe des § 255 BGB. verpflichtet.

Vgl. auch die Anmerkungen zu § 3 des preuß. Ges. v. 1909.

Abteilung II.

Haftpflicht des Beamten.

A. Haftpflicht des Beamten gegenüber dem eigenen Staat (Verbande).

§ 8. Der Staat usw. als direkt Geschädigter.

Der Art. 80 Abs. 1 EG. z. BGB. lautet:

„Unberührt bleiben, soweit nicht im BGB. eine besondere Bestimmung getroffen ist, die landesgesetzlichen Vorschriften über die vermögensrechtlichen Ansprüche und Verbindlichkeiten der Beamten, der Geistlichen und der Lehrer an öffentlichen Unterrichtsanstalten aus dem Amts- oder Dienstverhältnisse, mit Einschluß der Ansprüche der Hinterbliebenen."

1. Ist nicht ein Dritter der durch die pflichtwidrige Amtshandlung Geschädigte, sondern der Staat oder die Korporation, in deren Diensten der Beamte steht, so kommt nicht § 839 BGB.[1]) zur Anwendung, sondern das öffentliche Recht des be-

---

[1]) Irrtümlich meint Scholz, S. 375, daß § 823 BGB. Anwendung finde. Vgl. aber RG. 56, 340.

treffenden Bundesstaates [1]). Der Staat (Verband), in dessen Diensten der Beamte steht, kann nicht als Dritter i. S. des § 839 angesehen werden. Fehlt es in einem Bundesstaate an einschlägigen Vorschriften, so sind die Grundsätze über den Dienstvertrag entsprechend zur Anwendung zu bringen (RG. 26. Juni 1906, Entsch.: ZS. 63, 430; 6. Nov. 1903, Recht 1904 S. 17 u. OLG. Köln 20. Dez. 1905, Recht 1906 S. 49). „Wenn auch das Staatsbeamtenverhältnis öffentlich-rechtlicher Natur ist und durch einen einseitigen Akt der Staatsgewalt begründet wird, auch soweit jenes Verhältnis vertragliche Elemente enthält, diese jedenfalls nicht in einem privat-, sondern in einem öffentlich-rechtlichen Vertrage ihren Ursprung finden, so schließt dies nicht aus, daß das Beamtenverhältnis nicht nur für den Beamten, sondern auch für den Staat privatrechtliche Wirkungen hervorbringt (insoweit also quasi kontraktlicher Natur ist), welche in Ermangelung positiver Gesetzesbestimmungen und aus der öffentlich-rechtlichen Natur des Beamtenverhältnisses sich ergebender Ausnahmen, nach Analogie des Dienstvertrages zu beurteilen sind. Dies gilt namentlich insoweit, als der Beamte eine Verletzung seiner Amtspflicht begeht und dadurch dem Staate Schaden zufügt, zu dessen Ersatz dann der Beamte nach Analogie des Dienst-

---

[1]) Vgl. RG. 7. März 1899, Entsch. 43, 385 und RG. in Jur. Woche 1906 S. 551 Nr. 20.

vertrages und der Bestimmungen des BGB. über Schadensersatz verpflichtet erscheint" (RG. 63, 432).

2. Bezüglich der einzelnen Bundesstaaten vgl. die Bestimmungen im § 5 oben und Anmerkung 1. Nach gemeinem Recht haftet der Beamte für omnis culpa (RG. bei Bolze 19 Nr. 263).

3. In Preußen gelten abgesehen von dem Gebiete des französischen Rechts noch die §§ 88—91, 127—145 II, 10 ALR. (s. oben § 5). In der Rheinprovinz fehlt es an Bestimmungen, es kommen deshalb die Vorschriften des Dienstvertrages entsprechend zur Anwendung (RG. Entsch. i. ZS. 63, 430). Nur der Art. 505 Code de procedure civile (s. § 10 Note 1) ist bezüglich des Richters und zwar auch für denjenigen der freiwilligen Gerichtsbarkeit aufrecht erhalten (RG. II ZS. 7. März 1899, Entsch. 43, 384).

Die Vorschriften des ALR. gelten auch bezüglich der mittelbaren Staatsbeamten (RG. 5. Nov. 1891, Entsch. i. ZS. 28, 335).

Es fragt sich, ob als Ergänzungsnormen zu §§ 88, 89 II, 10 ALR. die allgemeinen Vorschriften des BGB. oder die allgemeinen Grundsätze des ALR. I, 6 (Grad des Versehens usw.) heranzuziehen sind. Da öffentliches Recht in Frage kommt, dieses aber durch Art. 55 EG. z. BGB. u. Art. 89 AG. z. BGB. nicht aufgehoben ist, so ist die Frage im Sinne der letzteren Alternative zu beantworten.

Der Beamte haftet für geringes Versehen sowie

für die Verletzung jeder Amtspflicht, nicht bloß der ihm gegenüber einem Dritten obliegenden (§ 839 BGB.). Bezüglich des Spruchrichters gelten die Ausführungen im § 14.

Die Haftpflicht der Beamten ist auch hier eine subsidiäre, selbst bei dolus u. culpa lata.

Die Verweisung auf die Kaution eines anderen haftbaren Beamten greift nicht Platz, wenn der Staat aus anderweitigen Dienstwidrigkeiten Ansprüche hat, welche aus der Dienstkaution zu decken sind (RG. Bolze 5, Nr. 324).

Wegen konkurrierenden Verschuldens des Fiskus sind die Vorschriften des ALR. (§§ 18 ff. I, 6 ALR.) maßgebend, nicht etwa § 254 BGB. Das vormalige preuß. Obertribunal hat in seinem Urteil v. 27. Juni 1836 (Entsch. 3, 37) angenommen, daß derjenige Beamte, welcher den Fiskus beschädigt hat, sich auf das miteintretende Verschulden der das Staatsvermögen verwaltenden Beamten zur Aufhebung seiner Entschädigungspflicht gegen den Fiskus nicht berufen kann. Ob aus dem Urteil des RG. v. 24. April 1908 (Recht Nr. 2132) dasselbe herzuleiten ist, kann dahingestellt bleiben. Nach dem neuen preuß. Beamtenhaftpflichtgesetz von 1909 kann diese Auffassung nicht mehr aufrecht erhalten werden, der Staat (Verband) muß vielmehr ein Versehen seiner übrigen Beamten gegen sich gelten lassen. Der Regel nach wird der Fall aber so liegen, daß der Beamte, auf dessen Verschulden der beklagte Beamte sich beruft, mit letzterem solidarisch für den Schaden haftet.

Der Fiskus hat keinen Schadensersatzanspruch gegen den Beamten wegen Auszahlung nicht geschuldeter Beträge, wenn der Fiskus im Vorprozeß mit der Rückforderung zu Unrecht abgewiesen ist und kein Rechtsmittel ergreift. (RG. 13. Juni 1884 in Vollmann's Zeitschr. 84, 360.) Der Registerrichter haftet für die Kosten, wenn er entgegen einer Anordnung des Justizministers eine Bekanntmachung veröffentlicht.

„Auf die staatsrechtliche Frage, ob und inwieweit dem Beamten (außerhalb der Rechtspflege) ein Recht oder eine Pflicht zur Prüfung gegenüber von Befehlen und Anordnungen der vorgesetzten Behörde zukomme, braucht nicht eingegangen zu werden. Unter allen Umständen ist von dem Beamten zu verlangen, daß er die ihm obliegende oder von ihm für geboten erachtete Prüfung der Gesetzmäßigkeit einer Dienstvorschrift in sorgfältiger und gewissenhafter Weise vornehme, und daß er einer bestimmten Anweisung der vorgesetzten Dienstbehörde nicht den Gehorsam versagt, bevor er durch reifliche, pflichtgemäße Erwägung zu der Überzeugung von der Ungesetzlichkeit der Anweisung gelangt ist" (RG. VI. ZS. 19. September 1904. JMBl. 1905 S. 121 u. JurWoch. S. 536).

Bei Handlungen eines Richters, z. B. des Amtsrichters oder Untersuchungsrichters, welche nach Lage der Sache einen raschen Entschluß und dessen schleunige Ausführung erfordern, kann die vermögensrechtliche Vertretung des Beamten keinesfalls nach dem Maßstabe beurteilt werden, ob sich das Vorgehen bei späterer Prüfung als sachdienlich und zweckmäßig erweist. Wenn der Richter sich in der von ihm vorausgesetzten Sachlage geirrt oder in der Wahl des Mittels für den gesetzmäßig erfolgten Zweck fehlgegriffen hat, so hat er damit noch nicht seine Amtspflicht verletzt. Es liegt nicht im Sinne des Gesetzes, daß der richterliche Beamte in seiner innerhalb der Grenzen der Gerichtsverfassung und Prozeßordnung gelegenen, insoweit unabhängig auszuübenden Amtstätigkeit durch die ihm drohende zivilrechtliche Haftung dem Fiskus gegenüber ungebührlich beengt würde und wenn er für jede objektiv ungeeignete, obschon formell gesetzliche, Handlung auf dem Wege der Kostenerstattungspflicht zur Rechenschaft gezogen werden könnte (RG. 25. Januar 1904, Entsch. 56, 339).

Über die Frage, inwieweit es zu den Amtspflichten eines Richters gehöre, auf den finanziellen Vorteil des Staates Bedacht zu nehmen, spricht sich das Reichsgericht folgendermaßen aus:

Ein Amtsrichter, welcher in derselben Sache Lokaltermin auf einen Tag und den folgenden angesetzt hatte, war die Nacht über nicht auswärts geblieben, sondern an seinen Amtssitz zurückgekehrt und am folgenden Tage wieder hingereist. Die Klage des Fiskus auf Ersatz der hierdurch erwachsenen

Mehrkosten ist abgewiesen aus folgendem Grunde: „Es gehört nicht zu den Amtspflichten eines Richters, positiv auf den finanziellen Vorteil des Staates bedacht zu sein, auch kann es nicht als selbstverständlich gelten, daß ein Richter aus irgendeinem beliegen Grunde Amtsgeschäfte, welche zunächst ihm obliegen, durch seinen Stellvertreter erledigen läßt. Wie weit er hierin gehen zu dürfen meint, das ist vielmehr lediglich Sache seines pflichtgemäßen Ermessens. Zweifelhaft ist, ob der Bekl. verpflichtet gewesen wäre, die Nacht außerhalb zu bleiben, wenn er gewußt hätte oder hätte wissen müssen, daß keine Amtsgeschäfte für ihn an seinem Amtssitze zu erledigen waren. Der Beklagte hatte keine Verpflichtung, den ihm nur für den ersten Tag zugeordneten Gerichtsschreiber zum Bleiben zu veranlassen, unter Übernahme der Verantwortung für diese eigenmächtige Anordnung dem Aufsichtsrichter gegenüber" (RG. VI ZS. 23. Juni 1904, Entsch. 58, 304).

Es bleibt unverständlich, weshalb der Gerichtsschreiber nicht von vornherein für beide Tage zugeordnet ist, und auch für den zweiten Tag nicht der Stellvertreter des Richters die Geschäfte am Amtssitze wahrgenommen hat.

Ist einem Beamten eine Kasse anvertraut, so haftet er für den Bestand der Kasse, sofern er nicht nachweist, daß ein etwaiger Fehlbetrag von ihm nicht verschuldet ist (RG. 24. April 1908, Recht S. 363).

Die Entlastung (Decharge) seitens der zuständigen Verwaltungsorgane hat nur zur Folge, daß der betreffende Beamte wegen Unregelmäßigkeiten und Nachlässigkeiten in der Kassenführung (z. B. unrichtige Auszahlungen) nicht mehr in Anspruch genommen werden kann, ebensowenig seine Erben; dagegen tritt diese Wirkung nicht ein, wenn Rechenfehler, Auslassungen, doppelte Ansätze und strafbare Handlungen in Frage stehen (RG. II. ZS. 27. Juni 1899, JurWoch. S. 616[23]).

Die preußischen Minister sind nach der Verfassung persönlich für Etatsüberschreitungen verantwortlich. Auf diese Verantwortlichkeit allein bezieht sich die nachträgliche Genehmigung von Etatsüberschreitungen seitens des Landtages. Die vermögensrechtlichen Ansprüche des Staates gegen einen Verwaltungsbeamten, welcher sich bei seiner amtlichen Handlung durch Abweichung von dem Voranschlag verantwortlich gemacht hat, werden dadurch nicht beseitigt (RG. 15. April 1885, Bolze 1 Nr. 533).

Die Verjährung des Anspruchs gegenüber dem schuldigen Beamten ist nicht die kurze von 3 Jahren, sondern die ordentliche von 30 Jahren (§ 546 I, 9 ALR.).

Hat die auf Schadenserstattung klagende Behörde bewiesen, daß der Beamte eine Dienstvorschrift verletzt hat, so ist es Sache des Beamten, nachzuweisen, daß ihn trotzdem kein Verschulden trifft (RG. IV. ZS. 1. April 1895, Gruchot 39 1183).

§ 9. Der Staat usw. als Regreßnehmer.

Hat der Staat (oder Verband) auf Grund seiner prinzipalen Haftpflicht den dem Dritten erwachsenen Schaden erstatten müssen, so kann er den Beamten wegen der verauslagten Summe in Anspruch nehmen[1]). Auch hier gilt das öffentliche Recht der verschiedenen Bundesstaaten (vgl. auch Art. 80 EG. z. BGB.). Wegen der Regreßklage gegenüber den Grundbuchbeamten vgl. § 7.

Die Bestimmungen des Rechts der einzelnen Bundesstaaten sind im § 5 wiedergegeben. Die Anwendung desselben dürfte keine Schwierigkeiten bieten. Für Preußen s. Buch V § 3.

Was den Umfang des Ersatzanspruchs anlangt, so wird derselbe lediglich durch den Umfang der im BGB. bestimmten Haftpflicht des Beamten (§ 839 BGB.) bestimmt. Nicht ohne weiteres fallen den Beamten daher die Prozeßkosten zur Last, welche der Staat oder Verband etwa hat tragen müssen, denn diese sind nicht unmittelbar durch die Amtspflichtverletzung des Beamten entstanden. Vgl. § 7

---

[1]) Entstanden ist der Schaden für den Staat oder Verband schon in dem Augenblick, in welchem der Anspruch des Verletzten gegenüber dem Staat usw. ins Leben tritt. In diesem Moment entsteht daher auch zugleich der Regreßanspruch gegen den Beamten, nicht erst dann, wenn der Staat oder Verband selbst den Verletzten entschädigt hat. Vgl. v. Schelhorn S. 672.

a. E. Der Beamte kann dem Staate oder Verbande gegenüber einwenden, daß der Prozeß mit den Verletzten nicht ordnungsmäßig geführt sei[1]).

Die Verjährung des Regreßanspruchs tritt nach den Gesetzen der meisten Bundesstaaten in drei Jahren ein. Dem Beamten soll die Wohltat der kurzen Verjährungsfrist des § 852 BGB. nicht verloren gehn.

B. Haftpflicht des Beamten gegenüber Dritten (Privatpersonen, anderen Verbänden).

§ 10. Haftpflicht des Einzelbeamten.

Das BGB. hat folgende Bestimmung:

§ 839. **„Verletzt ein Beamter vorsätzlich oder fahrlässig die ihm einem Dritten gegenüber obliegende Amtspflicht, so hat er dem Dritten den daraus entstehenden Schaden zu ersetzen. Fällt dem Beamten Fahrlässigkeit zur Last, so kann er nur dann in Anspruch genommen werden, wenn der Verletzte nicht auf andere Weise Ersatz zu erlangen vermag.**

Verletzt ein Beamter bei dem Urteil in einer Rechtssache seine Amtspflicht, so ist er für den

---

[1]) Dies ist ausgeschlossen, wenn der Beamte dem Prozesse als Nebenintervenient beigetreten oder ihm der Streit verkündet war (§§ 68 u. 74 Abs. 3 ZPO.).

daraus entstehenden Schaden nur dann verantwortlich, wenn die Pflichtverletzung mit einer im Wege des gerichtlichen Strafverfahrens zu verhängenden öffentlichen Strafe bedroht ist. Auf eine pflichtwidrige Verweigerung oder Verzögerung der Ausübung des Amtes findet diese Vorschrift keine Anwendung.

Die Ersatzpflicht tritt nicht ein, wenn der Verletzte vorsätzlich oder fahrlässig unterlassen hat, den Schaden durch Gebrauch eines Rechtsmittels abzuwenden."

Übersicht über den Inhalt der Anmerkungen:

1. Altes Recht. 2. Verhältnis des § 839 zu § 823 BGB. 3. Nichtanwendbarkeit des § 839 BGB. 4. Begriff des Beamten und der Amtshandlung. 5. Verletzung einer dem Beamten gegenüber einem Dritten obliegenden Amtspflicht. 6. Die Schuldfrage. Vorsatz und Fahrlässigkeit. 7. Die Schadenfrage. α) Verursachung des Schadens (Kausalzusammenhang). β) Konkurrierendes Verschulden des Beschädigten. γ) Der Schaden insbesondere. δ) Umfang des Schadensersatzes. ε) Subsidiarität des Ersatzanspruches. ζ) Vererbung desselben. η) Verjährung desselben.

1. Altes Recht. Vgl. auch § 13 ff. unten.

Gemeines Recht.

Doktrin und Praxis desselben (Motive z. BGB. II, 820) gewähren gegen den seine Amtspflichten verletzenden Richter einen Anspruch auf Schadensersatz, auch wegen solcher bei Ausübung der streitigen oder freiwilligen Gerichtsbarkeit vorgenommenen Amtshandlungen, welche nicht in der Fällung eines Urteils bestehen. Doch gehen die Ansichten darüber auseinander, ob der Richter in Ansehung dieser anderen Amtshandlungen nur wegen dolus und culpa lata oder auch wegen culpa levis haftet. Die Praxis schwankt, zeigt aber eine entschiedene Neigung, den Richter, abgesehen von dem Falle eines ungerechten Urteils, für omnis culpa verantwortlich zu machen.

Vgl. Seufferts Archiv I, 166; III 327; V 174; XVII 120 und 123; XXI 57; XXV 110; and. Ansicht Seufferts Archiv XIV 140 Nr. 1; XXII 48 und XXV 264. Die römische Vormundschaftsbehörde haftete nicht wie der Richter ex delicto oder quasi ex delicto, sondern quasi ex contractu. Ebenso ist das Verhältnis des Richters der freiwilligen Gerichtsbarkeit zu konstruieren. Bei der Besorgung von Vormundschaften, der Vornahme von Eintragungen im Grundbuche, der Beglaubigung von Unterschriften, der Testamentserrichtung nimmt der Richter gleichsam eine bevormundende Stellung ein. Hieraus erklärt sich seine Haftung für omnis culpa.

Dasselbe gilt von der Haftung nicht richterlicher, insbesondere der Verwaltungsbeamten[1]).

---

[1]) Seufferts Archiv II 54, III 326, V 135, 287, X 51, XV 189, XXI 57.

Begründet wird hier der Anspruch gegen den schuldhaften Beamten[1]) mit der Analogie der lex Aquilia[2]) teils mit der analogen Heranziehung verschiedener gegen Magistratspersonen bzw. Munizipalbeamte im römischen Recht gegebener gesetzlicher Bestimmungen[3]). Ob die Haftung der Beamten eine direkte oder subsidiäre ist, ist ebenfalls bestritten. Wer die Kammergerichtsordnung v. 1555 (T. III Tit. 53 § 10) für gemeines Recht hält, muß direkte Haftung annehmen, denn danach ist die Syndikatsklage „jederzeit" zulässig.

Preußisches Recht.

Vgl. oben in § 5 die §§ 88—91 u. §§ 127—145 II, 10 ALR.[4])[5]).

---

[1]) Die analoge Anwendbarkeit der Syndikatsklage gegen nicht richterliche Beamte lehnt die Praxis ab (Seufferts Archiv XX 38, XXI 57 und RG. E. 17, 26).

[2]) Seufferts Archiv XVI 38.

[3]) Seufferts Archiv XX 38.

[4]) Diese Vorschriften gelten auch in den neu erworbenen Landesteilen nach der Verordnung vom 23. September 1867 (RG. bei Gruchot 28, 968 und Seuffert 41, 8), aber nicht in der Rheinprovinz (RG. E. 43, 385), wo französisches Recht gilt. Sie sind maßgebend für richterliche und nichtrichterliche Beamte, wegen des Spruchrichters vgl. § 14, und finden entsprechende Anwendung auf mittelbare Staatsbeamte (Strieth. Arch. 77, 295). Daß die Vertretung des Beamten nicht bloß gegenüber dem Staate, sondern auch der Privatperson besteht, folgt aus § 90 II, 10 ALR. Auf Rechtsanwälte, auch wenn sie von Amts wegen zugeordnet sind, und auf Notare finden die

Die Allg. Gerichtsordnung gab in Teil III Titel 1 noch folgende Vorschrift:

§ 23. „Wenn sich offenbart, daß ein Justizbedienter wirklich seine Pflicht vernachlässigt oder aus den Augen gesetzt, eine Ungerechtigkeit verübt, den Vorschriften der Gesetze und den Obliegenheiten seines Amtes zuwider gehandelt hat, so soll derselbe allen der Partei dadurch verursachten Schaden ersetzen."

Nach ALR. haftete im Gegensatz z. BGB. der Beamte auch bei dolus nur subsidiär und auch mittelbar Geschädigten.

Nach preuß. Recht galten für einzelne Beamtenkategorien Besonderheiten, welche nach BGB. nicht mehr existieren.

Testamentsrichter. Bei der Aufnahme von Testamenten vertritt der Richter mäßiges Ver-

---

§§ 88 ff. keine Anwendung, bei diesen entscheiden die Grundsätze des Vollmachtvertrages (Strieth. Arch. 84, 336). Der Notar haftet jedoch Dritten (nicht seinem Auftraggeber) gegenüber nach § 89 ff. II, 10. Bezüglich des konkurrierenden Verschuldens des Beschädigten sind maßgebend die §§ 18 ff. I, 6 ALR. (Strieth. Arch. 74, 233).

[5]) Das vormalige Obertribunal (Strieth. Arch. 20, 195) hat angenommen, daß mäßiges Versehen die Haftbarkeit begründe, während es (Strieth. Arch. 70, 188) geringes Versehen für ausreichend hält. Auf letzterem Standpunkt steht auch die preuß. Doktrin und das RG. bei Gruchot 28, 968.

sehen[1]). Hat er eine Form versäumt, ohne welche das Testament nicht bestehen kann, so soll er dem Honorierten wegen des durch seine Schuld entstehenden Schadens gerecht werden[2]). Handelt es sich nur um Vernachlässigung der ihm zur Pflicht gemachten Deutlichkeit des Inhalts, so hat er, wenn über Auslegung desselben Prozesse entstehen, „die sonst nicht entstanden wären", die Prozeßkosten zu ersetzen[3]). Ebensoweit geht seine Haftpflicht, wenn er dorfgerichtlich aufgenommene Testamente nicht noch dem Testator vorgelegt hat und ein Prozeß über den Inhalt des Testaments entstanden ist, welcher durch jene Vorlegung hätte vermieden werden können[4]).

Arrestrichter. Allg. Landrecht I, 6, § 133[5]). „Der auf dessen Gefahr oder falsche Vorspiegelung ein widerrechtlicher Personalarrest verhängt worden, und der Richter, welcher dabei den gesetzlichen Vorschriften zuwider gehandelt hat, sind den Beteiligten als Mitschuldige verhaftet."

Zwangsvollstreckungsrichter. Bei

---

[1]) ALR. I, 12 §§ 140 und 141.

[2]) ALR. I, 12 § 140.

[3]) ALR. I, 12 § 158

[4]) ALR. I, 12 § 97.

[5]) Die Haftung ist also eine solidarische (nicht subsidiäre). Der Personalarrest ist noch zulässig als Sicherheitsarrest (§§ 918, 936 ZPO.) und als Zwangshaft zur Erzwingung von Handlungen in der Zwangsvollstreckungsinstanz. (§§ 888 ff., 899 ff. ZPO.)

der Zwangsversteigerung unbeweglicher Sachen soll der Richter, der sich einer Vernachlässigung der Förmlichkeiten schuldig gemacht hat, also nicht der Richter, welcher bei Abfassung des Zuschlagbescheides ein Versehen begeht, den Interessenten für allen daraus erweislich entstandenen Schaden haften (ALR. I, 11 §§ 355 und 358[1]).

Königreich Bayern. Das Bayr. Landrecht enthielt keine allgemeine Vorschrift über die Haftung der Beamten, s. aber Teil I Kap. 7 § 29, Teil IV Kap. 16 § 10 Ziff. 7, Kreittmayer Anm. Teil V Kap. 24 §§ 8 u. 9, Gerichtsordnung von 1753 Kap. 16 § 3 Ziff. 1, ferner bayr. Hyp.G. §§ 96, 98—100 u. Art. 46 des früheren Notariatsgesetzes. Über die Praxis in Bayern s. die in Danzers Ausgabe des BGB. zu der erwähnten Stelle der Gerichtsordnung erwähnten Entscheidungen, ferner Entsch. des bayr. Obersten Landesgerichts Bd. 15 S. 171, 836 u. Bd. 17 S. 11 ff.

Königreich Sachsen:

Bürgerl. Gesetzbuch von 1863:

§ 1506: „Wer durch absichtliche Verschuldung oder grobe Fahrlässigkeit eines richterlichen Beamten bei Verhandlung oder Entscheidung eines Rechtsstreits, oder in Geschäften der freiwilligen Gerichtsbarkeit Schaden erleidet, kann dessen Ersatz von

---

[1]) Die Praxis hat auch hier mäßiges Versehen als notwendig angenommen (Strieth. Archiv 47, 3).

dem schuldigen Beamten fordern. Dieser Anspruch fällt weg, wenn der Verletzte Rechtsmittel nicht gebraucht hat, durch welche er die ihm Schaden bringende richterliche Handlung hätte abwenden können.“

Nach § 1507 haften nicht minder die von dem Staate oder der Gemeinde angestellten Verwaltungsbeamten für den Schaden, welchen sie bei Behandlung der ihnen obliegenden Geschäfte absichtlich oder durch grobe Fahrlässigkeit verursachen.

Französisches Recht[1]).

Code civil. Art. 1382: Tout fait quelconque de l'homme, qui cause à autrui un dommage, oblige celui par la faute duquel il est arrivé à le réparer.

Art. 1383: „Chacun est responsable du dommage, qu'il a causé non seulement, par son fait, mais encore par sa négligence ou par son imprudence[2]).“

Die Haftung des Richters ist im code de proced. civ. Artikel 505[3]) besonders geregelt:

---

[1]) Dasselbe gilt im Großherzogtum Baden, der preuß. Rheinprovinz, Elsaß-Lothringen, Rheinbayern.

[2]) Die Haftung ist also selbst bei dolus und culpa lata nur subsidiär. Vgl. auch Art. 1384 Code civil im Buch V. Die Art. 1382 und 1383 Code civ. sind durch das preuß. AG. z. BGB. aufgehoben (RG. Entsch. i. ZS. 63, 431).

[3]) Nach der herrschenden Meinung ist der Beamte, zu welchem auch der Notar gehört, für das geringste Versehen verantwortlich. (Geser, S. 94 Anm.) Wegen Haftung der Zivilstandsbeamten vgl. cod. civ. Art. 51 und 52.

„Les juges peuvent être pris à partie dans les cas suivants:

1. s'il y a dol, fraude ou concussion, qu'on prétendrait, avoir été commis, soit dans le cours de l'instruction soit lors des jugements;

2. si la prise à partie (d. i. die Regreßklage) est expressement prononcé par la loi[1]);

3. si la loi declare les juges responsables, à peine de dommages et intérêts[2]);

4. s'il y a deni de justice.“

Dieser Artikel beschränkt sich nicht auf die amtliche Tätigkeit des Richters bei der Urteilsfällung und überhaupt in der streitigen Gerichtsbarkeit, sondern will die Verantwortlichkeit des Richters in bezug auf seine gesamte Amtsführung, also auch soweit es sich um Ausführung der freiwilligen Gerichtsbarkeit handelt, regulieren und diese abweichend von den allgemeinen in den Art. 1382 ff. für außerkontraktliches Verschulden und Versehen aufgestellten Grundsätzen in engere Grenzen einschränken (vgl. RG. 43, 384).

2. Verhältnis des § 839 zu den §§ 823 ff. BGB.[3]).

Es herrscht Streit darüber, ob der § 839 BGB. eine erschöpfende Regelung der Beamtenhaftung

---

[1]) RG. 7. März 1899, E. 43, 384.

[2]) Z. B. code civil Art. 2063.

[3]) v. Liszt, Deliktsoblig. S. 44, sieht in dem § 839 nur eine Legalinterpretation des Abs. 2 des § 823.

ausspricht oder nicht. Eine Reihe von Schriftstellern (Staudinger zu § 839 BGB., Oertmann i. Zentralbl. f. freiw. Gerichtsbarkeit, Jahrg. 4 S. 772, v. Krais S. 305, Meltz S. 5, v. Schelhorn S. 536) meint, daß § 839 selbständig neben den allgemeinen Bestimmungen der §§ 823 ff. BGB. in Betracht kommt und daß ein Beamter sich sowohl nach der Sondervorschrift des § 839 als auch nach den erwähnten allgemeinen Bestimmungen verantwortlich machen kann.

Auch das Reichsgericht sagt beiläufig in der Begründung eines Urteils:

„Der Beamte ist der Haftung nach den allgemeinen Bestimmungen über unerlaubte Handlungen (insbesondere § 826 BGB.) nicht enthoben, wenn er auch gegen seine Dienstpflicht verstoßen hat. (RG. VI ZS. 21. Sept. 1908, DJZtg. S. 1223 u. Recht S. 591.) Dagegen läßt das OLG. Kolmar (Urteil 16. Januar 1908, R. d. OLG. 16, 299) den Beamten ausschließlich nach § 839 BGB. haften.

Die letztere Ansicht ist die richtige. Vgl. auch die Erklärung des preuß. Justizministers (Komm.-Bericht des Abg. Hauses. Drucks. Nr. 396 S. 3 Session 1907/08). Die Gegenansicht führt zu der Verneinung der Subsidiarität der Haftung des Beamten, falls nur Fahrlässigkeit vorliegt, sowie zur Zulassung der Haftung, auch wenn der Verletzte vorsätzlich oder fahrlässig unterlassen hat, den Schaden durch Gebrauch eines Rechtsmittels abzuwenden, sofern nicht die Voraussetzungen des § 254 BGB. gegeben sind. Daß der Gesetzgeber dies gewollt habe, kann nicht angenommen werden. v. Schelhorn S. 542 welcher die mißlichen Folgen der Gegenansicht erkennt, schrickt nicht davor zurück, eine entsprechende Anwendung der Vorschriften von Satz 2 u. Abs. 3 des § 839 auf diejenigen Fälle der Beamtenhaftung, die ausschließlich nach den §§ 823 ff. zu beurteilen sind, zu empfehlen. Das ist aber doch schlechterdings unmöglich.

Aber auch die Materialien des Gesetzes bieten der Gegenansicht keinen Stützpunkt. Auffällig ist allerdings, daß die Gegner sich ebenfalls auf die Entstehungsgeschichte des Gesetzes berufen.

Nach § 704 des I. Entwurfs war jedermann zum Ersatze des durch eine vorsätzliche oder fahrlässige widerrechtliche Handlung entstandenen Schadens verpflichtet. Demgegenüber sollte die Haftung der Beamten eingeschränkt werden. Es wurde hervorgehoben, daß, wenn man die Beamten schlechthin für den Schaden, welcher aus der Verletzung irgendeiner Dienstpflicht entstanden ist, nach Maßgabe des § 704 verantwortlich machen wollte, dies bei der großen Zahl der Dienstvorschriften, welchen nur der Charakter von bloßen Ordnungsvorschriften beiwohnt, zu unerträglichen Härten führen würde. Sowohl dieserhalb als auch um den Begriff der Widerrechtlichkeit des allgemeingültigen § 704 (jetzt § 823) für Beamtenhaftung genauer festzustellen, wurde bestimmt, daß nur die Verletzung einer Amtspflicht, welche einem Dritten gegenüber bestehe, zum Schadensersatze verpflichte. Die Haftpflicht der Beamten stellte sich also im Vergleich zu der allgemeinen Haftpflicht als eine beschränktere dar. Durch § 823 BGB. wurde die allgemeine Ersatzpflicht im Vergleich zum 1. Entwurf modifiziert. Der § 823 lautet:

„Wer vorsätzlich oder fahrlässig das Leben, den Körper, die Gesundheit, die Freiheit, das Eigentum oder ein sonstiges Recht eines anderen widerrechtlich verletzt, ist dem anderen zum Ersatze des daraus entstehenden Schadens verpflichtet.

Die gleiche Verpflichtung trifft denjenigen, welcher gegen ein den Schutz eines anderen bezweckendes Gesetz verstößt. Ist nach dem Inhalte des Gesetzes ein Verstoß gegen dieses auch ohne Verschulden möglich, so tritt die Ersatzpflicht nur im Falle des Verschuldens ein."

Man hat nun behauptet (vgl. Endemann S. 916), daß auch jetzt noch für die Haftung der Beamten in Betracht kommt, ob die Voraussetzung des § 823 gegeben ist, und daß erst nach Bejahung dieser Frage zu prüfen sei, ob eine einem Dritten gegenüber obliegende Amtspflicht verletzt sei. Es läßt sich hierfür anführen, daß nach der ursprünglichen Absicht des Gesetzgebers die Beamtenhaftung lediglich ein Minus der allgemeinen Haftpflicht darstellen sollte und daß der § 839 BGB. nach dieser Richtung von Anfang an unverändert geblieben ist. Dieser Ansicht kann indes nicht beigepflichtet werden. Vgl. Nöldeke S. 811. Es fehlt im § 839 der im § 736 des Entwurfs erhaltene Hinweis auf § 704 (jetzt 823). Der § 839 nimmt nicht Bezug auf § 823, sondern spricht ganz abstrakt von der vorsätzlichen oder fahrlässigen Verletzung der Amtspflicht. Es kommt also nur darauf an, ob der Fall des § 839 BGB. vorliegt, ohne daß die Voraussetzungen des § 823 gegeben zu sein brauchen. Der § 839 schafft eine Haftung wegen Amtsdelikts, welche hinsichtlich des Schuldmoments selbständig im System der unerlaubten Handlungen dasteht.

§ 839 ist sedes materiae für die Beamtenhaftpflicht. Kayser, S. 48, u. Endemann, S. 917, behaupten, daß ein Beamter nach dem strengeren § 823 BGB. haftet, welcher sich einer Verletzung von strafrechtlichen, auf Beamte bezüglichen Bestimmungen schuldig gemacht habe, oder welcher in unberechtigter Ausübung seines Amtes einen Eingriff in die geschützte Rechtssphäre des anderen sich habe zuschulden kommen lassen. Alle diese Fälle lassen sich aber unter den Begriff: „Verletzung einer dem Beamten einem Dritten gegenüber bestehenden Amtspflicht" zwanglos subsumieren. Denn die Beobachtung der Strafgesetze usw. gehört ebenfalls zu den Pflichten des Beamten. Im § 839 BGB. ist überdies von einer Pflichtverletzung, welche mit einer im Wege des gerichtl. Verfahrens zu verhängenden öffentl. Strafe bedroht ist, die Rede. Die Haftpflicht des Beamten (§ 839 BGB.) ist übrigens unter Umständen eine weitergehende als die des § 823, denn wie Nöldeke, S. 811, zutreffend hervorhebt, es lassen sich Fälle konstruieren, in denen seitens des Beamten durch Verletzung einer einem Dritten gegenüber obliegenden Amtspflicht ein Schaden verursacht wird, ohne daß gleichzeitig ein Recht des Dritten oder ein besonderes, seinen Schutz bezweckendes Gesetz verletzt wird.

Oertmann S. 773, gibt folg. Beispiel: Ein Gerichtsvollzieher pfändet trotz des Verbotes, ohne richterliche Erlaubnis an Sonn- und Feiertagen Vollstreckungshandlungen vorzunehmen, an einem Sonntagnachmittag in der nachweisbaren Absicht, den Schuldner vor den Augen der geladenen Tischgäste zu diskreditieren oder des geschäftlichen Vertrauens zu berauben. v. Schelhorn, S. 539, bemerkt hierzu: „Alle Voraussetzungen des § 826 BGB. sind hier gegeben, nicht aber diejenigen des § 839, denn das Verbot der Vornahme von Vollstreckungshandlungen an Sonntagen begründet doch nicht eine gegenüber dem Dritten, hier dem Schuldner, obliegende Amtspflicht, kann vielmehr nur als reine Ordnungsvorschrift erachtet werden.“ Ob dies zutrifft, mag hier unerörtert bleiben. Es lassen sich einzelne Fälle denken, wo ein Einschreiten auf Grund des § 839 BGB. unmöglich ist, selbst wenn man diese Gesetzesvorschrift im weitesten Sinne auslegt.

Das darf aber nicht dazu führen, Bestimmungen heranzuziehen, welche die Haftpflicht des Beamten erweitern. Überdies halten die Disziplinarvorschriften den Beamten von Extravaganzen zurück.

Es kommt also ausschließlich die Verletzung der Amtspflicht in Frage.

3. Nichtanwendbarkeit des § 839 BGB.

Verneint man die Haftung aus § 839 BGB., so haftet der Beamte wie ein Privatmann, z. B. nach §§ 823 ff. BGB. Das hat für ihn je nach Lage des Falles Vorteile oder Nachteile. Es fällt, falls nur Fahrlässigkeit vorliegt, die subsidiäre Haftung aus § 839 BGB. fort, und haftet der Beamte primär. Bei Erteilung eines falschen amtlichen Rats haftet der Beamte nur nach § 676 BGB., seine Haftpflicht ist also eine günstigere. Bei der Prüfung, ob der Beamte als Beamter oder als Privatperson handelt, spielt der Umstand eine große Rolle, ob die von ihm erteilte Auskunft sich auf Gegenstände bezieht, welche zum Geschäftskreise des Beamten gehören oder nicht. Wer z. B. gelegentlich einer Amtshandlung eine Rechtsauskunft über ein ihm fremdes Rechtsgebiet erteilt, handelt als Privatmann. Die Auskunft wird durch den rein tatsächlichen Zusammenhang mit der amtlichen Feststellung noch keine amtliche. Vgl. RG. 49, 273 (OLG. Braunschweig, 4. Juni 1907, R. d. OLG. 18, 99).

4. Begriff des Beamten und der Amtshandlung.

Der Schädigende muß Beamter[1]) sein und ferner eine Amtshandlung vorliegen.

a) Beamter. Wer als solcher anzusehen ist, sagt das BGB. nicht. Es entscheidet darüber bezüglich der Reichsbeamten das Reichsbeamtengesetz vom 31. März 1873 (RGBl. S. 61); im übrigen das öffentliche Recht der einzelnen Bundesstaaten. Man wird sich im allgemeinen an den § 359 StGB. halten können, welcher bestimmt:

„Unter Beamten im Sinne dieses Strafgesetzes sind zu verstehen alle im Dienst des Reichs oder in unmittelbarem oder mittelbarem[2]) Dienste eines Bundesstaates auf Lebenszeit, auf Zeit oder nur vorläufig angestellte Personen, ohne Unterschied, ob sie einen Diensteid geleistet haben oder nicht, ingleichen Notare, nicht aber Advokaten und Anwälte."

Der § 359 spricht zwar ausdrücklich von „Beamten im Sinne dieses Strafgesetzes", allein durch diese Bemerkung wird eine entsprechende Ausdehnung dieser Begriffsbestimmung nicht ausgeschlossen. Es ist nicht zutreffend, wenn Meltz, S. 9, meint, das Reichsgericht (Entsch. i. ZS. 6, 107) habe eine Ausdehnung des Beamtenbegriffs des StGB. auf andere

---

[1]) Diese Eigenschaft ist im Prozeß von Amts wegen festzustellen und zu berücksichtigen.

[2]) „Im mittelbaren Staatsdienst angestellt" ist, wer seine Tätigkeit nicht dem Staate selbst, sondern einer diesem untergeordneten, organisch in seine Verfassung eingreifenden Gemeinheit widmen soll.

Rechtsgebiete ausdrücklich abgelehnt; es hat dort für die zur Entscheidung stehende Frage aus § 359 nichts entnehmen können.

Keine Schwierigkeit macht die Feststellung der Beamteneigenschaft bei Reichsbeamten und preußischen Kommunalbeamten. Nach § 4 Reichsbeamtengesetz und §§ 1 u. 2 des preuß. Kommunalbeamtengesetzes v. 30. Juli 1899 ist bei diesen Beamtenkategorien die Aushändigung einer Bestellungsurkunde erforderlich, um Beamtenqualität zu erlangen (OVG. 5. Januar 1906, PrVerwBl. 30, 104). Das Reichsgericht hat bei Reichsbeamten die Bestallung in einzelnen Urteilen für nicht wesentlich erklärt (Entsch. i. ZS. 6, 107; 28, 80 u. 89), in anderen dagegen wohl (Gruchot 31, 1114). Eine Erweiterung oder Ausdehnung des amtlichen Wirkungskreises erfordert keine neue Bestallung (RG. Entsch. i. Straff. 32, 261). Ausgenommen von dem Bestallungszwang sind Ehrenbeamte und solche Personen, die ein Amt nur als Nebenamt oder Nebenbeschäftigung ausüben. Als Bestallung genügt jede schriftliche Willenskundgebung der zuständigen Behörde durch Verfügung oder protokollarische Erklärung (RG. Entsch. i. Straff. 37, 21 u. 244). Bei den übrigen preußischen Beamten, selbst bei den unmittelbaren Staatsbeamten, ist eine Bestellungsurkunde nicht erforderlich.

Vorausgesetzt wird beim Beamten ein Dienstverhältnis zum Staate oder einer öffentlich-rechtlichen Korporation[1]), und zwar nicht ein bloß durch privatrechtl. Vertrag, sondern durch den öffentlich-rechtlichen Akt der Anstellung entstandenes, mit welchem eine Unterordnung unter die anstellende Behörde verbunden ist.

Die Eigenschaft eines Beamten wird (regelmäßig) erworben durch die Übertragung eines Amtes seitens der zuständigen Person oder der zuständigen Behörde und durch den Abschluß eines Dienstvertrages, welcher bezüglich des Amtes ein Gewaltverhältnis begründet, vermöge dessen der Gewalthaber zum Schutze und zur Gewährung des zugesicherten Diensteinkommens verpflichtet ist, der Angestellte aber in eine besondere Gehorsams-, Treue- und Dienstpflicht gegenüber dem Gewalthaber tritt (zum Unterschiede von dem bloßen Arbeiter im Dienste des Staates) (RG. IV. ZS. 9. März 1896, Entsch. 37, 241). Vgl. auch RG. II. ZS. 24. März 1882, Entsch. 6, 107, RG. ZS. 17. September 1891, Entsch. 28, 85 und RG. IV. ZS. 18. Mai 1896, Entsch. 37, 244.

Im Gegensatz zu bloßer (privatrechtlicher) Dienstmiete, welche ein Verhältnis sich gleichberechtigt gegenüberstehender Kontrahenten erzeugt, setzt der Staatsdienst ein Gewaltsverhältnis des Staates dem Beamten gegenüber voraus. Der Beamte unterstellt sich der Disziplinargewalt seiner

---

[1]) Z. B. auch öffentliche Stiftungen.

Vorgesetzten. (RG. II. ZS. 24. März 1882, Entsch. 6, 107). Vgl. auch RG. IV. ZS. 17. Sept. 1891, Entsch. 28, 85.

Auch in den Fällen, in welchen, wie z. B. nach der Kreisordnung vom 10. März 1881 § 8 eine gesetzliche Pflicht zur Übernahme eines Amtes obwaltet, findet auch die Übernahme des Amtes nur mit dem Willen des Verpflichteten statt, gegen den Nichtwollenden kommen nur Strafen zur Anwendung (RG. I. Straff. 17. November 1883 E. 9, 204).

Keine Beamten sind demnach die Mitglieder von Volksvertretungen sowie die der Vertretungen von Kommunalverbänden, da sie einem Organe des Staates oder eines Kommunalverbandes nicht dienstlich untergeordnet sind. Dasselbe gilt von Personen, die in Erfüllung ihrer allgemeinen Untertanenpflicht Verrichtungen ausüben z. B. gewöhnliche Soldaten. Wegen der Schöffen und Geschwornen siehe unten § 14. Die sog. Privatbeamten (Versicherungs-, Bankbeamte[1]) usw.) gehören nicht zu den Beamten im Sinne des § 839.

Die bloß auf Grund eines privaten Dienstvertrages gemäß § 611 BGB. angenommenen, nicht als Beamte angestellten Hilfskräfte, denen nach feststehender gerichtlicher Praxis Beamteneigenschaft nicht zusteht, fallen nicht unter den § 839

---

[1]) Beamte der Reichsbank fallen unter § 839 (RG. Entsch. i. ZS. 36, 145 u. 45, 123).

BGB. Ihre Verantwortlichkeit bei Dienstwidrigkeiten richtet sich lediglich nach dem allgemeinen Rechte. Gelegentlich von Behörden zu Rate gezogene nichtbeamtete Ärzte und Tierärzte fallen ebensowenig unter § 839, als die Mitglieder der von den Stadtverordneten aus ihrer eigenen Mitte gewählten Deputationen einer städtischen Verwaltung.

Zulassung zur Ausübung eines Berufs ist keine Anstellung, Rechtsanwälte[1]), Ärzte[2]), Land- und Feldmesser als solche, Apotheker, Hebammen, Schornsteinfeger usw. sind daher keine Beamte. Notare und Gerichtsvollzieher dagegen wohl, doch gelten bei ihnen einige Besonderheiten[3]).

Es ist erforderlich, daß die dem Staate zu leistenden Dienste unmittelbar oder mittelbar zur Förderung staatlicher Zwecke bestimmt sein müssen (RG. Entsch. i. ZS. 6, 107).

Zum Begriffe des Staatsbeamten gehört, daß die Dienste dem Staate selbst oder einer mit der Erfüllung staatlicher Aufgaben betrauten anderen Körperschaft des öffentlichen Rechts selbst, nicht etwa einer einzelnen Person, mag diese sich auch ihrerseits in der Stellung eines unmittelbaren Staatsbeamten befinden, zur Unterstützung in ihren Dienstobliegenheiten geleistet

---

[1]) Vgl. unten § 18.

[2]) Beamtete Aerzte unterliegen den Vorschriften des § 839.

[3]) Vgl. unten §§ 16 u. 17.

werden. Die Bureaubeamten der Spezialkommission sind bis zum Jahre 1889/90 nicht als im Staatsdienst angestellt anzusehen (RG. 11. ZS. 19. Dezember 1905, Entsch. 62, 241).

Die Ausübung obrigkeitlicher Funktionen ist für die Beamtenqualität nicht maßgebend (RG. Verh.-Jur. 1903 S. 253).

Die Anstellung als Beamter setzt keineswegs die Übertragung solcher dienstlichen Funktionen voraus, welche nur von einem öffentlichen Beamten mit rechtlicher Wirksamkeit bekleidet werden können. Vgl. Rechtspr. d. RG. 9, 585 u. E. i. Straff. 16, 378 u. 31, 294. Maßgebend für die Begründung des Beamtenverhältnisses ist, wenn andere dienstliche Geschäfte in Frage kommen, vielmehr nur, ob die Übertragung derselben an die zu ihrer Wahrnehmung angestellte Person nach dem Willen und der Absicht der anstellenden Behörde in amtlicher Eigenschaft geschah (RG. III. Straff. 15. Juli 1899, E. 32, 260).

Für den Begriff des Beamten kommt es auf die Art der von demselben zu leistenden Dienste nicht an. Vgl. OVG. Entsch. Bd. 20 S. 127—128 (RG. II. ZS. 14. November 1894, Bolze 17, 359[657]).

Die auf die Vermögensverwaltung des Staates bezüglichen Geschäftszweige, insbesondere auch die, wie der staatliche Hütten- und Bergbetrieb, die Erlangung eines Erwerbs bezweckenden staatlichen Anstalten haben auch eine öffentlich-rechtliche Bedeutung, vermöge welcher die in diesen Verwaltungsgebieten beschäftigten Personen als öffentlich-rechtliche Dienstfunktionen ausübend, als unter öffentlicher Autorität handelnde Organe der Staatsgewalt erscheinen können. Dies bedarf im konkreten Falle der besonderen Feststellung. Die Beamteneigenschaft kann nicht von vornherein einer jeden im Hütten- und Bergbetrieb des Staates beschäftigten Person beigelegt werden, da der Fall eines bloß privatrechtlichen Verhältnisses, wie insbesondere der einer Dienstmiete, keineswegs ausgeschlossen ist (RG. IV. Straff. vom 20. Oktober 1891, JurWoch. S. 540 [14]) [1]).

Der Umstand, daß die Art der Dienstleistung äußerlich den in Privatverhältnissen vorkommenden Arbeitsformen gleich ist, rechtfertigt nicht die Verneinung der Beamteneigenschaft (RG. I. Straff. 16. Januar 1882, E 5, 337).

Selbst die Klausel in einem Dienstvertrage, daß die Person die Rechte eines öffentlichen Beamten nicht haben solle, schließt die Möglichkeit nicht aus, daß dennoch eine Anstellung als Beamter erfolgt ist, dann nämlich, wenn Funktionen übertragen sind, welche nur Ausfluß eines öffentlichen Amtes sein

---

[1]) Auch die vom Staate bei seinen industriellen Instituten, welche im öffentlichen Interesse Erwerbszwecke verfolgen, angestellten Personen sind Beamte (RG. III. Straff. 20. März 1895 und 15. Juli 1899, E. 24, 83; 32, 259).

können (RG. III. Straff. 10. November 1887, E. 16, 378)[1]).

Der Beamte muß regelmäßig unter eigener Verantwortlichkeit zu handeln berufen sein (RG. I. Straff. 16. Januar 1882, E. 5, 337). Gleichgültig ist, ob der mit einer Amtsfunktion Betraute auch die Verantwortlichkeit dem Staate gegenüber zu tragen hat; er kann Beamter sein, selbst wenn

---

[1]) Eine allgemeine gesetzliche Verpflichtung der preußischen Stadtgemeinden, die in ihren Dienst zu nehmenden Personen als Beamte anzustellen, besteht nur insoweit, als diese obrigkeitliche Funktionen, wenn auch untergeordneter Art, wahrzunehmen haben. Alle übrigen Personen, insbesondere für rein technische Funktionen bei wirtschaftlichen Unternehmungen (RG. 7. Dez. 1906, Recht 1907 S. 999), können und konnten auch schon vor dem Kommunalbeamtengesetze vom 30. Juli 1899 im Wege des bürgerlich-rechtlichen Dienstvertrages angenommen werden. Ob diesen Personen Beamteneigenschaft beigelegt wird, hängt von den Umständen ab; insbesondere kommt hierbei in Betracht der Wille der Beteiligten, den in den Dienst der Stadtgemeinde Tretenden gerade als Beamten mit den besonderen Rechten und Pflichten eines solchen anzustellen und als solcher angestellt zu werden. (Vgl. RG. Entsch. 28, 80 und Gruchot 38, 1125, sowie OVG. 5. Januar 1906, Pr.Verw.Bl. 30, 104.) Der Geschäftsführer einer Arbeitsnachweisstelle kann Beamter sein, auch wenn man die Nachweisstelle zu den Betriebsverwaltungen rechnet und ihren organischen Zusammenhang mit der nach II, 19 ALR. den Gemeinden obliegenden Armenfürsorge vereinen will (RG. III. 12. Februar 1907, 315/06; Recht 1907 S. 394).

diese Verantwortlichkeit einem anderen, z. B. dem ihn Anstellenden, zur Last fällt (RG. I. Straff. 1. Juli 1880, E. 2, 189). Der Begriff des Beamten erfordert jedoch nicht notwendig die Befugnis zu selbständigen Anordnungen (RG. I. Straff. 14. März 1881, E. 3, 420). Es genügt die Berufung zu einer nur begutachtenden, vorbereitenden oder unterstützenden Tätigkeit (RG. II. Straff. 1. Oktober 1886, E. 14, 345).

Der Unterschied zwischen unmittelbaren und mittelbaren Beamten beruht darauf, daß die Berufung entweder durch eine staatliche Behörde selbst oder auch „mittelbar" geschehen kann, sei es durch eine nicht staatliche öffentliche Behörde, sei es durch eine privatrechtliche Korporation oder Genossenschaft bzw. eine einzelne Privatperson, vorausgesetzt nur, daß der Staat diese Berufung anerkennt (RG. III. Straff. 6. November 1882, I. Straff. 16. November 1886, II. Straff. 19. März 1897, E. 7, 210; 29, 184 u. 30, 29[1]).

---

[1]) Mittelbare Staatsbeamte sind nach den §§ 68 69 ALR. II. 10 die im „unmittelbaren Dienste gewisser dem Staate untergeordneter Kollegien, Korporationen und Gemeinden", also im Dienste der sog. Korporationen des öffentl. Rechts stehenden Beamten (vgl. RG. 62, 241).

Mittelbare Staatsbeamte sind die Beamten solcher Korporationen, die organisch in die Verfassung des Staates eingreifen, Zwecke zu erfüllen haben, die in direkter Beziehung zu den Aufgaben des Staates stehen

Der Begriff der **Anstellung** erfordert nicht notwendig eine direkte amtliche Bestellung durch die zuständige Staatsbehörde, es genügt dazu schon die Genehmigung und Bestätigung der Behörde und die in dieser liegende staatliche Berufung. Vgl. Rechtspr. des RG. i. Strafs. 5, 328; 6, 134 u. E. i. Strafs. 7, 210; 15, 244. Für die Dienststellung eines Beamten kommt es nicht darauf an, ob seine Anstellung gegen **festes Gehalt** oder **gegen Gebühren** für die Einzelleistungen, selbst solchen, welche von Privatpersonen zu entrichten sind, z. B. Notare, Gerichtsvollzieher, Fleischbeschauer, Hundefänger, erfolgt ist. Vgl. OVG. 2. April 1908, Selbstverwaltung S. 914. Auch ist es ohne Bedeutung, ob diese Honorierung in der Hauptsache aus öffentlichen Mitteln erfolgt oder nicht. Entscheidend ist allein, daß die mit der Anstellung dem Angestellten zur Ausübung übertragenen Dienste öffentlich-rechtlicher Natur, aus der Staatsgewalt abzuleitende und den Staatszwecken dienende sind, mithin den Charakter einer öffentlichen Amtstätigkeit haben, die von einem Organe der Staatsgewalt unter öffentlicher Autorität vorgenommen werden. Ein mit Genehmigung der zuständigen Staatsbehörde (Polizeipräsidium) von einem Tierschutzverein an-

---

d. h. die sich der Lösung von staatlichen Aufgaben an Stelle des Staates kraft eines ausdrücklichen oder stillschweigenden Auftrages widmen (OVG. Entsch. 16, 154 u. 43, 76.)

gestellter Beamter ist also Beamter i. S. des § 839 (RG. II. Straff. vom 19. März 1897, E. 30, 29).

Dasselbe gilt von dem Dirigenten einer freiwilligen, unter polizeilicher Genehmigung gebildeten Feuerwehr (OVG. 8, 403).

Aus der Honorierung gewisser Dienstleistungen aus öffentlichen Mitteln kann unter Umständen eine Anstellung gefolgert werden (RG. I. Straff. 7. Mai 1883; Rechtspr. 5, 328).

Auch die in Privatdiensten angestellten Forst- und Jagdaufseher sind zu den Beamten zu zählen, sofern sie gemäß § 24 des preuß. Forstdiebstahlsgesetzes v. 15. April 1878 vereidigt sind. Durch diesen Eid übernehmen sie Funktionen dem Staate gegenüber, die nur von Beamten des Staates ausgeübt werden können (RG. Entsch. in Straff. 2, 306; 4, 214; 10, 106 u. 16, 321).

Unerheblich ist, ob ein Beamter gegen Lohn (Diäten) oder Gehalt angestellt ist, ob er sein Amt unentgeltlich[1]), als Ehrenamt[2]) bekleidet, ob er ständig oder unständig[3]), auf Kündigung, Probe

---

[1]) Auch der unbesoldete Assessor oder Referendar ist zivilrechtlich verantwortlich, ebenso die übrigen im Vorbereitungsdienste befindlichen Beamten.

[2]) RG. Entsch. i. Straff. 35, 327. Auch der „Ehrenamtmann" in Westfalen ist Beamter (RG. Entsch. i. ZS. 67, 117); desgleichen der Schiedsmann.

[3]) Z. B. der für Schleswig und Holstein 1866 bestellte Oberpräsident (OVG. 10, 380).

oder Widerruf angestellt ist, ob er Dienste höherer oder niederer Art verrichtet, ob die Dienste in Ausübung der Hoheitsrechte des Staates gegenüber den Untertanen bestehen oder in Abschluß von privatrechtlichen Rechtsgeschäften, ob der Beamte einen Diensteid geleistet hat oder nicht[1]), ob die Stellung als Lebensberuf oder neben anderen amtlichen oder privaten Geschäften ausgeübt wird, ob die Anstellung des Beamten unmittelbar vom Landesherrn oder durch eine hierzu ermächtigte Behörde erfolgt, ob er eine etatsmäßige Stelle bekleidet oder nicht (RG. Entsch. i. ZS. 51, 300 u. i. Strafs. 29, 233).

Es ist genügend, wenn von der zuständigen Amtsstelle eine Berufung zur Wahrnehmung solcher öffentlichen Funktionen, die dem Staatszwecke unmittelbar oder mittelbar dienen, stattgefunden hat. Die Form der Berufung ist unwesentlich (RG. I. Strafs. 7. Mai 1883, Rechtspr. V, 328). Sofern nicht durch besondere Reichs- oder Landesgesetze die Rechtswirksamkeit einer Anstellung von der Beobachtung bestimmter Förmlichkeiten abhängig

---

[1]) Wo jedoch die Ausübung der Amtsbefugnisse durch die vorherige Beeidigung, z. B. bei Bahnpolizeibeamten, bedingt ist, ersetzt die bloße Vollziehung eines Eidesformulars die Eidesleistung nicht (RG. III. Strafs. 15. Juni 1885, E. 12, 270).

Nach § 6 Abs. 3 PrB. v. 15. Nov. 1899 ist die Zuständigkeit preußischer Vollziehungsbeamter durch deren eidliche Verpflichtung bedingt (RG. II. Strafs. 29. Juni 1906, Entsch. 39, 95).

gemacht ist, genügt jede Erklärung des zuständigen Anstellungsorgans (RG. IV. Straff. 1. Februar 1887 und 8. Februar 1895, E. 15, 244 u. 26, 437). Die Berufung kann namentlich in der Form einer Gestattung, speziell in derjenigen einer Stellvertretung und unter Verantwortlichkeit des Vertretenen erfolgen (RG. 13. Dezember 1892, Goltd. 40, 337). Die Berufung kann auch durch konkludente Handlungen, z. B. Übersendung der zur Ausübung des Amtes erforderlichen Bücher, Register, Listen usw. erfolgen (RG. IV. Straff. 8. Februar 1895, E. 26, 438).

Die Anstellungsbehörde muß den Willen haben, die betreffende Person als Beamten anzustellen, nicht bloß einen privatrechtlichen Dienstvertrag mit ihm abzuschließen (RG. I. Straff. 29. Oktober 1898, E. 31, 293).

Ob bei dem Angestellten alle Voraussetzungen zutreffen, durch welche die Qualifikation zur Erlangung des betreffenden Amtes bedingt war (z. B. Großjährigkeit), ist für die Beamtenqualität nicht entscheidend (RG. I. Straff. 3. Juni 1880, Rechtspr. 2, 24).

Sollte sich später herausstellen, daß das Beamtenverhältnis nichtig ist[1]), so würde das auf die Haftungsfrage keinen Einfluß ausüben.

---

[1]) Wenn die Anstellung unter Verletzung gesetzlicher Vorschriften, z. B. des Gesetzes vom 21. Juli 1892 (§ 12), wodurch gewisse Kommunalbeamtenstellen den Militäranwärtern vorbehalten sind, erfolgt ist (RG. IV. 25. Januar 1897, Gruchot 41, 1114).

Auch weibliche Personen können unter den geeigneten Voraussetzungen Beamte sein (RG. I. Straff. 7. Mai 1883 und 13. Dezember 1892, Rechtspr. 5, 328 u. Goltd. 40, 337).

Der Umstand, daß jemand das Gewerbe eines Gastwirts betreibt, schließt seine Eigenschaft als Beamter nicht aus (RG. III. Straff. 4. Dezember 1902, JurWoch. 1903 S. 215[43]). Vgl. auch RG. E. 26, 437.

Das innere Verhältnis zwischen Behörde und Angestellten kann als ein privatrechtliches geregelt sein, während nach außen hin der Angestellte amtliche Funktionen ausüben soll (RG. III. Straff. 10. Nov. 1887 E. 16, 378).

Ein Postillion ist Staatsbeamter. Diese Eigenschaft wird durch den Umstand, daß er zugleich im privatrechtlichen Verhältnis zum Posthalter stand, nicht ausgeschlossen (RG. II. ZS. 8./15. Nov. 1893, Bolze 14, 377[576] b).

Ist eine Bestätigung des Staates erforderlich, wie z. B. bei Polizeibeamten in Preußen gemäß § 4 des Ges. v. 11. März 1850, so entsteht ohne dieselbe der Regel nach kein Beamtenverhältnis (RG. II. Straff. 4. Nov. 1898 D. JurZtg. 1899 S. 42).

Kein Beamter ist, wer in ein Dienstverhältnis zum Staate nicht durch Anstellung, sondern aus einem anderen Grunde tritt, z. B. auf Grund eines lediglich privatvertragsmäßigen Verhältnisses. Letzteres liegt vor: bei einem kraft speziellen Auftrages der Behörde funktionierenden Gefangenentransporteur (RG. I. Strafs. 22. Dez. 1881, E. 5, 418), bei einem Gefängnisarzt (RG. IV. Strafs. 22. Dez. 1899, E. 33, 29), bei einem Krankenwärter in einer provinzialständischen Heil- und Pflegeanstalt (RG. III. Strafs. 13. Nov. 1884, Rechtspr. 6, 711), bei einem von einem Landrate angenommenen Bureaugehilfen (RG. II. Strafs. 28. Februar 1896, E. 28, 249), bei Amtssekretären der Amtsvorsteher, welche auf Grund eines Privatvertrages angenommen sind (OVG. 6, 119), bei Impfärzten als solchen (OVG. 26, 131).

Die Arbeiter der Königlichen Pulverfabrik in Spandau sind keine Beamte, wenn sie auch die Befolgung ihrer Pflichten eidlich angelobt haben (RG. XI. ZS. 19. Februar 1907, U. 6938/06).

Als Beamte sind angesehen: die Lehrer und Lehrerinnen an staatlichen oder kommunalen Schulen (nicht auch Privatschulen), an gewerblichen Fortbildungsschulen (RG. Entsch. i. ZS. 97, 299; OVG. Entsch. 30, 497), die Universitätsprofessoren und Privatdozenten (MBl. f. d. i. V. 1863 S. 153), die Beamten der Privateisenbahngesellschaften, soweit sie bahnpolizeiliche Funktionen wahrzunehmen haben, die oberen Werksbeamten der fiskalischen Gruben, dagegen nicht die niederen, z. B. die Grubensteiger (OVG. 20, 126); ferner ein mittels Handschlags verpflichteter Aushelfer bei der Post, sofern er nicht mehr mit mechanischen Dienstleistungen, sondern mit Bestellung von Briefen, Ausleerung der Briefkästen usw. beschäftigt wird (RG. 15. März 1906, Recht S. 575); die Vorsteher der *Kaufmannschaft* in Stettin (RG. III. ZS. 14. Januar 1902, JurWoch. S. 167), die *Mitglieder des evangelischen Gemeindekirchenrats* (RG. IV. ZS. 30. September 1904, Entsch. 59, 329), informatisch im Zivildienst beschäftigte *Militäranwärter* (RG. 15. April 1901, JurWoch. S. 614), der *Reichstagswahlvorsteher* (OLG. Braunschweig 1. März 1904, Goltd. 53, 79), die Mitglieder der preußischen *Voreinschätzungskommission* (RG. I. Straff. 4. Dezember 1905, E. 38, 235), ordnungsmäßig öffentlich bestellte *Fleischbeschauer* (RG. 16. Juni 1904, Recht S. 389).

Dagegen *nicht* Personen, die zwar auf Grund einer öffentlich-rechtlichen Bestellung zu bestimmten Funktionen berufen sind, jedoch in keinem öffentlich-rechtlichen Dienstverhältnis stehen, wie Rechtsanwälte, Kursmakler, öffentlich bestellte Sachverständige, gerichtlich bestellte *Verwalter in Zwangsversteigerungssachen* (RG. 22. Mai 1908 und OLG. Breslau 9. Februar 1901, R. d. OLG. 16, 345 und 2, 240), *Pfleger*, *Nachlaßverwalter*, *Konkursverwalter*, *Vormünder*, *Gegenvormünder*, Beistand der Mutter (RG. VI. ZS. 9. Januar 1899, Entsch. 43,

62), die nach § 131 Gew.O. gebildeten Prüfungsausschüsse, sie handeln nicht als Organ der Staatsgewalt (RG. 27. November 1903, JurWoch. 1904 S. 189).

Auch die Militärpersonen[1]) (Offiziere, Sanitätsoffiziere, Maschineningenieure, Unteroffiziere und Kapitulanten) sind als Beamte anzusehen, sofern sie öffentlich-rechtliche Funktionen ausüben[2]), auch Gendarmen und deren Vorgesetzte (Distriktsoffizier) als Mitglieder der bewaffneten Macht gehören hierher[3]). Insbesondere hat ein die Polizeigewalt handhabender Rondeoffizier während des Wachtdienstes die Eigenschaft eines Beamten[4]). Dasselbe gilt von einem gewöhnlichen Soldaten, sofern er z. B. als Patrouillenführer kommandiert ist. v. Schelhorn S. 448 rechnet Offiziere, Sanitätsoffiziere und Kapitulanten nicht zu den Beamten im Sinne des § 839 BGB., da das BGB. an verschiedenen Stellen (§§ 411, 570 u. 1315) „Militärperson" und „Offizier" den „Beamten" gegenüberstelle. Richtig ist, daß nicht überall, wo der Gesetzgeber sich des Ausdrucks „Beamter" bedient, die

---

[1]) Militärbeamte sind selbstverständlich den Beamten zuzuzählen. Vgl. § 157 des Reichsbeamtengesetzes.

[2]) RG. Entsch. i. Straff. 20, 268, 23, 17 und 29, 15. Vgl. auch Jastrow i. VerwArchiv 4, 350.

[3]) Oppenhoff, Rechspr. 14, 600 und RG. Entsch. i. Straff. 33, 383.

[4]) OLG. Celle in Goltd. Arch. 37, 215. Vgl. auch RG. i. JurWoch. 1898 S. 323.

Offiziere einbegriffen sind. Es muß, wie das RG. (Entsch. i. Strafs. 29, 15 u. Entsch. i. ZS. 67, 117) hervorhebt, bei jeder einzelnen Gesetzesbestimmung besonders diese Frage geprüft werden. Wenn auch die Stellung des Offiziers eine bevorzugte sein mag, so ist doch nicht anzunehmen, daß er von der Haftpflicht für seine Amtshandlungen überhaupt hat entbunden werden sollen. Wendet man den § 839 auf ihn nicht an, dann haftet er gemäß §§ 823 ff. BGB. primär, wird also der Vorrechte des „Beamten" nicht teilhaftig. Nach preuß. Recht sind die Offiziere den Zivilbeamten bezüglich der Haftpflichtfragen immer gleichgestellt gewesen (§§ 1 ff. V II, 10 ALR.). Die Ernennung zum Offizier gilt als Anstellung im unmittelbaren Staatsdienst. Übrigens hat das RG. (Entsch. i. ZS. 54, 198 und 55, 171) die Haftpflicht des Reiches für Offiziere auf Grund des § 89 BGB. ausdrücklich anerkannt.

Hofbeamte gehören nicht zu den öffentlichen Beamten, es sei denn, daß die von ihnen geleisteten Dienste mittelbar oder unmittelbar dem Staate geleistet werden (OLG. Celle vom 12. März 1903, R. d. OLG. 6, 419).

Nicht zu den Beamten i. S. des § 839 BGB. gehören diejenigen Personen, welche von einem Beamten zur Hilfeleistung bei seinen Dienstgeschäften hinzugezogen werden (vgl. z. B. § 113 Abs. 3 StrGB.)[1].

---

[1]) Ist die zugezogene Person selbst Beamter, so haftet sie trotzdem nicht etwa gemäß § 839 BGB., es

Neben den Beamten des Staates kommen noch diejenigen folgender Körperschaften, Stiftungen und Anstalten[1]) in Betracht:

Die kommunalen Verbände: Stadtgemeinden (Bürgermeister, Magistratsmitglieder), Landgemeinden (Gemeindevorsteher[2]), Amtsvorsteher[3]), Schulze, Dorfrichter), Kreise, Provinzen, die Schul-, Armen-[4]) und Wegeverbände; die kirchlichen Körperschaften der öffentlich aufgenommenen Kirchengesellschaften[5]),

---

sei denn, daß die Dienste zu den Amtshandlungen gehören.

[1]) Schelhorn S. 450 scheint anzunehmen, daß, weil Art. 77 EG. z. BGB. nur von Beamten der Gemeinden und anderer Kommunalverbände (Provinzial-, Kreis- und Amtsverbände) rede, die Beamten anderer juristischer Personen des öffentlichen Rechts nicht als Beamte i. S. des § 839 anzusehen seien. Man versteht nicht, inwiefern Art. 77 zur Interpretation des § 839 herangezogen werden kann.

[2]) OVG. 25, 425.

[3]) Westfälische Amtmänner (OVG. 8, 403). Auch Amtssekretäre sind Beamte (RG. Entsch. i. Straff. 29, 230), vgl. jedoch oben S. 167, ebenso Amtsdiener (RG. Entsch. i. Straff. 34, 234) und Standesbeamte (RG. Entsch. i. ZS. 39, 261).

[4]) OVG. 41, 443.

[5]) Vgl. § 19 II, 11 ALR. und v. Krais S. 289. Öffentlich aufgenommene Kirchengesellschaften in Preußen sind die christlichen Kirchen, nämlich die römisch-katholische einschl. der altkatholischen, die unierte, lutherische und reformierte, die separierten Altlutheraner, die Gemeinden der reform.-niederländischen Konfession, die Herrnhuter und böhmischen Brüder, die einzelnen jüdi-

die vielfach bestehenden ständischen Körperschaften (Ritterschaften, Landschaften)[1]), die Schulen[2]) und Universitäten als Anstalten, die Anwaltskammern[3]), die Handels-, Handwerker-, Apotheker- und Landwirtschaftskammern[4]), die neuen Innungen[5]), die reichsgesetzlich geordneten Krankenkassen, Hilfskassen, die Berufsgenossenschaften für Unfallversicherung und die Versicherungsanstalten des Invaliditäts- und Altersversicherungsgesetzes. Ferner Hospize, Krankenanstalten, Siechenhäuser, Armenhäuser, insoweit sie öffentliche Anstalten sind und nicht auf privater Stiftung beruhen und lediglich unter privater Verwaltung stehen; die Reichsbank, der Reichsinvalidenfonds.

Landesgesetzlich besteht eine große Anzahl juristischer Personen des öffentlichen Rechts auf den durch die Art. 65, 66, 67, 69 u. 75 Einf.-Ges. z. BGB.

---

schen Synagogengemeinden, die Mennoniten und Baptisten, sofern sie Korporationsrechte erlangt haben. Vgl. Delius, Deutsches Vereinsrecht, 5. Aufl. S. 524. Beamte sind nicht allein die Geistlichen, sondern auch die Kirchenbedienten (Küster, Kantor), dagegen Glockenläuter und Totengräber der Regel nach nicht.

[1]) RG. Entsch. i. ZS. 28, 325.

[2]) Beamte sind auch die Lehrer an öffentl. Fortbildungsschulen (OVG. 30, 437).

[3]) Reichsgesetz vom 1. Juli 1878 § 48.

[4]) Preuß. Gesetz vom 30. Juni 1894. Vgl. RG. vom 22. Juni 1899, Gruchot 45, 977 und 29. Okt. 1907, Recht 1907 S. 1483.

[5]) Gewerbe-Ordnung §§ 97 ff.

dem Landesrecht überlassenen Rechtsgebieten (Wasserrecht, Deich- und Sielrecht, Bergrecht, Jagd- und Fischereirecht, Versicherungsrecht), in Preußen z. B. die Deichverbände[1]), Fischereigenossenschaften[2]), öffentl. Genossenschaften zu Be- und Entwässerungsanlagen[3]).

Wegen der Haftung des Vormundschaftsrichters vgl. § 13, der Geschworenen, Schöffen, Handelsrichter: § 14, des Schiedsrichters: § 15, der Mitglieder des Familienrats: § 13, öffentlicher Sachverständiger: § 18.

Als verantwortlicher Beamter kann nur derjenige in Betracht kommen, welchem die selbständige Erledigung der Amtsgeschäfte aufgetragen ist.

Hat z. B. ein Assessor, welcher der Staatsanwaltschaft zur Beschäftigung überwiesen ist, noch nicht die Berechtigung, die von ihm bearbeiteten Verfügungen usw. zu unterzeichnen, so haftet nicht dieser, sondern der Beamte, welcher die Entscheidung usw. unterzeichnet hat.

Wichtig wird die Frage bei Beamten, welche auf Grund des mündlichen Vortrages eines anderen Beamten entscheiden. Auch hier haftet der Chef, obwohl ihm sein „vortragender Rat", dessen Hilfe er sich nach den Dienstvorschriften bedienen darf, Falsches zur Entscheidung vorgetragen oder „vorver-

---

[1]) §§ 11 ff. des Deichgesetzes vom 28. Januar 1848.
[2]) §§ 9 und 10 des Fischereigesetzes v. 30. Mai 1874.
[3]) Gesetz vom 1. April 1879.

fügt" hat. Der haftbar gemachte Beamte kann natürlich den anderen im Regreßwege in Anspruch nehmen. Hier wird von Bedeutung sein, ob der höhere Beamte ohne Ermächtigung der vorgesetzten Dienstbehörde die Hilfskraft angenommen hat, ob er die Akten selbst lesen mußte oder ob er den Fehler auch ohne Studium der Akten erkennen konnte. Danach wird das Verschulden gemäß § 254 BGB. zu bestimmen sein.

Nicht allein für die eigenen Versehen tritt die Haftbarkeit des Beamten ein, auch für die Handlungen und Versehen der ihm zur Beschäftigung oder Ausbildung überwiesenen Personen, z. B. Referendare, sowie der ohne höhere Anordnung eigenmächtig gewählten Stellvertreter [1]) haftet der Beamte. Doch haften die ihm von der vorgesetzten Behörde als selbständig arbeitend zugeordneten Hilfsbeamten für ihre Handlungen allein.

Der Stellvertreter haftet selbstverständlich für sein Versehen allein (Obertrib., 22. Juni 1877, Strieth. Arch. 25, 236).

Dies gilt selbst für den Fall, daß die Vertretung gegen die Geschäftsverteilung verstößt. Der Vertreter muß nur überhaupt zuständig sein.

Darf der Beamte die ihm zur Ausbildung oder Beschäftigung Überwiesenen mit der selbständigen Erledigung von Amtsgeschäften beauftragen, wie

---

[1]) Vgl. §§ 41 ff. I, 13 ALR., oben § 5 S. 84.

dies gemäß § 2 preuß. Ausf.-Gesetz z. GVG. der Amtsrichter bezüglich der über zwei Jahre im Vorbereitungsdienst befindlichen Referendare darf, so haftet er nur, wenn ihn culpa in eligendo aut custodiendo trifft.

Zwei Fälle aus der Praxis:

Ein Amtsrichter hatte den Sekretär beauftragt, die bei Gericht eingezahlten Erstehungsgelder aus einer Subhastation in Empfang zu nehmen und auszuzahlen. Es fehlte später die Summe von 447 M. Nach § 102 des Gesetzes vom 13. Juli 1883 hat die Zahlung der Erstehungsgelder aber an den Richter zu erfolgen. Da der Amtsrichter öffentliche Amtsgeschäfte einem dazu nicht qualifizierten anderen aufgegeben hat, so sind die Handlungen des Substituten nichtig (§§ 41, 43 ALR. I, 13), und dieser wie der Machtgeber haften solidarisch wegen alles daraus entstandenen Schadens (RG. Bolze 22, Nr. 208).

Ein Gerichtssekretär, welchem die Verteilung der Geschäfte in der Gerichtsschreiberei überlassen war, hatte den Eintrag der Konkursforderung in die Tabelle dem Gerichtsassistenten übertragen, was gemäß §§ 4 und 5 des preuß. Gesetzes vom 3. März 1879 zulässig war. Wegen Nichteintragung der Forderung in die Tabelle ist der Sekretär nicht verantwortlich, sondern nur der Assistent; unerheblich ist, daß der Sekretär bei einzelnen Eintragungen in der Tabelle Ergänzungen oder Änderungen vorgenommen hat, denn daraus ist nicht die Verpflichtung abzuleiten, daß er für die ganze Arbeit des Assistenten einsteht (RG. Bolze 21, Nr. 255).

Wenn ein Beamter seine Aufsichtspflicht über den Beamten, welcher die schadenstiftende Handlung vorgenommen hat, vernachlässigt hat, so haften beide solidarisch. Vgl. Kayser, S. 55.

Bezüglich des Regreßrechts gegeneinander entscheidet § 426 BGB.

Gehilfen und Stellvertreter (vgl. S. 50).

Nach Art. 78 EG. z. BGB. bleiben unberührt die landesgesetzlichen Vorschriften, nach welchen die Beamten für die von ihnen angenommenen Stellvertreter und Gehilfen in weiterem Umfange als nach dem BGB. haften.

Der Vorbehalt bezieht sich nur auf die Haftung des Beamten Dritten gegenüber, nicht gegenüber dem Staate. In letzterer Beziehung entscheidet gemäß Art. 80 EG. z. BGB. das öffentliche Recht des betr. Bundesstaates. In Betracht kommen hier insbesondere Fälle, in welchen Gerichtsvollziehern, Versteigerungsbeamten und Notaren die Zuziehung von Vertretern und Gehilfen gestattet ist.

Ohne Art. 78 würde der Beamte nur gemäß § 831 BGB. haften; der Art. 78 gestattet der Landesgesetzgebung die Bestimmung einer weitergehenden Haftung, z. B. daß der Beamte unbedingt haften soll. Vgl. für Preußen §§ 42—45 I, 13 ALR.

und Art. 101 preuß. FGG., für Bayern Art. 115 Notariatsgesetz (Haftung des Notars für den Amtsverweser), für Württemberg Art. 95 Abs. 2 AG. z. BGB. (Haftung des Bezirksvorstehers für seine Gehilfen), Art. 102² (Haftung des öffentl. Notars für seinen Stellvertreter), für Baden Notariats-Ges. Art. 115, für Hessen NotGes. v. 15. März 1899, Art. 21, 32 (Haftung des Notars für Gehilfen und Stellvertreter), Verordnung v. 2. Aug. 1899, betr. die Ortsgerichte, Art. 15³ (Haftung des Ortsgerichtsvorstehers für seine Gehilfen), für Elsaß-Lothringen §§ 37 u. 38 (Haftung der Beamten für ihre Gehilfen).

Hat ein Beamter zur Ausführung eines Dienstgeschäftes andere Personen befugterweise herangezogen, so haftet er nicht etwa nach § 278 BGB., sondern nur gemäß § 831 BGB. für den von dem Vertreter oder Gehilfen in Ausführung ihrer Verrichtungen zugefügten Schaden, ohne daß es des Beweises eines ihm zur Last fallenden Verschuldens bedarf, sofern er nicht den Beweis seiner Schuldlosigkeit nach Maßgabe des § 831 Satz 2 erbringt.

Die hinzugezogene Person haftet gemäß §§ 823 ff., nicht etwa aus § 839 BGB., sollte sie auch selbst Beamter sein, es sei denn, daß die Tätigkeit zu den Dienstgeschäften gehört.

Für die Versehen des unbefugt angenommenen Gehilfen haftet der Beamte wie für eigene.

Bei den Amtshandlungen ist zu unterscheiden,

ob solche aus eigener Initiative des Beamten hervorgehen oder ob sie von dem betreffenden Beamten auf Grund höheren Befehls bzw. einer allgemeinen dienstlichen Anweisung vorgenommen werden.

Daß der Beamte bei ersteren haftbar erscheint, ist nicht zweifelhaft. Wo für einen Beamten die gesetzliche Gehorsamspflicht gegenüber einer dienstlichen Anweisung besteht, ist der Beamte von der Verantwortlichkeit frei (OVG. 21. Januar 1908, Sörgel, Jahrb. des Verwaltungsrechts I, 45). Eine Nachprüfung der in Gesetzen oder Kgl. Verordnungen enthaltenen Anweisungen in bezug auf ihre Rechtsgültigkeit wird man den Verwaltungsbeamten nicht zumuten dürfen. Verbietet doch schon Art. 106 preuß. Verf. dem Richter diese Prüfung hinsichtlich preuß. Gesetze und Kgl. Verordnungen, soweit kein Widerspruch mit Reichsrecht vorliegt. Vgl. RG. Entsch. in Strafs. 36, 417. Bei Verwaltungsanordnungen wird eine solche Nachprüfung Pflicht der höheren und mittleren Beamten sein, dagegen nicht der Unterbeamten. Richterliche Beamte haben insbesondere diese Pflicht. Natürlich darf das nicht in eine Sucht zum Bekritteln amtlicher Verordnungen ausarten.

Der Regel nach[1]) schützt den Beamten die Be-

[1]) Stets, wenn die Pflicht zur Leistung des Gehorsams eine unbedingte ist, wie z. B. beim Militär.

rufung auf den Befehl seiner vorgesetzten Dienstbehörde gegen seine eigene zivilrechtliche Haftung. Die Gehorsamspflicht der Verwaltungsbeamten bedeutet aber nicht die Verpflichtung, die Anordnungen seiner Vorgesetzten blindlings zu befolgen [1]. Der Untergebene hat zu untersuchen,

1. ob der Befehl (Auftrag) die vorgeschriebene amtliche Form hat, von deren Beachtung die Gültigkeit desselben abhängt, ob er z. B., wenn schriftlich erteilt, die Unterschrift des Vorgesetzten hat;

2. ob ihm, dem Unterbeamten, die allgemeine sachliche oder örtliche Zuständigkeit zur Ausführung des Befehls beiwohne [2]. Der Beamte braucht solchen Anordnungen der vorgesetzten Behörde nicht nachzukommen, welche nicht amtliche Geschäfte zum Inhalte haben oder nicht in den Geschäftskreis ihrer gesetzlich normierten Zuständigkeit gehören;

3. Ob der Befehlende die allgemeine sachliche und örtliche Kompetenz besitzt, einen Befehl der fragl. Art zu erteilen.

Was den Inhalt des Befehls betrifft, so braucht selbstverständlich der Untergebene strafbare oder sonst gesetzlich verbotene bzw. sittlich verwerfliche Handlungen nicht auszuführen [3].

---

[1]) RG. VI. ZS. 21. Sept. 1908, JurWoch. S. 654.

[2]) Die Zweckmäßigkeit oder Angemessenheit des Befehls unterliegt nicht der Kritik des Untergebenen.

[3]) Nach dem noch gültigen, weil öffentliches Recht enthaltenden § 48 I, 6 ALR. hat derjenige, welcher

Wird ein Richter von dem vorgesetzten Gericht zur Vornahme einer Amtshandlung, z. B. Eintragung einer Hypothek, angewiesen[1]), so trifft die Verantwortung allein das befehlende Gericht. Sobald aber der Richter die in einem speziellen Falle ergangene Anweisung generalisiert und auf andere Fälle anwendet, also die Ansicht des höheren Gerichts zu der seinigen macht, wird er selbst verantwortlich (Jurist. Wochenschrift 42 S. 333).

Ein Verschulden liegt aber nicht vor, wenn der Richter in einer anderen Sache eine Rechtsansicht, welche das Beschwerdegericht ausgesprochen hat, seiner Entscheidung zugrunde legt. Vgl. Fuchs-Arnheim II, 158.

Mit dieser Pflicht des Beamten, dem Befehl der vorgesetzten Behörde nachzukommen, steht die Pflicht einer Behörde, den Requisitionen anderer Behörden gemäß den Gesetzen über Gewährung der Rechtshilfe nachzukommen, in analogem Verhältnisse. Verantwortlich ist hier die ersuchende Behörde. Die Prüfungspflicht der ersuchten Behörde erstreckt sich regelmäßig auf die Frage der abstrakten Zuständigkeit der ersuchenden Behörde und der eigenen konkreten Zuständigkeit[2]). Nach der für die Gerichte hinsicht-

---

aus Unwissenheit einen gesetzwidrigen Befehl ausgerichtet hat, den Regreß gegen den befehlenden Vorgesetzten.

[1]) Vgl. § 1 Abs. 2 des Rechtshilfegesetzes vom 21. Juni 1869.

[2]) Vgl. auch § 398 StPO.

lich der Erledigung von Rechtshilfesachen jetzt maßgebenden Bestimmung des § 159 GVG.[1]) ist dem ersuchten Gericht auch die Kognition über die eigene örtliche Zuständigkeit entzogen, sofern es sich um Ersuchen eines im Instanzenzuge vorgesetzten Gerichts handelt. Von letzterem Falle abgesehen hat das ersuchte Gericht die verlangte Handlung auch auf ihre materielle Legalität zu prüfen, nämlich ob die Vornahme derselben nach dem Rechte des Amtssitzes erlaubt ist[2]).

Wenn ein Dienstbefehl den Beamten unter Umständen von der eigenen Verantwortlichkeit entbindet, so gilt ein gleiches nicht von dem bloßen Einverständnis, selbst dann nicht, wenn der Vorgesetzte den Untergebenen geradezu angewiesen hat, eine Verfügung zur Genehmigung vorzulegen und bei Erteilung der Genehmigung redaktionelle Änderungen der Verfügung vorgenommen hat. So mit Recht der I. Senat des OVG. in einer Entscheidung vom 17. November 1899.

Daß ein Beamter, welcher eine amtliche Angelegenheit erledigt hat, unbedingt berechtigt ist, sich auf den Ausspruch einer Behörde zu berufen,

---

[1]) Vgl. auch § 2 des Reichsgesetzes über die Angelegenheiten der freiwilligen Gerichtsbarkeit vom 17. Mai 1898 (RGBl. S. 771). Wegen der Prüfungspflicht des Amtsrichters bei Requisitionen der Staatsanwaltschaft siehe § 160 Abs. 2 StPO.

[2]) Vgl. auch § 37 des Rechtshilfegesetzes.

welche vom Staate dazu bestimmt ist, über Fragen irgendwelcher Art, z. B. über Zuständigkeit usw., einen endgültigen Entscheid zu treffen, bedarf keiner Ausführung.

Geser S. 118 führt endlich noch folgendes aus: „Wird eine schädigende amtliche Verfügung im Rekurswege von der letzten Instanz bestätigt, so bleibt die Haftpflichtverbindlichkeit der ersten handelnden Behörde damit unverändert bestehen, da die schädigende Verfügung nicht von der im Rekurswege angegangenen Oberbehörde ausgegangen und sich letztere rein negativ zur Sache verhalten hat, wenn sie sich nicht veranlaßt sah, auf den Rekurs des Klägers einzugehen. Durch den Rekurs wird also die Passiv-Legitimation nicht verändert[1]).

Die Ansicht von Geser erscheint nicht zutreffend. Die Mitglieder der verschiedenen Instanzen haften als Gesamtschuldner, wenn und soweit sie nebeneinander ein Verschulden trifft.

b) Amtshandlung (dans l'exercise de ses fonctions). Vgl. auch Anm. 3 oben S. 152.

Außerhalb seines Amtskreises ist der Beamte ebenso Privatmann wie jeder andere Staatsbürger und denselben gesetzlichen Vorschriften unterworfen. Er kann sich vertragsmäßig und deliktisch in der gleichen Weise haftbar machen. Damit auf sein Tun

[1]) Vgl. Seuff. Arch. 25, 244 betr. eine Klage wegen Beschränkung in Gewerbebefugnissen, weil die Polizeibehörde einer Seiltänzergesellschaft das Auftreten verbot.

die Grundsätze der Beamtenhaftung Anwendung finden können, muß dasselbe den Charakter einer „Amtshandlung“ besitzen. Was darunter zu verstehen ist, sagt das Gesetz nicht.

Unzweifelhaft fallen auch Unterlassungen darunter, vorausgesetzt, daß eine Pflicht zum positiven Handeln bestand und von dem Beamten vernachlässigt wurde. Es würde zu weit gehen, wenn man annehmen wollte, daß überhaupt jede Handlung, insoweit sie das Gepräge des Unerlaubten an sich trägt, nicht mehr Anspruch auf die Bezeichnung Amtshandlung erheben könne, weil natürlich kein Beamter ein Amt bekleidet, das ihn zur Überschreitung der Gesetze, zur willkürlichen Verletzung fremder Rechte und Interessen ermächtigt. Der Beamte, der in dieser seiner Eigenschaft unter ausdrücklicher oder stillschweigender Berufung auf sein Amt eine Handlung vornimmt, hat eben doch die staatliche Autorität hinter sich, und der Private ist nicht ohne weiteres berechtigt, sich dem Beamten zu widersetzen, auch wenn er glaubt, daß derselbe zu seinen Ungunsten den Kreis der ihm zustehenden amtlichen Befugnisse überschritten hat (Schelhorn S. 458).

Es ist klar, daß derjenige keine amtlichen Funktionen ausübt, welcher sich als Privater einen Amtscharakter anmaßt und dergestalt mit dem Schein des Amtlichen tätig wird. Dasselbe gilt, wenn der Handelnde irrtümlicherweise von seiner Beamteneigenschaft überzeugt war.

Ebensowenig handelt derjenige in amtlicher Eigenschaft, welcher zwar ein Amt besitzt, aber Handlungen vornimmt, die mit den Aufgaben des Amtes in gar keinen Zusammenhange stehen. Wer z. B. als Polizeibeamter die Gelegenheit einer Haussuchung benutzt, um zu stehlen, nimmt damit keine amtliche Handlung vor. Dasselbe gilt von einem Gerichtsvollzieher, welcher anläßlich einer von ihm vorzunehmenden Pfändung sich selbst Gegenstände des Schuldners rechtswidrig aneignet.

Wesentlich ist ferner, daß das in Frage stehende Geschäft eine amtliche Natur hat. Begeht ein Beamter eine Handlung, die zwar äußerlich das Gepräge des Amtlichen, in Wirklichkeit aber nicht der Erfüllung staatlicher Aufgaben, sondern anderen Zwecken dient, z. B. ein Münzbeamter fälscht Banknoten und bringt sie zwecks eigener Bereicherung in Verkehr, oder ein Gerichtsschreiber fertigt falsche Hypothekenbriefe zu demselben Zwecke an, so liegt keine Amtshandlung vor. Etwas anderes ist es natürlich, wenn ein Gerichtsschreiber fälschlich Hypothekenbriefe anfertigt und diese von dem Richter versehentlich mit anderen ihm zur Unterzeichnung vorgelegten Schriftstücken unterschrieben werden[1]).

Dagegen wird der Charakter einer Amtshandlung dadurch nicht beeinträchtigt, daß bei Ausübung der Handlung eigensüchtige oder sonst pflichtwidrige

---

[1]) Klewitz, S. 93. Hier nimmt der Richter, wenn er es auch nicht will, tatsächlich eine Amtshandlung vor.

Zwecke mitverfolgt werden, z. B. wenn der Beamte bestochen ist.

Die Handlung muß ferner dem Bereich der Amtssphäre des Beamten angehören[1]). Der Beamte muß sachlich und örtlich zuständig sein.

„Amt" ist ein durch das öffentliche Recht begrenzter Kreis von Geschäften in dem Organismus des Reiches, des Staates, der öffentlichen Gemeinden, Verbände und Korporationen (RG. IV. ZS. 9. März 1896, Entsch. 37, 243).

Dafür, ob eine Handlung eines Beamten als amtliche anzusehen, ist stets die Abgrenzung des Kreises seiner Dienstgeschäfte durch die Aufsichtsbehörde entscheidend (OVG. I. S. 5. Nov. 1907, A. 55/07)[2]).

Der Beamte kann deshalb den Kreis seiner Amtsbefugnisse nicht selbständig erweitern[3]). Es muß stets unterschieden werden, ob der Beamte als Beamter oder als Privatperson handelt. Vgl. oben Anm. 3 S. 152.

---

[1]) Windscheid, Pandekten § 479 II, 765 u. v. Schelhorn S. 459.

[2]) Gehören z. B. zu den amtlichen Obliegenheiten technische usw. Untersuchungen, welche auf Antrag von außerhalb stehenden Behörden u. Privatpersonen ausgeführt werden, so handelt der Beamte, wenn er solchen Anträgen oder Ersuchen entspricht, innerhalb des Rahmens der ihm zugewiesenen Dienstgeschäfte.

[3]) Amtsanmaßung fällt nicht unter § 839 BGB. (OLG. Dresden, 25. Januar 1904, R. d. OLG. 9, 20).

Wenn eine Polizeibehörde Einkommensteuern od. dgl. ausschreiben wollte, so würde sie keine Amtshandlung begehen. Dasselbe würde gelten, wenn ein Kreisausschuß in der Rheinprovinz für einen Ort in Ostpreußen eine Schankkonzession erteilen würde. Ist der Beamte zur Vornahme von Handlungen der betreffenden Art überhaupt befugt, also in abstracto zuständig, so muß doch, wenn er versehentlich seine Zuständigkeit in concreto (örtlich oder sachlich) angenommen hat, sein Handeln als außeramtliches angesehen werden. Es kann dies zu Härten führen, zumal bei Fällen, in welchen die Grenze kaum erkennbar ist. v. Schelhorn, S. 459, meint, daß man das Erfordernis der sachlichen Zuständigkeit nicht allzusehr betonen darf. Wenn z. B. ein Beamter, welcher an sich zur Beglaubigung gewisser Arten von Urkunden zuständig ist, zwar tatsächlich in Überschreitung seiner Befugnisse eine Urkunde beglaubige, welche nicht von seiner Zuständigkeit erfaßt wird, aber trotzdem zu sagen sei, daß die Grenze nur unwesentlich und kaum erkennbar überschritten sei, so sei die fragliche Handlung doch noch als Amtshandlung anzusprechen[1]). Der-

[1]) Das bloß zufällige Zusammenfallen einer Amtshandlung mit der schädigenden Amtshandlung genügt nicht. § 839 BGB. findet keine Anwendung, wenn der Beamte bei Gelegenheit der Amtsausübung nicht zu amtlichen Zwecken, sondern aus persönlichen Gründen eine unerlaubte Handlung begeht. (OLG. Dresden, 25. Januar 1904, R. d. OLG. 9, 22.)

selben Ansicht ist das Reichsgericht in seiner unter der Herrschaft des ALR. gefällten Entscheidung vom 8. Okt. 1891, Bolze 12, Nr. 217 (vgl. auch Bolze 23, Nr. 133), wo ausgesprochen wird, daß Unzuständigkeit die Haftung nicht ausschließe. „Auch der Beamte, der in der irrigen Meinung, zuständig zu sein, eine amtliche Handlung vornimmt, z. B. als Bürgermeister oder Gemeindevorsteher eine Unterschriftsbeglaubigung, haftet, wenn aus solcher Handlung, z. B. aus der falschen Unterschriftsbeglaubigung, ein Schaden entsteht." In neueren Entscheidungen ist diese Ansicht aber offenbar aufgegeben [1] [2].

Wo will man denn überhaupt die Grenze ziehen, wenn man der Gegenansicht folgt?

Übrigens ist die Handlung eines amtlich unzuständigen Beamten nicht unter allen Umständen nichtig. Für den Richter z. B. ist im § 167 GVG. bestimmt, daß er bei Gefahr im Verzuge Geschäfte

---

[1]) Dadurch allein, daß eine zu den amtlichen Funktionen eines Beamten nicht gehörige Handlung von ihm unter Einsetzung seines amtlichen Einflusses oder seiner amtlichen Autorität vorgenommen wurde, wird die Handlung noch nicht zu einer Amtshandlung (RG. IV. Straff. 8. Mai 1906, Recht S. 698).

[2]) Die Beglaubigung von Unterschriften (z. B. unter Rentenquittungen) von seiten eines Schiedsmannes oder eines Ortsvorstehers ist keine Amtshandlung im Sinne des preußischen Rechts (RG. III. ZS. 24. März 1905, Entsch. 60, 321 und Jur.Woch. 1905 S. 345). Vgl. RG. E. i. Straff. 23, 182 und 27, 232.

außerhalb seines Amtsbezirks vornehmen darf. Eine ähnliche Vorschrift enthält § 144 GVG. für die Beamten der Staatsanwaltschaft. Vgl. auch Art. 39 Preuß. FGG. für Urkundsbeamte.

Meltz S. 16 meint: „In dem Falle, wo ein Beamter in amtlicher Eigenschaft eine nicht zu seinem Amtskreise gehörige Handlung vornimmt, muß er in gleicher Weise haften, wie für Amtshandlungen, die in den Kreis seiner gesetzlichen Befugnisse fallen. Die Verletzung der Amtspflicht besteht in solchem Falle darin, daß der Beamte, welcher den Kreis seiner amtlichen Befugnisse kennen muß, die Handlung mit der ihm als Beamten zukommenden öffentlichen Autorität vornimmt. Dies ist unzweifelhaft eine den Beamten einem Dritten gegenüber obliegende Amtspflicht." Diese Argumentation erscheint nicht zutreffend. Der Schaden wird doch nicht dadurch verursacht, daß der Beamte den Kreis seiner Befugnisse überschreitet, sondern dadurch, daß er bei Vornahme einer nicht zu seinem Amtskreise gehörigen Geschäfts vorsätzlich oder fahrlässig Schaden stiftet. Wäre er richtig verfahren, so wäre trotz der Überschreitung seiner Befugnisse ein Schaden nicht erwachsen.

Es kommt darauf an, ob objektiv eine Amtshandlung vorliegt. Ob der Geschädigte die Handlung als solche ansieht, ist gleichgültig (Entsch. des OVG. 12, 415).

Unzutreffend ist es, wenn Geser, S. 38, eine

Amtshandlung dann annehmen will, wenn der Beamte so aufgetreten ist, daß der ihm gegenüberstehende Dritte und nachherige Geschädigte bei seiner individuellen geistigen Entwicklung und Kapazität unter Anwendung gewöhnlicher Aufmerksamkeit annehmen durfte, der Beamte handele in amtlicher Stellung und zu amtlichen Zwecke.

Nach Seuff. Prakt. Pandektenrecht § 338 II, 252 und Roth, Bayr. Zivilrecht § 35 I, 226 soll es gar nicht darauf ankommen, ob der Beamte sich innerhalb der Grenzen des ihm angewiesenen Wirkungskreises gehalten habe oder nicht, sondern nur darauf, daß er als Beamter und nicht als Privatperson gehandelt habe.

Gehört es zu den Amtspflichten eines Beamten, Rat zu erteilen, so fällt auch dies unter die Amtshandlung. Wenn hingegen der Beamte lediglich privatim Rat erteilt, so haftet er nur gemäß § 676 BGB.

Liegt keine Amtshandlung vor, so haftet der Beamte dem geschädigten Dritten, wie ein Privatmann, gemäß §§ 823ff. BGB. (vgl. auch § 82 II, 10 ALR.).

Beispiel aus der Praxis:

Wenn Mitglieder eines Dorfgerichts ohne amtliche Anweisung seitens des Gerichts oder ihrer sonstigen vorgesetzten Behörde und ohne amtliche Pflicht die Abhaltung einer Auktion freiwillig und lediglich im Auftrage einer hierbei beteiligten Privatperson oder des gesetzl. Vertreters derselben übernommen und in den Kreis ihrer amtlichen Funktionen willkürlich gezogen haben, so haben sie, wenn sie gleich als mittelbare Staatsbeamten anzusehen sind, dadurch noch nicht eine mit der Verwaltung ihres Amtes verknüpfte Handlung ausgeübt (Obertr. 15. 12. 1862, Strieth. Arch. 47, 246).

Besonders zu betonen ist, daß der Beamte sich in Ausübung seines Amtes befunden haben muß. In „Veranlassung der Ausübung seines Amtes" wird der Beamte dann tätig, wenn er eine Handlung vornimmt, welche zwar nicht mehr Amtshandlung ist, aber doch mit wirklicher Ausübung der anvertrauten Gewalt in einem gewissen Zusammenhange steht. Vgl. die Literatur und Judikatur zu § 831 BGB. In letzterem Falle tritt eine Haftung gemäß § 839 BGB. nicht ein, wohl aber auf Grund der §§ 823ff. (OLG. Frankfurt 4. Juli 1907, Recht S. 1137.)

5. Verletzung einer dem Beamten gegenüber einem Dritten obliegenden Amtspflicht.

Die Amtspflicht bestimmt sich nach öffentl. Recht, sie kann auf Gesetz, Verordnung, allgemeiner und spezieller Dienstanweisung, ja auch auf Dienstgebrauch beruhen. Der Beamte haftet nicht wegen jeder schuldhaften Verletzung irgend einer Amtspflicht, sondern nur wegen Verletzung einer dem Beschädigten gegenüber bestehenden Amtspflicht[1]). Den Gegensatz bilden diejenigen Amtspflichten, welche bloß das Verhältnis des Beamten zum Staate (Kommunalverband usw.) betreffen und aus deren Verletzung der Dritte naturgemäß ein Recht nicht herleiten kann[2]). Es ist dies vor allem die große Zahl der Ordnungsvorschriften, welche für die Dienstführung des Beamten aufgestellt sind. Es ist Auslegungsfrage für den einzelnen Fall, ob die verletzte Dienstvorschrift, die Aufrechterhaltung der öffentlichen Ordnung, den Schutz der finanziellen Interessen des Staates bezweckt, ob sie nur im Interesse des inneren Dienstes erlassen ist, also nur

---

[1]) Was hierunter zu verstehen ist, sagt das Gesetz nicht. Die Motive (Bd. 2 S. 823) besagen nur, daß der Ausdruck gewählt ist, um den Gegensatz zu der dem Beamten „einem andern", d. h. dem Staate gegenüber obliegenden Amtspflicht hervorzuheben. Dieses Verhältnis des Beamten zum Staate wird als dem öffentlichen Rechte angehörig vom BGB. nicht geregelt. Wann im Einzelfalle eine dem Beamten Dritten gegenüber obliegende Amtspflicht vorliegt, darüber soll nach den Motiven (Bd. 2 S. 825) das Landesrecht bestimmen. Sofern dieses schweigt, ist es Aufgabe der Praxis und Wissenschaft, den Begriff näher festzustellen.

[2]) „Zweiter" im Sinne des § 839 ist der Staat (Korporation usw.), „dritter" ist der Geschädigte und „erster" der Beamte. v. Schellhorn S. 545 meint, daß auch der Staat usw. als „dritter" in Betracht kommen könnte, zumal wenn er als Prozeßpartei geschädigt sei. Vgl. oben § 8.

eine interne Pflicht des Beamten (deren Verletzung nur disziplinarisch verantwortlich macht) gegenüber seinem Dienstherren (Staat, Gemeinde usw.) oder auch eine Pflicht dritten gegenüber begründet. In der Praxis wird die Lösung der Frage nicht immer leicht sein. Ein Hauptgewicht wird man auf den Zweck zu legen haben, welchem die verletzte Amtspflicht dienen soll. Ist sie dazu bestimmt, die Allgemeinheit zu schützen oder ist sie nur im Interesse des einzelnen gegeben?

Zu den bloßen Ordnungsvorschriften gehört: die Pflicht des Gerichtsvollziehers, grundsätzlich nur an Werktagen Zustellungen und Vollstreckungshandlungen vorzunehmen, die Vorschriften über den Beginn oder das Ende der Bureaustunden die Verpflichtung des Amtsrichters, den Gerichtsschreiber zu beaufsichtigen. Ein Dritter wird gegen den Amtsrichter einen Anspruch daraus nicht herleiten können, daß derselbe es unterlassen habe, seine Aufsichtspflicht in genügender Weise zu erfüllen. Auch die Verpflichtung zur Durchführung des vom Gericht beschlossenen Ausschlusses der Öffentlichkeit ist keine dem Gericht gegenüber einem Dritten obliegende Amtspflicht. Ein Angeklagter wird keinen Anspruch darauf stützen können, daß durch Versehen des Gerichts eine Person unzulässigerweise den Verhandlungen beigewohnt habe und ihm dadurch Schaden entstanden sei."

Die sachgemäße Auswahl eines Blattes für

Bekanntmachungen ist keine Amtspflicht, welche dem Registergericht den Beteiligten gegenüber obliegt (Oberstes bayr. Landesgericht 29. Dezember 1905, Recht 1906 S. 192). Dasselbe gilt von der Festnahme eines Verbrechers auf Ersuchen der Staatsanwaltschaft durch einen Polizeibeamten im Verhältnis zu den durch Entweichenlassen desselben geschädigten Privatpersonen (OLG. Hamburg 21. März 1908, Recht S. 302).

Als Pflichten, die den Beamten gegenüber Dritten obliegen, sind anzusehen: die Pflicht zur Amtsverschwiegenheit (Örtmann S. 772 und Josef i. Archiv f. ziv. Praxis 98, 428), Beschwerden spätestens vor Ablauf von drei Tagen bzw. einer Woche dem Beschwerdegericht vorzulegen (§§ 751 ZPO. und § 348 Abs. 2 StPO.), vor gewissen Entscheidungen den Gegner des Antragstellers zu hören (§§ 99 Abs. 3, 891 ZPO.), den zu Entmündigenden persönlich unter Zuziehung von Sachverständigen zu vernehmen (§ 654 ZPO.), den Haftbefehl nach Wegfall des Haftgrundes aufzuheben (§ 123 StPO.), die Verpflichtung des Richters, die Termine in Zivilprozeßsachen binnen 24 Stunden anzusetzen, die Verpflichtung, den Verhafteten spätestens am Tage nach seiner Einlieferung in das Gefängnis über den Gegenstand der Beschuldigung zu hören, die Verpflichtung des Amtsrichters, darauf hinzuwirken, daß die Parteien über alle erheblichen Tatsachen sich vollständig erklären und sachdienliche

Anträge stellen, sind zweifellos Pflichten, welchen den Beamten Dritten gegenüber obliegen. Vielleicht wird man generell sagen können, daß eine Verpflichtung dem Dritten gegenüber stets dann anzunehmen ist, wenn dem letzteren ein Rechtsmittel oder ein Beschwerderecht zusteht. Ist ein Rechtsmittel gegen eine Amtshandlung des Beamten nicht gegeben, wie z. B. bei der Ablehnung des Erlasses eines Zahlungsbefehls (§ 691 Abs. 3 ZPO.), so kann natürlich die Regel nicht Platz greifen. Es ist auch nicht erforderlich, daß es sich gerade um eine Spezialvorschrift zugunsten einer bestimmten Masse oder Gruppe von Personen handelt; „einem Dritten gegenüber" liegt dem Beamten eine Amtspflicht auch dann ob, wenn er zu einem bestimmten Verhalten ganz allgemein im Verhältnis zum Publikum, also gegenüber „jedem Dritten" verpflichtet ist.

Welche Personen sind als „Dritte" anzusehen? Am weitesten geht Marcus (D. JurZtg. 1899, S. 356), der unter „einem Dritten gegenüber" allgemein soviel wie „dem Beteiligten gegenüber" versteht. Das Reichsgericht hat einen Gemeindevorsteher in Oldenburg, welcher schuldhafterweise ein Nottestament nicht ordnungsmäßig aufgenommen hatte, ersatzpflichtig erklärt gegenüber demjenigen, welchen der Testator in seinem Testamente bedenken wollte [Urteil vom 20. Juni 1904, RGZ. Bd. 58, S. 296 [1])]. Es

[1]) Derselben Ansicht ist das OLG. Oldenburg (Urteil v. 4. Juli 1903, R. d. OLG. 7, 140). Vgl. auch Jur. Woch.

geht davon aus, daß die Pflicht, bei einem Geschäfte alle Sorgfalt anzuwenden, einem Beamten nicht bloß demjenigen gegenüber obliegt, auf dessen Antrag er das Geschäft vornimmt, sondern allen denjenigen gegenüber, deren Interessen nach der besonderen eigenen Natur dieses Geschäfts (nicht etwa nur infolge hinzutretender äußerlicher Umstände) durch dasselbe berührt werden, und daß zu diesen Interessenten aber bei einer letztwilligen Verfügung deren Wesen gemäß allemal auch die in derselben Bedachten gehören. Es steht zu befürchten, daß die Haftpflicht des Beamten ins Uferlose wächst, wenn das Reichsgericht auf der in jenem Urteil beschrittenen Bahn weiterschreitet. Da kann schließlich jeder kommen, welcher durch das Versehen des Beamten in seiner Rechtssphäre beeinträchtigt, und Ersatz verlangen. Ich meine, die Wortfassung des § 839 BGB. zwingt zu einer restriktiven Interpretation. Aus den Worten: „die den Dritten gegenüber obliegende Amtspflicht" — dieser Begriff ist neu in unsere Gesetzgebung eingeführt — ist zu entnehmen, daß darunter nur die

---

1901, S. 488. Auf der andern Seite steht Endemann Bd. 3 § 29, S. 131, welcher Schadensersatzpflicht nur dem Erblasser gegenüber annimmt. v. Schelhorn, S. 545, hält die Ansicht des Reichsgerichts für zutreffend, macht aber mit Goldmann-Lilienthal (2. Aufl.), S. 209, die Einschränkung, daß im Prozeß grundsätzlich nur die Parteien als „Dritte" anzusehen seien, nicht aber auch diejenigen, die irgendwie noch am Ausgange des Prozesses beteiligt erscheinen.

bei der Amtshandlung des Beamten unmittelbar beteiligten Personen zu verstehen sind, also im Zivilprozeß die Parteien, Nebenintervenienten usw., ihre Bevollmächtigten, im Strafprozeß die Prozeßbeteiligten, ferner die Zeugen und Sachverständigen, bei Akten der freiwilligen Gerichtsbarkeit die Vertragschließenden im weitesten Sinne[1]), bei einseitigen Erklärungen der Erklärende. Hätte man jedem aus dem Volke Entschädigungsansprüche geben wollen, so hätte man die Worte „Dritten gegenüber" einfach streichen müssen. Die Staatsangehörigen haben allerdings einen Anspruch darauf, daß der Beamte seine Amtspflichten erfüllt, daraus folgt aber die Entschädigungspflicht des Beamten bei Verletzung derselben nicht. Daß der Kreis der ersatzberechtigten Personen eng zu ziehen ist, ergibt sich auch aus der Tendenz des Gesetzes, welches die Beamtenhaftpflicht möglichst milde gestalten wollte. Der Gesetzgeber wollte jedenfalls nicht das harte preußische Recht (Haftung gemäß § 140 I, 12 ALR.) für den deutschen Beamten noch härter machen.

---

[1]) Bei Aufnahme einer Urkunde ist Dritter nicht nur der Besteller, d. h. derjenige, auf dessen Antrag die Urkunde aufgenommen ist, sondern alle diejenigen, in deren Interesse die Aufnahme der Urkunde erfolgt. Solchen Personen aber, die nicht zu den Beteiligten gehören, haftet der Beamte nicht, durch dessen Nachlässigkeit sie mittelbar Schaden erleiden (RG. 16. Febr. 1904, Recht S. 193).

Das RG. (Entsch. i. ZS. S. 46, 213) hat denn auch für das gemeine Recht angenommen, daß ein Mäkler gegen den Notar keinen Ersatzanspruch erheben kann, wenn sein Provisionsanspruch nicht zur Entstehung gelangt, weil der Vertrag wegen eines Formfehlers bei der Beurkundung nichtig ist.

Ob der „Dritte" unmittelbar oder nur mittelbar geschädigt ist, erscheint für die Ersatzpflicht gleichgültig.

In den §§ 1848 u. 1674 BGB. ist unter „Dritten" nur das Mündel bzw. das Kind zu verstehen.

Derjenige, welcher privatim einen Beamten um Rat bittet, kann sich auf § 839 BGB. nicht berufen. Der Beamte haftet als Privatmann gemäß § 676 BGB.

Ist der Beamte zu der von ihm vorgenommenen Handlung nicht verpflichtet, so macht er sich in seiner Eigenschaft als Beamter nicht schadensersatzpflichtig. Das RG. hat in einem Falle, in dem an eine Zollbehörde von einem Dritten eine Anfrage gerichtet und von der Behörde falsch beantwortet war, indem es einerseits anerkannte, daß die Frage, ob es zu den Amtspflichten der Zollbeamten gehöre, Auskunft zu erteilen, an sich nach den Vorschriften des öffentlichen Rechts bzw. nach den bestehenden Dienstvorschriften zu entscheiden sei, andererseits trotz des Verneinens des Bestehens solcher Dienstvorschrift seitens der oberen Zollbehörde, dennoch entschieden, daß die Beamten dem Anfragenden schadensersatzpflichtig seien, weil, wenn sie auch nicht verpflichtet seien, auf Anfragen zu antworten, es ihnen auch nicht verboten sei; wenn der Beamte sich nach seinem pflichtgemäßen Ermessen, anstatt die ihm angesonnene Handlung abzulehnen, entschließe, tätig zu werden, so werde diese Tätigkeit von seiner Amtspflicht getragen [RG. VI. ZS. 20. Februar 1902, Gruchot 46, 935, Jur.Woch. Beil. S. 214, u. Recht S. 263[1])] Dieses Urteil hat in Beamtenkreisen großes Aufsehen erregt. Das OLG. Oldenburg (Urteil v. 29. Mai 1908, Recht 1908 S. 519) bemerkt zu demselben, daß es das Gesetz geradezu in sein Gegenteil verkehre, denn der § 839 BGB. spreche unzweideutig nur von der Verletzung einer Pflicht, eine Amtshandlung möge in der Auskunftserteilung liegen, dagegen liege eine einem Dritten gegenüber obliegende Amtspflicht nicht vor. Das ist richtig. Amtshandlungen kann man freiwillig oder in Ausübung einer Pflicht vornehmen. Nur der Gesetzgeber oder die vorgesetzte Dienstbehörde kann einem Beamten Pflichten auferlegen, nicht dieser sich selbst. Wollte man nun auch annehmen, daß die Zollbeamten der Ansicht gewesen wären, sie seien kraft

---

[1]) Staudinger, Bem. 5ae zu § 839, Schelhorn, S. 460, und OLG. Hamburg (Recht 1908 S. 370) stimmen dieser Entscheidung zu, and. Ans. Planck, Anm. 3 zu § 839, und meine Abhandlung i. d. D. JurZtg. 1904 S. 529. Das Reichsgericht (III. ZS. 24. Mai 1905, Entsch. 60, 321) bemerkt zu dem obigen Urteil, daß dort ein Beamter zwar freiwillig, aber doch innerhalb seines amtlichen Pflichtenkreises in Tätigkeit getreten sei. Der VII. Zivilsenat des RG. (Urt. v. 3. April 1908, Entsch. 68, 278) billigt die Entsch. v. 20. Febr. 1902 uneingeschränkt.

ihres Amtes verpflichtet, Auskunft zu erteilen, so würde dies an den vorstehenden Ausführungen nichts ändern, denn ob eine Amtspflicht besteht oder nicht, darüber entscheidet nicht das subjektive Ermessen des Beamten. Es ist vielmehr von dem Gericht, welches über den Schadensersatzanspruch zu befinden hat, zu prüfen, ob objektiv eine dem Dritten gegenüber obliegende Amtspflicht vorhanden ist. Aus demselben Grunde ist es gleichgültig, ob der Geschädigte der subjektiven Auffassung ist, es handele sich um eine Amtspflicht i. S. der § 839 BGB.

6. Die Schuldfrage; Vorsatz und Fahrlässigkeit des Beamten.

Daß, wenn der Beamte im Zustande der Bewußtlosigkeit oder in einem die freie Willensbestimmung ausschließenden Zustande krankhafter Störung der Geisteskräfte gehandelt hat, eine Haftbarkeit nur im Fall des § 827 Satz 2 BGB. eintritt, d. h. wenn der Beamte sich durch geistige Getränke oder ähnliche Mittel, z. B. Morphium, Äther, Chloralhydrat u. dgl. Narkotika, in einen vorübergehenden Zustand dieser Art versetzt hat, ist nicht zweifelhaft[1]. Der § 829 BGB. findet nach seinem klaren Wortlaut auf § 839 BGB. keine Anwendung (Staudinger zu § 839 Nr. 5 b β; and. Ansicht Spahn, Verwandtschaft u. Vormundschaft S. 87).

---

[1]) Vgl. jedoch oben Bayern, Oldenburg nnd Württemberg im § 5 und Preußen im Buch V.

Nach § 839 ist eine vorsätzliche oder fahrlässige Verletzung der Amtspflicht des Beamten erforderlich. Der Beamte wird nicht schon verantwortlich durch ein gesetzwidriges Verhalten als solches[1]), also ohne Rücksicht auf die näheren Umstände des Falles.

Vorsatz ist das Handeln mit dem Bewußtsein, daß das, was man tut oder unterläßt, einem anderen Schaden verursacht.

Die vorsätzliche Schädigung eines Dritten durch Amtshandlungen gehört zu den Seltenheiten. Von erheblicher praktischer Bedeutung ist dagegen die Haftung des Beamten im Falle der Fahrlässigkeit[2]). Fahrlässig handelt, wer die im Verkehr

---

[1]) Wenn Laband, Staatsrecht Bd. I, S. 413 ff., bezüglich der Reichsbeamten das Gegenteil behauptet, so ist das nicht zutreffend. Der § 13 des Reichsbeamtengesetzes vom 31. März 1873 hat nur formelle Bedeutung, und will nur den Satz aufstellen, daß die nach dem allgemeinen Recht begründete Haftung der Beamten in Ansehung der gerichtlichen Verfolgbarkeit besonderen reichsrechtlichen Bestimmungen nicht unterliegt, während es hinsichtlich der materiellrechtlichen Voraussetzungen ihrer Verantwortlichkeit beim einschlägigen Landesgesetz bewenden soll. Vgl. auch Klewitz, S. 22 Anm. 1 und Nöldeke, S. 813 Anm.

[2]) Der Beamte haftet für jedes Versehen, das bei gehöriger Aufmerksamkeit und nach den Kenntnissen, welche bei der Verwaltung des Amtes erfordert werden, hätte vermieden werden können und sollen (RG. 10. November 1892, JurWoch. 1893 S. 50).

erforderliche Sorgfalt außer acht läßt (§ 276 BGB.). Es genügt nicht, daß der Beamte beim Handeln keine schädlichen Folgen für andere sieht oder beabsichtigt, sondern der Beamte ist auch zur Überlegung verpflichtet, ob dieselben nicht möglich sind, und hat für die Abwendung der möglichen Sorge zu tragen. Der Grad der Fahrlässigkeit ist gleichgültig [1]). Der Beamte haftet nicht bloß für grobes Versehen (culpa lata), vielmehr jede, auch die geringste Vernachlässigung macht ihn haftbar. Die Haftung ist also eine recht strenge; sie deckt sich mit derjenigen des allg. Landrechts, welches von dem Beamten „die genaueste Aufmerksamkeit" [2]) (§ 88 II, 10 ALR.) verlangt. Nach § 89 II, 10 ALR. muß der Beamte jedes begangene Versehen vertreten, welches bei gehöriger Aufmerksamkeit und nach den

---

Nicht jedes objektive Versehen stellt subjektiv ein Verschulden dar, sondern nur ein solches, das bei gehöriger Aufmerksamkeit hätte vermieden werden können (RG. 11. Oktober 1898, SächsArch. 14, 355 u. Gruchot 43, 500). Nicht jede Handlung, welche objektiv sich als Verletzung einer Dienstpflicht darstellt, enthält auch subjektiv ein Verschulden (RG. III. ZS. 20. Dezember 1898. Gruchot 43, 915).

Der Mangel an Bildung schließt die Haftung wegen Versehen, welche der Beamte zu vertreten hat, nicht aus (RG. 2. November 1882, Gruchot 28, 970).

[1]) RG. 14. April 1902, Entsch. 51, 191.

[2]) Bei nicht rechtsgelehrten Beamten wird, soweit es sich um reine Rechtsfragen handelt, eine mildere Beurteilung Platz greifen müssen.

Kenntnissen, die bei der Verwaltung des Amtes erfordert werden, hätte vermieden werden können und sollen. Dieser § kann auch für die Anwendung des § 839 BGB. benutzt werden. Es widerspricht dem Gesetz, anzunehmen, daß dem festgestellten Versehen aus Rücksichten der Billigkeit der Charakter eines vertretbaren abgesprochen, der Maßstab für die Haftbarkeit nicht dem Gesetz, sondern den Umständen des einzelnen Falles und einem vagen Billigkeitsgefühl entnommen werden dürfte[1]. Insonderheit ist es unerheblich, ob der dem Versehen zugrunde liegende Irrtum rechtlicher oder tatsächlicher Natur, ob derselbe durch Gleichgültigkeit gegen das öffentliche Interesse oder durch ungenügende Information bei an sich nicht tadelnswerter Willensrichtung veranlaßt war (RG. bei Bolze 2 Nr. 555).

Das preuß. Allg. Landrecht unterschied grobes, mäßiges und geringes Versehen.

„Ein Versehen, welches bei gewöhnlichen Fähigkeiten ohne Anstrengung der Aufmerksamkeit vermieden werden konnte, heißt ein grobes Versehen." (I, 3 § 18.)

„Ein mäßiges Versehen heißt dasjenige, welches bei einem gewöhnlichen Grade von Aufmerksamkeit vermieden werden konnte." (I, 3 § 20.)

„Ein geringes Versehen ist dasjenige, welches nur bei vorzüglichen Fähigkeiten oder bei einer

---

[1]) RG. 24. Sept. 1885, Gruchot 30, 137 ff.

besonderen Kenntnis der Sache oder des Geschäfts, oder durch eine ungewöhnliche Anstrengung der Aufmerksamkeit vermieden werden konnte." (I, 3 § 22.)

Ob Fahrlässigkeit vorliegt, ist nach den Umständen des einzelnen Falles zu beurteilen[1]). Allgemeine Regeln lassen sich nicht aufstellen. Der Ansicht Nöldekes, a. a. O. S. 813, daß dabei das Maß der eigenen Urteilsfähigkeit und Einsicht des Beamten in Betracht zu kommen habe, kann nicht beigepflichtet werden. Eine Individualisierung erscheint unzulässig, die Beamten derselben Kategorie sind durchweg gleichmäßig zu behandeln, dem geschädigten Dritten gegenüber aus der Person des betreffenden Beamten hergeleitete Momente zu berücksichtigen, ist nicht angängig. Der Dritte hat nicht die Auswahl des Beamten, er muß denjenigen angehen, welchem der Staat die betr. Funktion übertragen hat. Vgl. RG. 23. Mai 1908, Jur. Woch. S. 494.

Es kann vorkommen, daß ein Beamter, welcher über besonders glänzende Eigenschaften verfügt und einen hohen Grad von Sorgfalt aufzuwenden vermöchte, trotzdem seine Handlungsweise nach dem Maßstabe seiner eigenen Fähigkeiten gemessen, als fahrlässig er-

---

[1]) Vgl. Haffner, S. 62. Ob der Strafrichter oder der Disziplinarrichter eine Fahrlässigkeit für vorliegend erachtet hat oder nicht, ist für den Zivilrichter nicht bindend.

scheinen müßte, trotzdem nicht haftet, weil sein Verhalten doch nach den Anforderungen des objektiven Maßstabes genügt. Die „im Verkehr erforderliche Sorgfalt" erfordert es, daß von einem Beamten genau ebensoviel oder sowenig verlangt wird wie von jedem anderen. Es kann einen Beamten eine Haftung treffen, trotzdem er zufolge seiner geringen Begabung, seiner mangelhaften geistigen Eigenschaften mit dem besten Willen nicht imstande gewesen wäre, die erforderliche Sorgfalt anzuwenden und den tatsächlichen Fehler zu vermeiden.

Andererseits ist zu beachten, daß der Prüfstein für die obliegende culpa nicht die Sorgfalt ist, welche ein ideal vollkommener Beamter anwenden würde, sondern eine Sorgfalt, wie sie der pflichtgetreue Durchschnittsbeamte anzuwenden pflegt[1]).

Hauptfälle beamtlicher Verschuldung ist Nichtbeachtung klarer Gesetze und allgemeiner Verwaltungsvorschriften[2]), deren Kenntnis für einen Beamten selbstverständlich, grundlegender Entscheidungen der höchsten Gerichtshöfe, des Inhalts der Akten und sonstiger Urkunden usw. Daß ein Beamter der Regel

---

[1]) Haffner, S. 62 und Geser S. 71, sowie OLG. Colmar, 26. Februar 1907 (Recht S. 766).

[2]) Z. B. Nichtbeachtung zwingender gesetzlicher Normen über die Formen amtlicher Bekanntmachungen, über die Art und Weise des Vollzugs administrativer Verfügungen.

nach die für sein Ressort maßgebenden Bestimmungen kennen muß, bedarf keiner Ausführung[1]).

Jedoch wird die Frage, ob es zu der hinsichtlich eines Beamten im Verkehr erforderlichen Sorgfalt gehört, daß derselbe schon bei Eintritt in sein Amt die bestehenden rechtlichen Vorschriften sich angeeignet hat und vollständig nach jeder Richtung beherrscht, und daß er sich während seiner Amtsführung über jede eintretende Veränderung in den bestehenden Vorschriften stets rechtzeitig und mit genügender Gründlichkeit orientiert, nicht unbedingt bejaht werden dürfen. Es kann, wie v. Schelhorn S. 530 zutreffend bemerkt, Beamtenkategorien geben, bei denen die Zahl der zu beachtenden Vorschriften eine noch verhältnismäßig geringe ist, hier kann es angehen, eine derartig genaue Kenntnis und gründliche Erfassung aller einschlägigen Bestimmungen zu verlangen. Dagegen gibt es wiederum zahlreiche Beamtenklassen, denen hiermit geradezu Unmögliches zugemutet würde. Auch hier ist die richtige Mitte zu treffen und muß der vernünftige Maßstab des gesunden und normalen Verkehrs und seiner Bedürfnisse angelegt werden. Es mag jedoch betont werden, daß nur in besonders eigenartigen Fällen ein Verschulden verneint werden darf. Hat der

---

[1]) Die Schutzbehauptung eines Exekutivbeamten, bei strikter Befolgung einer bestimmten Dienstvorschrift sei die Wahrnehmung des Dienstes unmöglich, wird sorgfältig erwogen werden müssen.

Geschädigte bewiesen, daß der Beamte eine Dienstvorschrift verletzt hat, so ist es Sache des Beamten, nachzuweisen, daß ihm trotzdem kein Verschulden trifft (RG. 1. April 1895, Gruchot, 39, 1183).

Beim Waffengebrauch der Beamten und des Militärs ist die Beweislast dahin geregelt: Der durch den Waffengebrauch eines Beamten Beschädigte hat nicht die Widerrechtlichkeit des Waffengebrauchs zu beweisen, sondern den Beamten trifft die Beweislast für das Vorliegen des einwandweise geltend zu machenden, die Widerrechtlichkeit ausschließenden besonderen Umstandes, insbesondere der Notwehr (RG. III. ZS. 18. Jan. 07, 182/06, Recht 07, 394).

Früher (vgl. Urt. v. 19. Okt. 06, JW. 745 Nr. 15) war der III. Senat anderer Ansicht; diese ist jedoch jetzt ausdrücklich aufgegeben. Nach § 10 G. üb. d. Waffengebrauch des Militärs v. 20. März 37 (GS. 60) wurde vermutet, daß beim Gebrauche der Waffen das Militär innerhalb der Schranken seiner Befugnisse gehandelt habe. Diese Beweisregel ist nicht mehr maßgebend. Vgl. Delius, Das Recht der Vollzugsbeamten u. d. Militärs z. administrativen Waffengebrauche (ArchÖffR. 9, 84 ff.).

Für den richterlichen Beamten [1]) kann insbesondere als Verschuldung in Betracht kommen parteiische, ungleiche Auslegung des Rechtssatzes in gleichartigen

---

[1]) Auch der Verwaltungsrichter.

Fällen (Rechtsungleichheit) und Verdrehung des Wortlautes; Mißachtung unzweideutiger Zeugenaussagen, Unterlassung einer beantragten Beweisaufnahme u. dgl.; fahrlässige Verschleppung oder Verzögerung der Entscheidung über eine spruchreife Angelegenheit[1]).

Die richterliche Entscheidung ist eine Subsumtion eines Tatbestandes unter das objektive Recht. Das letztere bildet den Obersatz, der Tatbestand den Untersatz und die rechtliche Entscheidung den Schlußsatz (Folgerung) eines Syllogismus.

Der Richter kann sich irren hinsichtlich des Obersatzes (irrige Gesetzesauslegung), hinsichtlich des Untersatzes (irrige Feststellung des Tatbestandes), hinsichtlich der Folgerung (irrige Entscheidung durch unrichtige Motivierung).

Schwarze, S. 124ff., 142 u. 143 meint, daß eine durch bloße Rechtsunkenntnis des Richters veranlaßte Rechtsverletzung ohne weiteres demselben als ein imputables Verschulden zur Last falle, während ein Mißgriff in der Subsumtion des Falles unter das Gesetz oder ein Fehler bei der tatsächlichen Würdigung schlechthin als entschuldbar erscheine.

Beide Ansichten können nicht für stichhaltig erklärt werden[2]).

---

[1]) Auf dem Gebiete des Strafrechts auch: ungerechtfertigte Verhaftung, gesetzlich unzulässige Durchsuchung oder Beschlagnahme.

[2]) Vgl. auch Haffner, S. 61 und Klewitz, S. 23.

Schwarze argumentiert: „Die spezielle Kunst oder Wissenschaft, zu deren Ausübung jemand dem Publikum sich erbiete oder von dem Staate angestellt werde, sei ihr gegenüber ebenso zu betrachten, als das allgemeine Wissen, was bei jemandem vorausgesetzt werde. Das non intelligere quod omnes intelligunt und artis peritum non esse, quamvis peritum te esse profitearis sei für den Betroffenen im Hauptwerke dasselbe. Derjenige Jurist, welcher ein Richteramt übernehme, ohne die hierzu erforderliche juristische Ausbildung zu besitzen, handele mindestens fahrlässig und begehe ein Wagstück dessen unglücklicher Ausgung ihm zur Schuld anzurechnen sei."

Der stolze Satz: „jura novit curia" kann, wie auch Klewitz, S. 24 hervorhebt, unmöglich wörtlich genommen werden. Die Rechtskenntnisse, welche von einem Richter billigerweise beansprucht werden, sind die eines gebildeten, nicht eines allwissenden Juristen[1]).

In Deutschland gelten trotz des am 1. Januar 1900 in Kraft getretenen neuen Rechts noch zahl-

[1]) Omnium habere memoriam et penitus in nullo errare divinitatis magis, quam humanitatis est (C. I, 17, 2, 14). Zutreffend sagt das OLG. Dresden (Urt. v. 13. Juni 1902, Rechtspr. d. OLG. 5, 214), daß man von einem Richter verlangen müsse, daß er die wichtigsten und gebräuchlichsten Rechtsbegriffe erfaßt hat und richtig zu handhaben versteht. Unkenntnis völkerrechtlicher Bestimmungen kann entschuldigen (RG. 6. Febr. 1906, Jur. Woch. S. 162).

reiche Partikularrechte. Der Verstoß eines erst seit kurzem in ein neues Rechtsgebiet versetzten Richters, der noch keine Zeit gehabt hat, sich in das partikulare Recht einzuarbeiten[1]), wird unter Umständen nicht als Versehen aufgefaßt werden können. Gleiches wird zu gelten haben, wenn plötzlich eine Reihe neuer umfangreicher Gesetze, indesondere solcher, welche das alte Recht abändern, ohne daß die aufgehobenen Bestimmungen besonders bezeichnet werden, eingeführt ist. Auch der Umstand, daß es sich um eine entlegene Rechtsmaterie, z. B. das Lehnrecht, oder um komplizierte Tatbestände[2]) handelt, oder daß dem Amtsrichter in einer kleinen Stadt nicht die Hilfsmittel (neueste Gesetzesausgabe, neueste Kommentare usw.) nicht zur Seite stehen, wird herangezogen werden müssen[3]).

---

[1]) Welcher deutsche Jurist wäre wohl imstande, ein Dutzend Partikularrechte mit ihren zahllosen Details und Besonderheiten vollständig jederzeit im Kopfe zu haben.

[2]) RG. in Zeitschr. f. preuß. Recht 4, 690; vgl. auch RG. Bureaublatt 86, 74.

[3]) Das RG. (Entsch. i. Z.S. 41, 200) erklärt die Entschuldigung des Beamten mit Amtsüberlastung, Mangelhaftigkeit der Gerichtsbibliothek und Seltenheit des Falles als gesetzlich unerheblich, scheint aber später diese Ansicht eingeschränkt zu haben, wenn es sagt:

„Zur Verneinung des Verschuldens kann der Umstand mitverwertet werden, daß es sich um einen Einzelrichter in einem kleinen Orte ohne alle literarischen Hilfsmittel handelt, der kurz nach Inkrafttreten des

Zur Begründung des zweiten von Schwarze aufgestellten Satzes wird bemerkt, daß hier nicht sowohl die Kenntnis des Rechts überhaupt, sondern die größere oder mindere Geschicklichkeit und Gewandtheit und bzw. der Scharfsinn und die Klarheit des Verstandes es sei, von welcher die Entscheidung abhänge. Hier sei kein Normalmaß der Klugheit gegeben. Es fehle zuletzt eine unbedingt gültige Erkenntnisform dafür, welche Meinung die richtige sei. Den Satz des Neratius: „Facti interpretationem etiam prudentissimos fallere" könne man analog auch hier anwenden.

Der Verfasser schießt über das Ziel hinaus, denn daß auch bei Anwendung des Rechts auf den einzelnen Fall, und zwar auch grobe Nachlässigkeit mitunterlaufen kann, dürfte nicht zweifelhaft sein. Solange die Tätigkeit des Subsumierens der Tatsachen unter das Gesetz sich auf der Basis juristisch irgendwie haltbarer Reflexionen bewegt, wird es gewiß niemandem einfallen, von einer Pflichtverletzung zu reden [1]. Anders verhält es sich, wenn diese Grenze dergestalt überschritten wird, daß den primärsten Anforderungen der juristischen Logik zuwider das Gesetz auf den Fall angewendet wird.

---

neuen Rechts zum ersten Male sich vor die Anwendung von Gesetzesvorschriften gestellt sah, welche von dem bisherigen Recht völlig abweichen." (RG. V. ZS. 22. April 1908, Recht 1908 S. 458.)

[1]) Klewitz, S. 26.

In den Dissertationen älterer Juristen[1]) wird die Frage erörtert, ob es Schuld für einen Richter sei, wenn er „contra communem opinionem" urteile oder wenn er im Widerspruch mit dem Gutachten einer Juristenfakultät entscheide.

Die Befolgung einer Ansicht in einer kontroversen Frage[2]), welche der über den Regreßanspruch entscheidende Richter für unrichtig hält, ist nicht ohne weiteres als Versehen anzurechnen.

Man wird unterscheiden müssen, ob sich bezüglich der Frage bereits eine konstante Rechtsprechung des Reichsgerichts (oder des obersten Gerichtshofes des betreffenden Bundesstaates bzw. bei Provinzialrecht des übergeordneten Oberlandesgerichts) gebildet hat oder nicht. Diese Ansicht ist maßgebend. Wie steht es in den anderen Fällen?

Das Oberlandesgericht Frankfurt (Urteil vom 17. März 1903, Recht S. 292) verneint die Haftpflicht, wenn der Beamte sich in bezug auf die Zulässigkeit seiner Handlungsweise in einem entschuldbaren Rechtsirrtum befunden hat. Nach Ansicht des Reichsgerichts (Bolze 7, Nr. 273) fällt dem Richter kein Versehen zur Last, wenn er bei Anwendung eines Gesetzes, welches verschiedener Deutung fähig ist, der von beachtenswerter

[1]) Vgl. Haffner, S. 62.

[2]) Die Befolgung einer in einem Kommentar vertretenen Rechtsansicht entlastet den Richter nicht ohne weiteres (RG. 19. Sept. 1904, JurWoch. S. 536).

Seite[1]) vertretenen Auffassung folgte, solange die entgegenstehende Ansicht eine überzeugende[2]) Begründung in Doktrin und Praxis noch nicht gefunden hat[3]).

Man wird jedoch mit Schelhorn S. 530 und dem OLG. Dresden (R. d. OLG. 5, 214) noch weiter gehen und eine Verschuldung verneinen müssen, wenn der Richter einer auch sonst verteidigten Ansicht folgt oder sich bei sorgfältiger Erwägung einer Rechtsfrage über die Bedeutung und Tragweite eines Rechtssatzes irrt, vorausgesetzt, daß es sich nicht um Rechtsfragen handelt, in betreff derer eine Meinungsverschiedenheit kaum denkbar ist[4]). Man kann bei der Unzahl juristischer Schriftsteller sogar

---

[1]) Was ist darunter zu verstehen?

[2]) Wer soll das entscheiden?

[3]) Den Richter trifft auch kein Versehen, wenn er von der Rechtsansicht ausgeht, eine Bestimmung des Provinzialrechts, von welcher es streitig ist, ob sie gelte, habe Geltung, mag auch demnächst diese Ansicht vom erkennenden Richter verworfen werden (RG. bei Bolze 9, Nr. 189).

[4]) Die Ansicht muß vom juristischen Standpunkt an sich haltbar sein. Welcher Richter sollte überhaupt in einer jeden Irrtum ausschließenden Weise feststellen können, welche von verschiedenen vertetenen Auffassungen, deren jede sich auf gute Gründe stützt, nun die einzig richtige ist? (Schelhorn S. 530.) Es ist zweifellos Pflicht des Richters, nach richtiger Erkenntnis und einer tieferen Erfassung der von ihm anzuwendenden Gesetze zu streben. Er hat Judikatur und Literatur heranzuziehen.

schwer feststellen, was ist die herrschende Meinung in der Theorie. Will man die Zahl oder die Autorität der einzelnen Schriftsteller für entscheidend halten? Auch eine einzige Entscheidung des Reichsgerichts schafft noch keine zweifelsfreie Unterlage. Wie oft kommt es vor, daß der betreffende Senat seine Ansicht ändert oder das Plenum des Reichsgerichts dieselbe reprobiert. Auch die Theoretiker pflegen ihre Ansicht zu wechseln.

Aus der Praxis des Reichsgerichts mögen hier noch folgende Fälle mitgeteilt werden:

Rechtsirrtum kann nur ausnahmsweise als Entschuldigungsgrund gelten, wenn „die Rechtsnormen selbst an Unklarheiten und Zweideutigkeiten" leiden oder „ungewöhnlich verwickelte Tatbestände" die richtige Gesetzesanwendung verhindert haben (RG. 24. Sept. 1885 und 26. Nov. 1888, Gruchot 30, 137 und 33, 1117; RG. 5. Jan. 1894, JurWoch. S. 93 und vom 1. Juni 1897, E. i. Strafs. 30, 135, 139, 140).

Es kann dem Richter nicht zum Vorwurf gereichen, daß er eine spätere Änderung der Rechtsansicht nicht voraussieht und ebensowenig, daß er sich bei etwaigen eigenen Bedenken doch der herrschenden Ansicht in seinem Verhalten unterordnet (RG. 28. November 1898, Entsch. 42, 326).

Der Grundbuchrichter verletzt seine Amtspflicht nicht fahrlässig, wenn er bei Auslegung unklarer oder lückenhafter Gesetzesvorschriften nicht die von höchsten Gerichten erst hinterher ausgesprochene Meinung trifft (RG. V. ZS. 18. Januar 1905, Entsch. 59, 381).

Entscheidet der Grundbuchrichter eine von jeher streitige Frage, z. B. ob eine Hypothek für die Firma eines Einzelkaufmanns eingetragen werden darf, in dem einen oder dem andern Sinne, so kann ihm hieraus kein Vorwurf gemacht werden, solange nicht das Reichsgericht, als die für die Praxis maßgebende höchste Instanz, jene Frage entschieden hat (RG. V. ZS. 26. April 1905, Entsch. 60, 392).

Eine in rechtlicher Beziehung unrichtige Beurteilung der Zulässigkeit eines Eintragungsantrags, welche nicht auf Unkenntnis oder Nichtbeachtung zweifelsfreier Gesetzesbestimmungen beruht, ist jedenfalls dann nicht als eine fahrlässige Verletzung der Amtspflicht zu erachten, wenn die betreffende Auffassung in der Literatur von namhaften Schriftstellern und in der Rechtsprechung von dem höchsten Beschwerdegericht in Grundbuchsachen (Kammergericht) vertreten wird; wollte man dem Grundbuchrichter in einem solchen Falle eine weitergehende Verantwortlichkeit auferlegen, so würde man ihn tatsächlich nicht für eine Verschuldung, sondern für objektives Unrecht haften lassen. Vgl. RG. 40, 204, 59, 388; JW. 88, 36 u. 06, 132 (RG. V. ZS. 27. Mai 07, 442/06, Recht 07, 846).

Wenn der Grundbuchrichter in schwierigen

Rechtsfragen Zweifel hegt und in übergroßer Sorgfalt nicht gerechtfertigte Anforderungen stellt, so haftet er, da er nicht fahrlässig handelt bzw. keine Amtspflicht verletzt, für den daraus entstandenen Schaden (Vereitelung der Auflassung) nicht. Anders wäre zu entscheiden, wenn bereits eine allen Zweifel in der betreffenden Rechtsfrage abschneidende Entscheidung des Reichsgerichts (oder für Preußen des Kammergerichts) ergangen wäre (RG. 13. Januar 1906, JurWoch. S. 133).

Bei Formalien wird man im allgemeinen fordern müssen, daß sich der Richter an die allgemeine und rezipierte Praxis halte, selbst wenn die Abweichung nach richtiger Ansicht keine Nichtigkeit bildet, aber als eine Nichtigkeit aufgefaßt werden kann und zu einer Vernichtung in concreto führte[1]. Das Reichsgericht (JurWoch. 1888 S. 36 Nr. 91) sagt:

„Von dem Beamten ist bei Aufnahme einer Urkunde ein höheres Maß von Sorgfalt und Aufmerksamkeit nicht zu fordern, als daß von ihm diejenigen Formen beobachtet werden, welche von den obersten Gerichtshöfen als die dem Gesetze entsprechenden erklärt sind. Es begründet daher noch keine Verschuldung, wenn die Urkunde trotzdem als formwidrig erkannt wird. Eine weitergehende Verantwortlichkeit würde Haftung nicht für Verschuldung

[1]) Dernburg, Preuß. Privatr. Bd. 2 § 298 Anm. 16.

(subjektives Unrecht), sondern für objektives Unrecht sein [1])."

Vorstehende Ausführungen gelten auch entsprechend für nicht richterliche Beamte. Man wird hier der Kenntnis des Rechts die Kenntnis der für das betreffende Ressort erlassenen Verwaltungsvorschriften gleich zu setzen haben.

Die Kenntnis allgemeiner Rechtsgrundsätze z. B., daß sich neue Gesetze nur auf solche Tatbestände beziehen, die während ihrer Geltungsdauer zur Entstehung gelangt sind, wird man auch von nicht juristisch vorgebildeten Beamten fordern müssen. Vgl. RG. 20. Okt. 1908, 571/07. Dasselbe gilt von der Auslegung von Gesetzen, über deren Bedeutung kein Zweifel sein kann [2]).

---

[1]) Das RG. E. 40, 204 sagt, daß nur dann von einer Fahrlässigkeit die Rede sein könne, wenn überhaupt die in Betracht kommende Rechtsfrage eine Meinungsverschiedenheit kaum denkbar sei.

[2]) Ueber die Haftung eines nicht rechtskundigen Beamten sagt das OLG. Jena (Urt. v. 5. März 1903, Recht S. 209): „Die Nichtbeachtung des § 2242 BGB. seitens eines Dorfbürgermeisters bei Errichtung eines Dorftestaments enthält keine fahrlässige Verletzung der Amtspflicht, da diese Gesetzesstelle für den Laien nicht nur schwer verständlich, sondern sogar irreführend ist, ihre Nichtbeachtung hiernach auf mangelndes Verständnis einer Gesetzesstelle zurückzuführen ist, welche einem Laien nicht als Fahrlässigkeit angerechnet werden darf." — Hat sich ein nicht rechtskundiger Beamter bei dem Justitiar seiner Behörde oder bei andern Rechtskundigen,

„Bei einem ländlichen Gemeindebeamten, der sein Amt als ein Ehrenamt bekleidet, als Ortsgerichtsvorsteher aber über seine Zuständigkeit hinausgegangen ist, darf nicht derselbe Maßstab angelegt werden wie bei besonders vorgebildeten Berufsbeamten" (RG. 17. Dez. 1907, Recht 1908 S. 56).

Bei Polizeibeamten sind die Ausstellung eines falschen Attestes, z. B. Lebensbescheinigung, unzulässige Versagung[1]) von Versammlungen, Aufführungen usw. Hauptfälle von Regreßklagen.

Ein Irrtum über Tatsachen entschuldigt, sofern die pflichtgemäße Sorgfalt nicht außer acht gelassen wurde.

Zwei Beispiele aus der Praxis[2]).

„Ein Polizeibeamter sollte unnötigerweise eine Scheune bei einer Feuersbrunst niedergerissen haben, wozu er sich irrtümlich berechtigt glaubte, weil das Niederreißen derselben ihm notwendig erschien. Dieser Irrtum entschuldigte den Beamten."

„Ein Grenzaufseher war ‚befugt', die Ware zu beschlagnahmen, wenn er überzeugt war, daß sie geschmuggelt war; ob sie wirklich geschmuggelt war, ist für seine Schadensersatzpflicht gleichgültig."

---

z. B. einem Rechtsanwalt, Rat geholt und ist er dementsprechend verfahren, so kann dies dazu führen, eine Haftpflicht zu verneinen. Gedeckt ist der Beamte jedoch hierdurch nicht ohne weiteres.

[1]) Auch Auflösung derselben.

[2]) Mayer, Deutsches Verwaltungsrecht 1895 I, §§ 7 und 8.

Nicht entschuldigen würde infolge Außerachtlassung der gehörigen Sorgfalt z. B. der tatsächliche Irrtum eines Beamten, der Befehl erhalten hat, verfälschter Milch auf dem Markte nachzugehen und sie wegzugießen, irrtümlich aber Rahm weggießt, welchen er für gewässerte Milch hält. Durch den Befehl ist er hierfür nicht gedeckt; der Irrtum ist die Folge pflichtwidrigen Mangels an Aufmerksamkeit. Vgl. Geser S. 80.

Die Auffassung des OVG. ist folgende: In einer objektiv rechtswidrigen Verfügung liegt eine fahrlässige Amtsüberschreitung an sich nicht. Rechtsirrtum freilich gilt stets als Fahrlässigkeit. (Vgl. Entsch. 14, 420 ff.) Solcher Rechtsirrtum liegt auch vor, wenn ein Beamter eine Dienstanweisung aus Unkenntnis verletzt (Entsch. 15, 443 ff.).

Eine aus Irrtum in der Beurteilung und Feststellung tatsächlicher Verhältnisse vorgenommene rechtswidrige Handlung eines Beamten hält das OVG. in älteren Entscheidungen (Bd. 8 S. 408 u. 417) unter Umständen überhaupt nicht für Amtsüberschreitungen.

Stephan, S. 14 meint: „Man wird dieser Auffassung zustimmen können, jedoch auch nicht fehl gehen, wenn man gröberen Irrtum auch über Tatsachen als zu vertretende fahrlässige Amtsüberschreitung ansieht."

Ein Beamter, welcher sich bei Beglaubigung einer Urkunde nicht genügend über die Personenidentität vergewissert, verletzt seine Amtspflicht (OLG. Dresden 3. Juni 1904, Sachs. Arch. 15, 228 u. RG. Entsch. i. ZS. 35, 214).

Ist einem Beamten eine Erkundigungspflicht (§ 2262 BGB.) nicht mit ausdrücklichen Worten vorgeschrieben, sondern nur mittels Schlußfolgerung festzustellen und zu erkennen, so kann die Unterlassung solcher Schlußfolgerung dem Beamten nicht ohne weiteres als Fahrlässigkeit angerechnet werden, zumal wenn auch sonst in der Rechtswissenschaft die Ansicht von dem Nichtbestehen der Ermittelungs- und Nachforschungspflicht vertreten ist (RG. 16. Okt. 1908, Recht S. 663).

Der Amtsnachfolger hat ohne weiteres nicht die Verpflichtung, die Amtshandlungen seines Vorgängers auf ihre Richtigkeit zu prüfen. Wegen der Grundbuchrichter s. oben S. 125. Der Nachfolger braucht nicht die Akten daraufhin durchzusehen, ob alle Anträge erledigt sind. Jedoch wird man für nicht eingeheftete Piecen eine Prüfung fordern müssen. Selbstverständlich ist es Pflicht des Nachfolgers, von ihm entdeckte Versehen wieder gut zu machen, sofern dies noch möglich ist. Die vorgesetzte Behörde ist berechtigt, den Nachfolger zu beauftragen, nach etwaigen Versehen des Vorgängers zu forschen. Läßt er sich in dieser Beziehung ein Verschulden beikommen, so haftet er, denn er hat eine Dienstpflicht vernachlässigt.

Über die Frage, ob da, wo ein Ermessen des

Beamten stattfindet, ein Verschulden ausgeschlossen ist, sprechen sich zwei Urteile des Reichsgerichts aus:

„Ein Amtsrichter hatte eine Sitzung des Schöffengerichts, in welcher der Gerichtsschreiber sich weigerte, auch als Dolmetsch tätig zu sein, wegen dieser Weigerung aufgehoben. Die Klage des Justizfiskus auf Erstattung der für die Sachen, welche noch anstanden, erwachsenen Zeugengebühren, ist durchgedrungen. Der Einwand des Richters, die Fortsetzung der Sitzung habe er mit dem Ansehen des Gerichts für unvereinbar gehalten, ist verworfen. Nach Ansicht des Reichsgerichts wäre allerdings die Sache anders zu beurteilen gewesen, wenn der Richter behauptet hätte, er sei infolge des Verhaltens des Gerichtsschreibers so erregt gewesen, daß er sich für unfähig gehalten habe, weiter seine richterliche Tätigkeit in der Sitzung auszuüben[1]).

In den Gründen heißt es: „Unrichtig ist die Behauptung, daß überall da, wo ein Ermessen stattfinde, ein Verschulden ausgeschlossen sei. Der Umstand, daß es dem diskretionären Ermessen des Vorsitzenden überlassen ist, die geeigneten Anordnungen zu treffen, um Störungen der Verhandlung abzu-

---

[1]) Dann hätte aber der Richter mindestens für Benachrichtigung seines Stellvertreters sorgen müssen. Macht das Benehmen des Staatsanwalts (Amtsanwalts) oder der Gerichtsmitglieder die vorläufige Aufhebung der Sitzung erforderlich, so ist ebenfalls die sofortige Einberufung der Stellvertreter zu veranlassen.

wenden und zu unterdrücken, sowie daß derselbe nicht nur berechtigt, sondern auch verpflichtet ist, für Aufrechterhaltung der Ordnung zu sorgen, legt dem Vorsitzenden die Pflicht auf, die gehörige Aufmerksamkeit anzuwenden und unter Erwägung aller Umstände sorgfältig zu prüfen, ob eine Veranlassung vorliegt, welche das gewählte Mittel der Aufhebung der Sitzung zu rechtfertigen vermag und ob er bei dessen Anwendung nicht seine anderweitigen Amtspflichten verletzt, zu welchen im vorliegenden Falle auch die gehörte, Sorge dafür zu tragen, daß sowohl im Interesse des Staates als der Parteien die sämtlichen zur Verhandlung anstehenden Sachen in der dazu bestimmten Sitzung erledigt wurden [1])."

Anders gestaltet sich die Sache, wenn das Gesetz bestimmte Grenzen für das Ermessen der Beamten vorschreibt.

Ein Richter, welcher auf Grund seines Ermessens Zeugengebühren innerhalb einer Maximal- und Minimalgrenze festsetzt, kann dieserhalb nicht verantwortlich werden, es müßte ihm denn ein besonderes **Verschulden** dabei, eine absichtliche Nichtbeachtung der für sein Ermessen maßgebenden tatsächlichen Verhältnisse nachgewiesen werden. Eine

---

[1]) RG. 10. Juli 1893 E. 32, 390. Die Amtspflicht kann verletzt werden, wenn der Beamte vermöge seiner Dienststellung nur befugt war, nach freiem oder pflichtgemäßem Ermessen in der fraglichen Richtung amtlich zu handeln (RG. 20. Febr. 1902, JurWoch. Beil. 214).

materielle Ungesetzmäßigkeit wäre nur anzunehmen, wenn der Richter in der Absicht zu begünstigen oder in sonst unentschuldbarer Weise Gebühren über das gesetzliche Maß hinaus angewiesen, z. B. mehr als eine Mark für die Stunde angesetzt hätte. In einem solchen Falle würde es sich nicht um die — wenn auch unzweckmäßige — Ausübung eines dem Beamten vom Gesetze anheimgegebenen Ermessens, sondern um eine Überschreitung der diesem Ermessen vom Gesetze gezogenen Grenzen handeln[1]).

Auch Überlastung mit Dienstgeschäften kann entschuldigend für den Beamten angeführt werden[2]). Namentlich wird dieser Punkt zu prüfen sein, wenn dem Beamten eine pflichtwidrige Unterlassung zur Last fällt. Die Geschäftslage kann vereinzelt sich derartig gestalten, daß die rechtzeitige Erledigung aller Amtsgeschäfte sich beim besten Willen nicht ermöglichen läßt. Bei großen Amtsgerichten z. B. kommt es nicht selten vor, daß zu gleicher Zeit

[1]) RG. 12. März 1889, Entsch. i. ZS. 23, 326.

[2]) Die Verschiebung der Vornahme eines umfangreichen Geschäfts infolge großer Erschöpfung (zwölfstündiger Dienstzeit) auf den folgenden Tag macht den Gerichtsvollzieher auch dann nicht haftbar, wenn die sofortige Vornahme des Geschäfts noch am Tage des Zugangs des Auftrages durch den vorgesetzten Richter angeordnet war (Oberstes bayr. Landesgericht 16. Nov. 1906, Recht 1907 S. 59). Bedenklich! — Versehen bei unrichtiger Beglaubigung einer Terminsbestimmung kann nicht mit Geschäftsüberhäufung entschuldigt werden (AG. Hamburg 21. Sept. 1906, D. GerVollzZeitschr. S. 266).

mehrere Anträge auf Sistierung von Zwangsvollstreckungen einlaufen, und zwar kurze Zeit vor der Versteigerung. Wenn es so dem Richter an der nötigen Zeit gebricht, um alle Anträge noch rechtzeitig zu erledigen, so kann ihm deswegen natürlich kein Vorwurf gemacht werden.

Die Mitteilung von Adressen an eine Privatperson (Gewerbetreibender) durch die Beamten eines Einwohnermeldeamtes enthält nicht unbedingt eine Verletzung der Amtspflicht. Nur soweit die Pflicht zur Amtsverschwiegenheit oder einer sonstigen Anordnung eines Vorgesetzten dadurch verletzt wird oder die Verwertung der betreffenden Kenntnis zum Geschäftskreise der Behörde selbst gehört, ist jede Mitteilung von Tatsachen, die der Beamte lediglich durch sein Amt erfahren hat, untersagt (RG. I. Strafs. 19. Dezember 1904, E. 37, 354).

Gleichgültig ist, ob der Beamte selbst der Auffassung ist, er habe seine Amtspflicht fahrlässig verletzt, denn über diese Frage hat nicht der Beamte, sondern der über den Schadensersatz urteilende Prozeßrichter zu entscheiden (RG. i. ZS. 59, 388).

7. Die Schadenfrage.

a) Verursachung des Schadens (Kausalzusammenhang).

Vorsatz und Fahrlässigkeit braucht nur hinsichtlich der Amtspflichtverletzung, nicht auch hinsichtlich des entstandenen Schadens vorhanden zu sein. Es ist also nicht erforderlich, daß der Beamte die durch die Amtspflichtverletzung bewirkte Schädigung des Dritten beabsichtigt hat oder hätte voraussehen müssen (RG. 22. Okt. 1907, Jur.Woch. S. 828 u. Recht Nr. 3768).

Von einer eingehenderen Stellungnahme zu den verschiedenen Kausalitätstheorien soll hier Abstand genommen werden. Vgl. Linckelmann, S. 56.

Es ist nicht möglich, in allgemein zutreffender Weise von vornherein zu bestimmen, was in jedem einzelnen Falle zur Herstellung des Kausalzusammenhanges erforderlich ist, in welchem Maße eingetretener Schade und widerrechtliche Handlung im Verhältnis von Ursache und Wirkung unter sich stehen, das eine als die mehr oder weniger notwendige oder auch bloß zufällige Folge und Entwicklung des anderen sich darstellen muß. Immerhin darf gefordert werden, daß die betreffenden Tatsachen in einem solchen nahen, äußeren Zusammenhange zueinander stehen sollen, daß dem natürlichen und gewöhnlichen Laufe der Dinge zufolge angenommen werden kann, die eine sei aus der anderen hervorgegangen. Vgl. Geser, S. 104. Es ist nicht notwendig, daß der Zusammenhang ein unmittelbarer ist. Es genügt, daß die schuldhafte Handlung oder Unterlassung erst durch das Dazwischentreten anderer Ereignisse den fraglichen Schaden verursachte. Hat die Handlung des Beamten zum Eintritt des Schadens auch nur das geringste beigetragen, so ist sie als seine Ursache anzusehen. Dies kann jedoch nicht ins Grenzenlose gehen. Erscheint nach der Anschauung des Lebens die Verschuldung nicht mehr als die Ursache, sondern nur als entfernte Veranlassung der Beschädigung, so besteht eine Haftung für letztere nicht mehr.

Der ursächliche Zusammenhang zwischen einer Unterlassung und dem dadurch eingetretenen Schaden wird nicht dadurch unterbrochen, daß eine weitere Unterlassung hinzutritt, zufolge deren es versäumt ist, die zur Abwendung des Schadens erforderlichen Maßregeln zu ergreifen (OLG. Köln 20. Dez. 1905, Recht 1906 S. 49).

Weist ein Beamter nach, daß der Schaden auch bei Beobachtung der verletzten Gesetzesvorschrift entstanden und die Beobachtung derselben unter den konkreten Umständen in Wahrheit nur als eine überflüssige Formalität sich erwiesen hätte, so ist er nicht haftbar[1]).

Die bei Schadensersatzklagen häufig vorkommende Behauptung, der Kläger würde ohne die unrichtige amtliche Bescheinigung das Rechtsgeschäft nicht abgeschlossen haben, ist nur dann zu beachten, wenn bestimmte Tatsachen vorliegen, aus welchen darauf, was unter anderen Umständen geschehen sein würde, mit Wahrscheinlichkeit geschlossen werden kann[2]).

Bei Unterlassungen eines Beamten genügt der

[1]) RG. E. 33, 212.
[2]) Seufferts Archiv V Nr. 287; XV 189 und 208.

Beschädigte seiner Beweispflicht rücksichtlich des Kausalzusammenhanges, wenn er einerseits den Eintritt der Schädigung und andererseits die Vernachlässigung der gesetzlich zu deren Verhütung vorgeschriebenen Vorsichtsmaßregeln nachweist. Einen besonderen Nachweis, daß die gesetzlichen Vorsichtsmaßregeln auch tatsächlich ausgereicht, d. h. wenn getroffen, den Eintritt des Schadens abgewendet hätten, braucht er nicht zu erbringen, dies ist ohne weiteres anzunehmen. Es ist Sache des Beamten, nachzuweisen, daß ein Kausalzusammenhang zwischen seiner Unterlassungshandlung, welche an sich geeignet war, den eingetretenen Schaden herbeizuführen, und dem wirklichen Eintritte des Schadens nicht besteht.

β) Konkurrierendes Verschulden des Beschädigten.

Das Allg. Landrecht bestimmte in den §§ 18 ff. I, 6:

„Von der Vergütung eines aus Vorsatz oder grobem Versehen zugefügten unmittelbaren Schadens wird der Beleidiger durch die miteintretende Verschuldung des Beschädigten nicht befreit.“ (§ 18.)

„Hingegen darf der mittelbare Schade und der entgangene Gewinn nicht ersetzt werden, wenn der Beteiligte bei der Abwendung desselben sich selbst ein grobes Versehen hat zuschulden kommen lassen.“ (§ 19.)

„Ein dergleichen eigenes grobes Verschulden des Beschädigten macht denselben aller Schadloshaltung verlustig, wenn der Schade nur aus einem mäßigen oder geringen Versehen des Beschädigers entstanden ist." (§ 20.)

„Der Ersatz des aus mäßigem oder geringem Versehen entstandenen mittelbaren Schadens und entzogenen Gewinns fällt schon alsdann weg, wenn der Beschädigte den Nachteil durch Anwendung der gewöhnlichen Aufmerksamkeit vermeiden konnte." (§ 21.)[1])

Jetziges Recht.

Da, soweit nicht besondere Bestimmungen getroffen sind, auch beim Amtsdelikt die allgemeinen Bestimmungen des BGB. über Verpflichtung zum Schadensersatz Platz greifen, so gilt dies ebenfalls von der Vorschrift des § 254 über die konkurrierende culpa des Beschädigten (RG. 1. Febr. 1904, Sächs. Archiv 14, 356).

Man denke z. B. an den Fall, daß der Verletzte vorsätzlich oder fahrlässig dem Beamten gegenüber so unrichtige oder ungenaue Angaben gemacht hat, daß dieser eine objektiv unrichtige Entscheidung kaum hat vermeiden können.

Der § 254 lautet:

„Hat bei der Entstehung des Schadens ein Verschulden des Beschädigten mitgewirkt, so hängt die Verpflichtung zum Ersatz sowie der Umfang des zu leistenden Ersatzes von den Um=

---

[1]) Wegen der Grade des Versehens siehe oben Anm. 6; wegen des Umfangs des Schadens §§ 2 ff. I 6 ALR.

ständen, insbesondere davon ab, inwieweit der Schaden vorwiegend von dem einen oder dem anderen Teile verursacht worden ist.

Dies gilt auch dann, wenn sich das Verschulden des Beschädigten darauf beschränkt, daß er unterlassen hat, den Schuldner auf die Gefahr eines ungewöhnlich hohen Schadens aufmerksam zu machen, die der Schuldner weder kannte, noch kennen mußte, oder daß er unterlassen hat, den Schaden abzuwenden oder zu mindern. Die Vorschrift des § 278 findet entsprechende Anwendung."

Der Beamte kann sich also auf das konkurrierende Verschulden des Beschädigten oder seines gesetzlichen Vertreters berufen, und es muß dann festgestellt werden, auf welcher Seite das überwiegende Verschulden liegt.

Hierbei ist hervorzuheben, daß gesetzliche Vermutungen für den Kausalzusammenhang zwischen der Handlung des Beamten und dem schädlichen Erfolge, wie sie z. B. das Allg. Landrecht in den §§ 24—26 I, 6 ALR. aufstellte, dem BGB. unbekannt sind.

Indes werden die vorher oben unter α mitgeteilten Bestimmungen des ALR. §§ 18 ff. I, 6 auch jetzt noch brauchbare Anhaltspunkte gewähren.

Stand die Abwendung des Schadens noch in der Macht der Beteiligten, so wird man die Nichtausübung ihm mit Recht zum Vorwurf machen. Man denke z. B. die dritte Person, welche in erster

Linie für den Schaden haftet, gerät in eine zusehende Verschlechterung ihrer Vermögenslage und der Gläubiger tut nichts, um sich zu sichern, oder der Geschädigte läßt seinen Anspruch gegen den Prinzipalverpflichteten, von dem er Ersatz erlangen konnte, verjähren.

Nur in einem Falle schafft das BGB. an Stelle der relativen Norm des § 254 eine absolute Norm. Sowohl bei vorsätzlicher wie auch bei fahrlässiger Verletzung der Amtspflicht tritt eine Ersatzpflicht des Beamten nicht ein, wenn der Verletzte oder sein gesetzlicher Vertreter vorsätzlich oder fahrlässig es unterlassen haben, den Schaden durch Gebrauch eines Rechtsmittels abzuwenden (§ 839 Abs. 3 BGB.).

Nach der Regierungsvorlage sollte jede Unterlassung der Einlegung eines Rechtsmittels die Ersatzpflicht ausschließen. Erst der Reichstag hat die Worte: „vorsätzlich oder fahrlässig" dem Gesetze eingefügt.

Unzutreffend ist die von Oertmann vertretene Auffassung, daß Absatz 3 sich nur auf den die Sonderbestimmung für richterliche Beamte enthaltenden vorhergehenden Absatz beziehe. Ein innerer Grund für eine derartige Einschränkung liegt nicht vor; denn der Vorsatz oder die Fahrlässigkeit in Versäumung eines Rechtsmittels ist bei einem mit einem Urteil abschließenden Verfahren nicht anders geartet als beim Beschlußverfahren (Stephan S. 15).

Während an sich zu prüfen wäre, inwieweit das

in der Nichteinlegung eines Rechtsmittels liegende Verschulden stärker ist als dasjenige des Beamten, schließt § 839 Abs. 3 BGB. diese Prüfung aus. Der Gesetzgeber erklärt das Verschulden desjenigen, welcher vorsätzlich oder fahrlässig unterlassen hat, ein Rechtsmittel einzulegen, für so stark, daß die Ersatzpflicht unter allen Umständen ganz beseitigt wird, auch wenn das Verschulden (selbst Vorsatz) des Beamten größer ist als dasjenige des Beschädigten. Festzuhalten ist aber unter allen Umständen, daß die Unterlassung der Einlegung eines Rechtsmittels auf einem Verschulden des Verletzten beruhen muß. Er muß die im Verkehr erforderliche Sorgfalt (§ 276 BGB.) außer acht gelassen haben. Der in Anspruch genommene Beamte hat das Verschulden auf seiten des Beschädigten zu behaupten und zu beweisen.

Es versteht sich von selbst, daß die Einlegung eines Rechtsmittels überhaupt zulässig sein muß.

Ist die Entscheidung des Beamten unanfechtbar, so kann von einem Verschulden keine Rede sein. Die Einlegung des Rechtsmittels muß auch in der Macht des Beschädigten liegen. Ist der Verletzte nicht in der Lage, die Kosten des Prozesses zu bezahlen, so muß er um Bewilligung des Armenrechts für die höhere Instanz bitten. Sollte ihm dasselbe abgeschlagen werden, so liegt keine verschuldete Unterlassung der Einlegung eines Rechtsmittels vor. Indes wird man verlangen müssen, daß der Verletzte gegen die Versagung des Armenrechts die gesetzlichen Rechtsmittel (Beschwerde) einlegt (Nöldeke S. 815). Andernfalls wird der Beamte mit Erfolg den Einwand entgegensetzen, daß der Verletzte es fahrlässig unterlassen habe, durch den Gebrauch des Rechtsmittels den Schaden abzuwenden. Ein Verschulden liegt vor, wenn man von einem sorgsamen Menschen die Einlegung des Rechtsmittels erwarten und verlangen konnte.

Nähere Regeln darüber lassen sich nicht aufstellen. Es richtet sich dies nach den individuellen Umständen. Zu weit geht Scherer, Komm. z. BGB. S. 1328, wenn er es für ausreichend hält, daß die Partei einen Rechtsanwalt befragt und dieser von der Einlegung des Rechtsmittels abrät.

Ob die Begründung des Rechtsmittels eine zutreffende war, ist gleichgültig. (Cohn i. Gruchot 1899 S. 399). Trifft aber den Geschädigten insoweit ein Verschulden, so ist nach § 254 BGB. zu verfahren.

Von wesentlicher Bedeutung wird sein, ob der amtliche rechtswidrige Akt mit Entscheidungsgründen versehen war, so daß der Beschädigte dieselben prüfen konnte. Vgl. Klewitz S. 48.

Meistens wird es dem Geschädigten zum Vorwurfe gereichen, wenn er es unterlassen hat, den Inhalt der amtlichen Verfügung (Urteil usw.), soweit ihm dazu Gelegenheit geboten ist, einer näheren Prüfung zu unterziehen, und infolgedessen Verstöße in rechtlicher oder tatsächlicher Hinsicht nicht zu seiner

Kenntnis gelangt sind, die ihm begründete Veranlassung zur Beschreitung des Rechtsmittelweges hätten geben müssen. Bei nicht ganz einfachen Sachen wird man verlangen können, daß der Beschädigte sich eines rechtsverständigen Beirats bedient, behufs Prüfung des Rechtspunktes, bzw. der Frage, ob ein Rechtsmittel einzulegen ist.

Eine andere Ansicht will an die unterbliebene Einlegung von Rechtsmitteln gegen eine unrichtige richterliche Sentenz unter allen Umständen den Verlust der Regreßklage knüpfen. So meint Weber, S. 39, eine Partei, welche die Ergreifung eines Rechtsmittels unterlasse, genehmige den Richterspruch, welcher eigentlich nur ein Vergleichsvorschlag sei, und würde eine solche mit sich selbst in Widerspruch treten, wenn sie denselben Richterspruch später trotzdem angreifen wollte. Zutreffend bemerkt Klewitz, S. 49, daß diese Argumentation offenbar auf Fiktionen beruhe, da weder dem noch anfechtbaren Urteile als solchem die Bedeutung eines Vergleichsvorschlages zukomme noch die Passivität des Verletzten schlechthin die Deutung zulasse, der letztere genehmige den Richterspruch. Der Nichtgebrauch von Rechtsmitteln wird vielmehr nicht selten auf Gründe ganz anderer Art zurückzuführen sein [1]). Hieraus ergibt sich, daß auch die Ansicht Windscheids (Pandekten Anm. 1 zu § 470) wenn auch der Regel

---

[1]) Vgl. Hasser, S. 66.

nach, aber nicht stets zutrifft, sofern derselbe in dem freiwilligen Nichtgebrauch von Rechtsmitteln — im Gegensatz zum bloßen Versäumen — allgemein ein Urteilsanerkenntnis im Sinne des obligierenden Momentes für die Regreßklage erblickt.

Andererseits ist die Behauptung aufgestellt[1]), es könne niemandem ein Vorwurf daraus gemacht werden, daß er einem Richterspruch gemäß handele. Dieser Standpunkt ist in seiner Allgemeinheit nicht zu rechtfertigen. Enthält der Richterspruch eine Ungerechtigkeit und ist nach Lage der Sache anzunehmen, daß die hiervon betroffene Partei sich des rechtsverletzenden Momentes in dem Urteil bewußt geworden ist oder desselben bei sachgemäßer Prüfung hätte werden müssen, so trifft im Gegenteil den Beschädigten der Vorwurf eines durchaus unentschuldbaren Verhaltens, wenn er es unterlassen hat, die Rechtswidrigkeit mit Rechtsmitteln aus der Welt zu schaffen[2]).

Der Richter ist kein unfehlbarer Mensch und, die Partei von der Prüfungspflicht seiner Amtshandlungen zu entbinden, hieße eine Prämie auf die Sorglosigkeit Privater setzen in Verhältnissen, wo dieselbe am wenigsten am Platze ist.

Wie steht es aber, wenn eine inkorrekte Entscheidung des Gerichts vorliegt. Das Gericht erläßt

---

1) Sintenis, Pandekten Bd. 2, Anm. 38 B zu § 125.
2) Klewitz, S. 48.

z. B. eine Entscheidung, die es selbst für ein nach § 303 (275) ZPO. unanfechtbares Zwischenurteil über ein selbständiges Angriffsmittel erklärt, während sie sich nach der Ansicht der oberen Instanz als ein anfechtbares Teilurteil darstellt. Endemann, S. 917 Anm. 5, sagt: „Wenn hier nun die Partei auf die Rechtskenntnis des entscheidenden Richters vertraut und kein Rechtsmittel (oder in einem anderen Falle ein unrichtiges) einlegt, soll dann der Nachteil sie treffen und die Entscheidung der Nachprüfung der höheren Instanz entzogen sein." Nach Mitteilung von Endemann soll das Reichsgericht dies bejahen. Er selbst meint zutreffend, daß für die Partei die tatsächlich erlassene Entscheidung maßgebend sein müsse, wie sie nach dem Willen des Gerichts zu erkennbarem Ausdrucke gelangt sei[1]); denn derjenige handele nicht fahrlässig, welcher sich der Autorität des erkennenden Gerichts beuge. Die Geltendmachung des Schadensersatzanspruches dürfe nicht dadurch ins ungewisse gestellt werden, daß dem Geschädigten die Gefahr einer inkorrekten Handhabung der Prozeßnormen durch den Instanzrichter aufgebürdet werde.

Endemann, S. 917 Anm. 5, meint, daß der § 839 Abs. 3 BGB. auch nicht den Sinn haben könne, daß die Partei jeden Prozeß durch alle erdenklichen Instanzen durchtreiben und bei jeder Ent-

---

[1]) Gl. Ans. Gaupp-Stein, ZPO. 5. Aufl. Bd. II, S. 2 ff.

scheidung sämtliche Rechtsmittel einlegen müßte, die für jede eventuell mögliche Auffassung der Rechtsnatur der Entscheidung passend sein könnten. Das Maß des praktisch Vernünftigen muß auch hier entscheiden. Dem ist beizutreten[1]).

Die Einlegung eines Rechtsmittels ist dann nicht notwendig, wenn von vornherein anzunehmen ist, daß der Schaden hierdurch nicht werde abgewendet werden können. Es kommt darauf an, ob der Verletzte es schuldhaft unterlassen hat, auf diesem Wege den definitiven Eintritt des Schadens zu verhindern.

Der Grundsatz, daß die Nichtanwendung der möglichen Rechtsmittel seitens des Verletzten als Mitursache des Schadens zu betrachten ist, erleidet auch dann eine Einschränkung, wenn der spätere, reformierende, amtliche Akt, wodurch die erstere rechtswidrige Entscheidung aufgehoben wird, praktisch nicht zu realisieren wäre[2]). Als weitere Einschränkungen wollen Klewitz, S. 43, und Geser, S. 113, gelten lassen, daß dem Geschädigten nicht zugemutet werden könne, ein Rechtsmitttel einzulegen, welches ihm unverhältnismäßige Opfer an Geld und Zeit auferlegen würde, sowie wo die Rechtswidrigkeit

---

[1]) Vgl. auch § 10 Nr. 7 ε unten S. 244.

[2]) Z. B. das in erster Instanz dem Gegner zugesprochene und in dessen Besitz befindliche Objekt geht zufällig unter oder ein Polizeibeamter hat ein beschlagnahmtes Nahrungsmittel rechtswidrig vernichtet. Vgl. Haffner, S. 69 Anm.

des anfechtbaren amtlichen Aktes Nachteile zur Folge haben sollte, deren Fortexistenz unabhängig von dem weiteren Erfolg der Sache wäre. Würde z. B. die vorläufige Zahlung die Entgehung eines Gewinnes nach sich ziehen, den der Exequendus durch Spekulationen mit dem gezahlten Gelde nachweisbar hätte machen können, so könnte natürlich in Rücksicht hierauf das abändernde Erkenntnis der höheren Instanz keine Abhilfe schaffen.

Der Ausdruck „Rechtsmittel" ist im weitesten Sinne zu nehmen, es sind darunter nicht nur die als ordentliche Rechtsmittel bezeichneten Rechtsbehelfe (Beschwerde, Berufung, Revision, Einspruch) oder diejenigen, welche die Prozeßordnungen Rechtsmittel nennen, sondern überhaupt alle Rechtsbehelfe auf dem Gebiete der freiwilligen oder streitigen Gerichtsbarkeit und des Verwaltungsrechts, selbst die Aufsichtsbeschwerde, d. h. die Beschwerde bei der vorgesetzten Behörde des Beamten, sofern diese berechtigt ist, die schädigende Amtshandlung zu beseitigen oder zu korrigieren, zu verstehen. (Vgl. OLG. Colmar 16. Januar 1908, Recht S. 165.) Mit Recht betont Nöldeke, S. 815, daß auch die Nichtigkeits- und Restitutionsklage (§§ 578 ff. [507 ff.] ZPO.) unter diesen Begriff fallen. Dasselbe gilt von dem Antrage auf Wiedereinsetzung in den vorigen Stand (§§ 230 ff. ZPO., § 44 StPO.), der Anfechtungsklage gemäß §§ 654 u. 957 ZPO., Widerspruch gegen den Zahlungsbefehl (§ 694 ZPO.),

Wiederaufnahme des Verfahrens (§ 399 StPO.), Antrag auf gerichtliche Entscheidung (§ 454 StPO.), Einspruch gegen Strafbefehl (§§ 449 ff. StPO.). Klage und Beschwerde im Verwaltungsverfahren.

Auch die Angehung des Beamten, welcher die schädigende Amtshandlung begangen hat, in Form einer mündlichen oder schriftlichen Remonstration wird zu den Rechtsmitteln im Sinne des § 839 BGB. zu zählen sein. And. Ans. v. Schelhorn, S. 610.

Dagegen braucht der Verletzte keinen Anfechtungsprozeß zu führen, da dieser nicht zu den Rechtsmitteln gehört. Vgl. Scherer, Komm. z. BGB. S. 1328. Es kann jedoch § 254 BGB. in Betracht kommen.

Das OLG. Celle (Entsch. v. 10. Febr. 1907, R. d. OLG. 18, 102) vertritt folgende Auffassung: „Unter ‚Rechtsmitteln' i. S. des § 839³ BGB. sind nur solche Rechtsbehelfe zu verstehen, mittels deren die Entscheidung eines höheren Richters herbeigeführt werden kann. Rechtsbehelfe ohne Devolutiveffekt oder bloße Erinnerungen und Beschwerden im Aufsichtswege (abgesehen von dem Falle der Verzögerung in der Erledigung von Anträgen zum Grundbuche) fallen nicht darunter. Eine ausdehnende Interpretation verbietet sich, weil es sich um eine Ausnahmevorschrift handelt.

Solche Benachteiligungen, welche durch rechtswidrige Unterlassungen, Verstöße gegen die gesetzliche Form, z. B. bei letztwilligen Verfügungen,

Unrichtigkeiten bei der Aufnahme von Protokollen, der Erteilung von Zeugnissen u. dgl. entstehen können, wird der Beteiligte, sobald er von der Versäumnis, dem Formfehler usw. Kenntnis erhielt, durch eine Eingabe bei dem betr. Beamten unschädlich machen müssen.

Ist z. B. bei einem Konkursverfahren die Prüfung einer angemeldeten Forderung unterblieben und unterläßt es der hiervon betroffene Gläubiger, trotz rechtzeitiger Kenntnis von dem Versehen, die nachträgliche Prüfung seiner Forderung zu veranlassen, so hat er es sich selbst zuzuschreiben, wenn er bei der Verteilung der Masse nicht berücksichtigt wird. Unter den richterlichen Zeugnissen nimmt der Erbschein einen besonderen Platz ein. Es handelt sich hier nicht um ein Attest gewöhnlicher Art, die Wiedergabe urkundlicher Tatsachen, bei denen ein Fehler meistens in einer Nachlässigkeit des Beamten seinen Grund haben wird, sondern um einen Akt, welcher eine tatsächliche und rechtliche Beurteilung voraussetzt, zu deren Ermöglichung die Beteiligten dem Richter das nötige Material unterbreiten müssen. Ist dieses unvollständig, so werden an einem Fehler des Erbscheins die Interessenten unter Umständen auch die Schuld tragen [1]).

Es ist Sache des beklagten Beamten, darzutun, daß zufolge der Ausnahmebestimmung des § 839

---

[1]) Klewitz, S. 50.

Abs. 3 BGB. die sonst die Entstehung des Ersatzanspruches begründenden Umstände diesen Erfolg im vorliegenden Falle nicht gehabt haben.

γ) Der Schaden insbesondere.

Eine wesentliche Voraussetzung zivilrechtlicher Ersatzpflicht der Beamten ist, daß durch seine Amtspflichtverletzung dem Staate oder einem Privaten ein Schaden verursacht und daß derselbe bereits eingetreten ist. Die Person, zu deren Gunsten der Ersatzanspruch entsteht, ist nur der Dritte, d. h. derjenige, welchem gegenüber dem Beamten die verletzte Amtspflicht oblag. Niemals entsteht eine Verbindlichkeit des Beamten gegenüber einem nur mittelbar Geschädigten, welchem gegenüber der Beamte nicht zu einem bestimmten Verhalten verpflichtet war (OLG. Hamburg, 8. März 1904, Recht S. 529). Der Ersatzanspruch des Verletzten entsteht nicht schon dann, wenn das Faktum der Amtspflichtverletzung gegeben ist, sondern erst, wenn der Schaden eingetreten ist.

Der Eintritt des Schadens muß zur juristischen Gewißheit geworden sein und nicht nur im Lichte einer zukünftigen Möglichkeit erscheinen. Letzteres ist der Fall, wenn und solange ein gefahrdrohendes Ereignis auf die Vermögenssphäre der bedrohten Person noch keinerlei aktuelle Einwirkung geäußert hat[1]). Ein Hypothekengläubiger, welcher infolge

[1]) Der Verlust eines Sicherungsmittels, z. B. des Pfandrechts, bedeutet nicht notwendig auch den Eintritt

Versehens eines Richters eine schlechtere Priorität erhält, kann der Regel nach den Staat erst in Anspruch nehmen, wenn er in der eingeleiteten Zwangsvollstreckung einen Ausfall erlitt, den er sonst nicht gehabt hätte, und wenn er ferner den persönlich verpflichteten Schuldner vergeblich in Anspruch genommen hat. Vgl. oben S. 115. Von dem endgültigen Eintritt eines Vermögensnachteils kann aber auch noch nicht die Rede sein, wenn eine solche aktuelle Einwirkung zwar schon in ersichtlicher Weise stattgefunden hat, jedoch dem Betroffenen noch Mittel und Wege zu Gebote stehen, den rechtswidrigen Zustand zu beseitigen und so den Schaden von sich abzuwenden. Der Erlaß einer Entscheidung, auch einer vorläufig vollstreckbaren, genügt allein noch nicht.

Ist dagegen das ungerechte Urteil rechtskräftig geworden, für den ungesetzlichen Beschluß oder Verfügung die Beschwerdefrist abgelaufen oder entbehrt die Amtshandlung überhaupt der Anfechtungsmöglichkeit, so ist damit die Rechtswidrigkeit zu einer regelmäßig [1]) unumstößlichen Tatsache geworden.

---

eines Schadens. Nur dann trifft dies zu, wenn ohne dasselbe der Anspruch nicht oder nicht vollständig zu realisieren wäre.

[1]) Ausnahmen sind die Fälle, in denen die Voraussetzungen für eine Nichtigkeits- oder Restitutionsklage im Zivilprozeß oder für ein Wiederaufnahmeverfahren im Strafverfahren vorliegen. And. Ansicht v. Schelhorn S. 606.

Unrichtig ist die Ansicht von Weber S. 35, Schneider S. 230 und Löning S. 124, daß erst durch die Vollstreckung der rechtswidrigen Entscheidung ein Schade verursacht werden könne. Mit der Rechtskraft der Entscheidung gewinnt der obsiegende Teil einen definitiv feststehenden Anspruch zuungunsten der Gegenpartei. Wird auf Grund des rechtskräftigen Urteils die obsiegende Partei vom Gegner freiwillig befriedigt, so kann man nicht sagen, daß jetzt der Kausalzusammenhang unterbrochen werde, weil der definitive Eintritt des Vermögensschadens nicht auf dem Urteile beruhe, sondern durch eine freiwillige Handlung des Verurteilten selbst veranlaßt sei. Es ist Pflicht, dem rechtskräftigen Urteile Folge zu leisten, man braucht nicht zu warten, bis der Gegner von dem Vollstreckungsanspruch Gebrauch macht. Warum sollen auch die Kosten der Zwangsvollstreckung entstehen? Zutreffend hebt v. Schelhorn S. 547 hervor, daß ein schikanöser Gegner mit der Vollstreckung so lange warten könne, bis der Verletzte Beweismittel für den Regreßprozeß gegen den Beamten verloren hat.

δ) Umfang des Schadensersatzes.

Nach gemeinem Recht haftet der Beamte, wie jeder Private, für das volle Interesse.

Das preußische Allg. Landrecht (I, 6 §§ 10 ff.) vergütet nur bei Vorsatz und grobem Versehen das volle Interesse, bei mäßigem den wirklichen — unmittelbaren und mittelbaren Schaden — bei geringem Versehen nur den unmittelbaren Schaden[1]).

Das BGB. trifft über den Umfang des zu ersetzenden Schadens in den §§ 249 ff. nähere Bestimmungen.

Grundsätzlich besteht die Verpflichtung der Beamten darin, den Schaden in Natur zu ersetzen durch Herstellung des Zustandes, welcher bestehen würde, wenn der zum Ersatz verpflichtende Umstand nicht eingetreten wäre (§ 249 BGB.). Wenn also durch Verschulden eines Beamten ein Recht verloren geht, so geht die Ersatzverbindlichkeit in erster Linie darauf, den Verletzten das verlorene Recht wiederzuschaffen.

Der § 251 BGB. bestimmt: „Soweit die Herstellung nicht möglich oder zur Entschädigung des Gläubigers nicht genügend ist, hat der Ersatzpflichtige den Gläubiger in Geld zu entschädigen. Der Ersatzpflichtige kann den Gläubiger in Geld entschädigen, wenn die Herstellung nur mit unverhältnismäßigen Aufwendungen möglich ist.“

Das BGB. verwirft den Standpunkt des preuß. Landrechts und geht von dem Grundsatze aus, daß die Verpflichtung zum Schadensersatz umfaßt die Leistung des gesamten Interesses, also sowohl die erlittene Vermögenseinbuße, wie den entgangenen

---

[1]) Vgl. wegen der Grade des Versehens oben Anm. 6; wegen des Umfanges des Schadens §§ 2 ff. I 6 ALR.

Gewinn [1]). Diese Ersatzpflicht tritt ein ohne Rücksicht darauf, ob der Schaden unmittelbar oder mittelbar durch die schädigende Handlung oder Unterlassung verursacht worden ist und ob der Ersatzpflichtige die Folgen seines Verhaltens voraussehen konnte oder nicht (RG. 22. Oktober 1907, Recht S. 1528). Als entgangen gilt nach dem BGB. in Übereinstimmung mit dem Allg. Landrecht der Gewinn, der nach dem gewöhnlichen Laufe der Dinge oder nach den besonderen Umständen, insbesondere nach den getroffenen Anstalten und Vorkehrungen, mit Wahrscheinlichkeit erwartet werden konnte (§ 252 Abs. 2 BGB.).

Über die compensatio damni cum lucro enthält das BGB. keine besondere Bestimmungen; ihre Zulässigkeit ist nach der konkreten Sachlage zu beurteilen [2]).

Im allgemeinen ist nur der Vermögensschaden zu erstatten (§ 253 BGB.). Im Falle der Verletzung des Körpers oder der Gesundheit, sowie im Falle der Freiheitsentziehung kann jedoch der Verletzte auch wegen des Schadens, der nicht Vermögensschaden ist, eine billige Entschädigung in Geld verlangen (§ 847 BGB.). Ein Gendarm macht unberechtigterweise von seiner Waffe Gebrauch und

[1]) Auch die Kosten des Vorprozesses gehören hierher, falls in der Anstrengung desselben kein Verschulden liegt.

[2]) RG. E. 10, 50; 13, 254; Seuff. Archiv. 34, Nr. 23 und 245; 47, Nr. 99.

verletzt jemanden, oder ein Schutzmann sistiert unter Nichtbeachtung seiner Instruktion ein anständiges Mädchen, die er für eine Prostituierte hält, zur Wache.

ε) Subsidiarität des Ersatzanspruches.

Bei vorsätzlicher Amtspflichtverletzung haftet der Beamte dem Geschädigten unmittelbar. Fällt dem Beamten lediglich eine Fahrlässigkeit zur Last, so haftet er nur, wenn der Geschädigte nicht auf andere Weise Ersatz zu erlangen vermag, oder wie das preuß. Allg. Landrecht (II, 10 § 91) es ausdrückt, kein anderes gesetzmäßiges Mittel, wodurch den nachteiligen Folgen eines solchen Versehens abgeholfen werden könnte, mehr übrig ist. Wird z. B. der Schaden aus dem Dispositionsfonds der Regierung gedeckt, so ist die Klage unzulässig.

Dies Vorrecht des Beamten ist nach den Protokollen (Bd. II S. 661) eingeführt, weil der Beamte berufsmäßig dauernd verpflichtet sei, in die Verhältnisse Dritter einzugreifen, und es deshalb nicht angehe, ihn wegen jeden Mißgeschicks haften zu lassen, zumal die Tätigkeit des Beamten auch noch die Besonderheit habe, daß sie von ihm nicht zu seinem Vorteile ausgeübt werde.

Der Ersatzanspruch gegen den Beamten ist ausgeschlossen, solange es noch in der Macht des Verletzten liegt, ohne Verstoß gegen das Gesetz anderweitige Deckung zu erlangen. Die Eventualität oder Wahrscheinlichkeit, daß der Schaden z. B. von einem anderen freiwillig ersetzt werde, wendet die Ersatzpflicht des Beamten nicht ab. Wie steht es mit der Behauptungs- und Beweislast? Sie trifft den Kläger. Dieser muß entweder den Nachweis erbringen, daß eine anderweite Ersatzmöglichkeit überhaupt nicht in Betracht kommt oder daß er jeden etwa vorhandenen Weg betreten hat, ohne daß er auf demselben zu seinem Ziele gelangen konnte.

Der Geschädigte hat sich also zunächst an denjenigen zu halten, welcher dolos oder fahrlässig das Versehen des Beamten herbeigeführt hat, oder an denjenigen, welcher durch dasselbe bereichert worden ist[2][3]). Er muß gegen den Prinzipalverpflichteten

---

[1]) Vgl. Oertmann, zu § 839 BGB., Goldmann-Lilienthal, S. 909; and. Ans. Nöldeke, S. 813, Linckelmann, S. 101, und Haffner, S. 74, welche dem Beamten die Einrede der Vorausklage zuweisen. Das Reichsgericht hat bei dem § 91 II, 10 ALR. angenommen, daß die Subsidiarität von Amts wegen zu berücksichtigen sei. In seinem Urteil vom 14. April 1902 (Entsch. i. ZS. 51, 186) entscheidet das Reichsgericht diese Frage nicht grundsätzlich, sondern sagt nur: „Keinesfalls könnte vom Syndikatskläger da, wo aus der von ihm dargelegten, von dem Gegner unbestrittenen Sachlage von vornherein erhellt, daß für den Kläger die rechtliche und tatsächliche Möglichkeit, auf andere Weise Ersatz zu erlangen, nicht in Frage kommt, ein weiterer Beweis dieser Negative verlangt werden."

[2]) Obertr. 1. Mai 1860, Strieth. Arch. 37, 216. Der Prinzipalverpflichtete kann auch der Staat sein, z. B. bei zuviel erhobener Steuer u. dgl.

[3]) Z. B. durch unrichtige Aufstellung und Aus-

der Regel nach klagend vorgehen, Zwangsvollstreckung in alles Vermögen (sei es Mobiliar- oder Immobiliarvermögen) betreiben, auch unter Umständen die Leistung des Offenbarungseides verlangen [1]).

Aber selbst das Ausklagen kann unterbleiben, wenn der Geschädigte nachweisen kann, daß dies nicht zur Befriedigung führen werde. Es genügt auch der Nachweis, daß die Zwangsvollstreckung in das Vermögen des in erster Linie Verpflichteten eine erschöpfende gewesen ist. Ob dies aber zutrifft, hat das Gericht auf Grund der Lage des einzelnen Falles nach freiem Ermessen zu beurteilen. Vgl. RG. Entsch. 22, 44. Der Beweis, daß die Vermögenslage des in erster Linie Haftenden eine bessere inzwischen geworden sei, muß erhoben werden (RG. III. ZS. 10. Juni 1902, JurWoch. 1902 S. 433 [52]).

Der Umstand, daß der zunächst für den Schaden

---

führung eines Teilungsplans. Im Grundbuch erfolgt die Eintragung einer Post an unrichtiger Stelle oder die vorzeitige Löschung einer solchen wird vorgenommen und hierdurch der Ausfall des betreffenden Hypothekengläubigers in dem späteren Subhastationsverfahren veranlaßt.

[1]) Solange der Anspruch noch gegen andere Personen verfolgt werden kann, ist die Klage gegen den Beamten unzulässig (RG. 24. April 1880, Reichsanz. Nr. 130). Vgl. RG. 10. Febr. 1898; JurWoch. S. 186 Nr. 82, und den Fall 13 auf S. 121.

Verhaftete schon früher unpfändbar befunden worden und den Manifestationseid geleistet habe, ist nicht ausreichend [1]), um sofort die Klage gegen den Beamten zu erheben.

Sind jedoch seit Leistung des Offenbarungseides noch keine fünf Jahre vergangen, so kann derselbe nur verlangt werden, wenn glaubhaft gemacht wird, daß der Schuldner später Vermögen erworben habe (§ 903 ZPO.). Dies würde aber der Beamte einwandweise behaupten müssen.

Auch die Anstellung eines Anfechtungsprozesses gehört dann zu den Voraussetzungen der Syndikatsklage, wenn ein bestimmter Anhalt für die Annahme vorliegt, daß die Bedingungen der Anfechtungsklage gegeben seien [2]).

Klewitz S. 41 und Geser S. 113 meinen, daß dem Geschädigten nicht zugemutet werden könne, zunächst die deckungspflichtige Person zu belangen, wenn dies mit Aufopferungen verbunden wäre, die ganz außer Verhältnis zur Sache ständen, z. B. mit großem Aufwand an Zeit und Geld zunächst der Aufenthalt derselben ermittelt werden müßte.

Auch hier wird man an der Hand des konkreten Falles die Entscheidung zu finden haben. Man wird, wenn der Prinzipalverpflichtete mit unbekanntem Aufenthalte abwesend ist, den Beweis fordern müssen,

---

[1]) Obertr. 27. Mai 1857, Strieth. Arch. 24, 341.

[2]) Vgl. RG. 10. Febr. 1898, JurWoch. S. 186 Nr. 82.

daß trotz angestellter geeigneter Ermittelungen bei Behörden, Verwandten, Bekannten usw. der Aufenthalt nicht hat festgestellt werden können. Ein Urteil, durch welches der Betreffende für tot erklärt wird, braucht nicht beigebracht zu werden. Auch kostspielige Aufrufe in ausländischen Zeitungen sind nicht erforderlich.

Der Umstand, daß der Prinzipalberechtigte außerhalb des Deutschen Reiches sich aufhält, beseitigt die Subsidiarität der Regreßklage nicht[1]), es müßte denn sein, daß in dem betreffenden Lande die Klage nach vernünftigem Ermessen nicht durchführbar ist. Erschwerung der Rechtsverfolgung ist dagegen nicht ausreichend.

Ist der zunächst Verpflichtete in Konkurs versunken, so kürzt sich der Ersatzanspruch gegen den Beamten um diejenige Summe, welche der Beschädigte als Konkursquote erhält.

Der Beschädigte hat keineswegs nötig, den Prozeß gegen den vermeintlichen Hauptverpflichteten, wenn er mit seiner Klage aus zureichenden gesetzlichen

---

[1]) Dies ist schon für das preuß. Recht bezüglich des § 298 I, 14 ALR. angenommen (Präjudiz-Sammlung des Obertribunals I, 206 Nr. 1381). Auch die Anwendung der §§ 284 und 285 I, 14 ALR. wird vom Obertribunal (Strieth. Arch. 23, 3) verworfen. Überhaupt steht der subsidiarisch verpflichtete Beamte zu der prinzipal verpflichteten Partei und zum Beschädigten nicht in dem Verhältnis des Bürgen zum Hauptschuldner und zum Gläubiger (Förster-Eccius II, 512 Anm. 19).

Gründen in I. Instanz abgewiesen ist, nutzlos noch durch alle zulässigen Instanzen zu verfolgen. Jedenfalls müßte dann doch der Beamte mindestens durch Anführung von Gründen wahrscheinlich machen, daß der Beschädigte bei fernerer Verfolgung seiner Klage eine abändernde günstige Entscheidung erstritten haben würde[1]). Es hängt also von dem konkreten Falle ab, ob die Einlegung geboten erscheint[2]).

Kann der entstandene Schaden durch einen Akt einer Behörde beseitigt werden, so hat der Geschädigte dies zunächst zu beantragen. Nach § 6 des Gerichtskostengesetzes können z. B. die Gerichte Gebühren, welche durch eine unrichtige Behandlung der Sache entstanden sind, niederschlagen. Vgl. auch § 102 ZPO.

Der Beamte haftet auch dann nicht, wenn die anderweitige, z. Z. noch bedingte Ersatzmöglichkeit erst in der Zukunft endgültig eintreten wird. Sonst hätte der Gesetzgeber wohl bestimmt, daß der Beamte dann, wenn späterhin eine ursprünglich noch in der Schwebe befindliche anderweitige Ersatzmöglichkeit eintreten würde, das seinerseits Geleistete zurückfordern könnte. Zutreffend bemerkt v. Schelhorn,

---

[1]) Obertr. 22. Juni 1857, Strieth. Archiv 25, 236. Vgl. auch Urteil des Apell.-Gerichts Hamm vom 26. Febr. 1863 in Gruchots Beiträgen Bd. 8 S. 88 u. RG. 10. Juni 1902, JurWoch. S. 433.

[2]) Meisner, S. 303, will jedenfalls den Instanzenzug zuvörderst erschöpft wissen.

S. 609, daß der Richter auch hier nicht allzuschroff vorgehen dürfe. Zu berücksichtigen ist nur eine Möglichkeit, für deren späteren Eintritt schon jetzt eine gewisse Wahrscheinlichkeit besteht, und zwar darf der Eintritt nicht vom Willen des Prinzipalverpflichteten abhängen. Der Verletzte braucht sich z. B. nicht darauf vertrösten zu lassen, daß der Prinzipalverpflichtete eine große Erbschaft antreten werde.

Die Frage, ob die subsidiäre Haftung vom Gerichte auch dann zu berücksichtigen ist, wenn der Kläger nachweist, er habe den Prinzipalverpflichteten deshalb nicht in Anspruch genommen, weil der Beamte demselben, falls dieser verurteilt würde, wieder ersatzpflichtig sei, ist für das preuß. ALR. vom Reichsgericht (Urteil v. 1. Febr. 1886, Gruchot 30, 697) dahin beantwortet worden, daß ein derartiges Regreßrecht ohne Einfluß auf die subsidiäre Haftung des Beamten sei. Es wird dies damit begründet, daß in diesem Falle eben noch ein anderes Mittel dem Kläger zu Gebote stehe, um seinen Schaden auszugleichen. Es sei nicht erforderlich, daß diese Ausgleichung zugleich den Beamten von jeder Verbindlichkeit aus dem begangenen Vergehen entlaste und denselben nicht einem neuen Anspruche aussetze, an welchen der Kläger zunächst verwiesen wird. Der letztere brauche mithin nicht Prinzipalverpflichteter zu sein, in dem Sinne, daß die Erfüllung seiner Verpflichtung auch dem subsidiär haftenden Beamten materiell zugute komme. Vgl. Meltz, S. 39 u. oben S. 121 Fall Nr. 13. Für das jetzige Recht ist dasselbe anzunehmen.

Hat der Verletzte versäumt, den Prinzipalverpflichteten in Anspruch zu nehmen, und ist z. B. der Anspruch jetzt verjährt oder der Betreffende unpfändbar, so ist die Klage des Verletzten gegen den Beamten ausgeschlossen. Es steht die exceptio doli entgegen. Vgl. OLG. Colmar 5. Juli 1905, Recht S. 564. Andernfalls könnte der Verletzte ja den Beamten schikanieren und mit der Klage so lange warten, bis die Ersatzmöglichkeit beseitigt wäre. Ein Verschulden des Verletzten ist nicht erforderlich, denn war eine Ersatzpflicht des Beamten ursprünglich nicht vorhanden, so kann sie auch nachträglich nicht eintreten. Vgl. v. Schelhorn, S. 609. Der Verletzte muß sich rühren, damit er zu seinem Ersatz kommt.

Ist eine prinzipale Verpflichtung nicht vorhanden, weil weder Vorsatz, noch Fahrlässigkeit, noch eine ungerechtfertigte Bereicherung dritter Personen vorliegt oder ist der Prinzipalverpflichtete nicht erreichbar oder unpfändbar, so verliert die Ersatzpflicht des Beamten ihren subsidiären Charakter, sie wird eine prinzipale und ausschließliche[1]).

Der Geschädigte wird gut tun, in dem Prozesse gegen den Prinzipalverpflichteten dem Beamten den Streit zu verkünden. Er sichert sich dadurch gegen

---

[1]) Obertr., Strieth. Archiv 37, 216.

Einreden des Beamten, welche auf den Prozeß Bezug haben[1]).

Soweit der Beamte Schadensersatz zu leisten hat, ist er nach § 255 BGB. zum Ersatze nur gegen Abtretung der Ansprüche verpflichtet, die dem Ersatzberechtigten gegen Dritte zustehen.

ζ) Vererbung des Ersatzanspruches. Der Anspruch des Geschädigten auf Schadensersatz geht ebenso wie die Verpflichtung des Beamten unbeschränkt auf die Erben über[2]). Ausgenommen ist übrigens der Fall des § 847 BGB.

Die aktive und passive Vererblichkeit galt auch nach preuß. Landrecht[3]). Das gemeine Recht läßt dagegen die Erben des ersatzpflichtigen Beamten nur so weit haften als die Erbschaft reicht[4]).

η) Verjährung desselben. Nach gemeinem Recht verjährte die Syndikatsklage in 30 Jahren. Das preuß. Landrecht[5]) deckt sich mit dem jetzigen

---

[1]) Obertr. Entsch. 14, 431.

[2]) Motive zum BGB. Bd. 4 S. 1193.

[3]) Vgl. ALR. I, 6 § 28; II, 10 § 145.

[4]) Vgl. Haffner, S. 72, und Geser, S. 142.

[5]) ALR. I, 6 § 54 u. 55. „Wer einen außerhalb des Kontrakts erlittenen Schaden innerhalb dreier Jahre, nachdem das Dasein und der Urheber desselben zu seiner Wissenschaft gelangt sind, gerichtlich einzuklagen vernachlässigt, der hat sein Recht verloren." (§ 54.) „Sind seit dem Zeitpunkte der Schadenszufügung 30 Jahre verflossen, so kommt es auf den Zeitpunkt der erlangten Wissenschaft nicht weiter an." (§ 55.)

Reichsrecht. Da die gesamte Haftung der Beamten, mag es sich um streitige oder freiwillige Gerichtsbarkeit handeln, nach dem BGB. eine deliktische Haftung ist, so greift auch die wegen des Schadensersatzanspruches aus unerlaubten Handlungen im § 852 BGB. aufgestellte Verjährung bei ihr Platz.

§ 852 Abs. 1 BGB. bestimmt[1]):

„Der Anspruch auf Ersatz des aus einer unerlaubten Handlung entstandenen Schadens verjährt in drei Jahren von dem Zeitpunkt an, in welchem der Verletzte von dem Schaden und der Person des Ersatzpflichtigen Kenntnis erlangt, ohne Rücksicht auf diese Kenntnis in dreißig Jahren von der Begehung der Handlung."

Hat sich der Beamte nur einer Fahrlässigkeit schuldig gemacht, so beginnt die Verjährung erst von dem Zeitpunkte an, wo sich herausgestellt hat, daß der Beschädigte von anderer Seite her Ersatz nicht erlangen kann, sei es, daß der Prinzipalverpflichtete zahlungsunfähig befunden ist, sei es, daß sich herausgestellt hat, daß eine gültige Prinzipalverpflichtung überhaupt nicht existiert[2]). Die subsidiäre Klage gegen den Beamten findet nicht früher

---

[1]) Zu beachten ist, daß nur Kenntnis des Schadens überhaupt, nicht auch der genauen Höhe desselben verlangt wird. Über die Fristberechnung und den Lauf der Verjährung gelten im übrigen die gewöhnlichen Sätze (§§ 187 ff. und 195 ff. BGB.).

[2]) Obertrib. Entsch. i. Ullrichs Archiv 13, 320.

statt, und die Verjährung einer nicht gegebenen Klage kann nicht beginnen[1]). Nie aber dauert die Verjährungsfrist länger als dreißig Jahre von der Begehung der Handlung ab.

§ 11. Haftpflicht mehrerer Beamten[2]).

Die maßgebende Bestimmungen des BGB. sind folgende:

§ 830. „Haben mehrere durch eine gemeinschaftlich begangene unerlaubte Handlung einen Schaden verursacht, so ist jeder für den Schaden verantwortlich. Das gleiche gilt, wenn sich nicht ermitteln läßt, wer von mehreren Beteiligten den Schaden durch seine Handlung verursacht hat.

Anstifter und Gehilfen stehen Mittätern gleich."

§ 840 Abs. 1. „Sind für den aus einer unerlaubten Handlung entstehenden Schaden mehrere nebeneinander verantwortlich, so haften sie, vorbehaltlich der Vorschrift des § 835 Abs. 3, als Gesamtschuldner."

§ 421. „Schulden mehrere eine Leistung

---

[1]) RG. bei Bolze 1, Nr. 416.

[2]) Wegen des Spruchrichters vgl. § 14.

in der Weise, daß jeder die ganze Leistung zu bewirken verpflichtet, der Gläubiger aber die Leistung nur einmal zu fordern berechtigt ist (Gesamtschuldner), so kann der Gläubiger die Leistung nach seinem Belieben von jedem der Schuldner ganz oder zu einem Teile fordern. Bis zur Bewirkung der ganzen Leistung bleiben sämtliche Schuldner verpflichtet."

§ 426. „Die Gesamtschuldner sind im Verhältnis zueinander zu gleichen Anteilen verpflichtet, soweit nicht ein anderes bestimmt ist. Kann von einem Gesamtschuldner der auf ihn entfallende Beitrag nicht erlangt werden, so ist der Ausfall von den übrigen zur Ausgleichung verpflichteten Schuldnern zu tragen.

Soweit ein Gesamtschuldner den Gläubiger befriedigt und von den übrigen Schuldnern Ausgleichung verlangen kann, geht die Forderung des Gläubigers gegen die übrigen Schuldner auf ihn über. Der Übergang kann nicht zum Nachteil des Gläubigers geltend gemacht werden."

a) Die Beamten bilden ein Kollegium.

1. Altes Recht:

a) Gemeinrechtlich gehen die Ansichten auseinander, ob, wenn die Pflichtverletzung von einer

Kollegialbehörde ausgegangen ist, nur die schuldigen Mitglieder der letzteren oder die sämtlichen Mitglieder, wenigstens diejenigen, welche an der verletzenden Verfügung teilgenommen haben oder das Kollegium als solches in Anspruch genommen werden können [1]).

Die Haftung ist eine solidarische, jedoch hat jedes Mitglied die Einrede der Teilung (beneficium divisionis), soweit bloße Nachlässigkeit in Betracht kommt, während sie bei bewußter Pflichtwidrigkeit wegfällt. Sollten einzelne Mitglieder in dolo sein, während die anderen nur culpos handelten, so haften erstere primär, die anderen nur subsidiär; diese haben daher das beneficium excussionis.

Mitgliedern, welche bei gleicher Haftung mehr als ihre Rate bezahlt haben, steht auch ohne Klagezession der Regreß an die Gleichschuldigen zu, soweit es sich nicht um dolose Pflichtverletzung gehandelt hat. Vgl. Haffner S. 72.

b) Das preuß. Allg. Landrecht geht von dem Grundsatze aus, daß die Mitglieder eines Kollegiums sämtlich für die dem Kollegium obliegenden Geschäfte einzustehen haben, doch wird dieser Grundsatz durch eine Reihe detaillierter Vorschriften teils modifiziert, teils mehr bestimmt [2]).

---

[1]) Motiv zum I. Entwurf Bd. 2 S. 826 und Seufferts Archiv XIV, 140; vgl. auch Sintenis, Das praktisch-gem. Zivilr. II, 782 (ed. 2. S. 773).

[2]) Vgl. wegen der Regierungsbeamten den § 34 der Regierungs-Instr. v. 23. Oktober 1817 im § 5

Die einschlägigen Bestimmungen sind die §§ 127 bis 145 II, 10 (abgedruckt im § 5 oben S. 79), deren Inhalt folgender ist:

Die Mitglieder des Kollegiums haften solidarisch als Mitbeteiligte an der Schadenszufügung, bei Vorsatz und grobem Versehen rein solidarisch, bei mäßigem und geringem Versehen zunächst anteilsweise, jedoch so, daß die zahlungsfähigen Mitglieder, aushilfsweise die Anteile der anderen nicht zahlungsfähigen zu tragen haben.

Die Klage ist nicht gegen das Kollegium als juristische Person, sondern gegen diejenigen einzelnen Personen zu richten, die zur Zeit des schädigenden Beschlusses Mitglieder des Kollegiums waren.

Das in Anspruch genommene Mitglied kann einwenden:

1. daß das Versehen durch den unrichtigen Vortrag eines Mitgliedes verursacht (§ 130 II, 10);

2. daß die Verfügung nicht gemäß dem Beschlusse des Kollegiums abgefaßt, (§ 130 II, 10) oder

3. daß der Schaden durch andere Pflichtwidrigkeiten oder Fahrlässigkeit eines einzelnen Mitgliedes entstanden ist (§ 130 II, 10);

4. daß die Sache, in welcher das Versehen begangen, überhaupt nicht vorgetragen sei (§ 134 II, 10);

---

oben S. 83 u. RG. III. ZS. 20. Okt. 1908, 571/07 (Recht 1908 S. 822).

5. daß durch Gesetz oder Amtsinstruktion gewisse Geschäfte einzelnen ausschließlich zugewiesen gewesen seien (§ 138 II, 10);

6. daß es (das Mitglied) kein Votum in der Sache gehabt habe (§ 141 II, 10);

7. daß es mit Vorwissen und Genehmigung des Vorgesetzten oder infolge Krankheit abwesend gewesen (§§ 142 u. 143 II, 10);

8. daß es gegen den Beschluß des Kollegiums sein abweichendes Votum schriftlich zu den Akten gebracht habe[1]).

Die Wirkung der Einreden ist absolut befreiend, denn die eine Subsidiarhaftung aussprechende Vorschrift des § 133 II, 10 ALR. ist, da besondere Gesetze nicht vorhanden sind, praktisch bedeutungslos.

Die Wirkung der Einreden zu 1—3 ist die, daß sich der Geschädigte zunächst nur an das schuldige Mitglied und demnächst an den Vorgesetzten des Kollegiums halten darf, wenn er durch die ihm obliegende Aufmerksamkeit das Versehen hätte verhüten können[2]).

Eigenmächtige Geschäftsverteilung unter die Mitglieder des Kollegiums entschuldigt die Nicht-

---

[1]) § 144 II, 10. Das Reskript vom 16. Aug. 1834 (Jahrbuch 44, 179) mißbilligt, Separatvota bei Abfassung der Erkenntnisse zu den Akten zu bringen. Nur in Hypotheken-, Deposital- und Vormundschaftssachen sollen dieselben zulässig sein.

[2]) § 132 II, 10.

beteiligten nicht. War aber nach der Verfassung (Amtsinstruktion usw.) einem Teil der Mitglieder die Bearbeitung der Angelegenheit besonders übertragen und dem anderen nur eine Aufsicht dabei zugewiesen, so haftet jener Teil für den Schaden ausschließlich, dieser vertritt nur subsidiär eine Vernachlässigung der Aufsicht.

Die Klage gegen die Mitglieder geht auch gegen ihre Erben[1]). Einen Regreß haben die verurteilten Mitglieder gegen dasjenige, welches das Geschäft ausschließlich übernommen hatte, auch wenn dies bei einer eigenmächtigen Geschäftsverteilung geschehen war[2]); außerdem nach den allgemeinen Regeln dasjenige Mitglied, welches den Schaden allein ersetzt oder mehr bezahlt hat als sein Anteil beträgt[3]). Vorsätzliche Beschädigung schließt den Regreß aus[4]).

c) Nach den meisten neueren Gesetzgebungswerken, z. B. sächsisches Gesetzbuch §§ 1506 u. 1507, haften in Gemäßheit der allgemeinen Grundsätze immer nur die schuldigen Beamten, indem wegen der Haftung von Mitgliedern eines Kollegiums besondere positive Vorschriften nicht gegeben sind.

2. Jetziges Recht.

Dem Vorgange der Gesetzgebungswerke unter c ist das BGB. gefolgt. Die Motive (Bd. II S. 826)

---

1) § 145 II, 10.

2) § 137 II, 10.

3) §§ 136, 137 II, 10; § 33 I, 6.

4) § 34, I, 6.

sagen: „Ein Bedürfnis in Abweichung von den allgemeinen Grundsätzen durch positive Bestimmungen dem Beschädigten in dem in Rede stehenden Falle die Verfolgung seines Ersatzanspruches zu erleichtern, kann nicht anerkannt werden. Eine solche Begünstigung des Beschädigten kann auf der anderen Seite für die nichtschuldigen Mitglieder des Kollegiums zu großen Härten führen, die auch durch einen Regreß der letzteren gegen die schuldigen Mitglieder keineswegs in allen Fällen beseitigt werden."

Es ergibt sich hieraus, daß nicht das Beamtenkollegium als solches, sondern immer nur die schuldigen Mitglieder, diese gemäß §§ 830 u. 840 BGB., als Gesamtschuldner haften, gleichgültig, ob den einzelnen Mitgliedern in verschiedenem Grade eine Fahrlässigkeit zur Last fällt. Vgl. RG. 23. März 1899 JurWoch. S. 287.

Wenn man die Schuldfrage feststellen will, muß streng unterschieden werden, ob es sich um die Verletzung einer den sämtlichen Mitgliedern des Kollegiums oder bloß einem Mitgliede obliegenden Amtspflicht handelt.

In manchen Fällen wird es der Vorsitzende allein sein, welcher sich verantwortlich macht, nämlich bei Versehen bezüglich Leitung der mündlichen Verhandlung, bei Zuwiderhandlungen gegen die §§ 216 Abs. 2 (193 Abs. 2) u. 262 (234) ZPO. (Verspätete oder unrichtige Terminsbestimmung.)

Trägt bei Beschlußfassungen — ohne mündliche Verhandlung mit den Parteien — der Referent (Berichterstatter) in der beratenden Sitzung den Akteninhalt unrichtig vor, führt er z. B. unrichtige Tatsachen an oder enthält wesentliche Umstände vor u. dgl., so haftet er, falls hierdurch der unrichtige Beschluß veranlaßt ist, allein. Besteht eine Vorschrift, daß auch der Vorsitzende die Akten vorher lesen soll, damit er den Vortrag des Referenten kontrollieren kann, so haftet auch der Vorsitzende, und zwar, als Gesamtschuldner, mit dem Referenten, wenn er die schadenbringende Entscheidung hätte verhindern können.

Sind jedoch die von dem Referenten angeführten Tatsachen offenkundig falsch, oder mußten sie wegen inneren Widerspruchs oder aus anderen Gründen auch von dem minder Aufmerksamen als unrichtig erkannt werden, so trifft auch die übrigen beistimmenden Mitglieder die Verantwortlichkeit. Dies bestimmte ausdrücklich der Art. 3 des württemberg. Entwurfs über die Syndikatsklage aus dem Jahre 1833. Vgl. Haffner, S. 85.

Tragen die Parteien dem Kollegium das Sachverhältnis vor, so kann sich ein Mitglied auf unrichtigen Vortrag des Referenten bei der demnächstigen Beratung selbstverständlich nicht berufen.

Einzelne Amtshandlungen können seitens des Kollegiums einem einzelnen Mitgliede, z. B. dem beauftragten Richter, übertragen werden. In solchen

Fällen, z. B., bei falscher Protokollierung von Zeugenaussagen, kommt stets nur die Haftung dieses einzelnen in Betracht.

Bei Fassung von Entscheidungen handelt es sich dagegen um eine allen Mitgliedern obliegende Amtspflicht. Für jedes einzelne Mitglied muß der Beweis der mit dem Schaden im Kausalzusammenhang stehenden Verschuldung geführt werden. Der Geschädigte hat die Wahl, ob er ein einzelnes Mitglied oder mehrere bzw. alle als Gesamtschuldner in Anspruch nehmen will (§ 421 BGB.). Verantwortlich können nur sein diejenigen Mitglieder, denen ein entscheidendes Votum (Stimmrecht) zusteht und die bei der betreffenden Amtshandlung (Beschluß usw.) mitgewirkt haben. Wer nur eine beratende Stimme hat, kommt nicht in Betracht, sollten auch die stimmberechtigten Mitglieder seinem Votum gefolgt sein. Für die Gerichtskollegien ist eine bestimmte Zahl mitwirkender Beamten vorgeschrieben, bei anderen Kollegien nicht. Im letzteren Falle ist es gleichgültig, ob das betreffende Mitglied sich ohne Entschuldigungsgrund von der Sitzung ferngehalten hat. Vgl. Haffner S. 71.

Von den bei der Amtshandlung mitwirkenden Mitgliedern ist ferner nicht haftbar, wer seine Stimme gegen den Beschluß abgegeben hat. Sollte derselbe sich auch des gleichen Versehens schuldig gemacht haben, wie die anderen Mitglieder und nur aus anderen Gründen gegen den Beschluß gestimmt haben, so ist sein Handeln doch nicht kausal für die Entstehung des Schadens, denn er wollte zu der Entstehung des schädigenden Beschlusses überhaupt nicht mitwirken. Auch durch ihre etwaige Unterschrift haben sie sich nicht mitverantwortlich gemacht, denn damit haben sie nur bezeugt, daß die gesetzlich vorgeschriebene Mehrheit sich für die fragliche Entscheidung ausgesprochen hat, sich aber keineswegs mit derselben einverstanden erklärt. Vgl. Nöldeke S. 826. Irrig ist die Ansicht Hachenburgs S. 437, daß die Mitglieder eines Beamtenkollegiums nach § 830 BGB. samtverbindlich haften, insofern ihnen allen die verletzte Amtspflicht obliegt, ohne Rücksicht darauf, ob alle einzelne Mitglieder die pflichtwidrige Handlung zugleich miteinander veranlaßt haben.

Für Pflichtwidrigkeit wegen Unterlassung haften sämtliche Mitglieder des Kollegiums, welche zur Behandlung der Sache damals d. h. zur Zeit der in Frage kommenden schuldhaften Unterlassung zuständig und im gegebenen Falle fähig waren.

Später in das Kollegium eingetretene Mitglieder haften nicht, sofern sie nicht selbst durch pflichtwidrige Tätigkeit oder Untätigkeit den Fehler zu dem ihrigen machen.

Streitig ist die Behauptungs- u. Beweislastfrage. Ist der Kläger (Geschädigter) verpflichtet, die schuldigen Beamten einzeln zu bezeichnen oder haben die nichtschuldigen Beamten bei Inanspruchnahme des ganzen Kollegiums ihre Nichtschuld einredeweise geltend zu machen. Die Frage hat allerdings für die Staaten, welche primär haften, keine Bedeutung mehr.

Für die Geschädigten kann es unter Umständen schwierig sein, die Mitglieder, welche bei der Amtshandlung mitgewirkt haben, ihrem Namen nach zu erfahren. Bei den ordentlichen Gerichten ist durch die Öffentlichkeit und Mündlichkeit, sowie durch die Vorschrift, daß die Urteile von sämtlichen Richtern unterschrieben werden müssen, für eine genügende Kenntlichmachung der Richter gesorgt. Soweit aber bei Beschlüssen (z. B. Arrestbefehlen, welche eine Zivilkammer erläßt) nur die Unterschrift des Vorsitzenden und eines Beisitzers vorhanden ist, wird man durch das Recht der Akteneinsicht (§ 299 [271] ZPO., ev. § 432 [397] ZPO.) zum Ziele gelangen. In Strafsachen steht allerdings nur dem Verteidiger die Befugnis zu, die Akten einzusehen.

Wenn andere Mittel versagen, wird man die betreffende Behörde für verpflichtet halten müssen, die Namen der beteiligten Mitglieder dem Geschädigten zu nennen, damit dieser seine Rechte verfolgen kann. Vgl. § 89 Einl. z. ALR. Ein Recht, den Namen des Referenten (Berichterstatters) von der Behörde genannt zu verlangen, kann nicht anerkannt werden. Die Reichspost nennt allerdings den schuldigen Beamten.

Haffner, S. 70, welcher die Pflicht der Behörde

zur Nennung des Namens bestreitet, meint, daß wenn der Geschädigte die betreffenden Beamten nicht ermitteln könne, es notwendig sei, den Vorsitzenden oder das Mitglied, welche beide durch ihre Unterschrift bekannt seien — zunächst allein zu belangen und es diesen zu überlassen, die Mitschuldigen zu nennen. Führe auch dies zu keinem Resultat, so wären, falls sich Kläger an dem Vorsitzenden oder dem Mitgliede allein nicht erholen könne, sämtliche zur Zeit der verpflichtenden Handlung dem betreffenden Gericht bzw. der betreffenden Abteilung desselben Angehörende zu verklagen und die Klage dann gegen diejenigen fallen zu lassen, deren Nichtbeteiligung sich bei der weiteren Verhandlung herausstelle.

Ein umständlicher und kostspieliger Weg!

Kennt nun auch der Geschädigte die Namen der mitwirkenden Mitglieder, so weiß er doch nicht, welche derselben für und welche gegen den Beschluß gestimmt haben. Es kann davon keine Rede sein, daß der Vorsitzende oder ein Mitglied des Kollegiums verpflichtet ist, über die Abstimmung Auskunft zu erteilen.

Wird die Klage gegen ein Mitglied erhoben, so muß sie, falls dasselbe geltend macht, daß es nicht mitschuldig ist, abgewiesen werden. Daß der Kläger mit den Kosten belastet werden muß, folgt aus dem Gesetze, entspricht aber nicht der Billigkeit.

Es bleibt deshalb nichts anderes übrig, als daß

der Syndikatskläger vor Erhebung der Klage jedes Mitglied auffordert, den entstandenen Schadensersatz zu bezahlen. Macht der betreffende Beamte glaubhaft geltend, daß er gegen den Beschluß gestimmt habe[1]), so wird von der Erhebung der Klage Abstand genommen werden müssen, widrigenfalls sich Kläger über die Belastung mit den Kosten nicht beschweren kann, wenn im Prozeß die Wahrheit der Schutzbehauptung des Beamten bewiesen wird. Beantwortet der Beamte die Aufforderung des Geschädigten nicht, so wird er mit den Kosten auch dann belastet werden müssen, wenn er gegen den Beschluß gestimmt hat, denn er hat dem Kläger Veranlassung zur Klage gegeben[2]). Vgl. v. Schelhorn S. 628 § 308 u. Abs. 2 BGB.

Nöldeke, S. 814, behauptet, daß keine Präsumtion dafür spreche, alle Mitglieder hätten sich an der Pflichtverletzung beteiligt, es daher nicht Sache des Beamten sei, seine Nichtbeteiligung an der schädigenden Amtshandlung nachzuweisen, Kläger also den Beweis des Verschuldens in vollem Umfange erbringen müsse, wobei er sich in den meisten Fällen der Eideszuschiebung bedienen werde. Eine Präsumtion spreche lediglich dafür, daß eine Mehrheit des

[1]) Hierzu wird er befugt sein, wenn er auch der Regel nach über Beratung und Abstimmung Amtsverschwiegenheit beobachten muß.

[2]) Näheres über die Syndikatsklage findet sich im § 21.

Kollegiums den Beschluß gefaßt habe, nicht aber, daß dies von sämtlichen Mitgliedern geschehen sei. Dieser Ansicht kann nicht beigepflichtet werden, Haffner, S. 71, und Geser, S. 136, betonen zutreffend, daß die Nichtbeteiligung einredeweise geltend gemacht werden müsse[1]).

Meltz, S. 88, glaubt die Lösung in § 830 Abs. 2 BGB. zu finden, nach welchem die Gesamtschuldhaftung auch dann eintritt, wenn sich nicht ermitteln läßt, wer von mehreren Beteiligten den Schaden verursacht hat, übersieht aber, daß eben eine Ermittelung möglich ist.

Hat ein Mitglied vorsätzlich, ein anderes nur fahrlässig gehandelt, so kann nur das letztere, nicht auch das erstere gemäß § 839 Abs. 1 Satz 2 auf subsidiäre Haftung sich berufen.

Hierbei kommen nur dritte Prinzipalverpflichtete in Betracht. Indes können diejenigen Mitglieder, welchen nur Fahrlässigkeit zur Last fällt, den Geschädigten auf Grund des § 839 BGB. zunächst an diejenigen Mitglieder verweisen, welchen Vorsatz zur Last fällt. Ist den sämtlichen Mitgliedern des Kollegs nur Fahrlässigkeit zur Last zu legen, so ist § 839 nicht anwendbar. Zutreffend führt das Reichs-

---

[1]) Es empfiehlt sich für den überstimmten Beamten, ein Separatvotum zu den betreffenden Akten oder zu den Generalakten zu geben, um sich den Beweis für die Zukunft zu sichern.

gericht (VI. ZS. 1. Mai 1902, Entsch. Bd. 51 S. 259) aus:

„Wäre in diesem Falle der § 839 Abs. 1 Satz 2 anzuwenden, so könnte ein jeder der mehreren Beamten, da ihnen nur Fahrlässigkeit zur Last fällt, geltend machen, daß der Beschädigte erst nachweisen müsse, daß er von dem anderen Teile Ersatz nicht erlangen könne. Der Beschädigte würde also keinen der Beamten in Anspruch nehmen können, wenn nicht zufällig der eine von ihnen zum Ersatz des Schadens nicht imstande sein sollte. Das Resultat wäre so widersinnig, daß es zweifellos vom Gesetzgeber nicht gewollt sein kann. Die Haftung aus § 840 Abs. 1 erleidet auch keine Änderung, wenn der eine Beamte bereits rechtskräftig zum Schadensersatz verurteilt ist, denn ein solches Urteil begründet keine neue Verpflichtung, sondern stellt nur fest, daß der vom Beschädigten geltend gemachte Anspruch auf Schadensersatz wirklich vorhanden ist, und wirkt deshalb bei einem Gesamtschuldverhältnisse nur gegen den Gesamtschuldner, gegen den es ergangen ist, nicht aber zugunsten eines anderen Gesamtschuldners (§ 425 Abs. 2 BGB.).“

Nach § 840 BGB. haften die schuldigen Mitglieder solidarisch. Dasjenige Mitglied, welches den gesamten Schadensersatz bezahlt hat, kann gemäß § 426 BGB. gegen die mitschuldigen Regreß nehmen, und zwar auch dann, abweichend vom Allg. preuß. Landrecht, wenn es vorsätzlich gehandelt hat.

Die schuldigen Mitglieder sind zu gleichen Teilen verpflichtet, gleichgültig, ob dem einen nur geringes, dem andern grobes Versehen zur Last fällt. Eine Konkurrenz von Mitgliedern, die vorsätzlich und solchen, die nur fahrlässig gehandelt haben, kann der Regel nach nicht eintreten, da letztere ja nur haften, wenn die ersteren unpfändbar sind (§ 839 Abs. 1). Eventuell zählen aber die ersteren bei Feststellung des Regreßanteils mit.

Auch die nicht rechtsgelehrten Mitglieder eines Kollegiums haften in Konkurrenz mit rechtsgelehrten (vgl. z. B. in den Kammern für Handelssachen), soweit es sich nicht um eine reine Rechtsfrage handelte und es den ersteren nicht zugemutet werden konnte, sich über deren Bedeutung — etwa durch Befragung der rechtsgelehrten Mitglieder — klar zu werden. Es kann hier nämlich von einem Verschulden nicht die Rede sein.

Art. 5 des Württemb. Entwurfs vom Jahre 1833 bestimmte: „Hinsichtlich der durch unrichtige Rechtsausführungen des Referenten veranlaßten Beschlüsse können die nicht rechtsgelehrten Mitglieder nicht in Anspruch genommen werden.“ Vgl. Haffner S. 25.

b) Die Beamten bilden kein Kollegium.

Haben Beamte, welche nicht miteinander in einem Kollegium sitzen, zusammen den Schaden verursacht, so tritt ebenfalls nach § 840 BGB. gesamtschuldnerisch

Haftung ein [1]). Eine Anwendung des § 839 Abs. 1 Satz 2 (Subsidiarität der Haftung) ist ausgeschlossen, sofern allen Beamten nur Fahrlässigkeit zur Last fällt. Bezüglich des Regresses ist § 426 BGB. maßgebend.

Ist von den schuldigen Beamten der eine dem andern übergeordnet, und hat der erstere durch Vernachlässigung seiner Pflicht zur Mitwirkung, zur Anleitung oder Beaufsichtigung des Untergebenen bei dessen Geschäftsführung den Schaden mitverursacht, so gelten die vorstehenden Rechtssätze ebenfalls, jedoch kommt im Innenverhältnis der § 840 Abs. 2 bzw. § 841 BGB. zur Anwendung. Vgl. auch § 831 BGB. [2]) u. Art. 78 EG. z. BGB. sowie oben S. 50.

---

[1]) Artikel 6 des württemberg. Entw. von 1833 (Haffner, S. 85) bestimmte: „Wurde das Erkenntnis durch unrichtige Aufnahme mündlicher Verhandlungen veranlaßt, so ist der Aktuar des Gerichts als solcher der Partei mitverantwortlich.

Dasselbe findet statt, wenn er ihr durch unrichtige Besorgung der Ausfertigungen einen Schaden verursacht hat.

[2]) Neben § 831 BGB. besteht die allgemeine Beaufsichtigungspflicht des Vorgesetzten gegenüber den untergebenen Beamten, deren Verabsäumung nach § 823 verantwortlich macht (RG. 5. Nov. 1903, JurWoch. Beil. S. 133).

§ 12. Haftung eines oder mehrerer Beamten im Verein mit einem Nichtbeamten.

Hat außer dem Beamten ein Nichtbeamter an der schadenstiftenden Handlung (Unterlassung) teilgenommen, so tritt gemäß § 840 BGB. ebenfalls solidarische Haftbarkeit ein. Indes muß daran festgehalten werden, daß bei Fahrlässigkeit der Beamte nur subsidiär gemäß § 839 BGB. haftet, also wenn von dem Nichtbeamten Schadensersatz nicht zu erlangen ist. Bezüglich des Regresses kommt die Vorschrift des § 426 BGB. zur Anwendung.

Eine Spezialbestimmung enthält § 841 BGB.:

„Ist ein Beamter, der vermöge seiner Amtspflicht einen anderen zur Geschäftsführung für einen Dritten zu bestellen, oder eine solche Geschäftsführung zu beaufsichtigen, oder durch Genehmigung von Rechtsgeschäften bei ihr mitzuwirken hat, wegen Verletzung dieser Pflichten neben dem anderen für den von diesem verursachten Schaden verantwortlich, so ist in ihrem Verhältnisse zueinander der andere allein verpflichtet."

Der Paragraph trifft vorzugsweise den Vormundschafts-, Nachlaß-, Konkurs-, Zwangsverwaltungsrichter im Verhältnis zum Vormunde, Nachlaßpfleger, Konkurs- und Zwangsverwalter.

Der Vormundschaftsrichter z. B. haftet mit dem Vormund solidarisch, wenn er denselben nicht gehörig beaufsichtigt oder eine ungeeignete Person zum Vormunde bestellt hat. Dies trifft aber nur zu, wenn der Beamte sich einer vorsätzlichen Pflichtverletzung schuldig macht. Bei fahrlässiger Pflichtverletzung des Beamten greift die Vorschrift des § 839 Abs. 1 Satz 2 durch, welche ausdrücklich besagt, daß bei Fahrlässigkeit keine Haftung des Beamten mit dem andern nebeneinander, sondern daß eine solche nacheinander besteht.

Ist der andere zahlungsunfähig, so haftet der Richter.

Alles dies gilt aber nur gegenüber dem geschädigten Dritten. Im Verhältnis der beiden Schadenstifter untereinander haftet aber nicht der Beamte, sondern der andere allein. Dies ist aus Billigkeitsrücksichten bestimmt, denn nach den allgemeinen Vorschriften des § 426 BGB. würden auch beide im Verhältnis zueinander zu gleichen Teilen verpflichtet sein.

Der Beamte hat auch dann, wenn er vorsätzlich gehandelt hat, das Regreßrecht gegen den anderen Schadenstifter.

Der II. Entwurf hatte für den Fall des § 841 dem Beamten noch einen weiteren Schutz verliehen. Er hatte eine Haftpflicht hinsichtlich des Schadens, dessen Entstehung außerhalb des Bereichs der Wahrscheinlichkeit lag, oder nach den Umständen, welche der Beamte kannte oder kennen mußte, als außerhalb dieses Bereichs liegend angesehen werden durfte, ausgeschlossen. Der Reichstag hat jedoch diese Bestimmung mit Rücksicht auf die von ihm vorgenommene Änderung des § 254 BGB. wieder gestrichen.

Haftpflicht besonderer Beamtenkategorien und von Personen in beamtenähnlichen Stellungen.

§ 13. Der Vormundschaftsrichter und die Mitglieder des Familienrates.

§ 1674 BGB.:

„Verletzt der Vormundschaftsrichter vorsätzlich oder fahrlässig die ihm obliegenden Pflichten, so ist er dem Kinde nach § 839 Abs. 1, 3 verantwortlich."

§ 1848 BGB.:

„Verletzt der Vormundschaftsrichter vorsätzlich oder fahrlässig die ihm obliegenden Pflichten, so wird er dem Mündel nach § 839 Abs. 1, 3 verantwortlich."

§ 1872 Abs. 2:

„Die Mitglieder des Familienrats . . . sind in gleicher Weise verantwortlich wie der Vormundschaftsrichter."

a) Altes Recht. Das Allg. preuß. Landrecht hatte im Teil II Titel 18 § 301 die Bestimmung, daß der Vormundschaftsrichter dem Mündel wegen mäßigen Versehens haftete, welches er bei Bestellung des Vormundes oder bei der Führung der Aufsicht und Direktion über denselben begangen habe. Diese Bestimmung ist durch die preuß. Vormundschaftsordnung vom 5. Juli 1875 § 102 beseitigt worden, ohne daß eine neue Vorschrift an ihre Stelle gesetzt wäre. Daher gelten für den Vormundschaftsrichter die allgemeinen Bestimmungen über die Haftung der Beamten wegen Verletzung ihrer Amtspflicht (§§ 88ff., II, 10 ALR.).

Gemeines Recht s. oben § 10 Note 1.

Sächsisches Recht s. oben § 10 Note 1.

Französisches Recht s. oben § 10 Note 1. Die Mitglieder des Familienrats haften gemäß Art. 1382 u. 1383 code civil. Da die preuß. Vormundschaftsordnung vom 5. Juli 1875 keine besonderen Bestimmungen enthält, so ist in der Rheinprovinz das französische Recht maßgebend (RG. 7. 3. 1899, E. 43, 384). Art. 505 des Code de procedure civile ist auch anwendbar auf den Richter der freiwilligen Gerichtsbarkeit.

b) Neues Recht.

Die Haftung des Vormundschaftsrichters stellt sich jetzt als eine deliktische und nicht mehr als eine quasikontraktliche dar, wie nach gemeinem Recht. Hierfür spricht der Wortlaut des Gesetzes, welches den Vormundschaftsrichter einfach nach Maßgabe des § 839 BGB. haften läßt und daher unmittelbar die Grundsätze über die deliktische Haftung zur Anwendung bringt.

Die eigentliche Haftung tritt aber nur dem Kinde[1]) oder Mündel[2]) gegenüber ein, bezüglich dessen die Amtshandlung vorzunehmen ist. Er haftet hier für die vorsätzliche oder fahrlässige Verletzung einer jeden Amtspflicht. Es macht ihn also auch die Verletzung einer bloßen Ordnungsvorschrift haftbar, sobald dieselbe kausal ist für die Entstehung des Schadens.

Anderen Personen („Dritten") gegenüber haftet der Vormundschaftsrichter ebenso wie jeder Beamte nur wegen Verletzung der ihm dem anderen gegenüber obliegenden Amtspflicht (§ 839 BGB.).

Vormundschaftsrichter ist jeder richterliche Beamte, welchem nach den maßgebenden Bestimmungen über das Verfahren in Vormundschaftssachen die Ausübung der Gerichtsbarkeit in erster Instanz oder in höheren Instanzen übertragen ist[3]). Es ist indes stets zu prüfen ob der Richter in seiner Eigenschaft als Vormundschaftsrichter tätig geworden ist. Das BGB. spricht in den §§ 1674 und 1848 nicht vom Beamten, sondern vom „Vormundschaftsrichter". Soweit nach Art. 147 Einf.Ges. z. BGB. die dem Vormundschaftsgerichte obliegenden Verpflichtungen anderen als gerichtlichen Behörden

---

[1]) Bekanntlich hat der Vormundschaftsrichter auch für nicht unter Vormundschaft stehende Minderjährige zu sorgen.

[2]) Auch bei großjährigen.

[3]) Motive Bd. IV, S. 1192.

übertragen sind, so haften diese naturgemäß als Vormundschaftsrichter nach §§ 1674 u. 1848 BGB. ohne Rücksicht darauf, ob diese Behörden aus Beamten oder Laien zusammengesetzt sind.

Der Vormundschaftsrichter kann hauptsächlich haftbar gemacht werden wegen Verabsäumung der erforderlichen Sorgfalt bei der Auswahl des Vormundes (§ 1779 BGB.) und bei der Beaufsichtigung (§ 1837). Auch wenn keine Vormundschaft geführt wird, liegt dem Vormundschaftsrichter die Sorge für die minderjährigen Kinder und deren Vermögen ob sowohl während des Bestehens der Ehe, aus der die Kinder hervorgegangen sind, als nach dem Tode eines der Ehegatten.

Da nun der Vater bzw. die Mutter bei Ausübung der elterlichen Gewalt dem Kinde nur für diejenige Sorgfalt einzustehen haben, die sie in eigenen Angelegenheiten anzuwenden pflegen (§§ 1664, 1685 u. 1686 BGB.), so kann der Vormundschaftsrichter in die eigentümliche Rechtslage kommen, daß er dem Kinde haftet, während der Inhaber der elterlichen Gewalt nicht zu belangen ist, so daß für den Richter die Gunst des § 839 Abs. 1 Satz 2 (Subsidiarität der Haftung) versagt[1]).

Die Frage, ob § 841 BGB. auch für das Verhältnis zwischen Vormund und Vormundschaftsrichter Anwendung zu finden hat, ist zu bejahen. Vgl. das Nähere in § 12.

---

[1]) Scholz, S. 374.

Versäumt das Mündel schuldhafterweise die Einlegung der zulässigen Rechtsmittel, so tritt die Haftung des Richters nicht ein (§ 839 Abs. 3 BGB.).

§ 14. Der Spruchrichter.

§ 839 Abs. 2 BGB. (Text oben § 10 S. 138).

a) Früheres Recht.

Gemeines Recht:

Es ist bestritten, ob der Spruchrichter nur für dolus (Vorsatz) oder auch für culpa lata (grobes Versehen) haftet[1]. Die herrschende Meinung der Schriftsteller spricht sich für die erstere Alternative aus[2]. In der Gerichtspraxis ist die Frage wohl nur selten vorgekommen, denn in den ersten 41 Bänden der Seuffertschen Sammlung ist nur ein Fall (Urteil des Oberappellationsgerichts Wolffenbüttel vom 1. Oktober 1833) in Bd. 24 S. 241 abgedruckt. Hier ist in Übereinstimmung mit der herrschenden Meinung entschieden. In dem Falle (RG. E 40, 202) lag nicht einmal culpa lata vor.

Der Spruchrichter unterliegt der milderen Haftung nicht nur bei Fällen der Entscheidung (Urteil usw.), sondern auch bei der Leitung des Prozesses.

---

[1]) Vgl. die Entscheidung des Reichsgerichts E. 40, 202, wo aber die Frage nicht entschieden wird, und die Motive zum BGB. Bd. 2 S. 819.

[2]) Vgl. Windscheid, Pandekten § 470; and. Ans. Haffner, S. 56, Klewitz, S. 16 ff.

Er haftet aber prinzipaliter, nicht subsidiär.

Preußisches Landrecht.

Nach §§ 88, 89 II, 10 ALR. haften die Beamten zwar für das geringste Versehen. Diese Bestimmungen finden jedoch nach feststehender preuß. Praxis [1]) auf den Spruchrichter keine Anwendung, und zwar vornehmlich deshalb, weil eine solche ausgedehnte Verantwortlichkeit sich mit der zur Aufrechterhaltung einer geordneten Rechtspflege unentbehrlichen Unabhängigkeit der Gerichte nicht verträgt (RG. E 38, 388; Motive I Entwurf z. BGB. Teil 2, S. 821). Der Spruchrichter haftet nur dann, wenn er das Recht vorsätzlich gebeugt hat [2]), und zwar nicht prinzipaliter, sondern nur subsidiär. Wie durch die Entscheidung des Reichsgerichts und die Motive z. BGB. als bestehende Praxis bezeugt wird, gilt diese beschränkte Haftung nicht nur für die bei der

---

[1]) Entsch. des Obertrib. 3, 253 und 42, 336.

[2]) Förster-Eccius, Preuß. Privatrecht (Bd. 2 § 154 Anm. 25) und Dernburg, Preuß. Privatr. (Bd. 2 § 298 Anm. 15) lassen jedoch den Spruchrichter neben dolus auch für die „in Zivilsachen gleichgestellte culpa lata" haften, aber nicht darüber hinaus. In den Motiven zum BGB. Bd. II S. 821 wird behauptet, daß die preußische Doktrin überwiegend annehme, der Spruchrichter hafte wegen dolus und culpa lata. Hinschius, Jur. Wochenschr. 1836 S. 737 ff. und 1843 S. 235 ff., erachtet die allgemeinen Vorschriften über die Haftung der Beamten auch auf den Spruchrichter für anwendbar.

Entscheidung, sondern auch für die bei der Leitung einer Rechtssache von dem Spruchrichter entwickelte Tätigkeit, und zwar muß nach dem der gedachten Praxis zugrunde liegenden Gedanken angenommen werden, daß die beschränkte Haftung des Richters sich mindestens so weit erstreckt, als es sich um solche Entscheidungen, welche materiell-rechtlicher Natur sind, handelt, und welche geeignet sind, auf die Endentscheidung, das Urteil, einen Einfluß auszuüben und mit dieser Entscheidung in Zusammenhang stehen. Auch solche, das Urteil vorbereitende Entscheidungen stellen sich als Ausfluß einer richterlichen erkennenden Tätigkeit dar, auch auf sie findet dieselbe Erwägung Anwendung, welche zur Befreiung des Richters von der Haftung für ein bei der Urteilsfällung begangenes Versehen geführt hat. Hierher gehören beispielsweise Entscheidungen, durch welche die Erhebung gewisser Beweise angeordnet wird, nicht minder aber auch die Entscheidung darüber, in welcher Weise die Beweiserhebung stattfinden soll, ob z. B. das persönliche Erscheinen des Zeugen vor dem erkennenden Gericht erforderlich ist, auch die Entscheidung darüber, ob die Verlegung des Termins angängig ist, weil die Geschäftslast dies nicht zuläßt, oder der Angeklagte sich in Untersuchungshaft befindet usw.

Die vorstehenden Ausführungen gelten auch für die neuerworbenen Landesteile Preußens nach der Verordnung v. 23. Sept. 1867 (RG. bei Gruchot

28, 968), aber nicht in der Rheinprovinz (RG. E 43, 385). Vgl. § 10 Note 1.

Praktischer Fall:

Ein Richter hatte auf das Gesuch eines Zeugen, den Hauptverhandlungstermin entweder früher oder später zu legen, da er auf vier Wochen verreisen wolle, verfügt: „zu antworten, daß der Termin nicht verlegt werden kann, da der Angeklagte sich in Untersuchungshaft befindet“.

Der Justizfiskus nahm den Richter in Anspruch wegen der Mehrkosten, welche an Zeugengebühren durch die Reise des Zeugen von seinem Reiseaufenthaltsorte zum Termin entstanden waren, mit der Begründung, der Richter habe ein Versehen begangen, weil er den Zeugen vor seiner Abreise entweder selbst oder durch einen Vertreter, dessen Bestellung nachzusuchen gewesen wäre, hätte vernehmen oder die Vernehmung des Zeugen nach seiner Abreise durch Ersuchen des Gerichts seines demnächstigen Aufenthaltsortes bewirken lassen müssen.

Die Klage ist abgewiesen, weil die Verfügung des Richters als ein Akt spruchrichterlicher Tätigkeit anzusehen und seine Haftung ausgeschlossen sei, selbst wenn er ein Versehen begangen haben sollte.

Ob ein Zeuge vor dem erkennenden Gericht persönlich gehört wird oder ob er durch einen beauftragten oder ersuchten Richter vernommen und dann nur seine geschriebene Aussage dem Urteil fällenden Gericht vorgeführt wird, kann von der erheblichsten Bedeutung für das Schicksal des Prozesses werden. Es bedarf daher einer eingehenden Prüfung des Prozeßstoffes zur Entscheidung der Frage[1]).

Sächsisches Recht. Vgl. oben § 10 Note 1.

Französisches Recht. Vgl. § 10 Note 1.

b) Jetziges Reichsrecht.

Vor näherer Erörterung des § 839 Abs. 2 BGB. bedarf es eines Eingehens auf die Entstehungsgeschichte desselben.

Der § 736 Abs. 3 des ersten Entwurfs bestimmte, daß ein Beamter, welcher bei der ihm obliegenden Leitung oder Entscheidung einer Rechtssache seine Amtspflicht verletzt, für den hieraus entstandenen Schaden nur dann verantwortlich sei, wenn die Pflichtverletzung mit einer im Wege des gerichtlichen Strafverfahrens zu verhängenden öffentlichen Strafe verhängt sei.

Die Motive (Bd. 2 S. 824) begründen dies damit:

„Eine ausgedehnte, sich auf jede Fahrlässigkeit beziehende Verantwortlichkeit des Spruchrichters vertrage sich nicht mit der zur Aufrechterhaltung der Rechtsordnung unentbehrlichen Unabhängigkeit der Gerichte. Der Spruchrichter dürfe nicht der Gefahr

---

[1]) Urteil des LG. Berlin I vom 25. Oktober 1899 in den „Blättern für Rechtspflege im Bezirk des Kammergerichts" 1900, S. 96.

ausgesetzt sein, nachträglich wegen irrtümlicher Auslegung des Gesetzes, wegen irriger Anwendung desselben auf den zu entscheidenden Fall, wegen unrichtiger oder unterbliebener Würdigung eines Parteivorbringens oder eines Beweismittels und dgl. vor einem anderen Richter zur Verantwortung gezogen zu werden. Der Spruchrichter dürfte nur verantwortlich sein, wenn er das Recht gebeugt bzw. bei Ausübung seines Amtes einer in den allgemeinen Strafgesetzen vorgesehenen Pflichtverletzung sich schuldig gemacht habe."

Die vorerwähnte Ausnahmebestimmung für den Spruchrichter fand in dem Abs. 2 des II. Entwurfs mit dem Zusatz Aufnahme, daß „diese Vorschrift keine Anwendung findet auf eine pflichtwidrige Verweigerung oder Verzögerung des Amtes". In dieser Fassung wurde der Entwurf dem Reichstage vorgelegt. In zweiter Lesung rief er verschiedene Abänderungsanträge hervor. Ein Antrag Haußmann ging dahin, den Richter für jedes vorsätzliche oder grobfahrlässige Verschulden haftbar zu machen. Die sozialdemokratische Partei beantragte, auch die richterlichen Beamten für jede Gesetzwidrigkeit selbst ohne Verschulden haftbar zu machen. Nachdem beide Anträge abgelehnt worden waren, ging der Antrag Auer durch auf Streichung der Worte „Leitung oder" im zweiten Absatz des Entwurfs[1]). In der Debatte über diesen Antrag wurde

[1]) Stenograph. Bericht, S. 2855 ff.

von verschiedenen Seiten betont, daß das Privileg sich lediglich auf die Entscheidung beziehen dürfe, bei dieser müsse aber der Richter allerdings freier gestellt werden. Doch gehe es zu weit, wenn man den Richter auch bei der Leitung des Prozesses, und nicht bloß bei der Entscheidung privilegiere. Eine durch den Abgeordneten Gröber hervorgerufene Erörterung zwischen dem Abgeordneten Haußmann, welcher die Ansicht vertrat, daß Entscheidung hier genau dasselbe sei, wie Urteil, und dem Staatssekretär Nieberding, der dem widersprach, gab dem erstgenannten Abgeordneten den Anlaß, in der dritten Lesung zu beantragen, die Worte „bei der Entscheidung einer Rechtssache" zu ersetzen durch „bei dem Urteil in einer Rechtssache". Der Antragsteller Gröber[1]) führte aus, daß wenn statt des Wortes „Entscheidung": „Urteil" gesetzt würde, damit nur die Entscheidungen gemeint seien, durch welche das Prozeßrechtsverhältnis für die Instanz beendigt wird, also bei Strafsachen die Endurteile, bei Zivilsachen auch noch die Zwischenurteile und die Teilurteile. Andere Verfügungen, insbesondere die Haftbefehle, Verfügungen über Beschlagnahmen würden bei Annahme seines Vorschlages aus der Sonderbestimmung des Abs. 2 (§ 839) herausfallen. Er legte das Hauptgewicht auf die Rechtskraft der Urteile. Soweit die Rechts-

---

[1]) Stenograph. Bericht, S. 3067 ff.

kraft reiche, schützten die ordentlichen Rechtsmittel gegen Fehler und Versehen der Beamten und es könne nicht gebilligt werden, wenn neben dem vom Gesetz vorgeschriebenen Instanzenzuge auch die Möglichkeit eröffnet werden solle, auf dem Umweg des Privatrechtsstreites nochmals die ganze Sache durch alle Instanzen hindurchzutreiben, wenn die Sache rechtskräftig entschieden sei. Aber die Konsequenz solle nicht weiter getrieben werden, als die Rechtskraft des Urteils zwinge. Soweit es sich um ein rechtskräftiges Urteil handle, sollte für den Richter ein besonderer Schutz nicht verlangt werden. Gegen die Auslegung des Antrags Gröber durch seinen Urheber wurde im Reichstag ein Widerspruch nicht erhoben, wohl aber von dem Regierungsvertreter.

Der Antrag Gröber wurde schließlich angenommen.

Eine Übereinstimmung der gesetzgebenden Faktoren, Bundestag und Reichstag, hat also nicht stattgefunden. Es bleibt unter diesen Umständen nichts anderes übrig, als der Rechtsprechung und Wissenschaft, welche sich dabei an die Auffassung im bisherigen Rechte anzulehnen haben wird, die Bestimmung des Begriffs „Urteil“ zu überlassen. Gesetze müssen so interpretiert werden in Zweifelsfragen, daß sie praktisch brauchbare Ergebnisse herbeiführen.

In einer Rechtssache[1]). Es muß sich um eine Rechtsangelegenheit handeln, die bestritten ist, also eine Zivil-, Straf- oder Verwaltungsstreitsache. Reine Verwaltungssachen gehören nicht hierher, dagegen wohl Konkurse. Auf das Gebiet der „freiwilligen Gerichtsbarkeit" erstreckt sich der § 839 Abs. 2 nicht[2]). Auf diesem Standpunkt steht auch das Reichsgericht in den die Haftung des Grundbuchrichters betreffenden Entscheidungen. Der Grundbuchrichter hat es mit einem Prozesse, mit Streitteilen, mit entgegengesetzten Anträgen nicht zu tun. Es können sich jedoch auch auf den Gebieten der freiwilligen Gerichtsbarkeit Personen mit entgegenstehenden Interessen gegenüberstehen, z. B. in Zwangs- (Fürsorge-) Erziehungssachen. Den hier ergehenden Entscheidungen, z. B. Unterbringung zur Zwangserziehung wohnen alle Erfordernisse eines Urteils bei. Insoweit modifiziere ich meine Ansicht in der ersten Auflage S. 60. Dasselbe gilt von dem Ordnungsstrafverfahren des Registerrichters.

---

[1]) Gleicher Ansicht: Nöldeke, S. 819; Kayser, S. 52; and. Ansicht Dernburg III, § 35 S. 103 und Meltz, S. 75.

[2]) Linckelmann, S. 103, spricht von einem rechtlichen Anspruch, der nach Rechtsgrundsätzen zu entscheiden ist. Frank, S. 451 II, 1 definiert, Rechtssache sei jede Angelegenheit, bei der mehrere Personen mit widerstreitenden Interessen beteiligt sind und die nach rechtlichen Bestimmungen zu erledigen ist.

Es ist nicht erforderlich, daß die Sache gerade vor den ordentlichen Gerichten (Amtsgericht, Schöffengericht, Landgericht, Schwurgericht, Oberlandesgericht, Reichsgericht) zur Verhandlung kommt[1]). Der § 839 Abs. 2 findet auch Anwendung für die Sondergerichte[2]), z. B. Militärgerichte, Austrägalgerichte für Standesherren, Gewerbegerichte (Reichsgesetz vom 29. Juli 1890; RGBl. S. 141), Kaufmannsgerichte, die Innungsschiedsgerichte, die Schiedsgerichte in Unfallversicherungssachen, der Invaliditäts- und Altersversicherung, die Auseinandersetzungsbehörden (agrarische Gerichte), Rheinschiffahrts- und Elbzollgerichte.

Ferner sind hierher zu rechnen die Verwaltungsgerichte (Kreisausschuß, Bezirksausschuß, Oberverwaltungsgericht), das Bundesamt für Heimatswesen, Patentamt, Reichseisenbahnamt, Reichsrayonkommission, Seeämter, Prisengerichte, Gerichtshof zur Entscheidung der Kompetenzkonflikte; endlich die Disziplinargerichte.

---

[1]) Das Gesetz spricht allgemein von Beamten, um klar zu machen, daß sich die Vorschrift des § 839 Abs. 2 auch auf diejenigen Beamten bezieht, welche, ohne Richter im engeren Sinne zu sein, Rechtssachen zu entscheiden haben (Motive Bd. 2 S. 824; vgl. auch Kommissionsbericht des Reichstags S. 63).

[2]) Auch die Polizeibehörden, wenn Strafsachen durch Strafverfügung ihre Erledigung finden, gehören hierher (RGE. [Strafsachen] 25, 276); desgleichen die Verwaltungsbehörden, wenn sie Strafbescheide in Zoll- und Steuersachen erlassen. And. Ans. Stephan S. 15.

Als Beamte im Sinne des § 839 Abs. 2 kommen nicht allein die rechtsgelehrten und beamteten Richter, sondern auch die Handelsrichter[1]) (§§ 112 u. 116 GVG.), die Geschworenen und Schöffen in Betracht; endlich die nicht beamteten Beisitzer der oben erwähnten Gerichte.

Allerdings sind Nöldeke S. 817 und Scholz S. 375 anderer Ansicht. Trotz der Bemerkung der Motive[2]), nach welcher der § 839 BGB. in seiner Fassung an den Schöffen und Geschworene nicht mit umfassenden § 359 StGB. angelehnt sein soll, wird man unter „Beamten" im Sinne des § 839 Abs. 2 auch diejenigen Personen zu verstehen haben, welche der Staat zu Richtern berufen hat. Das BGB. gibt keine Begriffsbestimmung des Beamten wie § 359 StGB. Die Gegenansicht würde dahin führen, daß der Laienrichter, welcher das Amt als Ehrenamt, also unentgeltlich verrichtet, strenger haftet als der besoldete und rechtsgelehrte Richter. Maßgebend würden für den Laienrichter sein die §§ 823 u. 829 BGB.; er würde haften wegen widerrechtlicher Verletzung des Lebens usw. eines andern sowie wegen eines Verstoßes gegen ein den Schutz

---

[1]) Zu den „Rechten" desselben (§ 116 GVG.) gehört auch das Haftungsprivileg des Beamten gemäß § 839. Irrig meint Hüssener S. 30, daß § 116 nur auf die „prozessualen" Funktionen des Handelsrichters sich beziehe und seine „zivilrechtliche" Stellung nicht tangiere.

[2]) Bd. 2 S. 824.

eines andern bezweckendes Gesetz auch dann, wenn er eine Amtspflicht verletzt, die ihm nicht einem andern gegenüber obliegt. Die bedenklichste Konsequenz aber würde sein, daß er auch wegen Fahrlässigkeit bei der Urteilsfällung haften müßte, während doch alle Gründe, die sich für die gemilderte Haftung des Spruchrichters geltend machen lassen, beim Laienrichter ebenso durchgreifen wie beim beamteten Richter.

Daß der ganze § 839 BGB. besonders glücklich gefaßt ist und alle Verhältnisse mitberücksichtigt hat, läßt sich nicht behaupten. Man wird das mangelhafte, im Reichstage noch zurechtgeflickte Gesetz so auslegen müssen, daß es einen vernünftigen Sinn gibt. Besser wäre es gewesen, wenn im § 839 Abs. 2 statt „Beamter" gesagt wäre „Richter". Da die Schöffen z. B. nicht bloß bei der Urteilsfällung, sondern auch bei den übrigen Entscheidungen während der Hauptverhandlung mitzuwirken haben, so wird man auch insoweit sie dem Staatsrichter gleichstellen müssen und ihre Haftung nach § 839 Abs. 1 BGB. bemessen. Überhaupt haften die Laienrichter ebenso wie die Berufsrichter, mindestens aber nicht in schärferem Maße.

Auf Staatsanwälte[1]), Gerichtsschreiber usw., überhaupt alle zwar beim Verfahren, nicht aber bei der Urteilsfällung mit-

[1]) Bei ein Strafverfahren einstellenden Verfügungen erscheinen sie aber als „Spruchrichter".

wirkenden Beamten bezieht sich das Privileg des § 839 Abs. 2 BGB. überhaupt nicht.

Bei dem Urteil in einer Rechtssache. Da die Worte „Leitung oder" des Entwurfes gestrichen sind, so erstreckt sich das Privileg des Spruchrichters nur auf die Entscheidung der Rechtssache, nicht auf deren Leitung. Der Spruchrichter kann daher für eine Fahrlässigkeit gemäß § 839 Abs. 1 haftbar gemacht werden bei Verzögerung der Terminsbestimmung, unrichtiger Ladung eines Zeugen usw., bei der Leitung der Hauptverhandlung in Strafsachen, in der z. B. vergessen wird, rechtzeitig die Öffentlichkeit wiederherzustellen, wodurch die Aufhebung des Urteils und die Erneuerung der Verhandlung herbeigeführt wird, oder wenn er die Sitzung unberechtigterweise aufhebt, wodurch doppelte Zeugengebühren erwachsen, ferner bei der Prozeßleitung in Zivilsachen, z. B. durch Nichtausübung des richterlichen Fragerechts. In den Reichstagsverhandlungen ist vielfach Bezug genommen auf die Prüfung der Voraussetzungen des Erlasses eines Versäumnisurteils. Es kann der Richter z. B. die genaue Prüfung dieser Voraussetzungen unterlassen und das Versäumnisurteil erlassen, trotzdem die Klage dem Beklagten gar nicht richtig zugestellt ist. Auch hier handelt es sich um ein Versehen bezüglich der Urteilsfällung und nicht bezüglich der Prozeßleitung, die mildere Haftung tritt also ein. Vgl. Nöldeke, S. 821.

Die Grenze dafür, ob eine Anordnung usw. zur Leitung der Rechtssache gehört oder nicht, wird sich häufig schwer ziehen lassen. In Zweifelsfällen wird man sich für die mildere Haftung des Spruchrichters aussprechen müssen.

Man streitet darüber, ob das Wort „Urteil“ auf Urteile im prozessual-technischen Sinne[1]) zu beziehen ist oder auch auf Entscheidungen, welche nicht in Urteilsform erlassen werden, z. B. die „Beschlüsse“[2]). Diejenigen, welche sich für die Bejahung der Frage im Sinne der ersten Alternative aussprechen[3]), berufen sich auf die Entstehungsgeschichte des Gesetzes. Allein es ist stets mißlich, auf Äußerungen

[1]) Das OLG. Köln (Art. v. 8. 1. 02, Recht S. 208) beschränkt das Privileg auf die eigentlichen Urteile (Endurteil, Zwischen- u. Teilurteil). Derselben Ansicht ist Staudinger zu § 839 Note 6b.

[2]) Auch Kostenfestsetzungsbeschlüsse gehören zu den Urteilen; and. Meinung Hagen in Gruchot's Beiträgen 43, 856, welcher aber dann das Privileg des Spruchrichters annimmt, wenn gemäß § 103 Abs. 1 ZPO. vom Amtsrichter die Kosten gleich im Urteil festgesetzt werden. Eine Haftung des Gerichtsschreibers, welcher nach § 105 ZPO. hinzugezogen wird, für den Kostenfestsetzungsbeschluß ist ausgeschlossen, weil derselbe nur als Gehilfe des Richters handelt und diese Beihilfe lediglich den inneren Dienst betrifft.

[3]) Fischer-Henle Note 8, Planck Bem. 6, Nöldeke, S. 821, Kuhlenbeck, BGB. zu § 839 Anm. 4; and. Ansicht Kohler S. 507, Dernburg § 392, Hachenburg, Das BGB. für das Deutsche Reich. Vorträge, S. 162, und Neumann, Handausgabe zum BGB., Anm. II 1.

einzelner Abgeordneter, welche vielleicht im Plenum des Parlaments unwidersprochen geblieben sind, entscheidendes Gewicht zu legen. Die Änderung des Entwurfs ist überdies in letzter Stunde bei den Reichstagsverhandlungen erfolgt[1]).

Unter „Urteil" ist jede entscheidende, d. h. Recht feststellende Tätigkeit des Richters zu verstehen. Vgl. Schneider S. 266. Dieser unterscheidet zwischen „rechtsfeststellenden Bescheiden", wie Arrestbeschlüsse, Kostenfestsetzungsbeschlüsse, Ablehnung eines Arrestbeschlusses oder Versäumnisurteils, jede Abweisung angebrachtermaßen, die Ablehnung der Wiederaufnahme des Verfahrens nach § 410 StPO., Beschlüsse nach § 811 ZPO. usw. sowie den „Verwaltungsverfügungen", d. h. diejenigen Bescheide, welche neues Recht schaffen, wie Zuschlagsbescheide

---

[1]) Hagen, S. 851, hält folgende Ausführung für zulässig: Da der Abg. Gröber vornehmlich und ausschließlich auf den Gesichtspunkt der Rechtskraft Gewicht gelegt und die Partei auf die ordentlichen Rechtsmittel verwiesen habe, sei kein innerer Grund vorhanden, solche Entscheidungen, welche in der Form eines Urteils ergingen, anders zu behandeln als Beschlüsse, die durch das Rechtsmittel der einfachen oder sofortigen Beschwerde anfechtbar seien, wie auch die Regierungsvertreter hervorgehoben haben, es müsse deshalb der § 839 Abs. 2 BGB. auf alle Entscheidungen ausgedehnt werden, die durch Erschöpfung oder Verabsäumung der zulässigen Rechtsmittel rechtskräftig geworden seien. Allein auch diese Auslegung ist noch zu eng, wie unten gezeigt werden wird.

in der Zwangsversteigerung, die Bestätigung des Zwangsvergleiches im Konkurse, die Armenrechtsbewilligung, die Wertfestsetzung im Prozesse usw. Aber auch diese Verwaltungsverfügungen sind unter dem Begriff „Urteil" zu subsumieren.

Oppenhoff i. d. Jur. Ztg. 1902 S. 480 stellt die mittels sofortiger Beschwerde anfechtbaren Entscheidungen den Urteilen gleich.

Das Privileg des Spruchrichters erstreckt sich auf diejenige Tätigkeit, welche eine Beurteilung erfordert (in judicando).

Will man sich an den Wortlaut des Gesetzes klammern, so würden z. B. Entscheidungen der Seeämter oder der Schiedsgerichte in Versicherungssachen nicht hierher gehören, denn erstere erlassen einen „Spruch", letztere eine „Entscheidung", welche aber der Rechtskraft fähig ist und bei der mithin alle im Reichstage zugunsten der „Urteile" geltend gemachten Gründe gleichfalls zutreffen. Es liegt kein Grund vor, den Ausdruck „Urteil" auf die Fälle zu beschränken, in denen formell ein „Urteil" im Sinne der Prozeßordnungen erlassen wird. Daß „Ausschlußurteile" (§ 952 ZPO.) unter § 839 Abs. 2 BGB. fallen, darüber scheint man einig zu sein (Staudinger zu § 839 N. 6b).

Beim Erlaß einer einstweiligen Verfügung, eines Arrestbeschlusses, einer Verfügung in Zwangsvollstreckungssachen usw. „spricht" der Richter in gleicher Weise „Recht", wie bei Verkündung eines Urteils.

Früher erfolgte die Entscheidung über den Widerspruch gegen die Verpflichtung zur Leistung des Offenbarungseides in Form des „Urteils", jetzt wird nach § 900 ZPO. ein Beschluß erlassen. Der Unterschied liegt in prozessual-formellen Gründen, nicht in der Sache selbst. Mit Recht macht Nöldeke, S. 821 auf die merkwürdigen Konsequenzen aufmerksam, zu denen die Gegenansicht führen muß. Er sagt: „Wird ein Eid versehentlich durch Beweisbeschluß auferlegt, so haftet der Richter streng, für dieselbe irrtümliche Eidesauflage haftet er jedoch nur bei dolus, wenn sie durch bedingtes Endurteil erfolgt. Wird der Erlaß eines Versäumnisurteils abgelehnt, so ergeht ein Beschluß — strengere Haftung; wird dagegen das Versäumnisurteil erlassen, dann gilt die mildere Haft. Der Arrest wird durch Beschluß erlassen — strengere Haftung; über den Widerspruch gegen den Arrestbeschluß ergeht ein Urteil — mildere Haftung." Es ließen sich noch zahlreiche ähnliche Beispiele anführen, in denen ein innerer Grund für die verschiedene Art der Haftung gar nicht zu erkennen ist.

Der Beschluß über die Eröffnung des Konkurses steht einem Urteil gleich [1]). Dasselbe gilt von den Beschlüssen über Erteilung des Zuschlags und Entmündigungsbeschlüssen.

---

[1]) Obertrib. 18. Oktober 1869; Strieth. Archiv 76, 225; and. Ansicht Hinschius, in Behrend's Zeitschrift Bd. 5 S. 298.

Die Nichtfeststellung einer Forderung im Prüfungstermin dagegen ist ein Versehen in der Leitung.

Wollte man aber auch unter „Urteil" diejenigen Entscheidungen verstehen, welche einen Rechtsstreit beenden, so würde diese Auslegung doch zu eng sein. Das Zwischenurteil (§ 303 ZPO.) beendet den Rechtsstreit nicht, es kann aber keine Frage sein, daß der Spruchrichter bei Erlaß desselben der milderen Haftung untersteht. Unter den Begriff „Urteil" fallen auch diejenigen materiellen Entscheidungen[1]), welche die Endentscheidung vorbereiten und auf Findung derselben abzielen. Vgl. Brie, S. 63; anderer Ansicht Michaelis i. DJZtg. 1906 S. 686. Warum soll der Richter, welcher sofort die Entscheidung fällt, privilegiert sein, während ein anderer, welcher vorsichtiger ist und um eine sichere und bessere Entscheidung zu fällen, erst einen Beweisbeschluß erläßt, bei letzterer Anordnung strenger haftet. Es ist daher falsch, wenn Kuhlenbeck zu § 839 Anm. 4 behauptet, daß z. B. für unrichtige Beweisbeschlüsse, welche eine Partei mit unnützen Kosten belasten, der Richter gemäß § 839 Abs. 1 BGB. hafte.

Wie kann man von Unabhängigkeit der Gerichte sprechen, wie kann der Richter frei seines Amtes walten, wenn er beständig damit rechnen

---

[1]) Nur der Inhalt ist privilegiert, nicht die Art der Ausführung, z. B. unrichtige Ladung eines Zeugen.

muß, wegen jeden Versehens, welches er bei Amtshandlungen begeht, ohne welche das Urteil nicht erlassen werden kann, von der angeblich geschädigten Partei persönlich in Anspruch genommen zu werden. Der Beweisbeschluß ist meistens ein antizipiertes Urteil, abhängig von der Bedingung, daß die Aussagen der Zeugen usw. in dem oder jenem Sinne ausfallen. Vgl. Meltz S. 67.

In Strafsachen steht die einstellende Verfügung des Staatsanwalts, der Beschluß des Gerichts auf Nichteröffnung des Hauptverfahrens usw. einem „Urteile" gleich, ebenso der amtsrichterliche Strafbefehl, die polizeiliche Strafverfügung, der Administrativbescheid. Dasselbe muß von dem Beschluß betr. Eröffnung des Hauptverfahrens gelten.

Eine Ausnahmestellung nimmt der Haftbefehl ein und der Beschluß über Beschlagnahmen und Durchsuchung[1]). Hier greift die schärfere Haftung des Richters Platz. (RG. 6. Febr. 1906, Entsch. 62, 367; and. Ansicht Daffis i. DJZtg. 1906 S. 1017.

Selbstverständlich erstreckt sich die Ausnahmevorschrift des § 839 Abs. 2 nicht auf diejenige Tätig-

---

[1]) Gl. Ansicht Nöldeke, S. 822. Gerade diese Beschlüsse sind bei den Reichstagsverhandlungen wiederholt herangezogen worden, um die Notwendigkeit einer Einschränkung des Privilegs des Spruchrichters darzutun.

keit des Spruchrichters, welche eine **Beurteilung nicht** erfordert.

Nöldeke S. 822. Staudinger Nr. 66 u. v. Schelhorn S. 623 meinen, daß unter den Begriff des „Urteils" in einer Rechtssache alles dasjenige zu subsumieren sei, was sich formell als Urteil darstelle, die beschränkte Haftung also nicht bloß hinsichtlich der Formel (Tenors) und der Entscheidungsgründe, sondern auch hinsichtlich des Tatbestandes des Urteils eintrete. Dem kann nicht beigetreten werden. Unrichtige Darstellung des Tatbestandes, z. B. fahrlässige Fortlassung von Parteianführungen, unterliegt der strengeren Haftung. Hier judiziert der Richter nicht, sondern übt nur eine referierende Tätigkeit aus[1]). Vgl. Neumann, Kom. z. BGB., S. 531.

Nach § 839 Abs. 2 BGB. gilt das Privilegium des Spruchrichters nicht im Falle pflichtwidriger Verweigerung oder Verzögerung der Ausübung des Amtes. Dieser Satz ist überflüssig, da nur der „urteilende" Richter bevorrechtigt ist. Bei der Eile, in der das BGB. zum Abschluß gebracht ist, mag

---

[1]) Das Reichsgericht sagt zwar in seinem Urteile v. 18. Januar 1897 (Entsch. 38, 338), es sei gleichgültig, ob das angebliche Versehen bei der Festsetzung des Tatbestandes begangen ist, oder bei der Auslegung oder Anwendung des Gesetzes, oder bei der Entscheidung selbst. Ob diese Auffassung aber unter der Herrschaft des BGB. aufrecht erhalten wird, bleibt abzuwarten.

es übersehen sein, den Satz zu streichen, der in dem II. Entwurf nur mit Bezug auf die Worte „bei der Leitung" des 1. Satzes des Absatzes Aufnahme hatte finden können. Es läßt sich der Fall nicht denken, daß der Richter durch einen Urteilsspruch sich einer Verweigerung oder Verzögerung der Ausübung des Amtes schuldig macht. Durch die Fällung des Urteils übt er ja gerade sein Amt aus[1]. Soweit die Partei in dem Inhalt der Entscheidung, z. B. der Unzuständigkeitserklärung des Gerichts, eine Verweigerung oder Verzögerung der Sache zu erblicken glaubt, kann sie selbstverständlich gegen den Richter nicht vorgehen wegen pflichtwidriger Verweigerung oder Verzögerung der Ausübung des Amtes[2].

Die Haftung des Spruchrichters erstreckt sich nur auf die Fälle, in welchen die Pflichtverletzung mit einer im Wege des gerichtlichen Strafverfahrens zu

---

[1]) v. Schelhorn S. 625 meint, daß ein scheinbar auf Grund richterlicher Ueberzeugung ergangenes Urteil in Wahrheit eine Verweigerung der Rechtshilfe bedeuten könne. In parteipolitisch bewegter Zeit könne der Richter das Urteil, das er pflichtgemäß fällen müßte, umgehen und seine Pflichtwidrigkeit hinter nur zum Schein vorgeschützten rechtlichen Erwägungen verbergen. „Verzögerung" soll nach Schelhorn vorliegen, wenn der Richter ein Teilurteil erläßt, obwohl bereits der ganze Prozeß zur Endentscheidung reif war. Das Gesetz sage nicht „im Urteil", sondern „beim Urteil".

[2]) Vgl. Nöldeke, S. 823.

verhängenden öffentlichen Strafe bedroht ist[1]). Diese Fassung steht in Übereinstimmung mit derjenigen des § 543[5] ZPO. und der §§ 399[3] u. 402[3] StPO. Es kommt vor allem die große Kategorie der Amtsdelikte des StGB. in Betracht[2]).

§§ 332—333 (Geschenkannahme in Amtssachen oder die Bestechung), 334 (die richterliche Bestechung), 336 (Rechtsbeugung), 339—345; 348—353, 353a, 354, 355, 357, 174[2] und [3] StGB.

Staudinger zu § 839 Note 6a will nur die §§ 334 u. 336 für anwendbar erachten, nicht auch § 339 StGB., wie Schneider, S. 245, annimmt.

Auszuscheiden sind die lediglich mit disziplinarer Strafverfolgung bedrohten Amtspflichtverletzungen, der § 839 spricht von einer gerichtlichen Strafverfolgung, und diese steht im Gegensatz zum Disziplinarverfahren. Wenn es auch im Gesetz nicht ausdrücklich ausgesprochen ist, so liegt in seiner Fassung doch eine Beschränkung der Haftpflicht des Spruchrichters auf die Fälle des dolus[3]). Allerdings kennt das StGB. auch fahrlässige Amtsvergehen, welche mit einer öffentlichen Strafe bedroht sind, z. B. § 345 Abs. 2 u. 347 Abs. 2 StGB. Indessen

---

[1]) Nicht einmal zivilrechtlicher Vorsatz als solcher genügt.

[2]) Die selbst grobfahrlässige Entziehung der Freiheit (durch gesetzwidrige Verhaftung oder Verlängerung der Haft) ist im StGB. nicht mit Strafe bedroht.

[3]) Vgl. auch Rosenstock, S. 558.

wird ein solches Vergehen beim Spruchrichter wohl schwerlich zu konstruieren sein.

Es genügt, daß die Pflichtverletzung mit öffentlicher Strafe **bedroht** ist. Dies muß der Kläger behaupten und beweisen[1]). Nicht erforderlich ist, daß auf Strafe erkannt[2]) oder auch nur ein Strafverfahren eingeleitet ist. Der Ersatzanspruch ist auch statthaft, wenn die Bestrafung nicht oder nicht mehr möglich, weil z. B. Geisteskrankheit oder Verjährung inzwischen eingetreten ist.

Der Spruchrichter haftet aber bei Vorsatz in Abweichung vom preuß. Recht prinzipaliter, nicht subsidiär.

In Abs. 2 § 839 ist nur von Verletzung der Amtspflicht die Rede. Es wäre falsch, hieraus den Schluß zu ziehen, daß der Spruchrichter für jede Pflichtverletzung beim Urteil, nicht nur für Verletzung der gerade dem Dritten gegenüber obliegenden Pflicht zu haften habe. Die Worte „einem Dritten gegenüber obliegende" sind nur deshalb fortgelassen, weil sie aus Abs. 1 leicht ergänzt werden können, auch ein Mißverständnis nach der ganzen Stellung nicht zu besorgen ist. Vgl. v. Schelhorn, S. 624.

---

1) Selbst die Eideszuschiebung ist bezüglich der strafbaren Handlung möglich. Vgl. Schneider, S. 242. Besser ist allerdings, wenn das Gericht das Verfahren aussetzt und erst den Strafprozeß abwartet.

2) In der Praxis wird allerdings dieser Fall der häufigste sein.

Die Schadensersatzpflicht fällt dagegen auch beim Spruchrichter fort, wenn der Verletzte selbst schuldhaft versäumt hat, durch Einlegung von Rechtsmitteln das Verschulden des Beamten abzustellen. Der § 839 Abs. 3 BGB. trifft also auch hier zu [1]), ebenso ist § 254 BGB. anwendbar. Vgl. Cohn i. Gruchot, 1899 S. 400.

§ 15. Schiedsrichter [2]).

Obwohl das Verhältnis der streitenden Parteien zum Schiedsrichter auf einem Vertrage (receptum) beruht, sind doch im wesentlichen diejenigen Gründe, welche zu einer Begrenzung der Haftung des Spruchrichters nötigen, auch für die Stellung des Schiedsrichters und das Maß seiner Verantwortlichkeit maßgebend. Der Schiedsrichter soll nach dem Vertrage den zwischen den Kompromittierenden bestehenden Streit entscheiden, unabhängig wie ein Richter, und er hat zu diesem Behufe im wesentlichen dieselbe geistige Tätigkeit zu entfalten wie dieser, nur daß, sofern der Schiedsvertrag und das receptum nicht besondere Schranken setzen, die Stellung des Schiedsrichters gegenüber dem materiellen Rechte und dem Prozeßgesetze eine viel freiere ist als diejenige des Staatsrichters.

Das RG. (21. 3. 1898; E 41, 251) hat deshalb

---

1) Vgl. die näheren Ausführungen im § 10.

2) §§ 1025 ff. ZPO.

für das Gebiet des preußischen Rechts angenommen, daß der Schiedsrichter[1]) ebenso hafte wie der staatliche Spruchrichter. Dasselbe wird für das neue Reichsrecht zu gelten haben[2]).

Nach RG. (Urt. v. 8. Febr. 1907, Entsch. 65, 175) ist der Schiedsrichter, falls ihm die Parteien vorbehaltlos die Entscheidung ihres Rechtsstreites und damit gegen sich die Stellung des ordentlichen Richters geboten haben, bei Ausübung seiner Tätigkeit zu der Voraussetzung berechtigt, daß er für seinen Schiedsspruch nicht über die Grenze hinaus verantwortlich gemacht werden darf, die der Verantwortlichkeit des Staatsrichters gesetzlich gestellt sind, er also insonderheit nicht wegen Fahrlässigkeit haftet. Danach haftet der Schiedsrichter also regelmäßig auch primär, nicht subsidiär. Meltz S. 72 läßt den Schiedsrichter gemäß §§ 823 ff. haften.

Für das gemeine Recht sind die Ansichten geteilt. Daubenspeck (Die Schiedsgerichte für Regulierung der Bergschäden S. 43) leitet aus dem von ihm unterstellten Mandatscharakter des receptum die Haftung auch für levis culpa ab, wogegen Weizsäcker (Das römische Schiedsrichteramt S. 63 ff.), Mayer (Vereinbarung schiedsrichterl. Rechtsstreitsentsch. S. 60 u. 62) lediglich Haftung für dolus (Rechtsbeugung) annehmen.

---

[1]) Auch wenn er Staatsbeamter sein sollte.

[2]) Auf den Schiedsrichter finden übrigens die §§ 334 bis 336 StGB. Anwendung.

§ 16. Der Gerichtsvollzieher.

Vgl. auch § 22. Förster-Eccius[1]) vertritt folgende Ansicht:

„Auch wenn eine amtliche Tätigkeit nur auf Anrufen einer Privatperson einzutreten hat, handelt die Staatsbehörde oder der Staatsbeamte nicht in Privatangelegenheiten, sondern kraft der obrigkeitlichen Stellung. Der Beamte übt also nicht statt des Auftraggebers, sondern immer nur im Namen des Staates sein Amt aus. Hieraus ergibt sich, daß der dem Gerichtsvollzieher nach der Zivilprozeßordnung erteilte „Auftrag" zu Zustellungen und Zwangsvollstreckungen nicht die Natur eines Vollmachtsvertrages hat, sondern die öffentlich-rechtliche Voraussetzung einer obrigkeitlichen Tätigkeit ist."

Das Reichsgericht (Plenarentscheidung E 16, 396 ff.) hat sich indes dieser Auffassung (der sog. Amtstheorie) nicht angeschlossen und angenommen, daß das Verhältnis des auftraggebenden Gläubigers und des Gerichtsvollziehers als ein zivilrechtliches Mandatsverhältnis (nach BGB. Dienstvertrag) anzusehen sei[2]).

---

[1]) Preuß. Privatr., Bd. 2 S. 312 Anm. 17. Derselben Auffassung ist Oertmann i. ZBl. f. freiw. Gerichtsbark. 1904 S. 771; Planck, Lehrb. des Zivilprozesses S. 196 u. v. Schelhorn S. 453.

[2]) Diese unter der Herrschaft des alten Rechts ergangene Entscheidung ist auch jetzt noch maßgebend.

Es muß deshalb das Verhältnis des Gerichtsvollziehers gegenüber dem **Gläubiger** (Auftraggeber) und dasjenige desselben gegenüber dem **Schuldner** oder **Dritten** scharf auseinander gehalten werden. Ist der Staat, in dessen Diensten der Gerichtsvollzieher steht, durch diesen geschädigt, so haftet der Gerichtsvollzieher nach dem öffentl. Recht des Bundesstaates (vgl. § 8), in Preußen also nach §§ 88 ff. II, 10 ALR.

Hinsichtlich des Maßes der **Vertretungspflicht** gilt folgendes:

Gegenüber der Regreßklage des Gläubigers[1]),

Das Reichsgericht hat die Plenarentscheidung in seinem Urteil v. 11. Oktober 1901 (JurWoch. 1901 S. 783) aufrechterhalten und ausgeführt, daß der Gerichtsvollzieher lediglich nach den Grundsätzen des Dienstvertrages für die innerhalb des Vertragsverhältnisses begangenen Versehen hafte. Dagegen hat es (sechster Zivilsenat) in dem Urteile v. 29. Oktober 1903 (Entsch. i. ZS. 56, 84) zwar die Plenarentscheidung als noch gültig anerkannt, aber ausgesprochen, daß der Gerichtsvollzieher auch dem Gläubiger als öffentlicher Beamter gegenüberstehe, solange die Zwangsvollstreckung dauere, und daß er deshalb auch auf Grund des § 839 BGB. hafte.

[1]) Für das Verhältnis des Gerichtsvollziehers zu dem Gläubiger seines Auftraggebers sind dagegen, auch wenn er von diesem Gläubiger als Drittschuldner in Anspruch genommen wird, die für Staatsbeamte maßgebenden Vorschriften mindestens dann anwendbar, wenn nur der durch eine Vorpfändung vor der wirklichen Pfändung geschaffene Schwebezustand in Frage

deren Grundlage den Dienstvertrag bildet, kommen dem Gerichtsvollzieher die Privilegien der Beamten (notwendige vorgängige Benutzung aller anderen Rechtsbehelfe, Klagen gegen Dritte, kürzere Verjährungsfrist usw.) nicht zustatten[1]); auch bestimmt sich das Maß seiner Haftung nach dem Rechtsverhältnisse des Dienstvertrages[2]).

So ist vom Reichsgericht prinzipale Haftung anerkannt im Falle eines Versehens bei Zustellung der Klage (Entsch. i. ZS. 51, 258), bei mangelhafter Protesterhebung (ungedr. Urteil vom 5. Febr. 1907, III 273/06), bei verzögerter Versteigerung von Pfandstücken (ungedr. Urteil v. 6. März 1906, III 282/06), bei ungenügender Bezeichnung von Pfandstücken und bei Unterlassung einer zulässigen weiteren Pfändung unter Hinzutritt eines Verschuldens der Partei nach § 254 BGB. (Art. v. 14. Dez. 1906, III 189/06). Selbstverständlich kommt auch gegenüber der ihn beauftragenden Partei zunächst die Beamtenstellung des GerVollz. insofern in Betracht, als seine Tätigkeit durch staatliche Vorschriften, durch die GerVollz.-Ordnung und Geschäftsan-

---

steht, in welchem von einer Sukzession des vorpfändenden Gläubigers in die Rechte des Auftraggebers aus dem dem Gerichtsvollzieher erteilten Mandat nicht die Rede sein kann. (RG. in Gruchots Beitr. 43, 1031.)

[1]) RG. E. 16, 399—409: 32, 372.

[2]) Vgl. jetzt §§ 662 ff. BGB. Endlich greift die kurze Verjährung (3 Jahre) nicht Platz.

weisungen geregelt wird. Der Dienstvertrag zwischen Partei und Gerichtsvollzieher erhält dadurch einen bestimmten, von dem gewöhnlichen Dienstvertrage abweichenden Inhalt.

Wegen der Haftpflicht des Staates in diesem Falle vgl. oben § 4 S. 50.

Soweit der Gerichtsvollzieher lediglich in seiner Eigenschaft als Beamter dem Schuldner oder einem Dritten verantwortlich wird, weil er die ihm als Beamten vorgeschriebenen Pflichten und Rücksichten verletzt, haftet er nach den für diese Fälle gegebenen Normen und sind die für das Maß seiner Haftung und die Zulässigkeit der Regreßklage hinsichtlich der Beamten bestimmten Vorschriften anwendbar [1]).

Wegen etwaiger primärer Haftung des Staates vgl. § 5 oben. Eine Spezialbestimmung ist enthalten in dem Gesetze für Schwarzburg-Sondershausen.

Wegen der Haftung des GerVollz. für sein Bureaupersonal sind die Ausführungen entsprechend anwendbar, welche für Notare (vgl. S. 313) gemacht sind. Auch die Bemerkungen über Haftung eines Anwalts für sein Personal sind zu vergleichen.

Durch die preuß. GVO. vom 1. März 1900 ist an der eigenen selbständigen Verantwortlichkeit der

---

[1]) RG. bei Gruchot 34, 384. Vgl. jetzt §§ 839 bis 841 BGB. Ist der Staat der Geschädigte, so gelten die in § 8 mitgeteilten Bestimmungen.

Gerichtsvollzieher für den Betrieb der Zwangsvollstreckung und an der Haftung derselben für dabei begangene Versehen nichts geändert (OLG. Hamm 8. Nov. 1901, R. d. OLG. 4, 58).

Fälle aus der Praxis:

1. Ein Gerichtsvollzieher, welcher eine Forderung unter Nichtbeachtung eines ihm vom Schuldner vorgelegten Gerichtsbeschlusses, durch den die einzuziehende Forderung wegen einer Gegenforderung gepfändet und dem Schuldner überwiesen worden ist, vom Schuldner einzieht, macht sich schadensersatzpflichtig, wenn er gegen die Vorschrift des § 775 Ziffer 1 und 4 ZPO. verstößt. Eine Nachprüfung der Frage, ob der Pfändungs- und Überweisungsbeschluß vom Vollstreckungsgericht hätte erlassen werden dürfen, steht dem Gerichtsvollzieher nicht zu. Die Annahme, daß die Zwangsvollstreckung vom Gerichtsvollzieher auf Verlangen seiner Auftraggeber auch im Falle des § 775⁴ ZPO. fortzusetzen gewesen wäre, steht mit den Eingangsworten des § 775 im Widerspruche und findet auch in der Vorschrift des § 776 keine Stütze.

2. Kraft des zwischen Gläubiger und Gerichtsvollzieher geschlossenen D i e n s t v e r t r a g s braucht letzterer auch bei Ausführung einer Zwangsvollstreckung keineswegs lediglich gemäß dem Interesse des Gläubigers zu verfahren. Er ist Beamter und hat so zu handeln, wie das Gesetz und die Geschäftsanweisung ihm vorschreiben. In letzterer ist

ihm zur Pflicht gemacht, die Zwangsvollstreckung abgesehen von den Fällen des § 53 a. a. O. (JMBl. 79 629 ff.) ohne jeden Verzug durchzuführen. Es liegt deshalb kein Verschulden vor, wenn er die auf Antrag der Gläubigerin gepfändeten, zu 600 M. geschätzten Gegenstände zu dem Meistgebote von 111 M. versteigert, ohne bei diesem ungünstigen Meistgebote den Termin vorläufig auszusetzen und weitere Weisung der Klägerin einzuholen (RG. III, ZS. 5. Febr. 07, JW. 192). Bedenklich, wenn man § 665 BGB. (Pflicht des Beauftragten, das Interesse des Auftraggebers wahrzunehmen) berücksichtigt.

3. Der Gerichtsvollzieher, welcher die Versteigerung gepfändeter Sachen mit Rücksicht auf ein Vorzugsrecht des Vermieters weiter ausdehnt, als zur Befriedigung des pfändenden Gläubigers nötig ist, macht sich schadensersatzpflichtig (RG. 14. April 1902, Entsch. i. ZS. 51, 186).

4. Der Gerichtsvollzieher ist für den Schaden verantwortlich, welcher seinem Auftraggeber durch eigenmächtige, der Geschäftsordnung für Gerichtsvollzieher nicht entsprechende Verlegung des Versteigerungstermins entsteht. Etwaige ihn von der Schadensersatzpflicht entlastende Umstände hat er darzutun (OLG. Köln 8. Januar 1902, Rheinisches Archiv 98 I, 151).

5. Der Gerichtsvollzieher darf den Erlös zwangsweise versteigerter Sachen an den Gläubiger nicht

eher abführen, als die Übergabe der verkauften Gegenstände stattgefunden hat[1]).

6. Eine Haftung des Gerichtsvollziehers ist angenommen:

a) wegen unterlassener Nachpfändung (RG. Bolze 6 Nr. 286);

b) wegen unzureichender Pfändung (RG. Bolze 7 Nr. 274, 1007);

c) wegen falsch mitgeteilten Versteigerungstermins (11. statt 10. Januar) (RG. Bolze 6 Nr. 288);

d) wegen Belassen der Pfandsachen beim Schuldner selbst dann, wenn der Gläubiger Frist erteilt (RG. Bolze 3 Nr. 363);

e) wegen Pfändung von Sachen, welche nicht im Besitz des Schuldners sind und zufällig untergehen (RG. Gruchots Beitr. 30, 1170); aber der Gläubiger haftet nicht, selbst wenn er auf Freigabe verklagt ist, er aber keine Anweisung gab (RG. Jur. Wochenschr. 20, 28 Nr. 68 und 69);

f) wegen Pfändung eines Pianos gegen die X. für die Schuld ihrer Tochter; es war auf Abzahlung gekauft (RG. Bolze 7 Nr. 265);

g) wegen ungenügender Aufbewahrung der Pfandsachen (Schuhe) (RG. Gruchots Beitr. 35, 426);

h) wegen nicht sofortiger Aufhebung der Pfändung trotz Auftrages für die Kosten der Klage aus § 771 (690) ZPO. und der zweiten im guten Glauben

---

[1]) RG. E. 35, 270.

betätigten Zustellung des Kostenfestsetzungsbeschlusses (RG. Bolze 14 Nr. 202, 203);

i) wegen Nichtbeglaubigung des Einspruchs (grobes Verschulden, während die Unterlassung des Wiedereinsetzungsgesuches nur ein geringes war) (RG. Bolze 4 Nr. 234);

k) bei Pfändung ohne Auftrag (OLG. Kolmar 7. Oktober 1904, Gerichtsvollzieher=Zeitung 25, 31 und 50).

7. Keine Haftung des Gerichtsvollziehers ist angenommen:

a) für Verlust des Mietspfandrechts (RG. Gruchots Beitr. 27, 864);

b) für unrichtige Vermittlung des Auftrages durch eine Zwischenperson; keine Pflicht zur Ratserteilung (Annalen des RG. 7, 508);

c) wenn er das Urteil vor der Pfändung dem Gegner statt dessen Prozeßbevollmächtigten zustellt (RG. Bolze 3 Nr. 250);

d) wenn er den Wechselprotest zwar falsch, aber der bisherigen oberstrichterlichen Rechtsprechung gemäß betätigt (Unterlassung der Nachfrage bei der Polizei) (RG. Bolze 5 Nr. 327);

e) wenn er den Wechsel zwar falsch protestiert, aber im Auftrage des Nachmannes, und der Vormann ohne Zession klagt (RG. Bolze 6 Nr. 217), auch wenn der Vormann aus Versehen seinem Nachmann den Wechsel abnahm (RG. Bolze 4 Nr. 125, 598).

§ 17. Der Notar[1]).

Der Notar ist der Regel nach unmittelbarer Staatsbeamter. Es liegt ihm die öffentliche Beurkundung im Dienste von Privatpersonen ob. Außerdem hat er diejenigen Zuständigkeiten, die ihm landesgesetzlich, z. B. in dem preuß. FGG. oder in sonstigen Gesetzen, beigelegt sind. Endlich kann er noch andere Geschäfte wahrnehmen, z. B. Rechtsberatung, privatschriftliches Entwerfen von Urkunden usw. Das sind allerdings Berufsgeschäfte, aber nicht Amtsgeschäfte, insoweit fungiert er nicht als Staatsorgan[2]).

---

[1]) Vgl. Obertribunal, Entsch. 84, 336, u. Werner-Kroschel, Notariat S. 7.

[2]) Die Grenze zwischen beiden Funktionen ist manchmal flüssig. Die Erteilung eines Rates gehört zwar zu den Berufspflichten, nicht aber zu den Amtsgeschäften eines Notars (OLG. Frankfurt 14. Nov. 1905, Recht 1906 S. 1196; and. Ans. Marienwerder 29. Okt. 1903, R. d. OLG. 7, 473).

Nach letzterem haftet der Notar für jede bei einem von ihm erteilten amtl. Bescheide vorgefallene Fahrlässigkeit, er handelt in seinem Amt, wenn er mündlich oder schriftlich Auskunft über den Inhalt einer von ihm aufgenommenen Urkunde gibt, wenn er, in seiner Eigenschaft als Notar aufgefordert, Mitteilungen über Tatsachen macht, welche er bei Ausübung seiner amtlichen Tätigkeit und aus Veranlassung derselben gemacht hat.

Amtsgeschäft des Notars ist der Regel nach nicht das Entwerfen einer zu beglaubigenden Urkunde (RG. 20. Juni 1901, JurWoch. S. 582 u. Entsch. i. ZS. 49, 237).

Trotz seiner Beamteneigenschaft kann der § 839 BGB. auf ihn keine uneingeschränkte Anwendung finden. Die Verhältnisse liegen hier ebenso wie beim Gerichtsvollzieher. Er nimmt eine ähnliche Stellung ein wie dieser. Vgl. oben § 16. Der Partei, auf deren Antrag der Notar tätig, haftet er prinzipaliter auf Grund des geschlossenen Dienstvertrages, also eines privatrechtlichen Verhältnisses, z. B. bei versäumter oder ungültiger Protesterhebung (RG. 6. Febr. 1906, III 275/05 u. 29. Mai 1906 III 334/06). Auf sein Verhalten zur Partei ist aber seine öffentlich-rechtliche Stellung nicht ohne Einfluß. Er kann zur Vornahme der öffentlichen Beurkundung als einer Amtshandlung auf dem Rechtswege nicht gezwungen werden; er sowohl wie die Partei sind an die in §§ 167 ff. FGG. vorgeschriebene Form der Beurkundung gebunden.

Nach außen hin und Dritten gegenüber, insbesondere den Wechselprotestaten, kommt nur seine öffentlich-rechtliche Stellung zur Geltung. Werden durch die Amtshandlung des Notars, z. B. durch Aufnahme einer unrichtigen Erbbescheinigung oder unrichtige Beurkundung eines Vertrages (RG.-Entsch. ZS. 49, 26. u. 23. Januar 1906 III 400/06), Dritte geschädigt, so haftet der Notar nur gemäß § 839 BGB., also insbesondere nur subsidiär, auch greift die kürzere Verjährung Platz sowie statt § 254 BGB. (konkurrierendes Verschulden) die zwingende Vorschrift des § 839 Abs. 3.

Ist der Staat, in dessen Diensten der Notar steht, durch diesen geschädigt, z. B. infolge nicht verwendeten Stempels, so bestimmt sich die Haftung des Notars nach dem öffentl. Recht des Bundesstaates (vgl. oben § 5), in Preußen also nach §§ 88 ff. II, 11 ALR.

Der Notar hat keine Befugnis, für seine Amtsgeschäfte seinen Bureauvorsteher oder einen anderen als Vertreter zu bestellen, vielmehr kann in Preußen nur die Justizverwaltung dem Notar gemäß § 99 preuß. FGG. einen Vertreter bestellen.

Nach Art. 101 des preuß. Gesetzes über die freiwillige Gerichtsbarkeit vom 21. 9. 1899 (GS. S. 249) versieht der Vertreter des Notars das Amt des Vertretenen unter dessen und seiner eigenen Verantwortlichkeit. Der auftraggebenden Partei sowohl wie Dritten[1]) gegenüber haften also beide (Notar und Vertreter) für Versehen des Vertreters als Gesamtschuldner. Dem Vertretenen steht aber der Regreß gegen den Vertreter[2]). Eine gleiche Bestimmung findet sich in dem Notariatsgesetze Bayerns. Auch hier ist der Notar für die zu seiner Unterstützung bei seinem Notariatsgeschäfte angenommenen Gehilfen verantwortlich. In Bayern

---

[1]) Auch dem Stempelfiskus gegenüber für nicht verwendeten Stempel.

[2]) Stenogr. Ber. des Abg.-Hauses 1899, S. 34325.

haftet für Versehen der Notare usw. der Staat primär[1]). Vgl. ferner oben S. 50.

Bezüglich der Haftung des Notars für seinen Bureauvorsteher ist folgendes zu bemerken: Ist ein Vertrag zwischen dem Auftraggeber und dem Notar schon zustande gekommen, so haftet der Notar für den Bureauvorsteher nach § 278 BGB. Das RG. (Urt. v. 28. Juni 1901, Entsch. in ZS. 49, 26) meint, daß der Bureauvorsteher zum Abschluß des Dienstvertrages mit der Partei nicht als bevollmächtigt gelten könne, daher durch Entgegennahme eines Wechsels und des Protestauftrages seitens desselben ein Vertrag des Notars mit der Partei noch nicht zustande kommen könne, von einer Haftung des Notars könne nur die Rede sein, wenn darin, daß der Notar eine Person zu dem Zwecke anstellt, daß ihr in seiner Abwesenheit auch Anträge an ihn, damit sie ihm übermittelt werden, abgegeben werden können, zugleich ein stillschweigendes Garantieversprechen zu finden ist, daß diese Person ihre Pflichten sorgfältig erfüllen, insbesondere auch Anträge rechtzeitig befördern. Dies Urteil ist vielfach besprochen worden. Vgl. Eichhorn, Zeitschr. des Notariatsvereins 1901 S. 330, Schultze, ebenda S. 449 ff. u. Jacobsohn, DJurZtg. 1903 S. 237. Mit letzterem wird folgender Rechtssatz aufzustellen sein: „Hat der

---

[1]) Vgl. unten Bayern, Bremen und R. j. L. im § 5 oben.

Bureauvorsteher im Interesse des Notars einen Antrag (Auftrag) zu einem notariellen Geschäft für diesen in seiner Abwesenheit oder ohne seine Kenntnis entgegengenommen mit der Verpflichtung zur Weiterbeförderung an den Notar, so haftet letzterer, wenn er die Haftung nicht ausdrücklich generell oder der Partei (Klienten) gegenüber ausgeschlossen hat, für Versehen oder Verschulden des Bureauvorstehers bei Erfüllung dieser Verpflichtung. Dies folgt aus dem Umstande, daß der Notar seine Dienste dem Publikum öffentlich anbietet. And. Ans. Schultze a. a. O. S. 449, welcher eine Haftpflicht nur annimmt, wenn der Notar für seine Gehilfen die Garantie übernommen hat. Vgl. auch im § 18 die Bemerkungen über die Haftung der Rechtsanwälte für ihr Bureaupersonal. Im übrigen ist für die Haftpflicht des Notars der § 831 BGB. maßgebend.

Praktische Fälle:

1. Der Notar haftet zwar, wenn er bei der Vertragsbestimmung über die den anderen Kindern gemachten Zuwendungen den der Absicht der Vertragschließenden nicht entsprechenden Ausdruck Erben statt Kinder gewählt hat, auf Ersatz der den Aszendenten dadurch entzogenen Berechnung eines niederen Stempels (preuß. Ges. vom 22. Juli 1861, § 1 [3]) —als Beamter, aber auch nur subsidiär (§ 91 II, 10 ALR.). Der Kläger ist abgewiesen, weil er nach dem Vertrage Ersatz der aufgewendeten Kosten von seinen Mitkontrahenten fordern kann,

wenn schon diesem der Notar haften mag (RG. Bolze 2 Nr. 564).

2. Der Notar, welcher gefälschte Unterschriften versehentlich beglaubigt hat, haftet wegen Schadensersatz, wenn auf Grund der Urkunden mit den gefälschten Unterschriften Wertpapiere an eine nicht legitimierte Person ausgehändigt werden, jedenfalls nur subsidiär gemäß § 91 II, 10 ALR. (RG. in Gruchots Beitr. 43, 1043).

3. Ein Notar, welcher das Attest über die Echtheit der Unterschrift einer Zessionsurkunde ausgestellt hat, wesentlich auf die Erklärung seines Bureauvorstehers, die sich zur Unterschrift bekennende Person sei die in der Urkunde als Ausstellerin bezeichnete, während er den Umständen nach annehmen mußte, jene Person sei dem Bureauvorsteher nicht bekannt, wurde der durch das objektiv falsche Attest getäuschten dritten Person zum Schadensersatz verurteilt (§§ 88, 89 II, 10 ALR.), weil er die noch gültigen Vorschriften der Allg. Ger.-Ordnung II, 2 § 23 über Rekognition nicht beachtet hatte (RG. 26. März 1885, Bolze 1 Nr. 527).

4. Trotz des in einer Notariatsurkunde enthaltenen, auf Grund ungenügender Information erfolgten unrichtigen Vermerks, „von Person bekannt", ist die Haftung des an sich schuldigen Notars abgelehnt, weil der Beschädigte, obwohl er der Zessionarin eine hohe Summe auszahlen mußte, es unterlassen hat, sich über die Person derselben

ausreichend zu vergewissern, und es daher seiner eigenen Nachlässigkeit zuzuschreiben, daß er an die falsche Person gezahlt hat (RG. Bolze 5 Nr. 329).

5. Der Notar, welcher es übernommen hatte, die Sicherheit einer Hypothek zu prüfen, auf welche Kläger das Darlehn hergeben wollte und auf die Empfehlung des Notars hergegeben hat, und die Anlage als sicher empfohlen hatte, ist zum Schadensersatz verurteilt, weil er die Verpflichtung hatte, auch wenn er bei Prüfung eines eingetragenen Vorzugsrechts zu der Ansicht gelangte, daß dasselbe erloschen sei, seinem Auftraggeber nicht vorzuenthalten, daß nach der unzweifelhaft herrschenden Rechtsprechung vielmehr der Fortbestand jenes Vorzugsrechts angenommen werden müsse (RG. Bolze 4 Nr. 203).

6. Der Notar haftet nicht nur aus dem Vollmachtsvertrage seinem Auftraggeber, sondern nach der auch für ihn maßgebenden Vorschrift der §§ 88 ff. II, 10 ALR. als Beamter jedem, welcher durch sein Verschulden zu Schaden gekommen ist, also auch einem Dritten. Wenn ein Notar lediglich auf die Angabe einer rechtsunkundigen Frauensperson hin ohne jede Prüfung, ja ohne nur zu fragen, auf welcher Tatsache ihre Angabe beruht, amtlich bescheinigt, daß sie nicht unter väterlicher Gewalt steht, so ist das unbedenklich als grobes Versehen anzusehen (RG. III. ZS. 11. Dez. 06 III 202/06, Recht 07 467).

7. Grundbucheinsicht. Ein preuß. Notar ist ohne besondere Veranlassung nicht verpflichtet, vor Aufnahme einer Handlung der freiwilligen Gerichtsbarkeit, aus der eine Eintragung im Grundbuche beantragt werden kann, dieses darauf einzusehen, ob die Voraussetzungen für die Eintragung, von denen die Beteiligten ausgehen, richtig sind, auch dann nicht, wenn das betreffende Grundbuchamt, dem Gesetz zuwider, nur Notaren, Rechtsanwälten oder deren Beauftragten Einsicht in das Grundbuch gewährt oder wenn alle übrigen Notare in derselben Stadt in einem solchen Falle das Grundbuch einzusehen pflegen (RG. 28. Juni 1907, JurWoch. S. 514).

8. Eine Feststellung, daß den Erblasser „das Schreiben sehr anstrenge", ersetzt nicht dessen Unterschrift und kann auch nicht durch das „zittrige Aussehen" des (überflüssigerweise) als Handzeichen beigefügten Kreuzes genügend zur gesetzlichen Feststellung der Schreibunfähigkeit ergänzt werden. Eine solche mangelhafte Feststellung durch den Notar begründet als fahrlässige Amtspflichtverletzung einen Ersatzanspruch des in dem nichtigen Testament Bedachten (Bayr. Oberstes Landesgericht 10. Januar 1908, Recht S. 127).

9. Wenn ein Notar einem Klienten, der durch ihn einen eine Hypothek beurkundenden Akt beurkunden läßt, fahrlässigerweise unrichtige Auskunft über einschlägige Fragen des Hypothekenverkehrs gibt, so

macht er sich aus dem bestehenden Vertragsverhältnis schadensersatzpflichtig, auch wenn die unrichtige Auskunft auf rein tatsächlichem Gebiete liegt (OLG. Köln 12. März 1907, Recht S. 506).

10. Die Pflichten, welche nach Art. 40 Preuß. FGG. dem Notar bei der Beurkundung eines Rechtsgeschäfts obliegen, sind Amtspflichten nicht nur gegenüber der Person, deren Erklärung beurkundet wird, sondern auch gegenüber demjenigen, welchem durch die Urkunde Rechte zugewiesen werden sollen. Ihre Verletzung macht auch gegenüber diesen Dritten schadensersatzpflichtig. Eine Verletzung wird aber nicht darin gefunden, daß der Notar bei der Beurkundung der Abtretung einer Hypothek es unterlassen hat, die Beteiligten darüber zu belehren, daß eine bewilligte Vorrangseinräumung ohne Bewilligung der Eintragung in das Grundbuch Dritten gegenüber wirksam nicht eintreten kann (RG. 19. April 1907, Soergel, Rechtspr. 1907 S. 344).

11. Eine amtliche Belehrungspflicht des Notars besteht nur insoweit, als er die an einer von ihm aufzunehmenden Verhandlung beteiligten Personen zur Stellung sachgemäßer Anträge in der Verhandlung zu veranlassen hat. Durch § 15 Grundbuchordnung wird nur eine Vermutung der Bevollmächtigung des Notars zum Eintragungsantrage, nicht aber einer Amtspflicht des Notars zur Einreichung dieses Antrags begründet (RG. 26. Juli 1906, Rheinisch. NotZtg. 51, 294).

12. Der einen Vertrag beurkundende Notar handelt fahrlässig, wenn er es unterläßt, die Vorlesung und Genehmigung eines dem Notariatsprotokolle beigefügten und in ihm in bezug genommenen Schriftstückes zu beurkunden (RG. 17. Nov. 1905, Gruch. Beitr. 50, 832).

13. Notar als Protestbeamter.

Eine fahrlässige Verletzung der Amtspflicht liegt nicht vor, wenn ein Notar in der Meinung der Unzulässigkeit die Vorlegung des Wechsels in einem exterritorialen Botschafterhause abgelehnt und mangels Zahlung Protest erhoben hat (RG. 6. Febr. 1906, JurWoch. S. 162).

Der Protestbeamte (Notar) haftet dafür, daß die Aufnahme eines ihm aufgetragenen Protestes für den gehörig Legitimierten erfolgt (RG. 29. Mai 1906, JurWoch. S. 467). Vgl. auch RG. 12. Juli 1907, JurWoch. S. 544.

Der Notar haftet wegen eines Versehens nur seinem Auftraggeber, nicht auch den übrigen Wechselinteressenten (OLG. Hamburg 27. Oktober 1905, Seufferts Arch. 61, 394).

Der Notar haftet nicht für seine Angaben über die Gültigkeit eines eigenhändigen Testaments (OLG. Kolmar 31. Mai 1905, R. d. OLG. 12, 116).

14. Stellung des preußischen Notars bei der Stempelberechnung. Ohne besonderen Auftrag der Parteien hat der Notar die ihm gemachte Wertangabe einer Notariats-

handlung nicht zu prüfen. Der Notar hat gemäß § 15 PrStemG. v. 31. Juli 95, Nr. 7, 9 der Dienstvorschriften vom 14. Febr. 96 (vgl. AllgVerf. vom 25. März 96, JMBl. 106) bei den von ihm aufgenommenen Urkunden von Amts wegen den Stempel zu berechnen und zu verwenden, also im Interesse des Stempelfiskus tätig zu werden. Wenn er den Angaben der Parteien mißtraut, ist er zwar befugt, aber nicht verpflichtet, weitere Ermittlungen anzustellen. Eine Verletzung der Amtspflicht liegt also nicht vor (RG. III. ZS. 1. Febr. 07, 342/06, Recht 07 467).

§ 18. Der Rechtsanwalt und öffentliche Sachverständige.

a) Rechtsanwälte (vgl. auch § 22) haben nach heutigem Recht nur in strafrechtlicher Beziehung noch einen Amtscharakter.

1. Nach gemeinem Recht haften sie aus dem Mandat (Vollmachtsvertrag), also prinzipaliter, nicht subsidiär, wie der Beamte. Der Anspruch des Beschädigten unterliegt auch nicht der Verjährung außerkontraktlicher Forderungen. Streitig ist, ob sie nur für dolus und culpa lata oder für omnis culpa oder für diligentia quam quis suis rebus adhibet haften. Die l. 13 Cod. IV, 35 entscheidet aber für die Haftpflicht aus omnis culpa. Rechtsirrtum dagegen ist von ihnen nicht vertretbar, wenn

das Gericht dadurch nicht gehindert wurde, den richtigen Rechtssatz anzuwenden[1]).

2. Auch nach preußischem Recht haftet der Anwalt als Mandatar, obschon er vom älteren preußischen Recht als Beamter angesehen wurde, aber als ein Beamter, der im Namen der Partei, nicht im Namen des Staates einen Akt staatlicher Hoheit üben sollte[2]).

Der Offizialmandatar hat keine Ausnahmestellung. Der einer Partei im Zivilprozeß gemäß §§ 114 ff. ZPO. u. §§ 33 u. 34 der Rechtsanwaltsordnung vom 1. Juli 1878 (RG.Bl. S. 177) beigeordnete Anwalt bedarf wie jeder andere der Beibringung einer Vollmacht, so daß das Verhältnis, in dem er steht, klar zutage tritt. Bei dem Rechtsanwalt, der im Strafprozeß einem Angeschuldigten als Verteidiger zugeordnet wird, liegt die Sache anders, doch hat auch hier die Praxis[3]) Haftung nach den Grundsätzen des Vollmachtsvertrages angenommen.

Der Rechtsanwalt haftet für omnis culpa (§ 28 der Rechtsanwaltsordnung[4]). Unrichtig meint Förster-Eccius, Bd. 2 S. 508 Anm. 2, daß §§ 57 u. 58 I,

---

[1]) Förster-Eccius, Preuß. Privatr. 3, 508; Arnold, Praktische Erörterungen H. 3, S. 402; Annalen XIV, 147.

[2]) RG. bei Gruchot 32, 976.

[3]) Entsch. des Obertr. 45, 44.

[4]) RG. 20. 4. und 9. 10. 1883, Annalen 8, 87 und 510.

13 ALR. Anwendung finde, der Anwalt also für geringes Versehen hafte, wenn er Honorar erhalte, für grobes dagegen, wenn er ohne Entgelt, z. B. als Offizialanwalt, arbeite.

c) Nach dem BGB. haftet der Rechtsanwalt ebenfalls prinzipaliter auf Grund des privatrechtlichen Vertrages mit der Partei. Ob man denselben als Dienstvertrag oder unter Umständen (bei Auskunftserteilung, Erstattung von Gutachten) auch als Werkvertrag oder als einen Vertrag besonderer Art ansehen will, braucht hier nicht erörtert zu werden.

Der Anwalt kann sich verantwortlich machen für das Prozeßobjekt durch Nichtnutzung oder Verspätung des Rechtsmittels und den dadurch herbeigeführten Verlust des Prozesses, wenn z. B. der Einwand der Zahlung begründet und ihm die Tatsachen mitgeteilt waren[1]); durch Versäumen rechtzeitiger Erhebung der an eine Frist gebundenen Klagen (Verschulden durch Nichtinformieren des substituierten Anwalts über die Frist[2]), auch durch Nichterheben des Protestes, wenn ihm die Beitreibung einer Wechselforderung aufgetragen war, welche den Protest voraussetzt[3]).

---

[1]) Obertr. Entsch. 45, 44.

[2]) RG. E. 10, 136.

[3]) And. Ans. Obertr. in Strieth. Arch. 37, 311, aber die Gründe sind nicht zureichend; vgl. Rehbein, Entsch. des Obertr. Bd. 2 S. 600 Anm.

Vielfach ist die Frage, ob diligentia prästiert ist, nur konkret zu entscheiden.

Die Vertretungspflicht des Anwalts aus einer Prozeßführung, z. B. Versäumung der Einlegung eines Rechtsmittels, wird nicht schon durch sein Versäumnis, sondern erst durch den seitens der geschädigten Partei zu erbringenden Nachweis begründet, daß ohne diese Versäumnis bei einem Fortgange des Prozesses in den zulässigen ferneren Instanzen eine günstige Entscheidung mit genügender Wahrscheinlichkeit[1]) sich habe erwarten lassen[2]).

Das Reichsgericht hat den Rechtsanwalt für haftbar erklärt: bei unrichtiger Angabe der Hypothekenverhältnisse eines vom Auftraggeber anzukaufenden Guts (Urt. v. 2. Febr. 1906, III 270/05), bei Beschaffung und Benutzung eines ungültigen Wechselprotestes (Urt. v. 20. Febr. 1906, III 295/05), bei vorzeitiger Stellung von Vollstreckungsanträgen, wobei aber auch mitwirkendes Verschulden der Partei nach § 254 BGB. in Betracht kommt (Urt. v. 3. April 1906, III 376/05), wegen unrichtigen Rates über das von einer Partei einzuhaltende Verfahren (Urt. v. 5. Jan. 1905, III 264/04), dagegen wegen solchen Rates die Haftpflicht verneint

---

[1]) Eine absolute Gewißheit wird nicht erlangt werden können.

[2]) Entsch. des Obertr. 45, 444 und 65, 370; Urt. des Obertr. in Gruchots Beiträgen 19, 866.

bei nicht bestehendem Vertragsverhältnis (Urt. v. 16. März 1906, JurWoch. S. 332).

Auch hinsichtlich der Verjährungsfrist gegenüber Entschädigungsansprüchen ist der Anwalt nicht privilegiert. Hier wäre de lege ferenda eine Abkürzung empfehlenswert. Vgl. JurWoch. 1907 S. 649.

Assoziierte Anwälte haften solidarisch[1]. Bei Versehen seines Generalsubstituten haftet der Rechtsanwalt nur für culpa in eligendo (RG. Bolze 23, Nr. 262).

Bezüglich der Haftung für Handlungen der Angestellten des Rechtsanwalts sagt das Reichsgericht[2]:

„Der Rechtsanwalt, obwohl er nicht Staatsbeamter ist, hat eine Stellung öffentlich-rechtlicher Natur. Vermöge gesetzlicher Bestimmung nimmt er wesentlich teil an der Übung der Rechtspflege und den von ihm vorgenommenen Akten ist eine gewisse Legalität und Authentizität beigelegt. Seine Tätigkeit ist bestimmt, dem Publikum überhaupt zu dienen, wenn er auch einzelne Anfragen ablehnen darf, und er übt seinen Beruf und übernimmt dessen Pflichten gegenüber dem Publikum, nicht bloß gegenüber einzelnen, deren Aufträge er ausdrücklich angenommen hat, und nicht bloß für einzelne be-

---

[1]) RG. bei Bolze 6 Nr. 483 und 484.
[2]) E. 14, 285.

stimmte Geschäfte. Er hat Berufspflichten allgemeiner Art, und zu diesen gehört die Pflicht, daß er diejenigen aus dem Publikum, welche sich in seinen Berufsangelegenheiten an ihn wenden, nicht durch seine Handlungen und Unterlassungen in einen durch ihn abwendbaren Schaden bringt, auch wenn er nicht zivilrechtlich sich gegen die betreffenden Personen zu einer Handlung oder Unterlassung verbindlich gemacht hat. Die Stellung des Bureauvorstehers bringt es mit sich, daß er mit dem Publikum verkehrt. Im Streitfalle wußte der Rechtsanwalt, daß Zahlungen, welche an den Rechtsanwalt selbst geschehen sollen, in dessen Abwesenheit im Geschäftslokale an den Bureauvorsteher geleistet zu werden pflegen. Der Anwalt mußte daher bei der Bestellung des Bureauvorstehers erwarten und voraussehen, daß auch an diesen ohne dessen Legitimation anstatt an ihn selbst Zahlungen geleistet würden, und jene allgemeine, gegen das Publikum ihm obliegende Pflicht hat die Folge, daß er den Bureauvorsteher, abgesehen von den ausdrücklich demselben aufgetragenen Geschäften, auch bezüglich der vorauszusehenden, nach den Gepflogenheiten des Publikums vorkommenden Geschäften, z. B. Zahlungen einer Prozeßpartei, mit möglicher Sorgfalt aussuchen und beaufsichtigen mußte, so daß durch die Untüchtigkeit des Bureauvorstehers aus den mit diesem verhandelten Geschäften kein Schade erwuchs. Wenn der Anwalt einen Bureauvorsteher fünf

Monate nach erlangter Kenntnis von dessen Unredlichkeit noch im Dienste behält, so hat er sich eines groben Versehens schuldig gemacht und ist für den durch Unterschlagungen des Bureauvorstehers an den von einem Mandanten zur Auszahlung an den Prozeßgegner eingezahlten Geldern verursachten Schaden verantwortlich."

Das Reichsgerichtsurteil (v. 8. März 1901, Entsch. i. ZS. 48, 59) sagt:

„Das Bureau und sein Vorsteher sind nur dazu da, die Verfügungen des Anwalts auszuführen, die ein- und ausgehenden Schriftstücke zu expedieren und den äußern Verkehr des Anwalts mit dem Publikum und den Behörden zu vermitteln. In allen Angelegenheiten, die eine rechtliche Beurteilung erfordern, und namentlich bei Entgegennahme wichtiger Aufträge, zu deren Verständnis und Ausführung Rechtskenntnisse gehören, darf nicht der Bureauvorsteher, sondern muß der Anwalt selbst tätig werden. Dementsprechend muß der Bureauvorsteher ein- für allemal instruiert sein, und der Anwalt selbst muß darauf halten, daß dagegen nicht verstoßen wird. — Ein Anwalt, der das seinen Rat und seine Dienste in Anspruch nehmende Publikum mit dem Bureauvorsteher verhandeln und durch diesen abfertigen läßt, muß für den Nachteil einstehen, welcher den Interessenten daraus erwächst, daß der Bureauvorsteher hierbei vorsätzlich oder aus Versehen unrichtig verfährt."

b) Öffentliche Sachverständige.

Nach Art. 79 Einf.-Gesetzes z. BGB. bleiben unberührt die landesgesetzlichen Bestimmungen, nach welchen die zur amtlichen Feststellung des Wertes von Grundstücken bestellten Sachverständigen für den aus einer Verletzung ihrer Berufspflicht entstandenen Schaden in weiterem Umfange als nach dem BGB. haften.

Für Bayern kommen in Betracht die Art. 87 und 88 AG. z. BGB. Vgl. auch § 1508 Gesetzb. f. d. Kgr. Sachsen u. Art. 76 hessisches AG. z. BGB.

In das BGB. sind in Übereinstimmung mit dem preuß. Landrecht und dem französischen Recht besondere Bestimmungen über die Haftung der öffentlich angestellten Sachverständigen und Schätzer wegen Verletzung der Berufspflicht nicht aufgenommen (Mot. II, 826). Man hat die allgemeinen Grundsätze (§§ 823 ff.) für ausreichend gehalten. Hat der Sachverständige Beamtenqualität, so beurteilt sich die Haftbarkeit nach § 839 BGB. Das kommt besonders bei Ärzten, Tierärzten, Fleischbeschauern, Fabrik- u. Gewerbeinspektoren vor. Vgl. v. Schelhorn, S. 456.

Vgl. die einschlägigen praktischen Fälle in Anhang.

Buch III.

Schadensersatzpflicht bei Vornahme privatrechtlicher Akte.

§ 19. Haftpflicht des Staates (Verbandes).

Es bestimmt das BGB.:

§ 31: „Der Verein ist für den Schaden verantwortlich, den der Vorstand, ein Mitglied des Vorstandes oder ein anderer verfassungsmäßig berufener Vertreter durch eine in Ausführung der ihm zustehenden Verrichtungen begangene, zum Schadensersatze verpflichtende Handlung einem Dritten zufügt."

§ 89 Abs. 1: „Die Vorschrift des § 31 findet auf den Fiskus sowie auf die Körperschaften, Stiftungen und Anstalten des öffentlichen Rechts entsprechende Anwendung."

1. Altes Recht:

In der Rechtsprechung des gemeinen Rechts und der partikularen Rechte ist die Haftung einer juristischen Person bereits dann angenommen worden, wenn bei der Verwaltung des Vermögens der Körperschaft oder bei einem von derselben betriebenen Gewerbe durch schuldhaftes Tun oder Unterlassen des Vertreters Dritte geschädigt worden sind (Entsch. d. ROHG. 12, 78; 21, 284; 25, 346; RG. E. 15, 130; 17, 93).

Die deutschen Gesetze enthalten keine die Haftpflicht von Körperschaften für unerlaubte Handlungen der Vertreter im allgemeinen anerkennende Bestimmung.

Eine Haftpflicht sprechen in gewissen Richtungen aus das Gesetz betr. die Verbindlichkeit zum Schadensersatz für die bei dem Betriebe von Eisenbahnen, Bergwerken usw. herbeigeführten Tötungen und Körperverletzungen vom 7. Juni 1871 (RG.Bl. S. 207) §§ 1 u. 2, die Unfallversicherungsgesetze usw. (Aufrechterhalten durch Art. 32 und 42 Einf.-Ges. z. BGB.).

Im Gebiete des französischen Rechts hat die Vorschrift des code civil Art. 1384 — les maîtres et les commettans (d. i. der Staat [Verband]) sont responsables du dommage causé par leur domestiques et préposés (d. i. der Beamte) dans les fonctions, aux quelles ils les ont employés — zu einer entsprechenden Haftbarmachung des Staates geführt, sofern nur kein acte de gouvernement proprement dit in Frage steht.

2. Aufrechterhaltung anderer Reichsgesetze.

Neben §§ 31 u. 89 BGB. bleiben gemäß Art. 32 Einf.Ges. z. BGB. in Kraft die §§ 453 ff. Handelsgesetzbuch über die beschränkte Haftpflicht der Eisenbahnen, das Reichshaftpflichtgesetz v. 7. Juni 1871 (RG.Bl. S. 207), die Eisenbahnbau- u. Betriebsordnung v. 4. Nov. 1904 (RG.Bl. S. 387), die

§§ 6ff. des Postgesetzes v. 28. Oktober 1871 (RG.Bl. S. 347), § 18 Ziff. XX der Postordnung v. 20. März 1900 (RZentrBl. S. 53), § 22 der Telegraphenordnung für das Deutsche Reich v. 9. Juni 1897 (RZentrBl. S. 163), §§ 1 u. 4 des Wechselprotestgesetzes v. 30. Mai 1908 (RG.Bl. S. 321), endlich der durch Art. 105 Einf.Ges. z. BGB. aufrecht erhaltene § 25 des preuß. Eisenbahngesetzes vom 3. November 1838 (GS. S. 505) über die Eisenbahnunternehmungen und deren weitgehende Haftung für Schaden an Personen und Gütern bei Beförderung auf der Bahn. Vgl. im übrigen oben § 3 S. 42.

3. Jetziges Recht (vgl. den Gesetzesvorschlag in § 2 S. 26).

Der Fiskus, d. h. der Staat, soweit er nicht völkerrechtlich oder staatsrechtlich, sondern als privatrechtliche Person, als Vermögenssubjekt, in Betracht kommt, haftet ebenso wie jede andere öffentlich rechtliche Person gleich der privaten juristischen Person für jeden Schaden, den ein verfassungsmäßig berufener Vertreter in Ausübung der ihm im privatrechtlichen Verkehr zustehenden Verrichtungen durch eine zum Schadensersatz verpflichtende Handlung (Unterlassung) einem Dritten zufügt.

Er darf den Geschädigten nicht an seine Beamten verweisen. Vgl. unten unter g. Er darf auch die Haftung nach § 31 nicht durch Verwaltungsanordnung (z. B. Betriebsordnung für einen Kanal) ausschließen (RG. 2. Dez. 1899, Seufferts Arch. 55 Nr. 137).

a) Es kommt also weder auf ein Verschulden des Staates, noch darauf an, ob dem verfassungsmäßig berufenen Vertreter ein Verschulden zur Last fällt, noch auch darauf, ob die Handlung, durch welche der Schaden zugefügt wird, eine widerrechtliche ist. Erforderlich ist nur, daß durch die Handlung eine Verpflichtung zum Schadensersatz begründet wird. So ist z. B. der Staat usw. für den Schaden verantwortlich, welchen ein Beamter einem Dritten durch unberechtigte Selbsthilfe zugefügt hat (§ 231 BGB.). Ebenso haftet der Staat usw. für den von seinen Beamten durch Beschädigung oder Zerstörung von Sachen einem Dritten zugefügten Schaden, auch wenn die Zerstörung oder Beschädigung nach § 940 Satz 1 nicht widerrechtlich war und die Verpflichtung zum Schadensersatze nur nach § 904 Abs. 2 BGB. eintritt.

Der Staat (Verband) kann auch seine Befreiung von der Haftung nicht dadurch herbeiführen, daß er den Nachweis führt, er habe bei Auswahl des Vertreters die im Verkehr erforderliche Sorgfalt beobachtet.

b) Die Haftung des Staates usw. tritt nicht nur ein, wenn der Beamte in Ausführung seiner Vertretungsmacht, also in rechtsgeschäftlicher Vertretung, z. B. durch Betrug gegen den anderen Kontrahenten, sondern auch bei Ausführung technischer oder sonstiger tatsächlicher Verrichtungen einem

Dritten Schaden zufügt, also z. B. in der Leitung einer von dem Staate betriebenen Fabrik oder in der Aufsicht über die dem Staate gehörenden Sachen eine unerlaubte oder sonst zum Schadensersatze verpflichtende Handlung vornimmt, z. B. durch eine gesetzwidrige Anordnung in der Fabrik eine Gesundheitsbeschädigung verursacht (RG. Entsch. 57, 97) oder bei Verletzung eines Patentrechts durch Fabrikation von Waren, bei Beschädigung der durch den Fiskus gemieteten Diensträume von seiten des Beamten.

Unter „Handlung" im Sinne des § 31 BGB. ist auch die Unterlassung einer Handlung zu verstehen, welche pflichtgemäß von dem Vertreter vorzunehmen war (RG. 23. Januar 1903, JurWoch. Beil. 39 u. Entsch. 53, 276).

Der Staat haftet auch für außerkontraktliches Verschulden seiner Willensorgane (RG. 25. Oktober 1900, Entsch. 47, 24). Vgl. RG. 17. Dezember 1898, Entsch. 43, 143, 147. Das Willensorgan, dessen Verschulden angenommen ist, braucht im Urteil nicht genau bezeichnet zu sein (RG. 22. September 1902, JurWoch. S. 548[21]).

Auch die Verletzung einer öffentlich-rechtlichen Pflicht, wie die der Unterhaltung eines öffentlichen Weges ist, erzeugt ohne weiteres eine bürgerlich-rechtliche Verpflichtung für die Körperschaft des öffentlichen Rechts, deren verfassungsmäßig berufenem Vertreter die Pflichtverletzung zur

Last fällt (§§ 31 u. 89 BGB.). Vgl. RG. 48, 255; 51, 219 (RG. III. ZS. 24. April 1908, 410/07).

c) Jede juristische Person handelt durch ihre verfassungsmäßig berufenen Vertreter; nur das Wollen und das Handeln dieser ist Wollen und Handeln der juristischen Person, für das sie haftet, wie die natürliche Person für ihr eigenes Handeln. Die verschiedenen stationes fisci sind nur eine Person.

Gierke, Verhandl. des 28. deutsch. Juristentages Bd. 1 S. 111, hält jeden Beamten für einen Vertreter im Sinne des § 31 und will diesen Paragraphen nur ausschließen, wenn eine durch privatrechtlichen Vertrag in den Dienst des Staates oder Verbandes gestellte Person (Unternehmer, Techniker, Handwerker, Arbeiter usw.) in Ausführung ihrer Verrichtungen Schaden zufügt. Diese Ansicht erscheint nicht richtig, wird auch vom Reichsgericht reprobiert.

Es ist zu scheiden das Verhältnis der juristischen Person zu solchen Personen, durch die sie nicht vertreten wird, sondern durch die sie wie durch Werkzeuge handelt. Für solche Werkzeuge haftet die juristische Person nicht nach § 31 BGB., sondern nur so weit, als auch die natürliche Person für fremdes Verschulden. Vgl. §§ 278, 664, 691, 812 ff., 831 und § 701 BGB.

Das rechtliche Merkmal, das die verfassungsmäßigen Vertreter von den sonstigen Angestellten (§ 831 BGB.) unterscheidet, für welche die Körperschaft nicht nach Maßgabe des § 31, sondern nur nach § 831 haftet, ist ihre Berufung zur Tätigkeit innerhalb eines Geschäftsbereiches durch die Satzung der Körperschaft, bei dem Staat und anderen öffentlich-rechtlichen Körperschaften durch die ihre Verwaltungsorganisation regelnden Bestimmungen. Diejenigen Beamten und Angestellten dagegen, die nicht durch die Satzung oder die organisatorischen Verwaltungsbestimmungen zu ihrer Tätigkeit berufen sind, sondern ihren dienstlichen Auftrag wiederum auf diese berufenen Personen zurückführen, sind nicht Vertreter der Körperschaft und des Staates nach § 31 BGB., sie sind zu Verrichtungen im Sinne des § 831 BGB. bestellt, mögen diese Verrichtungen im übrigen mehr oder weniger oder gar nicht selbständig sein, mögen sie den Charakter rechtsgeschäftlicher Vertretung tragen oder nicht, und mögen sie aus einzelnen oder einer Mehrheit von Verrichtungen, zeitlich vorübergehenden oder dauernden, bestehen (RG. I. ZS. 14. Januar 1903, Entsch. 53, 279). Vgl. auch RG. VI. ZS. 29. Juni 1903, Entsch. 55, 176.

Dieselbe Unterscheidung macht das Reichsgericht bezüglich der besonderen Vertreter i. S. des § 30 BGB. (Urt. v. 9. Nov. 1905, Entsch. 62, 31). Hier fordert es aber „eine mehr oder weniger umfangreiche Tätigkeit auf einem größeren sachlichen oder örtlichen Geschäftsgebiet", während es auf die Berufung des besonderen Vertreters durch einen verfassungsmäßigen Vertreter zum Amte kein Gewicht legt (vgl. a. a. O. S. 36).

Bezüglich der verfassungsmäßigen Vertreter ist noch folgendes anzuführen: Nach RG. (Entsch. 39 Nr. 47) genügt die Befugnis zu selbständigem Handeln im angewiesenen Geschäftsbereich, während RG. 12. Okt. 1903 (Seufferts Archiv 59 Nr. 27) und Bayr. Oberstes Landgericht 24. Januar 1902 (Recht 6, 291) dies nicht für ausreichend erklären. Im Urteil v. 25. Oktober 1900 (RG.Entsch. 47 Nr. 54) scheint sogar verlangt zu werden, daß der Handelnde „einem ganzen Verwaltungszweige als selbständig leitender Beamter vorgesetzt“ ist. Das RG. (Urteil v. 1. März 1902, JurWoch. S. 226) sieht als Vertreter an nicht nur diejenigen Beamten, die den Staat oder die Korporation rechtsgeschäftlich zu vertreten berufen sind, sondern auch andere Beamte, deren Dienstverrichtungen freien Spielraum für selbständige Willensentschließungen lassen.

Keinenfalls ist erforderlich, daß die Person zur Vertretung der juristischen Person in allen Beziehungen berufen ist, es genügt, wenn die Person auch nur in einer oder einzelnen Beziehungen an die Stelle der juristischen Person tritt. So kann der Leiter eines staatlichen oder Gemeindeunternehmens (Fabrik oder Anstalt) und der Beamte (Eisenbahnbaumeister, Betriebsinspektor), der namens der juristischen Person zu befehlen und Weisungen zu erteilen hat, sie insoweit vertreten und eigenes

Verschulden der juristischen Person z. B. durch Verletzung fremder Patente, Muster, Marken, Urheberrechte[1]) begründen (RG. Entsch. 37, 41). Selbstverständlich ist, daß das Willensorgan ordnungsmäßig berufen bzw. bestellt sein muß.

Ob eine Person als Vertreter (Willensorgan) oder als Werkzeug anzusehen ist, kann nur konkret entschieden werden. In der Praxis sind als Werkzeuge anzusehen: der Sequester eines landwirtschaftlichen Kreditverbandes (RG. E. 29, 233), ein Rieselmeister, welchem eine Stadt die Ausführung gewisser Arbeiten zur Sicherung einer Landstraße übertragen hatte (Obertr. Entsch. 45, 123), der Bahnmeister bei der Staatseisenbahn (RG. Entsch. 53, 270), ein Eisenbahnstationsassistent, auch als oberster Beamter der Station (RG. 24. Mai 1905), der Bahnwärter (RG. 17. Dezember 1900, Entsch. 47, 328), der Stationsvorsteher der preuß. Staatseisenbahnen (RG. 5. Okt. 1903, JurWoch. 32, Beil. 117), der Obersekretär und Kastellan, wenn es sich um einen Unfall im Gerichtsgebäude handelt (RG. 5. November 1903, JurWoch. 32, Beil. 132), ein Straßenkontrolleur, dem seine Geschäfte von seinen Vorgesetzten zugewiesen werden (RG. 12. Oktober 1903, JurWoch. 32, Beil. 118), ein Motorwagenführer bei einer Straßenbahngesellschaft (RG. 22. Juni 1903, JurWoch. 32, Beil. 32), der Postbote bei Ausführung eines Postauftrags (RG. Entsch. i. ZS. 19, 101, 106), der

Postmeister hinsichtlich des Postgebäudes (RG. Entsch. i. ZS. 57, 93), ein zur Aushilfe herangezogener Hilfsbriefträger (OLG. Stuttgart, 30. Januar 1903, R. d. OLG. 9, 22), ein Distriktsaufseher und Chausseewärter eines Provinzialverbandes (OLG. Kiel 22. Januar 1904, Schleswig-Holst. Anz. S. 69), ein Eisenbahnrangierleiter (Oberstes Bayr. Landesgericht 16. Januar 1902, Seufferts Arch. 57, Nr. 241), ein staatlicher Baumeister und Bauinspektor in Hamburg (RG. 25. Dez. 1900, Entsch. 47 S. 242), [dagegen ein preuß. Kreisbaumeister (RG. 62, 37)] ein Postassistent (RG. 1. Okt. 1906, JurWoch. S. 706), ein Postillion (OLG. Celle 8. Januar 1906, R. d. OLG. 14, 2), ein Kreischausseeaufseher (RG. Entsch. 62, 37).

Als verfassungsmäßige Vertreter sind anzusehen: ein preuß. Oberförster für das Staatsvermögen, welches die ihm übertragene Oberförsterei umfaßt (RG. VI. ZS. 10. Oktober 1904, JurWoch. S. 548), der Landgerichtspräsident und der Erste Staatsanwalt in Ansehung des für den Justizfiskus mit dem Eigentum des Gerichtsgebäudes gegebenen privatrechtlichen Verhältnisses (RG. 5. Nov. 1903, JurWoch. 32, Beil. 132), der technische Leiter eines Gemeindebauamtes (RG. 24. März 1904, JurWoch. S. 284), der Stadtingenieur (Leiter der Tiefbauabteilung) (RG. V. ZS. 29. Febr. 1908, 266/07), der Wagenaufseher, welcher eine Wasserwage unbeleuchtet stehen ließ (RG. 27. Febr. 1900, Gruchot 44, 715), ein Betriebsinspektor der Großherzogl. badischen Staatsbahn (RG. 26. Nov. 1906, Bad. Rechtspr. 07, 120), der preuß. Kreisbaumeister (RG. Entsch. i. ZS. 62, 31), der Stadtbaumeister oder Stadtbaurat (RG. 2. Juli 1906, JurWoch. S. 539, und 19. Okt. 1907).

d) Festzuhalten ist für den § 31 ferner, daß das Handeln des Vertreters als eigenes der juristischen Person nur insoweit gilt, als er innerhalb des ihm zugewiesenen Gebiets Dritten gegenüber rechtswidrig, schuldhaft gehandelt hat. Eine Pflichtverletzung, die eine solche nur gegenüber der juristischen Person ist, begründet allein noch kein Verschulden der juristischen Person Dritten gegenüber.

Ist z. B. im Interesse der juristischen Person ihrem Vorstande eine besonders geartete scharfe Kontrolle einer Kasse vorgeschrieben — ebenso wenn die physische Person ihrem Vertreter eine solche Instruktion erteilt —, so ist dies lediglich ein Internum der Verwaltung; durch ihre Vernachlässigung macht der Vorstand sich der juristischen Person gegenüber regreßpflichtig, verletzt aber nicht eine Pflicht dieser gegenüber Dritten, z. B. dem Bürgen eines Kassenbeamten. Sonst würden die zum Schutze der juristischen Personen ihren gesetzlichen Vertretern auferlegten Amtspflichten jene in eine erheblich schlechtere

Lage bringen, als sie jeder andere Kassenherr hat (RG. 31. Mai 1892, Entsch. 29, 141).

Als eigenes Handeln der juristischen Person kann auch nicht gelten, was der Vertreter nicht in seinem ihm zugewiesenen Gebiete, sondern außerhalb desselben tut (OLG. Dresden, R. d. OLG. 9, 20), oder was er nur bei Gelegenheit seiner Funktion, nicht durch dieselbe verübt.

Man denke an Mißhandlung eines Arbeiters seitens des Leiters einer staatlichen Fabrik außerhalb des Dienstes oder an Brandstiftung seitens eines Beamten, welcher auf der Treppe beim Anzünden einer Zigarre das brennende Streichhölzchen wegwirft.

Praktischer Fall:

Mag man auch die Stadtbaudeputation als Willensorgan des Magistrats an sich ansehen, so handelt dieselbe, wenn sie einem seitens der Polizeibehörde behufs Erfüllung der ihr nach § 10 II, 17 ALR. obliegenden Verpflichtungen gerichteten Ersuchen um eine Begutachtung des baulichen Zustandes eines Gebäudes Folge leistet, nicht als Verwalterin oder Beaufsichtigerin des städtischen Vermögens, auch nicht als Vertreterin der Stadt in deren Angelegenheiten, sondern in ihrer Eigenschaft als bausachverständiges Kollegium in derselben Weise, wie ein sonstiger Sachverständiger sein Gutachten hätte abgeben können. Für Versehen, die die Stadtbaudeputation bei dieser Begutachtung begeht, ist die Stadt nicht verantwortlich. Wenn der Stadtbaudeputation vom Magistrate der Stadt der allgemeine Auftrag zur Erstattung von Gutachten an das Polizeipräsidium erteilt ist, dann handelt sie bei Abgabe des Gutachtens nicht als Willensorgan der Stadt, sondern nur als Beauftragte derselben. Eine Haftbarkeit der Stadt würde also nur unter den in den §§ 50—53 I, 6 ALR. bezeichneten Voraussetzungen eintreten können (RG. 24. Januar 1895, Entsch. i. ZS. 34, 294).

e) Für die nicht als ihre Willensorgane anzusehenden Vertreter und andere von den Beamten bevollmächtigte oder sonst zu einer Verrichtung bestellten Personen haftet der Staat nur nach Maßgabe des § 831 BGB.

Dieser lautet:

„Wer einen anderen zu einer Verrichtung bestellt, ist zum Ersatze des Schadens verpflichtet, den der andere in Ausführung der Verrichtung einem Dritten widerrechtlich zufügt. Die Ersatzpflicht tritt nicht ein, wenn der Geschäftsherr bei der Auswahl der bestellten Person und, sofern er Vorrichtungen oder Gerätschaften zu beschaffen oder die Ausführung der Verrichtung zu leiten hat, bei der Beschaffung oder der Leitung die im Verkehr erforderliche Sorgfalt beobachtet oder wenn der Schaden auch bei Anwendung dieser Sorgfalt entstanden sein würde.

Die gleiche Verantwortlichkeit trifft denjenigen, welcher für den Geschäftsherrn die Besorgung eines der im Abs. 1 Satz 2 bezeichneten Geschäfte durch Vertrag übernimmt."

Der im Sinne des § 831 BGB. zu einer Verrichtung Bestellte muß von einem hierfür zuständigen Vertreter der juristischen Person bestellt sein, wenn diese als Geschäftsherrin gelten soll. Der Bestellte braucht den Auftrag zu der einzelnen Verrichtung nicht unmittelbar von einem solchen Vertretungsorgane erhalten haben. Die Bestellung kann in der Anstellung, der Auftrag zu der Verrichtung in einer allgemeinen Dienstvorschrift begründet sein (RG. VI. ZS. 29. Juni 1903, Entsch. 55, 176).

f) Verschieden von der Haftung aus § 831 BGB. ist die allgemeine Beaufsichtigung der Beamten und ihrer Dienstverrichtungen, die dem Staat usw. in seinen verfassungsmäßig berufenen Vertretern obliegt und deren Unterlassung ihm als ein Verschulden dieser Vertreter zugerechnet werden muß. Wenn aus dieser Vernachlässigung ein Schade erwächst, ist die juristische Person, obwohl sie eine geeignete Person zu dieser Verrichtung bestellt hatte, nach § 823 BGB. gleichwohl haftbar. Vgl. RG. VI. ZS. 20. November 1902, JurWoch. 1903, Beil. 1 S. 9, u. Entsch. 55, 53. Ist durch die Vernachlässigung der Aufsichtspflicht ein gesetzwidriger Zustand eingerissen, sind gesetzliche Vorschriften, die dem Schutze Dritter dienen (§ 823 Abs. 2 BGB.), dauernd unbeachtet geblieben, so ist für die Nichtbeachtung nicht allein die Person verantwortlich, der die Befolgung aufgetragen war, sondern auch die juristische Person, deren Vertreter die Nichtbeachtung duldete, obwohl er sie abstellen konnte und mußte (RG. VI. ZS. 15. Januar 1903, Entsch. 55, 281).

§ 20. Haftpflicht des Beamten.

a) Haftpflicht dem eigenen Staat (Verbande) gegenüber.

Der Staat kann durch das Versehen des Beamten bei Vornahme privatrechtlicher Akte entweder direkt geschädigt sein oder er tritt, weil er gemäß § 31 BGB. dem Beschädigten den Schaden ersetzt hat, als Regreßnehmer auf. Gleichgültig ist, ob der Beamte als Willensorgan im Sinne des § 31 BGB. oder nur als Werkzeug (§ 831 BGB.) anzusehen ist.

Nach § 80 Einf.Ges. z. BGB. bleiben, soweit nicht in dem BGB. eine besondere Bestimmung getroffen ist, unberührt die landesgesetzlichen Vorschriften über die vermögensrechtlichen Ansprüche und Verbindlichkeiten der Beamten, der Geistlichen und der Lehrer an öffentlichen Unterrichtsanstalten aus dem Amts- und Dienstverhältnisse.

Es kommt das öffentliche Recht des betreffenden Bundesstaates zur Anwendung und sind die Ausführungen in §§ 8 u. 9 auch hier maßgebend.

b) Haftpflicht gegenüber Dritten (Privatpersonen, anderen Verbänden).

Selbstverständlich ist auch nach dem BGB., daß neben der juristischen Person auch der schuldige Vertreter persönlich dem Dritten für den angerichteten Schaden haftet, sofern es sich nicht lediglich um kontraktliches Verschulden handelt. Stehen dagegen Schadenszufügungen außerhalb eines Vertragsverhältnisses in Frage, so folgt daraus, daß solche Handlungen auch der juristischen Person, als deren Organ die Handelnden aufgetreten sind, zuzurechnen sind, wenn sie innerhalb des satzungsgemäßen Betätigungsgebietes der juristischen Person liegen, noch nicht, daß sie nur dieser zuzurechnen sind, und daß die tatsächliche Urheberschaft der mit Zurechnung handelnden physischen Personen in bezug auf die hieraus sich ergebende Verantwortlichkeit unberücksichtigt bleiben kann. Auf dem Gebiete des Privatrechts kann die Verantwortlichkeit für ein rechtswidriges Handeln nicht durch die Berufung auf einen Auftrag oder eine Stellung als Organ abgelehnt werden[1]). Der Geschädigte hat die Wahl, ob er den Staat (Verband) oder den Beamten verklagen will. Haftet der Staat (Verband) nicht, weil die Voraussetzungen der §§ 31 und 89 BGB. nicht vorliegen, so haftet der schuldige Beamte allein.

Der Beamte haftet in allen Fällen gemäß §§ 839 ff. BGB. Vgl. oben § 10.

In gewissen geschäftlichen Verhältnissen privat-

---

[1]) RG. 25. Juni 1890, E. 28, 238, 242.

rechtlicher Natur, z. B. im postalischen Verkehr (§§ 6 ff. des Postgesetzes vom 29. Okt. 1871; RGBl. S. 347), hat der Staat auf Grund spezialgesetzlicher Bestimmungen seine Haftung beschränkt. Vgl. oben § 19 Note 2 S. 329.

Das Reichsgericht (E. 19, 101) hat früher entschieden, daß der Absender zwar auf Grund des mit der Postverwaltung abgeschlossenen Beförderungsvertrages nur die im Postgesetze bzw. in der Postordnung bestimmte Entschädigung erlangen könne, daß er aber berechtigt sei, die Postverwaltung auch über diese Summe hinaus zu belangen, wenn die Sendung von einem Postbeamten veruntreut und nach dem betreffenden Landesgesetz der Fiskus für die Handlungen seiner Beamten verantwortlich sei. So könne nach Art. 1384 Cod. civ. die Postverwaltung für einen durch ihre Beamten verursachten Schaden in voller Höhe desselben in Anspruch genommen werden. Diese Entscheidung ist in der Literatur mehrfach angegriffen[1]), auch das OLG. Stuttgart (DJZtg. 1903 S. 131) ist ihr entgegengetreten. Richtiger Ansicht hat das Postgesetz die Haftpflicht der Postverwaltung vollständig

---

[1]) Schmidt, Grenzen der Haftpflicht der Reichspostverwaltung, Gruchot 33, 184 ff., während Wolff, Haftpflicht S. 146, die Postverwaltung für ersatzpflichtig hält, wenn der Verlust der Sendung durch dolus oder culpa lata eines Postbeamten entstanden ist. Vgl. auch Dambach, Postgesetz, 6. Aufl., § 12 Nr. 5.

und erschöpfend geregelt, bei den Beratungen des Gesetzes ist unzweideutig zum Ausdruck gebracht, daß die Postverwaltung über die Grenzen des Postgesetzes hinaus für dolus ihrer Beamten nicht haften solle (Dambach, Postgesetz S. 96). Dagegen ist es keineswegs die Absicht des Gesetzes gewesen, die Ansprüche der Absender und Reisenden gegen die einzelnen schuldigen Postbeamten einzuschränken[1]). Vgl. auch RG. 3. Dez. 1907, Recht 1908 S. 248 und Entsch. i. ZS. 55, 170.

Der Absender, welcher auf Grund des Postgesetzes nur den Betrag des unmittelbaren Schadens von der Postverwaltung erstattet erhält, ist berechtigt, von dem Beamten, welcher den Verlust oder die Beschädigung der Sendung schuldhaft herbeigeführt hat, auch den entgangenen Gewinn ersetzt zu verlangen. Ebenso würde der Beamte, welcher durch Fahrlässigkeit den Verlust eines gewöhnlichen Briefes verschuldet hat, dem Absender

---

[1]) Klewitz, S. 67 Anm., meint, daß der Beamte als fiskalisches Willensorgan nicht für haftpflichtig erklärt werden dürfe, da er als solcher eben keinen privaten Willen hat, vielmehr nur eine staatliche Willensäußerung bewirkt, welche dem Publikum gegenüber ausschließlich nach den betreffenden spezialgesetzlichen Bestimmungen beurteilt werden müsse, der Beamte als Individuum trete dabei völlig zurück. Allerdings führe diese Konsequenz unter Umständen zu Härten, namentlich dort, wo sich fiskalische Beamte bei Wahrnehmung von Amtsgeschäften eines dolus schuldig machen.

den hierdurch entstandenen Schaden vergüten müssen [1]). Vgl. auch § 3 des Wechselprotestgesetzes vom 30. Mai 1908 (RGBl. S. 521).

Maßgebend für die Haftpflicht des Beamten sind die §§ 839 ff. BGB.

Vorstehende Ausführungen gelten auch bezüglich der Telegraphenverwaltung [2]). Vgl. Anhang.

Eine Spezialbestimmung enthalten §§ 12 u. 79 II, 15 ALR. [3]).

„Gegen den Genuß der dem Staate von den Landstraßen zukommenden Nutzungen ist er verpflichtet, für die Unterhaltung zur Sicherheit und Bequemlichkeit derselben zu sorgen." (§ 11 II, 15.)

„Für den aus Unterlassung dieser Pflicht entstandenen Schaden sind diejenigen, welche bei der vom Staate ihnen aufgetragenen Sorge dafür sich eines groben oder mäßigen Versehens schuldig gemacht haben [4]), verantwortlich." (§ 12 II, 15.)

---

[1]) Nach der Verfügung des Reichspostamts vom 26. Juni 1886 und 27. Oktober 1887 wird den Geschädigten der Name des schuldigen Beamten genannt.

[2]) Vgl. die Telegraphenordnung vom 16. Juni 1904 (RZentr.Bl. S. 219). § 21.

[3]) Aufrecht erhalten durch Art. 89 preuß. Ausf.-Ges. z. BGB. sowie Art. 65 EG. z. BGB. (RG. i. D. JZtg. 1908 S. 1223).

[4]) Vgl. Kreisordnung §§ 59' und 61 (Amtsvorsteher).

„Gegen die dem Staate zukommende Nutzung der schiffbaren Ströme[1]) ist derselbe verpflichtet, für die zur Sicherheit und Bequemlichkeit der Schiffahrt nötigen Anstalten zu sorgen (§§ 11, 12).“ (§ 79 II, 15[2]).)

Der Staat haftet also gar nicht[3]). Der § 12 a. a. O. bezieht sich aber nur auf den Fiskus, nicht auf Gemeinden, Korporationen usw. Diese dürfen den Geschädigten nicht an den schuldigen Beamten verweisen (§§ 138 ff. II, 15 ALR.). Auch gehören sog. Kommunikationswege nicht zu den Land- und Heerstraßen, auf welche sich die §§ 11 u. 12 II, 15 ALR. beziehen[4]).

Der Fiskus kann jedoch für den aus der Unterlassung der Unterhaltspflicht an den Landstraßen entstandenen Schaden dann verantwortlich gemacht werden, wenn die Unterhaltspflicht des Fiskus nicht

---

[1]) Hierzu gehört auch ein künstlich angelegter, mit dem Fluß verbundener Schleusenkanal (RG. 18. Sept. 1908, D. JZtg. S. 1223).

[2]) Auch hier haftet nur der schuldige Beamte (RG. E. 40, 296).

[3]) Strieth. Arch. 77, 103; 84, 151. Rehbein, BGB. S. 36 hält diese Urteile für bedenklich; in RG. E. 7, 288 wird die Anwendung der §§ 11 und 12 II, 15 ALR. für das Gebiet des franz. Rechts gegenüber Art. 1384 Cod. civ. verneint, weil die einschlägigen Bestimmungen dem sog. inneren Staatsrecht angehören und in der Rheinprovinz nicht publiziert seien.

[4]) Obertr. (Plenarbeschluß) Entsch. 14, 92.

aus seiner Eigenschaft als Inhaber des Landstraßen-regals, sondern aus anderen Gründen, z. B. weil er Anlieger ist, hergeleitet wird [1]).

Buch IV.

Die Geltendmachung des Schadensersatzanspruches gegen den Staat (Verband) und gegen den Beamten sowie seitens des Staates (Verbandes) gegen den Beamten.

§ 21. Geltendmachung des Anspruchs auf dem Wege der ordentlichen Klage.

1. Die Schadensersatzansprüche des Geschädigten gegen den Beamten oder gegen den Staat sind, sofern nicht das Mahnverfahren gewählt wird, vor den ordentlichen Gerichten im Wege der Klage geltend zu machen. Der Rechtsweg ist nicht etwa deshalb gegen den Staat (Verband) ausgeschlossen, weil die von den Beamten verletzte Pflicht ihm als öffentlich-rechtliche oblag. (RG. 25. Nov. 1908, Recht 1909 Nr. 369, Entsch. 52, 369; 54, 53.)

Zuständig sind die Landgerichte ohne Rücksicht auf den Wert des Streitgegenstandes:

---

[1]) RG. E. 45, 471.

a) für die Ansprüche gegen Reichsbeamte wegen Überschreitung ihrer amtlichen Befugnisse oder wegen pflichtwidriger Unterlassung von Amtshandlungen (§ 70 Abs. 3 Ziffer 1 GVG.).

Für Ansprüche gegen den Reichsfiskus wegen Verschuldung von Reichsbeamten bleibt die gewöhnliche Zuständigkeit, also bei einem Objekt bis 300 Mark Amtsgericht, sonst Landgericht, Revision nur zulässig bei Objekten über 2500 Mark; der Entwurf des Reichsgesetzes über die Haftung für Reichsbeamte (s. Vorwort) regelt die Zuständigkeit, wie in Preußen, s. unter b;

b) für die Ansprüche gegen den Landesfiskus wegen Verschuldung von Staatsbeamten (§ 39 Ziffer 2 preuß. AG. z. GVG. u. § 70 Abs. 3 GVG.). Gegen andere Verbände, z. B. Gemeinden, wegen Verschulden ihrer Beamten bleibt die gewöhnliche Zuständigkeit, also bei einem Objekt bis 300 Mark Amtsgericht, sonst Landgericht, Revision nur zulässig bei Objekt über 2500 Mark. Vgl. RG. 20. Januar 1902, JurWoch. S. 133. Ansprüche gegen eine Stadtgemeinde, auch wenn sie staatliche Rechte ausübt, sind nicht Ansprüche gegen den Staat (RG. 8. Mai 1893, JurWoch. S. 341);

c) für die Ansprüche gegen öffentliche Beamte wegen Überschreitung ihrer amtlichen Befugnisse oder wegen pflichtwidriger Unterlassuug von Amtshandlungen (§ 39 Ziffer 3 preuß. AG. z. GVG.).

Zu den Beamten gehören auch Kommunal- usw. Beamte. Vgl. RG. i. Gruchot 46, 1087.

Unter § 39 fallen auch die Klagen des Fiskus oder Verbandes gegen ihre Beamten, weil erstere selbst geschädigt sind oder den Beamten im Regreßwege in Anspruch nehmen. Vgl. RG. Entsch. i. ZS. 32, 120 u. 56, 358.

Der Zweck der Ausnahmevorschriften des § 70 Abs. 2 u. 3 GVG. ist der, daß für gewisse Ansprüche, welche „das Grenzgebiet des öffentlichen und des Privatrechts betreffen", für Ansprüche, welche „neben der privatrechtlichen eine staatsrechtliche Seite haben", eine gleichmäßige Beurteilung der Rechtsfrage gewährleistet werde (RG. VI. ZS. 29. April 1901, JurWoch. S. 394[1]).

Die ausschließliche Zuständigkeit der Landgerichte und die vom Streitwert unabhängige Zulässigkeit der Revision (§ 547 Ziff. 2 ZPO.) erstreckt sich nicht nur auf die Ansprüche gegen Reichs- und Staatsbeamte wegen Amtsüberschreitungen und Unterlassungen, sondern auch auf alle Ansprüche gegen solche Beamte wegen sonstiger pflichtwidriger Handlungen; das ganze Gebiet des Verschuldens im amtlichen Verhalten ist gemeint ebenso wie bei

[1]) Ähnliche Vorschriften wie in Preußen zu b u. c sind auch in den Ausführungsgesetzen z. GVG. in Elsaß-Lothringen, Bayern, Württemberg, Sachsen, Mecklenburg und Hamburg erlassen. Es sind ebenfalls die Landgerichte ausschließlich zuständig.

den Ansprüchen gegen den Staat „wegen Verschuldung von Staatsbeamten" (RG. VI. ZS. 13. Dezember 1897, Entsch. 40, 202).

Die in § 70 GVG. und § 39 des preuß. AG. z. GVG. aufgeführten Ansprüche wegen Verschuldung der Staatsbeamten setzen sowohl, wenn sie gegen den Staat, als wenn sie gegen den Beamten gerichtet sind, eine pflichtwidrig erfolgte oder unterlassene Amtshandlung voraus, d. h. ein Verschulden, das zu dem Inhalt des öffentlich-rechtlichen Dienstverhältnisses in Beziehung steht.

Diese letztere Voraussetzung trifft da nicht zu, wo der Staat zur Eingehung oder Erfüllung privatrechtlicher Verpflichtungen sich einer Person, welche Staatsbeamter ist, als seines (privatrechtlichen) Vertreters bedient (RG. Entsch. i. ZS. 18, 166; 29, 420; JurWoch. 1889 S. 478). In den Fällen, wo der Staat als juristische Person für Versehen der Beamten — derjenigen, welche ihn verfassungsgemäß im Willen zu vertreten haben, vgl. §§ 31 u. 89 BGB. — verantwortlich gemacht werden kann, hat diese Haftung, soweit es sich um ein im Betriebe der fiskalischen Unternehmung vorgefallenes Versehen handelt, ihre Quelle nicht im öffentlichen, sondern im Privatrecht. Der Angestellte, dessen außerkontraktliches Verschulden der Fiskus dem Beschädigten gegenüber vertreten soll, kommt hier nur als Betriebsgehilfe des Unternehmers, nicht als Staatsbeamter in Betracht. Vgl. auch RG. VI. ZS.

23. Dezember 1897, Entsch. 40, 398 (RG. VI. ZS. 29. April 1901, JurWoch. S. 394[1] u. 5. Febr. 1907, Recht 1907 S. 384).

Im Falle einer Schadensklage gegen den Fiskus wenn der Anspruch sich auf die Verletzung von Vertragspflichten des Fiskus durch Staatsbeamte stützt, ist die Revision ohne Rücksicht auf den Wert des Streitgegenstandes nicht zulässig (RG. VII. ZS. 23. Februar 1900, Entsch. 46, 340). Ansprüche gegen den Gerichtsvollzieher aus dem bloßen Auftragsverhältnis (z. B. auf Rückzahlung eines Vorschusses, Herausgabe eines zur Zwangsvollstreckung übergebenen Wechsels) charakterisieren sich dadurch nicht ohne weiteres als Ansprüche aus pflichtwidriger Unterlassung (RG. E. 20, 388; 32, 372). Dasselbe gilt von den Notaren. Kommen sie aber zugleich als Beamte in Betracht, vgl. § 17 und 18, so findet § 39[3] AG. z. GVG. Anwendung (RG. in Gruchots Beitr. 43, 1033 u. 1. März 1907, Soergel, Rechtspr. S. 957). RG. Gruchot 46, 1085.

Die ausschließliche Zuständigkeit der Landgerichte und die Zulässigkeit der Revision wird dadurch nicht berührt, daß der Beamte sein Amt inzwischen niedergelegt hat (RG. IV. ZS. 29. Mai 1902, JurWoch. S. 391). Vgl. auch RG. Entsch. 33, 244.

Die Klage wird der Regel nach erhoben gegen den Beamten in dessen allgemeinem Gerichtsstande, weil der Anspruch rein persönlicher Natur ist[1]), gegen den Staat (Verband usw.) an dem Sitz derjenigen Behörde, welche den Fiskus usw. für den Amtssitz des schuldigen Beamten zu der Zeit, in welcher der Anspruch entstanden ist, zu vertreten hat. Der Geschädigte kann aber auch im Gerichtsstande der unerlaubten Handlung klagen (§ 32 ZPO.). S. oben S. 19.

In Preußen ist die Vertretung des Justizfiskus übertragen der Staatsanwaltschaft bei demjenigen Oberlandesgericht, in dessen Bezirke die Justizbehörde ihren Sitz hat, zu deren Geschäften die der Beteiligung des Fiskus an dem Rechtsstreite zugrunde liegende Angelegenheit gehört. Örtlich zuständig ist für die Klage gegen den Staat das Landgericht, in dessen Bezirk die Verletzung der Amtspflicht erfolgt ist.

2. Die Syndikatsklage[3]), gewöhnlich

---

[1]) Dies gilt auch für die Regreßklage des Staates gegen den Beamten. Gegen die Zulässigkeit des Gesichtspunktes des Gerichtsstandes (§ 32 ZPO.) der unerlaubten Handlung spricht sich aus ein Erkenntnis bei Seufferts Archiv 39, Nr. 49.

[2]) Preuß. Gesetz vom 14. März 1885 (GS. S. 65) und Allg. Verfügung des preuß. Justizministers vom 23. März 1885 (JMBl. S. 119).

[3]) Eine Klage auf vorläufige Feststellung der Vertretungspflicht des Beamten galt der Praxis des älteren Rechts für unzulässig (Präjudiz des Obertr. Nr. 504; Sammlung I, 206). Jetzt hängt ihre Zulässigkeit von der Voraussetzung des § 256 ZPO. „rechtliches Interesse der alsbaldigen Feststellung" ab. Vgl. S. 113.

Regreß- oder Ersatzklage genannt, unterscheidet sich gar nicht von anderen Klagen. Allerdings wird dem Geschädigten durch das Verlangen des Nachweises einer Pflichtwidrigkeit seine prozessuale Lage erheblich erschwert. Nicht nur dann, wenn Amtshandlungen in Frage stehen, für welche der Schutz des Amtsgeheimnisses besteht, sondern auch in vielen anderen Fällen wird es dem Kläger schwer sein, das zur Substantierung seiner Klage erforderliche Material sich zu verschaffen. Um zu eruieren, welcher Umstand die Pflichtwidrigkeit involviert, welchem individuellen Beamten dieselbe zur Last fällt, müßte Kläger in das Innere der Geschäftsführung eindringen. Den nämlichen Schwierigkeiten würde derselbe bei Sammlung der Beweismittel begegnen.

Man hat deshalb für die Syndikatsklage eine Art Offizialverfahren vorgeschlagen [1]). In Österreich [2]) wird regelmäßig gegen den schuldigen Beamten ein Disziplinarverfahren eingeleitet, dessen Ermittelungen dem Ersatzkläger zugänglich sind; auch braucht Kläger außer der Angabe des erlittenen Schadens nur die die Rechtsverletzung selbst ergebenden Tatsachen, aus welchen er seine Ansprüche herleitet, nicht auch diejenigen Fakta zu bezeichnen, in welchen die Übertretung einer Amtspflicht enthalten ist.

---

[1]) von Völberndorff, Syndikatsklage im Archiv für praktische Rechtswissenschaft NF. Bd. 12, S. 32 ff.
[2]) Gesetz vom 12. Juli 1872.

Unter der Herrschaft der deutschen Zivilprozeßordnung wird der Richter die Verpflichtung des Klägers zur prozessualen Substantiierungs- und Beweispflicht nicht mit voller Strenge behandeln dürfen[1]). Auch hier muß der Grundsatz des ALR. Einl. § 89 gelten: „Wem die Gesetze ein Recht geben, dem bewilligen sie auch die Mittel, ohne welche dasselbe nicht ausgeführt werden kann."

Nach dem österr. Gesetze vom 12. Juli 1879 § 16 ist über Tatsachen, bezüglich welcher den Beamten die amtliche Pflicht der Verschwiegenheit obliegt, der Beweis durch den Eid dieser Beamten unzulässig.

Das Reichsgericht (JurWoch. 1889 S. 106) hat angenommen, daß auch kriminell strafbare Handlungen von der Eideszuschiebung nicht ausgeschlossen seien. Der Beamte wird also nach der ZPO. die Eideszuschiebung durch den Hinweis auf sein Amtsgeheimnis nicht beseitigen können. Wird ein anderer Beamter als Zeuge vernommen, so entscheidet § 376 ZPO.

In Preußen gilt noch die Besonderheit in § 6 des Gesetzes über die Zulässigkeit des Rechtsweges in bezug auf polizeiliche Verfügungen vom 11. Mai 1842 (GS. S. 192). Vgl. Buch V.

---

[1]) Auch die Dienstbehörde des Beamten wird in der Vorenthaltung des Inhalts ihrer Akten nicht allzu rigoros sein dürfen, jedenfalls aber den Namen des schuldigen Beamten mitteilen müssen.

3. Beweislast. Der Geschädigte hat zu beweisen, daß der Beamte vorsätzlich oder fahrlässig eine ihm gegenüber obliegende Amtspflicht verletzt hat und daß ihm dadurch ein Schaden in dem behaupteten Umfange erwachsen ist. Handelt es sich um eine fahrlässige Pflichtverletzung, so hat der Kläger weiter zu beweisen, daß er auf andere Weise Ersatz nicht zu erlangen vermag. Der Beklagte (Staat Verband oder Beamter) hat zu beweisen, daß der Verletzte schuldhafterweise die Abwendung des Schadens durch den Gebrauch eines Rechtsmittels unterlassen hat.

Im Falle des § 839 Abs. 2 BGB. hat der Geschädigte zu beweisen, daß dem Beamten eine Pflichtverletzung zu Last fällt, die mit einer im Wege des gerichtlichen Verfahrens zu verhängenden öffentl. Strafe bedroht ist. Über die Beweislast hinsichtlich der Rechtswidrigkeit der durch Waffengebrauch von einem Beamten herbeigeführten Körperverletzung s. oben § 10 N. 6.

4. Schutzmittel gegen Mißbrauch der Syndikatsklagen.

Als solches erscheint in erster Linie die Erhebung des Konflikts (§ 11 EG. z. GVG. Vgl. oben § 4 S. 51). Auch der Kompetenzkonflikt kann helfen. Wegen der Polizeibeamten in Preußen siehe unten Buch V.

Nach dem Entwurf eines württembergischen Gesetzes über die Syndikatsklage[1]) Art. 13 sollte, wenn die Syndikatsklage unter Verurteilung des Klägers in die Kosten verworfen wird, denselben überdies noch eine Geldstrafe von 50 bis 150 Gulden treffen. Bei armen Parteien sollte an die Stelle dieser Geldbuße eine Haft von 14 Tagen bis 4 Wochen treffen.

Auch das nicht mehr in Kraft befindliche österreichische Gesetz betr. die Syndikatsklage vom 12. März 1859 (RGBl. Nr. 46) enthält in § 16 eine ähnliche Bestimmung.

Das jetzt geltende Recht kennt im übrigen keinerlei Schutzbestimmung gegen frivole Regreßklagen. Selbst die sofortige Zurückweisung offenbar rechtlich unzulässiger und unbegründeter Klagen durch Beschluß[2]) ist nach jetzigem Prozeßrecht unstatthaft. Bei Bewilligung des Armenrechts für die Regreßklage wird eine besonders eingehende Prüfung geboten sein.

5. Die Exekutionsprivilegien der Beamten.

Folgende Sachen sind nach § 811 ZPO. der Pfändung nicht unterworfen:

Nr. 7. bei Offizieren, Deckoffizieren, Beamten, Geistlichen, Lehrern an öffentlichen Unterrichtsanstalten, Rechtsanwälten, Notaren, Ärzten und Hebammen die zur Verwaltung des Dienstes oder

---

[1]) Vgl. Haffner, S. 85.

[2]) Vgl. § 64 des preuß. Gesetzes vom 30. Juli 1883 über die allgem. Landesverwaltung.

Ausübung des Berufs erforderlichen Gegenstände, sowie anständige Kleidung;

Nr. 8. bei Offizieren, Beamten, Geistlichen, bei Ärzten und Lehrern an öffentlichen Anstalten ein Geldbetrag, welcher dem der Pfändung nicht unterworfenen Teile des Diensteinkommens oder der Pension für die Zeit von der Pfändung bis zum nächsten Termin der Gehalts- oder Pensionszahlung gleichkommt.

Nach § 850 ZPO. sind der Pfändung nicht unterworfen:

Nr. 5. der Sold und die Invalidenpension der Unteroffiziere und der Soldaten;

Nr. 6. das Diensteinkommen der Militärpersonen, welche zu einem mobilen Truppenteil oder zur Besatzung eines in Dienst gestellten Kriegsfahrzeuges gehören;

Nr. 8. das Diensteinkommen der Offiziere, Militärärzte und Deckoffiziere, der Beamten, der Geistlichen, sowie der Ärzte und Lehrer an öffentlichen Anstalten; die Pension dieser Personen nach deren Versetzung in einstweiligen oder dauernden Ruhestand, sowie der nach ihrem Tode den Hinterbliebenen zu gewährende Sterbe- oder Gnadengehalt.

Übersteigen in den Fällen . . . zu Nr. 8 das Diensteinkommen, die Pension oder die sonstigen Bezüge die Summe von 1500 Mark für das Jahr, so ist der dritte Teil des Mehrbetrages der Pfändung unterworfen (§ 850 Abs. 2 ZPO.).

Die Einkünfte, welche zur Bestreitung eines Dienstaufwandes bestimmt sind, und das Servis der Offiziere, Militärärzte und Militärbeamten sind weder der Pfändung unterworfen, noch bei der Ermittlung, ob und zu welchem Betrage ein Diensteinkommen der Pfändung unterliege, zu berechnen (§ 850 Abs. 5 ZPO.).

§ 22. Verwirklichung des Schadensersatzanspruchs auf anderem Wege.

a) Durch § 82 preuß. AG. z. GVG. sind die Bestimmungen nach welchen Gerichtsbeamte zum Ersatz von Schäden und Kosten im Aufsichtswege angehalten werden können, aufgehoben.

Der § 102 (97) ZPO. bestimmt: „Gerichtsschreiber ... Rechtsanwälte u. andere Bevollmächtigte, sowie Gerichtsvollzieher können durch das Prozeßgericht auch von Amts wegen zur Tragung derjenigen Kosten verurteilt werden, welche sie durch grobes Verschulden veranlaßt haben.

Die Entscheidung kann ohne mündliche Verhandlungen erfolgen. Vor der Entscheidung ist der Beteiligte zu hören.

Gegen die Entscheidung findet sofortige Beschwerde statt[1]."

---

[1]) Auch wenn die Entscheidung von einem Oberlandesgericht erlassen ist (RG. Plenum 27. Nov. 1906,

Grobes Verschulden eines Rechtsanwalts liegt auch dann vor, wenn er auf ausdrückliches Verlangen seines Auftraggebers ein unzulässiges Rechtsmittel einlegt (OLG. Frankfurt 2. Okt. 1906, Frankf. Rundschau 40, 154).

Wegen des Begriffs „grobes Verschulden" s. oben § 7 S. 124.

Als Prozeßgericht entscheidet das Gericht, bei welchem der Prozeß anhängig ist, in welchem die betreffenden Kosten entstanden sind. Nach Beendigung der Instanz ist eine solche Verurteilung durch das Gericht derselben oder höheren Instanz und nach Erledigung aller Instanzen überhaupt nicht mehr zulässig. Nur das Prozeßgericht ist berechtigt, nicht auch das Vollstreckungsgericht (OLG. Dresden i. Seufferts Archiv 45, 352).

b) Defekte[1]).

Der Begriff Defekt ist gesetzlich nicht definiert, aber in der Praxis des Verwaltungsrechts festgestellt. Man versteht darunter den Fall, daß der tatsächliche Bestand einer Kasse oder eines Magazins geringer

---

Entsch. i. ZS. 64, 377). Die Beschwerde eines Anwalts gemäß Abs. 3 § 102 ZPO. unterliegt dem Anwaltszwange (RG. 5. Febr. 1906, Gruchot 50, 1060).

[1]) Vgl. Preuß. Verordnung vom 24. 1. 1844 (GS. S. 52), welche nach der Verordnung vom 23. 9. 1867 (GS. S. 1619) auch in den neuen Landesteilen gilt; und bezüglich der Reichsbeamten das Reichsbeamtengesetz §§ 134 ff.

ist als der rechnungsmäßige Sollbestand. Der Begriff des Defektes ist daher weiter als der der Unterschlagung; er umfaßt auch das Manko, welches durch Sorglosigkeit des Beamten, welchem die Obhut über die Kasse oder das Magazin obliegt, entstanden ist. Andererseits fällt aber nicht darunter der Fall, wenn der Beamte aus der Kasse oder dem Magazin Ausgaben gemacht hat, welche nicht hätten gemacht werden sollen, oder wenn er sie an einen nicht gehörig legitimierten Empfänger gemacht hat u. dgl., sofern nur Zahlung oder Verausgabung rechnungsmäßig erfolgt oder mit Belegen nachgewiesen ist[1]).

Es macht keinen Unterschied, ob der Defekt Reichs-, Staats- oder Privatvermögen betrifft.

Der Defekt ist durch die vorgesetzte Behörde[2]) gegen den Beamten, auch dessen Erben[3]), festzustellen, und der Beschluß ist vollstreckbar gegen den Beamten, sofern er als untreu überführt oder sich eines groben Versehens schuldig gemacht hat, vorbehaltlich des Rechtsweges binnen Jahresfrist.

Liegen die Voraussetzungen eines Defektbeschlusses

---

[1]) Laband, Staatsrecht I, S. 144 und Erk. des preuß. Gerichtshofes zu Entsch. der Kompetenzkonflikte vom 25. 10. 1856 (JMBl. S. 54).

[2]) AG. z. BGB. § 82 und § 32^5 des Gesetzes vom 1. Aug. 1883 (GS. S. 237).

[3]) RG. Entsch. i. ZS. 7, 335, and. Ans. Obertr. Entsch. 36, 379.

nicht vor, so ist die ordentliche Klage seitens des Fiskus zu erheben (RG. Bolze I, Nr. 591).

Vgl. im übrigen v. Kamptz-Delius, Rechtsprechung I, 73.

c) Der Staat kann auch das Gehalt des Beamten zurückbehalten, soweit es der Pfändung nicht unterliegt, oder sich aus der Kaution desselben befriedigen, wenn er Schadensersatzansprüche gegen denselben hat. Auf diese Weise wird der Beamte gezwungen, seinerseits klagend gegen den Fiskus vorzugehen, falls er sich im Recht glaubt. Eine Aufrechnung des Ersatzanspruches gegen unpfändbare (§ 393 BGB.) Gehaltsansprüche ist in Preußen nach 1. Januar 1900 nicht mehr zulässig (RG. Entsch. 55, 1). Vgl. auch RG. 27. Okt. 1902, R. d. OLG. 6, 225.

Buch V.

Das preußische Gesetz über die Haftung des Staates und anderer Verbände für Amtspflichtverletzungen von Beamten bei Ausübung der öffentlichen Gewalt.

Vom 1. August 1909 (GS. S. 691).

§ 1.

Verletzt ein unmittelbarer Staatsbeamter in Ausübung der ihm anvertrauten öffentlichen Ge-

walt vorsätzlich oder fahrlässig die ihm einem Dritten gegenüber obliegende Amtspflicht, so trifft die im § 839 des Bürgerlichen Gesetzbuchs bestimmte Verantwortlichkeit an Stelle des Beamten den Staat.

Ist die Verantwortlichkeit des Beamten deshalb ausgeschlossen, weil er den Schaden im Zustande der Bewußtlosigkeit oder in einem die freie Willensbestimmung ausschließenden Zustande krankhafter Störung der Geistestätigkeit verursacht hat, so hat gleichwohl der Staat den Schaden zu ersetzen, wie wenn dem Beamten Fahrlässigkeit zur Last fiele, jedoch nur insoweit, als die Billigkeit die Schadloshaltung erfordert.

Die Verantwortlichkeit des Staates ist ausgeschlossen bei Beamten, die ausschließlich auf den Bezug von Gebühren angewiesen sind, sowie bei solchen Amtshandlungen anderer Beamten, für welche die Beamten eine besondere Vergütung durch Gebühren von den Beteiligten zu beziehen haben.

1. Wegen Schädigung bei Ausübung privatrechtlicher Vertretungsmacht s. oben S. 328 ff.

Materialien: Drucks. des Abgeordnetenhauses 1907/08. Nr. 185 (Entwurf), Nr. 346 (KomBer.), StenBer. S. 3870 ff. (1. Lesung), 1908/09 Drucks. Nr. 32 (Entw.), Nr. 354 A (KomBer.), StenBer. S. 675 ff., 4528 ff. u. 4610 ff. Drucks. des Herrenhauses Nr. 50. 1908/09 Nr. 139 (KomBer.).

2. Altes Recht. Vgl. auch S. 17.

a) Im Gebiete des preuß. Rechts (ausg. die Rheinprovinz) wurde ein privatrechtlicher Anspruch auf Schadensersatz gegen den Staat aus ungehöriger Ausübung oder Nichtausübung behördlicher amtlicher Funktionen grundsätzlich verneint und nur zugelassen, wenn diese Haftung im Gesetze besonders bestimmt war, z. B. in der Hinterlegungsordnung v. 14. März 1879. Vgl. Allerhöchste Kabinettsorder v. 4. Dez. 1831 (GS. S. 255), die nach der Verordnung v. 16. Sept. 1867 bzw. Gesetzen v. 25. Febr. 1878 u. 22. März 1891 (GS. S. 1515) auch in den neuen Landesteilen gilt, und Urteile des Obertribunals (Entsch. 61,1) und des Reichsgerichts Entsch. i. ZS. 11, 209; 28, 340, 38, 206, 51, 220 v. 15. Mai 1899 (JurWoch. S. 402).

b) Für das Gebiet des französischen Rechts bestimmte der jetzt durch das Gesetz von 1909 aufgehobene Art. 1384 Cod. civ.:

„Man ist nicht allein für den Schaden verantwortlich, den man durch seine eigene Handlung verursacht, sondern auch für denjenigen, der durch die Handlung von Personen verursacht wird, für welche man eingestehen muß, oder durch Sachen, die man unter seiner Obhut hat;

... Hausherren, Komittenten (comettans) für den Schaden, welchen ihr Hausgesinde und die von ihnen Beauftragten (préprosés) in den denselben anvertrauten Geschäften verursacht haben ...“

Art. 1384 Code civil war durch Art. 89 Ziffer 2 AG. z. BGB. aufrecht erhalten, soweit er auf die Haftung des Staates, der Gemeinden und anderer Kommunalverbände für den von ihren Beamten in Ausübung der diesen anvertrauten öffentlichen Gewalt zugefügten Schaden Anwendung findet. Vgl. RG. Entsch. in ZS. 54, 19 u. JurWoch. 1905 S. 335. Irrig ist die Ansicht, daß der Art. 89 den Art. 1384 code civil dahin habe einschränken wollen, daß der Staat, wenn er jemand die Ausübung öffentlicher Gewalt anvertraut, für die von diesem hierbei begangenen Versehen nur dann hafte, wenn er Staatsbeamter im eigentlichen Sinne (i. S. der Beamtengesetze) sei. Der Staat haftet auch, wenn einem Gemeindebeamten staatliche Funktionen übertragen werden oder wenn Nichtbeamten eine öffentliche Gewalt anvertraut wird (RG. III. ZS. 19. Nov. 07. 134/07, Recht 08, 85).

Nach Art. 1384 haftet der Staat auch dann, wenn der Beamte im einzelnen Falle keinerlei Weisungen von seiner vorgesetzten Behörde empfangen hat, sondern auf Grund feststehender gesetzlicher Bestimmungen handelt, wie z. B. der Gerichtsvollzieher bei Vornahme einer Zustellung. (RG. III. ZS. 23. April 07, 429/06, Recht 07, 718.)

Für den Gerichtsvollzieher haftet neben diesem auch der Staat, da bei Vornahme einer Pfändung der Gerichtsvollzieher nicht nur als Beauftragter des Gläubigers, sondern auch als Staatsbeamter in Ausübung öffentlicher Gewalt handelt. (RG. 26. Nov. 1907, Recht 1908 S. 352.)

Eine Haftung des Staates für Notare ist niemals anerkannt worden. Der Art. 169 EinfGes. z. BGB. u. § 852 Abs. 1 BGB. finden auf den aus Art. 1384 Abs. 3 Code civil vor dem 1. Januar 1900 entstandenen Schadensersatzanspruch gegen den Staat Anwendung, wenn der Anspruch am 1. Januar 1900 nach den bisherigen Rechten noch nicht verjährt ist. (RG. II. ZS. 26. Nov. 1907, Entsch. 67, 141.)

3. Zu Abs. 1. Die Haftung des Staates und des Verbandes (vgl. § 4) ist eine prinzipale und ausschließliche. Der Geschädigte kann also nicht gegen den Beamten direkt klagen und zwar auch dann nicht, wenn der Verband unpfändbar sein sollte.

Von einer nur subsidiären, bürgenähnlichen Haftung ist abgesehen. Für sie spricht zwar, daß sie weniger als die prinzipale Haftung die Gefahr einer Schwächung des Verantwortlichkeitsgefühls des Beamten mit sich bringt, die finanzielle Belastung des Staates usw. eine geringere ist. Bei der prinzipalen Haftung bestehen jedoch überwiegende Vorteile sachlicher Natur. Zunächst hat der Geschädigte stets einen zahlungsfähigen Verpflichteten, dann ist es für den Beamten günstiger, wenn er nicht den beschädigten Dritten, sondern nur dem Staate oder Verbande haftbar und nur seiner vorgesetzten Dienstbehörde verantwortlich ist. Endlich wird der Anspruch schnell nur in einem Prozeß erledigt.

4. Nur der Staat und die im § 4 genannten Verbände haften für ihre Beamten. Soweit andere juristische Personen des öffentlichen Rechtes durch ihre Beamten an der Ausübung der öffentlichen Gewalt überhaupt beteiligt sind, haftet der Beamte persönlich, es fehlt an einem Bedürfnisse nach Anerkennung der Haftung der juristischen Person. Auch macht die Verschiedenheit der Verhältnisse eine allgemeine Regelung der Haftung dieser juristischen Personen unmöglich. (Begr.) In Betracht kommen die Versicherungsanstalten der Invaliden- und Altersversicherung, verschiedene Genossenschaften des öffentlichen Rechts (Wassergenossenschaften, Deichverbände usw.) u. dgl. Vgl. oben § 19 S. 328.

Für Geistliche usw. haftet der Staat nicht, es sei denn, daß sie staatsamtliche Funktionen z. B. als Schulinspektor, Gefängnisbeamter ausüben und in dieser Eigenschaft einen Schaden verursachen.

Wegen der Lehrer s. § 4.

Der Staat haftet für alle unmittelbaren Staatsbeamten. Die Haftung tritt danach z. B. auch dann ein, wenn sich ein solcher in Ausübung der einem Kommunalverbande zustehenden öffentlichen Gewalt, beispielsweise ein Gendarm bei Unterstützung einer städtischen Polizeiverwaltung nach § 839 BGB. verantwortlich macht.

Wegen des Begriffes „Beamter“ s. oben S. 153. Die Besoldungsgesetze Preußens aus dem Jahre 1909 geben eine Übersicht der unmittelbaren Staatsbeamten. Eine Haftung des Staates für nicht beamtete Personen, deren sich der Staat zur Ausübung der öffentlichen Gewalt bedient, ist abgelehnt, weil Art. 77 EG. z. BGB. entgegensteht. (StenBer. des Abgeordnetenhauses 1908/1909 S. 4592 ff. u. S. 4584.) Für Mitglieder des Familienrates haftet der Staat nicht (s. oben S. 273).

5. Die Haftung des Staates ist an dieselben Voraussetzungen geknüpft, wie die Haftung des Beamten selbst nach § 839 BGB., sie unterliegt daher auch den in § 839 Abs. 1 Satz 2, Abs. 2 u. 3 vorgesehenen Beschränkungen. Vgl. im übrigen oben S. 138 ff. Wenn auch die §§ 1674 u. 1848 BGB. nicht erwähnt sind, so ist es doch selbstverständlich, daß der Staat auch für den Vormundschaftsrichter haftet. Als weitere Voraussetzung kommt hinzu, daß der Beamte in Ausübung der ihm anvertrauten öffentlichen Gewalt (vgl. oben S. 5 ff.) seine Amtspflicht verletzt hat. Selbstverständlich kann die Pflichtverletzung auch in dem Unterlassen einer dem Beamten obliegenden Amtshandlung bestehen.

Ist der Beamte nicht auf Grund des § 839 BGB. haftbar, sondern gemäß §§ 823 ff., wie dies von manchen für zulässig erachtet wird (s. S. 146 oben), dann haftet der Staat nicht. (KomBer. S. 5).

Der Staat ist auch haftbar, wenn zwar feststeht,

daß ein Beamter durch Amtspflichtverletzung Schaden angerichtet hat, die Person des Beamten sich aber nicht ermitteln läßt (KomBer. S. 3). Vgl. auch unter § 3 Anm. 1. Nach bisherigem Recht war der Schaden in diesem Falle nicht realisierbar, da der schuldige Beamte nicht feststand. Regreß wird der Staat allerdings nicht nehmen können.

Die Frage, ob der Staat auch hafte, wenn ein Beamter in Ausübung der öffentlichen Gewalt gehandelt, aber sich dabei eine ihm nicht zukommende Zuständigkeit angeeignet habe, ist in der Kommission des Abgeordnetenhauses (vgl. Bericht S. 3) von einem Vertreter des Justizministeriums bejaht. „Jedenfalls habe der Beamte in Ausübung der ihm anvertrauten öffentlichen Gewalt gehandelt, auch wenn er die Grenzen der ihn anvertrauten Gewalt überschreite." Mit dieser authentischen Erklärung ist die Frage (oben S. 187) für das preußische Gesetz und die Haftpflicht des Staates (Verbandes) wohl erledigt. Aber im Regreßprozeß wird der Beamte dem Staate gegenüber einwenden können, der Fall der Beamtenhaftung (§ 838 BGB.) habe überhaupt nicht vorgelegen. Handelt ein mittelbarer Staatsbeamter, z. B. ein Bürgermeister, als Polizeibeamter auf Anordnung eines staatlichen Organs, z. B. des Regierungspräsidenten, so ist er durch den Auftrag gedeckt, es haftet der Staat. Überschreitet er jedoch den Auftrag, dann haftet die Gemeinde, ohne einen Regreß gegen den Staat zu haben, denn der Schaden steht nicht im ursächlichen Zusammenhange mit dem Auftrage des Staatsbeamten. (KomBer. S. 3.)

Von Ausübung öffentlicher Gewalt kann nur die Rede sein bei solchen Amtsverrichtungen, bei denen ein Beamter in Wahrnehmung eines Hoheitsrechts dem von der Amtshandlung Betroffenen gegenüber unmittelbar tätig wird. Die beratende oder begutachtende Tätigkeit eines Beamten begründet die Haftung nach § 1 Abs. 1 dem dritten gegenüber nicht (KomBer. S. 6). Nimmt ein Polizeibeamter z. B. eine schädigende Handlung vor auf Grund des sachverständigen Beirats eines Kreisarztes oder Kreistierarztes, so haftet der letztere nicht, der Polizeibeamte aber nur, sofern ihn ein Verschulden trifft. Letzteres wird allerdings der Regel nach zu verneinen sein. Haftet der Staat an Stelle des Beamten, so steht den Verletzten bei dem Zusammentreffen von Pflichtverletzungen mehrerer Beamten aus der Pflichtverletzung jedes Beamten ein besonderer Anspruch gegen den Staat zu. Ist der Staat wegen des Versehens eines bestimmten Beamten in Anspruch genommen, so kann der Anspruch auf die Pflichtverletzung eines andern Beamten nur gestützt werden, wenn der Anspruch gemäß § 128 ZPO. in der mündlichen Verhandlung geltend gemacht ist. (Oberst. Bay. Landesgericht 16. Nov. 1906, Recht 1907, S. 59.)

6. Zu Abs. 2. Entsprechend den Gesetzen für

Bayern, Württemberg und Oldenburg ist auch der Staat haftbar für Amtspflichtverletzungen, welche der Beamte im Zustande der Bewußtlosigkeit oder Geistesstörung begeht. Vgl. auch § 827 BGB. Ein wesentlicher Unterschied ist jedoch, daß die Haftung nur eintreten soll, insoweit die Billigkeit die Schadloshaltung erfordert, was der Geschädigte zu beweisen hat. Vgl. § 829 BGB. Der Justizminister hat in der Kommission des Abgeordnetenhauses (KomBer. S. 4) erklärt, die Regierung sei sich darüber klar, daß hier Billigkeitsgründe in der Regel nicht zur Verneinung der Haftung führen könnten, der Staat selbst würde sich kaum darauf berufen; wohl aber entspräche die Hineinziehung der Billigkeit, der Schutzbedürftigkeit der kleinen Verbände. (§ 4.)

Abweichend von Art. 61 Abs. 2 bayrischen AG. z. BGB. haftet der Staat auch dann, wenn ein Richter im Zustande der Bewußtlosigkeit usw. in einer Rechtssache bei einem Urteil die Amtspflicht verletzt. (§ 839 Abs. 2 BGB.) Vgl. oben S. 58. Auch bei Versehen der Grundbuchbeamten haftet im Falle des § 1 Abs. 2 der Staat. Die Haftpflicht des Staates ist gegenüber dem § 12 Grundbuchordnung erweitert. Vgl. oben S. 105.

Ein Regreßanspruch des Staates gegen den Beamten ist im Falle des Abs. 2 nicht gegeben. Vgl. aber § 827 Satz 2 BGB.

7. Zu Abs. 3. Eine Ausnahme von der Staats-

haftung gemäß Abs. 1 macht der Abs. 3 a) für diejenigen Beamten, welche ausschließlich auf den Bezug von Gebühren angewiesen sind, b) für diejenigen Amtshandlungen, für welche die Beamten eine besondere Vergütung durch Gebühren von den Beteiligten beziehen. In den Fällen zu a und b haftet der Beamte, wie nach bisherigem Recht, persönlich. Ob die Gebühr bezahlt, oder überhaupt geltend gemacht wird oder nicht, ist gleichgültig.

Zu a. Zu den Beamten unter a gehören hauptsächlich Notare, Vollziehungsbeamte usw. Bei ihnen haben die Beteiligten meistens die Wahl, an welchen Beamten sie sich wenden wollen; auch überwiegt dabei im allgemeinen das Privatinteresse. Die Ausschließung der Staats- (Verbands-) Haftung rechtfertigt sich dadurch, daß diese Beamten namentlich in bezug auf die Aufsicht in einem wesentlich lockeren Verhältnisse zum Staate usw. stehen, als die besoldeten Beamten. Im Gegensatz zu Bayern, wo die Notare eine andere Stellung einnehmen, hat man die Staatshaftung für Notare abgelehnt. Es macht keinen Unterschied, ob der Beamte die Gebühren unmittelbar von den Beteiligten oder aus der Staats- bzw. einer andern öffentlichen Kasse erhält, zu welcher die Gebühren zunächst vereinnahmt werden. Es ist auch gleichgültig, ob die von den Beteiligten eingezogenen Gebühren voll den Beamten zufließen, oder derselbe verpflichtet ist, einen Teil abzugeben, wie z. B. Fleischbeschauer an eine bestimmte Kasse. Der Beamte haftet auch persönlich, wenn er aus der öffentlichen Kasse, zu welcher die Gebühren zunächst vereinnahmt werden, nur einen bestimmten Gebührenanteil erhält, dagegen fällt er nicht unter die Vorschrift des Abs. 3, wenn er aus der Kasse eine Pauschalvergütung bekommt. Hier profitiert auch der Staat an den Gebühren, tatsächlich zahlt er den Beamten Gehalt. Vgl. wegen der Fleischbeschauer den KomBer. S. 6 ff., auch sie üben eine öffentliche Gewalt aus, insofern sie nicht nur über die Freigabe des von ihnen amtlich untersuchten Fleisches, sondern auch über die Beschlagnahme des von ihnen beanstandeten Fleisches entscheiden.

Zu b. Bei den übrigen Beamten, welche festes Gehalt oder ein Pauschquantum beziehen, kann es vorkommen, daß ihnen noch einzelne und bestimmte Amtshandlungen übertragen sind, für die sie Gebühren beziehen, und zwar von dem Beteiligten, dem Dritten, für den sie tätig werden. Daß sie die Gebühren unmittelbar von den Beteiligten beziehen, ist nicht erforderlich. Es genügt auch, wenn die Gebühren auf einem Umwege zunächst aus einer öffentlichen Kasse gezahlt und von dieser an den Beamten abgeführt werden. Die Kasse ist hier nur Auszahlungsmaschine. Der Abg. Viereck (StenBer. des Abg.H. 1908/09, S. 4573) unterscheidet falsch im Widerspruch mit dem Gesetzestext.

Dadurch, daß das Gesetz bei einer Amtshandlung die Entlohnung des Beamten den Privatbeteiligten überläßt, ist anerkannt, daß das Privatinteresse dabei überwiegt. Nach Art. 102 preuß. Verf. können Gebühren seitens der Staats- und Kommunalbeamten nur auf Grund eines Gesetzes erhoben werden, es ist also ausgeschlossen, daß einem Beamten im Verwaltungswege Gebühren zugesprochen werden und der Staat (Verband) auf diese Weise seine Haftung beseitigt. Zu den Beamten unter b gehört auch der Gemeindevorsteher bei Aufnahme eines Nottestamentes, da er für diese Amtshandlung Gebühren lediglich von den Beteiligten zu beziehen hat (§ 2249 BGB.).

Kreisärzte (es kommen vorzugsweise die nicht vollbesoldeten in Betracht) üben eine öffentliche Gewalt nur in beschränktem Maße aus. Wo ihnen die Befugnis zu gesundheitspolizeilichen Anordnungen beigelegt ist, da erhalten sie für ihre Amtshandlungen keine Gebühren, sie fallen also nicht unter den Abs. 3. Kreistierärzte haften für ihre in Ausübung der öffentlichen Gewalt vorgenommenen Amtshandlungen (Feststellung der Seuchenfreiheit usw.), sofern sie von den Beteiligten Gebühren erhalten, persönlich. Eine Haftung von Kommunalverbänden für Amtspflichtverletzungen der Kreisärzte und Kreistierärzte kann niemals in Frage kommen, da diese Beamten keinesfalls für den Dienst eines Kommunalverbandes angestellt sind. Es kann also eventuell nur der Staat haften.

Bei Strom- und Seelootsen kann von einer Ausübung der öffentlichen Gewalt nur die Rede sein, soweit Lootsenzwang besteht. Die Lootsen sind zum Teil staatliche Beamte, zum Teil wird das Lootsengeschäft durch die Elbweser- und Emslootsengemeinschaften ausgeübt (KomBer. v. 1907 S. 7).

Gerichtsvollzieher fallen nicht unter den Abs. 3. Vgl. KomBer. S. 92 u. KomBer. v. 1907 S. 6. Der Staat haftet für sie auch bei Versehen derselben dem beauftragenden Gläubiger gegenüber (s. oben S. 302 u. RG. 18. Febr. 1908, Recht S. 204). Der Anregung, den Staat wie in Elsaß-Lothringen nur dann haften zu lassen, wenn die Verrichtung, in deren Ausübung der Schaden entstanden sei, dem Gerichtsvollzieher vom Staate übertragen sei, wurde nicht stattgegeben.

8. Wegen der Grundbuchbeamten s. oben S. 100ff.

9. Wegen des Gerichtsstandes usw. vgl. oben S. 348ff.

Der schuldige Beamte kann als Zeuge vernommen werden, selbst als Nebenintervenient, sofern er nicht gemäß § 69 ZPO. als Streitgenosse gilt (RG. Entsch. 20, 390).

10. Vgl. auch § 6 S. 113ff. oben (Einwendungen des Staates usw.) sowie § 255 BGB. (Abtretung der Ansprüche des Geschädigten).

§ 2.

Wird der Staat auf Grund der Vorschrift des § 1 Abs. 1 in Anspruch genommen, so finden auf die Feststellung, ob der Beamte sich einer Überschreitung seiner Amtsbefugnisse oder der Unterlassung einer ihm obliegenden Amtshandlung schuldig gemacht hat, die für den Fall der Verfolgung des Beamten geltenden Vorschriften entsprechende Anwendung.

1. Da der Staat oder der Verband (vgl. § 4) für den Ersatzanspruch des Beschädigten lediglich an die Stelle des Beamten tritt, so müssen auch in prozessualer Hinsicht für die Rechtsverfolgung gegen ihn dieselben Vorschriften gelten, wie im Falle der Verfolgung des Beamten selbst, zumal das Gesetz die Gefahr vexatorischer Ansprüche vergrößert. Durch die Zulassung des sog. Konflikts ist ein besonderes Schutzmittel gegen ungerechtfertigte Anfechtung von Amtshandlungen gegeben. Maßgebend ist das Gesetz vom 13. Februar 1854 (GS. S. 86), welches in der ganzen Monarchie gilt (vgl. Verordnung v. 16. Sept. 1867, GS. S. 1515, Gesetz v. 25. Febr. 1878, GS. S. 97 u. Gesetz v. 22. März 1891, GS. S. 39). Die Vorschriften dieses Gesetzes können im Falle der Inanspruchnahme des Staates nur entsprechende Anwendung finden. Statt wie früher den Konflikt für begründet zu erklären, wird das OVG. entsprechend dem § 3 a. a. O. den Rechts-

weg gegen den Staat für unzulässig zu erklären haben. Wegen der Einzelheiten vgl. Gravenhorst, der sog. Konflikt bei gerichtlicher Verfolgung von Beamten. Der Übersichtlichkeit halber soll die Frage der Zulässigkeit der Konfliktserhebung hier im Zusammenhange dargestellt werden und zwar auch für diejenigen Fälle, in welchen nicht der Staat (Verband), sondern der Beamte direkt haftet.

2. Der § 1 des Ges. v. 13. Febr. 1854 lautet: „Wenn gegen einen Zivil- [oder Militär-]beamten wegen einer in Ausübung oder in Veranlassung der Ausübung seines Amtes vorgenommenen Handlung oder wegen Unterlassung einer Amtshandlung eine gerichtliche Verfolgung im Wege des Zivil- oder Strafprozesses eingeleitet worden ist, so steht der vorgesetzten Provinzial- oder Zentralbehörde des Beamten, falls sie glaubt, daß demselben eine [zu gerichtlicher Verfolgung geeignete] Überschreitung seiner Amtsbefugnisse oder Unterlassung einer ihm obliegenden Amtshandlung nicht zur Last fällt, die Befugnis zu, den Konflikt zu erheben." Letzteres heißt: eine Vorentscheidung des preußischen Oberverwaltungsgerichts zu Berlin darüber zu verlangen, ob dem Beamten eine Überschreitung seiner Amtsbefugnisse oder die Unterlassung einer ihm obliegenden Amtshandlung zur Last fällt. Vgl. § 11 EG. z. GVG.

Nach § 4 a. a. O. ist die Konfliktserhebung ausgedehnt auf einen aus den Dienst bereits ausgeschiedenen Beamten und auf die Erben eines Beamten, so daß also auch zugunsten pensionierter, entlassener und zur Disposition gestellter Beamten vorgegangen werden kann, soweit noch im Amt begangene Handlungen in Frage stehen. Es ist auch gleichgültig, ob der Beamte unmittelbarer oder mittelbarer Staatsbeamter (§ 5 a. a. O.), ob er auf Lebenszeit, auf Zeit oder nur vorläufig zur Probe,' ob gegen Entgelt oder nicht, angestellt, ob er vereidigt oder unbeeidigt ist. Der Konflikt ist für zulässig erklärt zugunsten eines Ortsvorstehers (OVG. 25, 425), eines Verwalters der städtischen Polizei (OVG. 14, 420), eines Vorstehers der Gesamtarmenverbände (OVG. 41, 443), eines Dirigenten einer freiwilligen, unter polizeilicher Genehmigung gebildeten Feuerwehr (OVG. 8, 403), eines Amtsdieners (Preuß. VBl. 16, 267), eines Lehrers, der nicht an staatlichen Unterrichtsanstalten angestellt ist (OVG. 16, 412 u. 19, 445), eines Lehrers an einer Fortbildungsschule (OVG. 30, 437). Nach Gravenhorst S. 79 soll der Konflikt auch statthaft sein bei einem in Privatdiensten angestellten Forstbediensteten, sofern er gemäß § 24 des Forstdiebstahlsges. v. 15. April 1878 vereidigt ist. Streitig ist, ob auch für Geistliche der Konflikt erhoben werden kann. Das OVG. verneint die Fragen selbst bei Geistlichen, welche ein kirchenregimentliches Amt, z. B. als Superintendent, bekleiden (OVG. 8, 390, 19, 435 u. 20, 451). Dasselbe gilt von den Mitgliedern der Konsistorien und des evangelischen Oberkirchenrats (Gravenhorst S. 79). Befinden sich aber Geistliche in staatsamtlichen Funktionen, z. B. als Schulinspektor, so ist die Frage zu bejahen.

Beamten öffentlicher Stiftungen gehören nicht hierher. Wegen der Hofbeamten vgl. § 10 Nr. 4 oben.

Unzulässig ist die Erhebung des Konflikts (§ 7 des Gesetzes vom 13. April 1854):

α) Bei richterlichen Beamten.

Förster-Eccius, Preuß. Privatr. Bd. 2 S. 513 Anm. 21 meint, daß der Ausdruck „richterliche Beamte" auch von den Mitgliedern der Verwaltungsgerichte in deren verwaltungsgerichtlicher Tätigkeit verstanden werden müsse, obgleich es eine solche im Jahre 1854 noch nicht gab. — Das erscheint nicht richtig. Gemeint sind die richterlichen Beamten (einschl. der Assessoren) bei den ordentlichen Gerichten. Auch die Mitglieder der Sondergerichte (z. B. Agrar-, Gewerbe- und Kaufmannsgerichte) gehören, soweit sie überhaupt Beamte sind, nicht hierher, bei ihnen ist also der Konflikt statthaft.

β) Bei anderen Justizbeamten, mit Ausnahme der Beamten der Staatsanwaltschaft und der gerichtlichen Polizei.

Zu den „anderen Justizbeamten" gehören die Notare und Gerichtsvollzieher, sonst aber nur die Beamten der Gerichte, z. B. Referendare, Subaltern- und Unterbeamte, nicht aber diejenigen des Justizministeriums (Delius, Preuß. VerwBl. 27, 408) oder gar der Justizminister selbst. Zu den Beamten der Staatsanwaltschaft gehören auch die zum Ressort derselben zählenden Beamten der Sekretariate und Gefängnisse, ferner die Amtsanwälte und Hilfsbeamten der Staatsanwaltschaft. Bei einzelnen Subaltern- und Unterbeamten kann es zweifelhaft sein, ob sie Beamte des Gerichts oder der Staatsanwaltschaft sind. Hier ist entscheidend, in welcher Eigenschaft sie tätig geworden sind.

γ) (Bei den im Bezirke des Appellationsgerichts zu Köln angestellten Hypothekenbewahrern und Zivilstandesbeamten.)

Aufgehoben durch Gesetz v. 18. Juli 1896 (GS. S. 165) und durch das Personenstandsgesetz v. 6. Febr. 1875.

Der Ausschluß der Konfliktserhebung bei den Justizbeamten hat zur Folge, daß sich auch bei von vornherein ganz aussichtslosen Klagen der Staat zunächst auf den Prozeß einlassen und einen Rechtsanwalt annehmen muß. Hierdurch entstehen Kosten und zwar recht viele, da die meisten Ersatzklagen gerade Justizbeamte betreffen. Ein Ersatz von den abgewiesenen Kläger wird selten möglich sein.

Ist Konfliktserhebung zulässig, dann kann der Staat vor der Annahme eines Anwalts absehen und sofort Konflikt erheben.

Bei Reichsbeamten ist die Erhebung des

Konflikts nicht zulässig. Vgl. RG. Entsch. i. Strafs. 32, 324 u. OVG. 11, 403.

Nach Art. 50 Abs. 5 Reichs-Verf. werden gewisse Beamte der Post und Telegraphie von den Landesregierungen angestellt. Vgl. für Preußen den Allerhöchsten Erl. v. 28. Sept. 1867 (GS. S. 1780). Wenn auch diese Beamte mittelbare Reichsbeamte und zugleich preußische Landesbeamte sind, so ist ein Konflikt nicht statthaft (KomBer. S. 12).

Der preußische Kriegsminister ist Reichsbeamter und preußischer Landesbeamter. Der Konflikt ist zulässig, sofern er eine Amtshandlung in letzterer Eigenschaft getätigt hat, z. B. als Verwalter des Zeughauses in Berlin oder als Chef der preußischen Landgendarmerie.

Wird gegen Personen des Soldatenstandes wegen Handlungen, welche von ihnen bei Ausübung oder in Veranlassung der Ausübung ihrer Dienstvorrichtungen vorgenommen sind oder wegen Unterlassung ihrer Dienstverrichtungen bei anderen, als bei Militärgerichten eine Klage erhoben, so kann der Divisionskommandeur oder der kommandierende General den Konflikt erheben. Diesfalls ist zur Entscheidung desselben das Militärjustizdepartement (bestehend aus Kriegs- und Justizminister) berufen, welches unter Mitwirkung dreier höherer Offiziere, welche vom Könige jedesmal auf drei Jahre bezeichnet werden, entscheidet. Die Beschlußnahme erfolgt auf den schriftlichen Vortrag zweier rechtsverständiger Referenten, deren einer vom Justizminister, der andere vom Kriegsminister ernannt wird (vgl. § 6 des Ges. v. 13. April 1854).

Gravenhorst S. 163 und Jastrow (Verwaltungsarchiv 4, 336 ff. u. Zeitschr. für ZProz. 39, 128) meinen, daß das Militärjustizdepartement durch § 11 EG. z. GVG. aufgehoben und an seine Stelle das OVG. in Berlin getreten sei. And. Ans. Stölzel, Rechtsweg S. 60 Anm. 62. In der Praxis der Behörden ist man zutreffenderweise anderer Ansicht, auch sind bis jetzt noch immer die drei höheren Offiziere vom Könige ernannt. Für Angehörige der Marine und die Schutztruppen gilt § 6 nicht. Danach ist also für Personen des Soldatenstandes, soweit sie dem preußischen Kontingent (Landheer) angehören, das Militärjustizdepartement zur Vorentscheidung berufen. Militärbeamte sind Reichsbeamte und deshalb einer Vorentscheidung nicht unterworfen. Bei Gendarmen, die sich der Überschreitung ihrer Amtsbefugnisse nur in einer Tätigkeit schuldig machen können, hinsichtlich deren sie der Zivilbehörde unterstehen, entscheidet das Oberverwaltungsgericht (OVG. 31, 438). Bei den Gendarmerieoffizieren, welche durchweg den Offizieren der Armee gleichgestellt sind, wird das Militärjustizdepartement zuständig sein. Ebenso Gravenhorst S. 168.

Nur Staatsbehörden, nicht die Korporationen und Gemeinden, auch der Landesdirektor nicht, haben das Recht, den Konflikt zu erheben, doch steht es letzterem frei, die zuständigen Staatsbehörden zur Konfliktserhebung zu veranlassen. (OVG. 24. April 1880, Preuß. VBl. I, 404.) Ist der Minister verklagt, so kann er selbst den Konflikt erheben. (OVG. Entsch. 47, 436 u. Delius, Preuß. VerwBl. 27, 407; and. Ans. Jastrow, Verwaltungsarchiv 14, 185.)

Die Erhebung des Konflikts ist auch gegen den Willen des Beamten statthaft, ja sogar zulässig, wenn sich ein bestimmter Beamter nicht ermitteln läßt (KomBer. v. 1907 S. 4). Im letzteren Falle muß allerdings feststehen, daß als schuldige Beamte nur solche in Betracht kommen können, bei welchen die Konfliktserhebung zulässig ist. Ist nicht zu ermitteln, ob der Schaden durch einen Gerichtsbeamten oder durch einen Beamten der Staatsanwaltschaft verursacht ist, so ist der Konflikt nicht möglich.

Die Konfliktserhebung ist nicht zulässig, wenn der Beamte nicht persönlich, sondern als gesetzlicher Vertreter einer Korporation verklagt wird (OVG. Entsch. 25, 425).

Es ist gleichgültig, ob der Beamte innerhalb oder außerhalb Preußens, z. B. als Eisenbahnbeamter, Untersuchungsrichter oder als Konsul bei einem andern Bundesstaate die schädigende Amtshandlung ausgeführt hat, sofern der Prozeß vor preußischen Gerichten schwebt. Vgl. oben S. 19.

Geht ein als Konfliktserhebung aufzufassender

Antrag bei dem Prozeßgericht ein, so stellt dieses das Verfahren durch Beschluß, welcher den Parteien zuzustellen ist, einstweilen ein. Die Konfliktserhebung ist zulässig, sobald die Klage zugestellt ist, und zwar solange, als die Entscheidung des Gerichts noch nicht rechtskräftig geworden ist. Abgesehen von diesem Punkte hat über die Zulässigkeit des Konflikts das Prozeßgericht nicht zu entscheiden. Das OVG. prüft lediglich die Frage, ob der in Anspruch genommene Beamte objektiv seine Amtsbefugnisse überschritten hat, und überläßt die Frage nach dem subjektiven Verschulden den ordentlichen Gerichten (Entsch. 19, 445, 32, 417; ebenso RG. Entsch. i. Straff. 10, 385). Vgl. oben § 5 unter „Baden". Verneint das Oberverwaltungsgericht diese Frage, erklärt es also den Konflikt für begründet, so ist eine gerichtliche Entscheidung nicht mehr statthaft, d. h. der Ersatzanspruch aus §§ 839 ff. BGB. kann nicht mehr geltend gemacht werden. Andernfalls nimmt der Zivilprozeß vor den ordentlichen Gerichten seinen Fortgang. Diese sind an die Entscheidung des OVG. nicht gebunden und können die Klage abweisen. Ist der Beamte (richtiger der Staat für ihn) mit dritten Personen, sei es Beamten oder Privatpersonen, gemeinsam verklagt, so äußert die die Schuld verneinende Vorentscheidung für diese keine Wirkung und sie können verurteilt werden. Selbst wenn sich dann bei der weiteren Verhandlung gegen diese dritten Personen herausstellt, daß der Beamte, zu dessen Gunsten der Konflikt erhoben war, sich doch offenbar einer Amtsüberschreitung schuldig gemacht hat, so bleibt er doch durch diese Vorentscheidung gesichert.

3. Wegen der Polizeibeamten s. § 5 unten.

4. Selbstverständlich ist die Erhebung des Konflikts, sofern er bei den Beamten überhaupt statthaft, auch zulässig, wenn der Staat nicht haftet, sondern der Beamte direkt in Anspruch genommen wird. Der Konflikt wird, sofern der Staat haftet, nur in dem gegen letzteren angestrengtem Prozesse erhoben werden. Wird der Beamte wegen Schäden, verursacht bei Ausübung privatrechtlicher Verrichtungen, in Anspruch genommen (s. oben S. 342), so kann ebenfalls der Konflikt erhoben werden.

5. Wegen der Erhebung des sog. Kompetenzkonflikts (GVG. § 17, preuß. Verordnung v. 1. Aug. 1879, GS. S. 573 u. Ges. v. 22. Mai 1902, GS. S. 145) s. oben S. 52. Nur preußische Behörden können den Kompetenzkonflikt erheben, welcher neben dem Konflikt statthaft ist. Das Urteil v. 14. Dez. 1907 (oben S. 52) ist durch eine neuere Entscheidung des Gerichtshofes zur Entsch. der Kompetenzkonflikte v. 28. Nov. 1908 (D. J.-Ztg. 1909 S. 719) erheblich abgeändert; es gilt jetzt nur noch für die Fälle, wo der schuldige Beamte von dem Geschädigten direkt in Anspruch genommen wird. Da der Staat durch § 1, also eine beson-

dere Gesetzesvorschrift, für haftbar erklärt ist, so ist nach Ansicht des Gerichtshofes die in der ganzen Monarchie geltende Deklaration vom 16. November (4. Dez.) 1831 nicht anwendbar, der Rechtsweg also zulässig. Dem wird beizutreten sein.

§ 3.

Der Staat kann von dem Beamten Ersatz des Schadens verlangen, den er durch die im § 1 Abs. 1 bestimmte Verantwortlichkeit erleidet. Der Ersatzanspruch verjährt in drei Jahren von dem Zeitpunkt an, in welchem der Ersatzanspruch des Dritten diesem gegenüber von dem Staate anerkannt oder dem Staate gegenüber rechtskräftig festgestellt ist.

1. Der § 3 behandelt den Rückgriff des Staates (Verbandes) gegen den Beamten. Ist der Staat der direkt Geschädigte, so greifen die Vorschriften des ALR. usw. (s. § 8 oben) Platz. (Begr.) Vgl. auch oben § 7 a. E. u. § 9. Es begründet keinen Unterschied, ob dem Beamten Vorsatz, grobes Verschulden oder nur geringere Fahrlässigkeit zur Last fällt. Vgl. aber Anm. 2. Der Staat (Verband) haftet auch, wenn sich der schuldige Beamte nicht ermitteln läßt. In einem solchen Falle wird ein Regreßanspruch des Staates nicht möglich sein.

2. Für die Grundbuchbeamten ist es bei der Sondervorschrift des Art. 8 AG. z. GBO. ver=

blieben. Ihre Ersatzpflicht ist auf die Fälle beschränkt, in denen sie ihre Amtspflicht vorsätzlich oder aus grober Fahrlässigkeit verletzen. Maßgebend für Art. 8 war insbesondere die mit der Tätigkeit der Grundbuchbeamten in außergewöhnlichem Maße verbundene Gefahr, durch geringfügige Versehen unverhältnismäßig hohe Ersatzverbindlichkeiten auf sich zu laden, eine Gefahr, welche die Grundbuchbeamten in einem bei anderen Beamtenklassen nicht beobachteten Umfange zum Abschluß von Versicherungen nötigte, andererseits nicht selten zu einer den Liegenschaftsverkehr hemmenden übertriebenen Ängstlichkeit veranlaßte.

Die Ausdehnung der Vorschrift des Art. 8 auf alle Beamten erschien, abgesehen davon, daß dadurch die im § 839 BGB. vorgesehene Verantwortlichkeit des Beamten für jedes Verschulden zu einer bloßen Haftung für Vorsatz und grobe Fahrlässigkeit abgeschwächt werden würde, nicht annehmbar, weil sie geeignet wäre, das Verantwortlichkeitsgefühl des Beamten unter Umständen bedenklich herabzumindern und dadurch nicht nur die Interessen des Staates, sondern auch des Publikums zu gefährden.

3. Daß der Rückgriff stattfindet, ist nicht absolut notwendig, wie sich aus dem Worte „kann“ ergibt. Es wird zulässig sein, daß bei besonders leichten Versehen des Beamten von den Ersatzansprüchen im Wege der Gnade Abstand genommen wird. Der

Regel nach müssen allerdings fiskalische Ansprüche geltend gemacht werden.

4. Die Art der Ersatzleistung seitens des Beamten bestimmt sich nach den allgemeinen Grundsätzen des BGB. Zur Ausübung des Rückgriffsrechts ist nicht erforderlich, daß der Staat den Verletzten bereits entschädigt hat. Der Staat kann nach §§ 249 u. 257 BGB. von den Beamten auch Befreiung von der ihm dem Dritten gegenüber erwachsenen Ersatzpflicht verlangen.

5. In dem Regreßprozesse (vgl. oben § 7 a. E. u. § 9) kann der Beamte in jeder Art den Beweis seiner Schuldlosigkeit führen, selbst wenn der Staat die Schadensersatzpflicht dem Geschädigten gegenüber anerkannt hat. Die Voraussetzungen des § 1 müssen in dem Prozesse gegen den Beamten selbständig festgestellt werden, wenn dieser nicht schon am Rechtsstreit gegen den Staat als Nebenintervenient oder infolge Streitverkündung beteiligt gewesen ist (§§ 68 u. 74 Abs. 3 ZPO.).

6. Verjährung. Da der Ersatzanspruch des Staates von den im § 839 BGB. bestimmten Ersatzansprüchen des geschädigten Dritten gegen den Beamten seinem Wesen nach verschieden ist, so würde an sich die kurze (dreijährige) Verjährungsfrist des § 852 BGB. nicht Platz greifen. Um jedoch die Lage des Beamten durch das Eintreten des Staates nicht zu verschlechtern, ist die Vorschrift des § 852 BGB. eingeführt. Mit den Worten

„anerkannt" wird ein Anerkenntnisvertrag ebensowenig gefordert, wie im Art. 8 AG. z. GBO. und im § 208 BGB. Unter Umständen haftet der Beamte länger, als er nach § 839 BGB. in Verbindung mit § 852 BGB. haften würde. Dadurch ist seine Rechtslage aber nicht erschwert.

7. Auch für die Anwendung des § 841 BGB. (s. oben S. 271) tritt der Staat an die Stelle des schuldigen Beamten, im Verhältnis zwischen dem Staate und dem für den Schaden mitverantwortlichen „Anderen", z. B. den Vormund, ist dieser allein verpflichtet. Der Staat kann ohne weiteres das Rückgriffsrecht, das dem Beamten gegen den Mitschuldigen zusteht, seinerseits geltend machen. Der § 841 BGB. behält auch noch für den schuldigen Beamten Bedeutung, sofern er nach § 3 des Gesetzes dem Staate (Verbande) Ersatz geleistet hat, er kann Rückgriff gegen den Mitschuldigen nehmen.

§ 4.

Die Vorschriften der §§ 1 bis 3 finden auf die für den Dienst eines Kommunalverbandes angestellten Beamten mit der Maßgabe Anwendung, daß an die Stelle des Staates der Kommunalverband tritt. Jedoch trifft bei Amtspflichtverletzungen von Standesbeamten die Verantwortlichkeit den Staat.

Einem Kommunalverbande stehen gleich die Gutsbezirke, die Amtsverbände und die zur

Wahrnehmung einzelner kommunaler Angelegenheiten gebildeten Zweckverbände.

1. Das Abgeordnetenhaus hat folgende Resolution gefaßt:

„Die Königliche Staatsregierung zu ersuchen, Einrichtungen zu vermitteln, durch welche den Gemeinden (Gutsbezirken) die Versicherung gegen ihre Haftung für Amtspflichtverletzungen von Beamten bei Ausübung der öffentlichen Gewalt und den alleinhaftenden Gemeindebeamten die Versicherung gegen ihre Haftpflicht erleichtert wird."

2. Die Kommunalverbände, namentlich die Gemeinden, sind an der Ausübung der öffentlichen Gewalt durch ihre Beamten so wesentlich beteiligt, daß das Gesetz seinen Zweck nicht erfüllen würde, wenn Bestimmungen über die Haftung der Kommunalverbände fehlten.

Die Belastung der Kommunalverbände ist viel geringer als auf dem privatrechtlichen Gebiete (§ 89 BGB.). Für die weiteren Kommunalverbände wird eine Haftung fast nur im Falle einer Rechtsverletzung bei der Einziehung von Abgaben durch eigene Beamte vorkommen.

Die Aufgaben, zu deren Erfüllung den Beamten der Gemeinde die Handhabung öffentlicher Gewalt zusteht, sind zum Teil rein kommunale, zum Teil an sich staatliche, wie die Ausübung der Polizeigewalt, die ihnen durch das Gesetz übertragen ist, und die Besorgung der örtlichen Geschäfte der

Staatsverwaltung, die ihnen nach dem Gesetz übertragen werden kann. Für die Regelung der Haftung war der Gesichtspunkt maßgebend, daß es sich in allen in Betracht kommenden Fällen um die Amtstätigkeit von Beamten handelt, die im Dienste der Gemeinde stehen und für deren Versehen diese als Trägerin der gesamten aus ihrer Amtsführung entstehenden Lasten einstehen muß. Eine Unterscheidung nach der Art der Aufgaben, welche der Beamte im Einzelfalle ausgeführt hat, ist in der Praxis undurchführbar. Für die Amtshandlungen der Gemeindebeamten ist also ohne Unterschied der Art ihrer Verrichtung die Gemeinde haftbar. Entscheidend ist, ob der Beamte für den Dienst des Kommunalverbandes, nicht ob er von dem Kommunalverbande angestellt ist, es haftet also z. B. auch die rheinische Bürgermeisterei für die Amtshandlungen des Bürgermeisters, obwohl er von dem Oberpräsidenten ernannt wird. Die Kommunalverbände haften also auch für Beamte, mit deren Anstellung sie nicht das Geringste zu tun haben. Ist ein unmittelbarer Staatsbeamter im Nebenamt Kommunalbeamter oder umgekehrt, so ist der Staat oder der Kommunalverband haftpflichtig, je nachdem der Schaden bei Ausübung des Hauptamtes oder des Nebenamtes verursacht ist.

3. Den Kommunalverbänden stellt der § 4 Abs. 2 die Gutsbezirke, die Amtsbezirke und die zur Wahrnehmung einzelner kommunaler An-

gelegenheiten gebildeten Zweckverbände (vgl. insbesondere Landgemeindeordnung für die sieben östlichen Provinzen vom 3. Juli 1891, Gesetzsamml. S. 233, §§ 128 ff.) gleich. Die Amtsverbände sind keine Kommunalverbände, müssen aber in bezug auf die Haftung für ihre Beamten gleichen Grundsätzen unterworfen werden, da sonst das ganze Gebiet der Ortspolizei auf dem Lande innerhalb der östlichen Provinzen (abgesehen von der Provinz Posen) und der Provinz Schleswig-Holstein von der Regelung des Entwurfes ausgeschlossen sein würde. Nicht minder ist es geboten, die vorbezeichneten Zweckverbände mit Rücksicht auf das ihnen gewährte Steuererhebungsrecht für ihre Beamten haftbar zu machen. Indem das Gesetz eine Haftung der Gutsbezirke, der Amtsbezirke und der gedachten Zweckverbände ausspricht, legt es ihnen stillschweigend auch die zur Durchführung der Haftung erforderliche Rechtsfähigkeit bei (vgl. Kommunalbeamtengesetz vom 30. Juli 1899 § 18 Abs. 4).

Für den Begriff „Kommunalbeamter" ist nicht das Kommunalbeamtengesetz vom 30. Juli 1899 maßgebend. Nicht nur für besoldete, sondern auch für die ehrenamtlich angestellten haftet der Verband. (KomB. v. 1907, S. 10 u. 12.) Eine schriftliche Bestallung ist aber für die besoldeten Beamten erforderlich, da sonst die Eigenschaft eines Gemeindebeamten überhaupt fehlt. Funktioniert jemand tatsächlich mit Willen der Gemeinde als Beamter, besitzt jedoch keine Bestallung, so ist gegen die Gemeinde dem Beschädigten ein Anspruch aus dem Gesichtspunkte der unerlaubten Handlung gegeben (s. oben S. 154).

4. Nach § 4 Abs. 1 haftet die Gemeinde insbesondere auch für Verfehlungen der in ihrem Dienste befindlichen Hilfsbeamten der Staatsanwaltschaft. (Gesetz über die Beurkundung des Personenstandes usw. vom 6. Februar 1875, § 4; Gerichtsverfassungsgesetz § 153; Städteordnung für die östlichen Provinzen vom 30. Mai 1853, § 62.) Der Amtsanwalt ist unmittelbarer Staatsbeamter. (KomB. von 1907, S. 10.) Andererseits erstreckt sich die Haftung der Gemeinden auf die nur im Nebenamte für ihren Dienst angestellten Beamten, z. B. die nebenamtlichen Vorsitzenden oder Gerichtsschreiber eines Gewerbe- oder Kaufmannsgerichts, sowie auf die für die Gemeinde bestellten Schiedsmänner. In den Fällen, in denen ein Verband einen anderen um Vornahme einer Amtshandlung, z. B. um Steuereinziehung ersucht, trifft die Haftung den ersuchten Verband, dessen Beamter eine zum Schadensersatze verpflichtende Handlung vornimmt.

5. Auch für die Haftung der Kommunalverbände gelten die Vorschriften des § 1 Abs. 2 u. 3. Danach ist unter anderem die Haftung der Gemeinden für die Tätigkeit des Gemeindevorstehers bei der Aufnahme von Nottestamenten (BGB. 2249) ausgeschlossen.

6. Für Standesbeamte haftet unter allen Umständen der Staat.

7. In Städten mit Königlicher Polizeiverwaltung haftet für Versehen des Polizeibeamten der Staat. Die aus der Amtspflichtverletzung erwachsenden Kosten sind nicht mittelbare, sondern unmittelbare Polizeikosten, bei denen also die Gemeinde mit einer Quote haftet. (KomB. v. 1907, S. 12.) Vgl. Gesetz vom 3. Juni 1908 (GS. S. 149). Wo kommunale Polizei besteht, haftet die Gemeinde für den gesamten Schaden.

8. Lehrer und Lehrerinnen. Soweit sie zu den unmittelbaren Staatsbeamten gehören (z. B. Gymnasiallehrer, Universitätsprofessoren usw.), haftet für sie der Staat, und wenn sie Kommunalbeamte sind, was immerhin möglich ist, die Kommune. Die Haftung der übrigen Lehrer (Volksschullehrer, Lehrer an nicht staatlichen und nicht kommunalen öffentlichen Unterrichtsanstalten, auch höheren Lehranstalten, usw.) ist Gegenstand heißer Kämpfe im Parlament gewesen. Das Abgeordnetenhaus erklärte den Schulverband für haftpflichtig, für leistungsschwache Schulverbände sollte der Staat eingreifen, das Herrenhaus wollte den Staat ohne Unterschied für haftpflichtig erklären. Um den Streit zu beseitigen, strich man die auf Lehrer bezügliche Bestimmung (§ 5) in dem Gesetze. Diese haften also, abgesehen von der Rheinprovinz, persönlich nach § 839 BGB., jedoch ist vorgesehen, die Haftung demnächst gesetzgeberisch zu regeln.

Wenn auch der Art. 77 EG. z. BGB. nur von Kommunalverbänden spricht, so ist doch die Landesgesetzgebung auch ohne ausdrückliche Ermächtigung befugt, die Haftung anderer öffentlicher Verbände für die von ihren Beamten zugefügten Schäden auszusprechen. (KomB. v. 1907, S. 13/14.) Vgl. S. 44.

Privatlehrer haften wie Privatpersonen, also nicht nach § 839, sondern nach § 823 ff. BGB.

Die Lehrer und Lehrerinnen an öffentlichen Unterrichtsanstalten sind Beamte i. S. des § 839 BGB. (vgl. preuß. VerfUrk. Art. 23, Abs. 2 u. II, 12 § 65 ALR.). Wenn nun auch die Lehrtätigkeit als solche mit den Herrschaftsrechten des Staates nichts zu tun hat, so steht doch den öffentlichen Lehrern in anderer Beziehung, namentlich auf dem Gebiete der Schuldisziplin, die Ausübung öffentlicher Gewalt zu. Diese betätigt sich besonders durch das Züchtigungsrecht, das den öffentlichen Lehrern kraft ihres Amtes zusteht. Vgl. RG. Strafs. 15, 377 u. 20, 274, OVG. Entsch. 15, 447.

Die Erhebung des Konflikts (s. oben § 3) ist bei allen Lehrern und Lehrerinnen an öffentlichen Unterrichtsanstalten zulässig.

§ 5.

Die Vorschrift des § 6 des Gesetzes über die Zulässigkeit des Rechtswegs in Beziehung auf polizeiliche Verfügungen vom 11. Mai 1842 (Ge-

setzsammt. S. 192) gilt auch für die den Beteiligten nach diesem Gesetze zustehenden Rechte.

1. Der § 6 des Ges. v. 11. Mai 1842 lautet:

„Wird eine polizeiliche Verfügung im Wege der Beschwerde als gesetzwidrig oder unzulässig aufgehoben, so bleiben dem Beteiligten seine Gerechtsame nach den allgemeinen gesetzlichen Bestimmungen über die Vertretungsverbindlichkeit der Beamten vorbehalten."

Der § 6 ist weder durch Art. 97 der VerfUrk. noch durch § 11 EinfGes. z. ZPO. noch durch § 839 BGB. aufgehoben (RG. 16. Februar 1888, Entsch. 20 295 u. 17. April 1902, JurWoch. S. 373). Vgl. RG. Entsch. i. ZS. 18 123, Gruchot 39 1023 u. 46 1103 u. KompGH. 30. Juni 1900, DJZ. 1901 S. 31 u. OVG. 18. Januar 1890, MBl. f. d. i. V. S. 47.

Die Ansicht von Jastrow in Gruchots Beiträgen 30, 332, daß der § 6 durch § 11 Abs. 2 EG. zum GVG. beseitigt sei, ist unzutreffend.

Diejenigen, dem öffentlichen Interesse entnommenen Gründe, welche den Gesetzgeber veranlaßten, die Entscheidung über die Gesetzmäßigkeit, Notwendigkeit oder Zweckmäßigkeit polizeilicher Verfügungen im Falle direkter Anfechtung den vorgesetzten Verwaltungsbehörden zu übertragen, mußten es nicht minder geboten erscheinen lassen, auch die aus Anlaß solcher Verfügungen gegen die Person der verantwortlichen Beamten erhobenen Ansprüche einer entsprechenden Beschränkung zu unterwerfen, damit nicht auf indirektem Wege eine als unzulässig angesehene Einwirkung gerichtlicher Entscheidungen auf die Ausübung der Polizeigewalt ermöglicht und folgeweise eine für das Gemeinwesen nachteilige Lähmung der letzteren herbeigeführt werde. Nur aus dieser Rücksicht soll der Polizeibeamte nicht wegen einer von den vorgesetzten Instanzen gebilligten oder unangefochten gebliebenen Verfügung mit Regreßklagen behelligt werden.

Unter „polizeilichen Verfügungen" im Sinne des Gesetzes vom 11. Mai 1842 sind zu verstehen Verfügungen polizeilichen Inhalts, welche von einer Polizeibehörde in Ausübung der Polizeigewalt an bestimmte (natürliche oder juristische) Personen erlassen sind. Polizeibehörden sind die Orts- und Kreispolizeibehörden, die Landespolizeibehörden sowie verschiedene andere mit polizeilichen Funktionen betraute Behörden z. B. die Bergpolizeibehörden, die Festungsbehörden.

Das Gebiet der polizeilichen Verfügungen ist nicht scharf begrenzt, es beschränkt sich nicht auf die Sicherheitspolizei, sondern umfaßt alle Angelegenheiten der allgemeinen inneren Verwaltung, welche nicht zu den Hoheits- und Finanzsachen gehören, insbesondere Angelegenheiten, welche die Fürsorge für das Gemeinwohl, den Verkehr auf öffentlichen Wegen und Gewässern, den Schutz der Gewerbe, Häuser, Felder und Wälder usw. betreffen.

Die polizeilichen Verfügungen enthalten entweder ein Gebot (Anordnung einer Handlung) oder ein Verbot (Anordnung einer Unterlassung); sie können aber auch einen anderen Inhalt haben z. B. Genehmigung einer Anlage. Sie sind an keine Form gebunden und können auch mündlich erlassen werden[1]). Es gehören hierher Polizeiverordnungen (§§ 136 ff. des Gesetzes vom 30. Juli 1883); ferner das unmittelbare tätige Eingreifen des Trägers der Polizeigewalt, sowie die von einem unteren Beamten (Schutzmann, Gendarm[2])) getroffenen Anordnungen[3]).

Eine pol. Verfügung setzt notwendig eine positive Handlung, die den Zweck einer Ausübung polizeilicher Gewalt hat, voraus. Sie liegt weder vor bei einer Ablehnung polizeilichen Einschreitens, noch bei sonstiger Unterlassung einer amtlichen Handlung, selbst dann nicht, wenn dieser die Absicht zugrunde liegen sollte, damit einer früher erlassenen polizeilichen Verfügung längere Wirksamkeit zu sichern (RG. III. ZS. 16. Januar 1906, DJZ. S. 429).

---

[1]) Urteil des KompGer. vom 30. 6. 1900 (Deutsche JurZtg. 1901 S. 31).

[2]) Die von einem Gendarm zur Ausführung eines strafgerichtlichen Urteils vorgenommene Beschlagnahme ist nicht eine polizeiliche Verfügung im Sinne des Ges. vom 11. Mai 1842 (Urteil des KompGer. vom 28. 6. 1879; MBl. f. d. i. V. S. 260).

[3]) Droop, Rechtsweg in Preußen, S. 67.

Eine Polizeiverfügung liegt vor, wenn eine Polizeibehörde oder ein Polizeibeamter als solcher, d. h. in dem Bewußtsein, damit eine polizeiliche Funktion auszuüben, in einem bestimmten einzelnen Falle eine Anordnung trifft (RG. Entsch. i. ZS. 45, 270). Ob sich die Polizei innerhalb der ihr vom Gesetz gesetzten Grenzen gehalten hat, ist gleichgültig, auch wenn die Verfügung ungesetzlich ergangen ist, bleibt sie eine polizeiliche. (RG. 6. Februar 1900, JurWoch. S. 265.) Keine polizeil. Verfügungen sind solche, welche im privaten Interesse der von der Polizei vertretenen Gemeinde ergangen sind. (RG. III. ZS. 17. Januar 1890, Entsch. 25, 145.)

Die Zulässigkeit der Regreßklage ist dadurch bedingt, daß die Gesetzwidrigkeit oder Unzulässigkeit der Verfügung von den zuständigen Organen der Verwaltung festgestellt ist (KompGH. 8. Februar 1862 und 12. Januar 1884. JMBl. 1862 S. 216 und MBl. f. d. i. V. 1884 S. 47). Die im RG.-Urteil vom 12. Januar 1884 (Gruchot 28, 277, PrVerwBl. 5, 224) aufgestellte Ansicht ist aufgegeben. Die Klage des § 6 ist eine Deliktsklage. (OTr. 9. Dezember 1856 Strieth. 23 141.)

Bis zur Aufhebung oder Mißbilligung der polizeilichen Verfügung ist der Regreßanspruch und damit der Rechtsweg vor den ordentlichen Gerichten schlechthin unzulässig.

Der § 6 verlangt zur Eröffnung des Rechtsweges, daß die polizeiliche Verfügung im Wege der Beschwerde aufgehoben sei. Das ist nicht der Fall, wenn der Beamte die Verfügung selbst wieder aufgehoben hat. Die Annahme, es genüge, daß die polizeiliche Verfügung überhaupt aufgehoben sei, steht nicht nur im Widerspruche mit dem Wortlaute des Gesetzes, sondern entbehrt auch jedes inneren Grundes und widerspricht der ganzen Tendenz des Gesetzes, die Polizei von den Gerichten unabhängig zu stellen (RG. 15. Nov. 1904, Entsch. i. ZS. 59, 170). Vgl. KompGH. 10. März 1900 (DJZtg. S. 506). In dem betr. Falle hatte der wegen Schadensersatz beklagte Polizeibeamte, um den Weiterbetrieb einer Schankwirtschaft zu hindern, die Schankwirtschaftsutensilien in polizeilichen Gewahrsam genommen, sie aber freiwillig wieder herausgegeben.

Der Weg der Beschwerde im § 6 ist nur als der gewöhnliche erwähnt. Diese Erwähnung stellt daher keine notwendige Voraussetzung für die Zulässigkeit der Klage auf, die Feststellung der Gesetzwidrigkeit usw. kann vielmehr auch von Amtswegen seitens der vorgesetzten Dienstbehörde usw. erfolgen. Vgl. KompGH. 26. November 1853, JMBl. 1845 S. 24 u. 13. Januar 1884 MBl. f. d. i. V. S. 47 (RG. 16. Februar 1888, Entsch. 20, 303).

Es genügt, wenn die polizeiliche Verfügung nicht auf Beschwerde, sondern im Verwaltungsstreitverfahren durch rechtskräftiges Endurteil aufgehoben ist (RG. IV. ZS. 22. April 1895, Gruchot 39, 1023). Vgl. § 131 LVG. Ferner ist es ausreichend, wenn die polizeiliche Verfügung im Wege der Beschwerde als gesetzwidrig oder unzulässig mißbilligt ist, eine Aufhebung der Verfügung braucht nicht notwendig ausgesprochen zu werden (zit. RG. 22. April 1895: „es ist genügend, daß auf erhobene Beschwerde der Landrat den verklagten Polizeiverwalter ersucht hatte, die Verfügung aufzuheben, weil sie unzulässig sei").

Eine Verfügung gilt als „mißbilligt", wenn sie einer Verfügung der vorgesetzten Behörde ausdrücklich zuwiderläuft und diese den Polizeibeamten durch Ordnungsstrafen zur Befolgung ihrer Verfügung angehalten hat (RG. IV. ZS. 29. Mai 1902, Gruchot 46, 1103).

Es muß jedoch die Verfügung selbst mißbilligt sein, eine Mißbilligung ihrer Begründung genügt nicht.

Hat das Oberverwaltungsgericht für die Aufrechterhaltung der polizeilichen Verfügung eine andere Begründung gegeben, als der Regierungspräsident und der Oberpräsident in ihren die Beschwerde zurückweisenden Bescheiden, so ist die Verfügung nicht aufgehoben. Die Mißbilligung der Begründung einer Verfügung hat nicht die Bedeutung der Aufhebung der Verfügung, wenn der Antrag auf Aufhebung der Verfügung durch den entscheidenden Teil des Urteils ausdrücklich zurückgewiesen ist (RG. IV. ZS. 7. Februar 1901, JurWoch. 1901 S. 175[39], Gruchot 45, 380 u. PrVBl. 22, 397). Vgl. auch KompGH. 19. Juni 1897, Stölzel, Entsch. Nachtr. S. 18.

Als „aufgehoben" im Sinne des § 6 ist eine Verfügung unter Umständen auch dann zu rechnen, wenn sie von der Entscheidung der höheren Instanz nur mittelbar getroffen wird, z. B. wenn eine andere, mit jener gleichlautende oder im engsten Zusammenhange stehende (jüngere) Verfügung aufgehoben worden ist, weil die, bei den Verfügungen zugrunde liegende Polizeiverordnung an dem fraglichen Tage noch nicht in Kraft getreten war (RG. 16. Februar 1888, Entsch. i. ZS. 20 303: „es sei eine nicht gerechtfertigte formalistische Auffassung des Gesetzes, wenn man trotzdem noch eine wiederholte Anfechtung der erstgenannten Verfügung verlangen wolle, deren Ergebnis im voraus feststehen würde").

Zur Eröffnung des Rechtsweges ist zwar nicht gerade eine formelle Aufhebung der polizeilichen Verfügung notwendig, aber es ist daran festzuhalten, daß es jedenfalls einer Feststellung der zuständigen Verwaltungsbehörde bedarf, daß die Verfügung gesetzwidrig oder unzulässig war, und daß diese Feststellung dadurch nicht überflüssig wird, daß die Polizeibehörde, von welcher die Verfügung erlassen ist, dieselbe später selbst außer Wirksamkeit gesetzt hat, so daß eine formelle Aufhebung nicht mehr in Frage kommen kann. Vgl. KompGH. 14. November 1868, JMBl. 1869 S. 38 und 12. Januar 1884, MBl. f. d. i. V. S. 47; OVG. Entsch. 18, 419; 28, 344, DJZ. 1900 S. 27, 506 und 1902 S. 463, sowie Droop, Rechtsweg S. 72 u. MinBl. f. d. i. V. 1876 S. 234 und 1884 S. 45.

Der Vorschrift des § 6 wird nicht dadurch genügt, daß in einem anderen gerichtlichen Verfahren, z. B. im Strafprozeß, die polizeiliche Verfügung als nicht zulässig bezeichnet worden ist (KompGH. 11. Januar 1873, JMBl. S. 50).

Der Einwand, daß die aufgehobene Verfügung trotz des Ausspruchs der vorgesetzten Dienstbehörde gesetzmäßig und zulässig gewesen sei, kann vom ordentlichen Richter nicht berücksichtigt werden.

Ändert die vorgesetzte Verwaltungsbehörde ihre Ansicht nach Anstellung der Klage, so tut dies der Zulässigkeit der Regreßklage keinen Eintrag (KompGH. 27. November 1853, JMBl. 1854 S. 24).

Die Klage aus § 6 ist auch gegen einen inzwischen aus dem Amte geschiedenen Polizeibeamten zulässig. Vgl. RG. i. ZS. Entsch. 33, 244 (RG. IV. ZS. 29. Mai 1902, Gruchot 46, 1106).

Der § 6 kommt auch dann zur Anwendung, wenn ein anderer klagt als derjenige, wider den die Verfügung gerichtet ist. Vgl. Oppenhoff, Ressortverhältnisse (2. Aufl.) S. 345 Anm. 177. (KompGH. 26. November 1853, JMBl. 1854 S. 24).

Wird eine Regreßklage erhoben, ohne daß die polizeiliche Verfügung wegen Gesetzwidrigkeit oder Unzulässigkeit aufgehoben ist, so ist die Klage als unbegründet abzuweisen, nicht der Rechtsweg für unzulässig zu erklären (RG. 26. April 1887, Rhein. Arch. 78 III, 86: „mit der Aufrechterhaltung der polizeilichen Maßregel ist der Entschädigungsklage der Boden entzogen, diese daher als unbegründet abzuweisen"; LG. Köln 14. Februar 1843, Rhein. Arch. 34 III, 44: hier wurde sogar unter Verwerfung der Einrede der Unzulässigkeit des Rechtsweges dem Kläger eine Frist zur Beibringung der Entscheidung der Beschwerdeinstanz gesetzt). Vgl. auch RG. 27. April 1898, Entsch. i. ZS. 41, 267 und 7. Februar 1901, Gruchot 45, 380.

Für die Klage auf Schadensersatz, welcher durch Ausführung einer noch nicht rechtskräftigen polizeilichen Verfügung entstanden ist, ist der Rechtsweg zulässig. Der Polizeiverwalter hatte in der irrigen Annahme, daß das Urteil des Bezirksausschusses, welches die Schankkonzessionsentziehung aussprach, rechtskräftig sei, die Schließung des Schanklokals angeordnet. Später wurde das Urteil des Bezirksausschusses vom OVG. aufgehoben und die Klage auf Entziehung der Schankerlaubnis abgewiesen (RG. IV. ZS. 22. April 1895, Gruchot 39, 1023).

Für die Klage gegen ein polizeiliches Organ auf Ersatz des durch eine von diesem vorgenommene, außerhalb seiner Amtsbefugnisse liegenden Handlung entstandenen Schadens ist der Rechtsweg zulässig (RG. V. ZS. 7. November 1888, Gruchot 33, 1029).

Richtet sich der Anspruch des Geschädigten nicht gegen die polizeiliche Verfügung, sondern wird der Polizeibeamte verklagt, weil er in Ausübung seines Amtes fahrlässig gehandelt und dadurch der Schaden verursacht ist, so gelangt der § 6 nicht zur Anwendung. (RG. 15. Nov. 1904, Entsch. 59, 172.) Dasselbe gilt, wenn einem Polizeibeamten im Wege der Zivilklage ein Vergehen im Amte vorgeworfen und seine Verurteilung zum Schadensersatze als rechtliche Folge seines Vergehens verlangt wird.

Alsdann ist die richterliche Entscheidung unbeschränkt, insofern nicht etwa ein Konflikt im Sinne des Ges. vom 13. Februar 1854 erhoben wird (KompGH. 22. Mai 1852, Oppenhoff, Ressortverh. S. 343 Anm. 162). Hat der Beamte jedoch auf Anweisung seiner vorgesetzten Behörde gehandelt, so ist nur diese verantwortlich. (RG. 23. Dez. 1908, 276/08.)

Die Anwendbarkeit des § 6 ist nach § 1 Abs. 2 desselben Gesetzes dadurch bedingt, daß die Verletzung eines zum Privateigentum gehörenden Rechts behauptet wird. (RG. 8. Februar 1890, Entsch. i. ZS. 25, 330 u. 331.) Vgl. KompGH. 26. November

1853, JMBl. 1854 S. 23 u. MBl. f. d. i. V. 1854 S. 11.

Auch in den Fällen, in denen nach § 6 a. a. O. der Rechtsweg zulässig ist, kann ungeachtet der Aufhebung der polizeilichen Verfügung der Konflikt nach Maßgabe des Gesetzes vom 13. Februar 1854 erhoben werden. Vgl. OVG. 4. Februar 1882, MBl. f. d. i. V. 1882 S. 20, Entsch. 8, 408 und KG. 9. Februar 1856 (MBl. f. d. i. V. 1882 S. 94). Anderer Ansicht KompGH. 13. Januar 1877 (JMBl. S. 43), nach welchem die Aufhebung der polizeilichen Verfügung den Rechtsweg bedingungslos eröffnen soll. Aufhebung der Verfügung ist nicht gleichbedeutend mit der Feststellung, daß der Beamte seine Amtsbefugnisse überschritten habe (zit. OVG. 4. Februar 1882). Der ordentliche Richter hat zu prüfen, ob ein solcher Grad der Verschuldung vorliegt, wie er zur Begründung eines Entschädigungsanspruches gegen Beamte erforderlich erscheint (OVG. 9. März 1892, Entsch. 22, 419). Es kann nicht angenommen werden, daß der Erlaß einer bloß unnötigen oder zweckwidrigen Verfügung unter allen Umständen den Beamten schadensersatzpflichtig macht.

§ 6.

Soweit durch Reichsgesetze oder Landesgesetze für bestimmte Fälle eine Haftung des Staates oder der Kommunalverbände über den in jenen

Gesetzen bestimmten Umfang hinaus ausgeschlossen ist, finden die Vorschriften dieses Gesetzes keine Anwendung.

Vgl. oben S. 27ff., 42 u. 329.

§ 7.

Den Angehörigen eines ausländischen Staates steht ein Ersatzanspruch auf Grund dieses Gesetzes nur insoweit zu, als nach einer in der Preußischen Gesetzsammlung enthaltenen Bekanntmachung des Staatsministeriums durch die Gesetzgebung des ausländischen Staates oder durch Staatsvertrag die Gegenseitigkeit verbürgt ist.

1. Ausland ist das nicht zum deutschen Reiche gehörige Gebiet. Die deutschen Schutzgebiete und Interessensphären gehören nicht dazu. Vgl. oben S. 50.

Der Staatsvertrag braucht nicht von Preußen, er kann auch vom Reiche abgeschlossen sein.

2. Unter „Angehörigen eines ausländischen Staates" sind nicht bloß die physischen, sondern auch die juristischen Personen zu verstehen.

3. Bei Versehen der Grundbuchbeamten haftet der Staat ohne Unterschied auch Ausländern gegenüber. Vgl. oben S. 105.

4. Der § 7 gilt auch für die in § 4 genannten Verbände.

5. Haftet der Beamte direkt und nicht der Staat

(Verband) an seiner Stelle, so unterliegt der Anspruch eines Ausländers keiner Beschränkung.

§ 8.

Dieses Gesetz tritt am 1. Oktober 1909 in Kraft.

Buch VI.

Reichsbeamte.

1. Reichsbeamte (vgl. auch oben S. 154) sind nach § 1 des Reichsbeamtengesetzes vom 31. März 1873 in der Fassung des Gesetzes vom 18. Mai 1907 (RGBl. S. 245) diejenigen Beamten, welche entweder vom Kaiser angestellt, oder nach Vorschrift der Reichsverfassung den Anordnungen des Kaisers Folge zu leisten verpflichtet sind. (Unmittelbare und mittelbare Reichsbeamte.) Mittelbare Reichsbeamte (Militärbeamte, mittlere und untere Postbeamte; vgl. Art. 50 der Reichsverf.) werden zwar von der Landesverwaltung angestellt, sind aber Organe der Reichsverwaltung. Bezüglich der Haftpflicht ist zu unterscheiden, ob sie in Ausübung der ihnen für das Reich übertragenen Gewalt gehandelt haben oder nicht. Im letzteren Falle kommt der Beamte als Landesbeamter in Betracht und richtet sich die Haftpflicht nach den für diesen geltenden Regeln.

Soweit es vorkommt, daß ein Beamter obrigkeitliche Funktionen sowohl für das Reich als für den Anstellungsstaat ausübt, hängt die Frage, wen im einzelnen Falle die Haftpflicht trifft, davon ab, zu welchem Geschäftsbereiche die Amtspflicht gehört, die der Beamte verletzt hat. Reichsbeamte sind u. a. die Gesandten, Konsuln, Reichsbankbeamten (Verordnung vom 19. Dez. 1875, RGBl. S. 177, u. 4. Nov. 1907, RGBl. S. 742), die Reichstagsbeamten (§ 156 RBG.). Nicht unter den Begriff der Reichsbeamten fallen die Beamten des Reichslandes Elsaß-Lothringen; sie sind Landesbeamte und für ihre Verfehlungen haftet ausschließlich der elsaß-lothringische Landesfiskus nach Maßgabe des dortigen Landesrechts (vgl. RG. Entsch. ZS. 52, 107).

2. Personen des Soldatenstandes (Armee und Marine). Auf diese findet das Reichsbeamtengesetz gemäß § 157 nur bezüglich der Defekte (§§ 134—138) Anwendung. Die Militärbeamten sind keine Personen des Soldatenstandes.

Den Reichsbeamten sind jedoch die Personen des Soldatenstandes (vgl. Anlage A zu dem Militärstrafgesetzbuche für das Deutsche Reich vom 20. Juni 1872, RG. S. 204) gleichzustellen. Vgl. oben S. 169. Jedoch sind die Angehörigen des bayerischen Kontingents hierbei auszunehmen, da die bayerische Heeresverwaltung nicht für Rechnung des Reichs geführt wird; für die Angehörigen des bayerischen Kontingents haftet nur der bayerische

Staatsfiskus nach Maßgabe des Landesrechts, wie ihm auch sonst die Kosten des bayerischen Kriegswesens ausschließlich zur Last fallen (Ziffer III § 5 des Vertrags, betreffend den Beitritt Bayerns zur Verfassung des Deutschen Bundes, vom 23. Nov. 1870 — BG. 1871 S. 9 —).

3. Beamte der deutschen Schutzgebiete und Angehörige der Schutztruppen sind Landesbeamte des betr. Schutzgebietes. Sofern eine Haftung des Staates in Betracht kommt, haftet also nicht das Reich, sondern der Fiskus des Schutzgebietes. Es kommt darauf an, ob ein in den Schutzgebieten tätiger Beamter im Dienste des Schutzgebiets oder im unmittelbaren Dienste des Reichs verwendet wird. In dem letzteren Falle ist der Beamte Reichsbeamter. Als Beamte der Schutzgebiete sind übrigens nicht nur Personen anzusehen, die kraft dauernder Anstellung im Kolonialdienste tätig sind, sondern auch solche, die nur auftragsweise im Dienste eines Schutzgebiets Verwendung finden.

Den Beamten der Schutzgebiete stehen die Angehörigen der Schutztruppen gleich. Dasselbe muß für Angehörige des Reichsheeres und der Marine gelten, die, ohne in den Verband der Schutztruppe übergegangen zu sein, zur Schutztruppe eines bestimmten Gebiets kommandiert sind. Den Reichsbeamten gleich stehen solche Angehörige der Schutztruppen, die nicht zum Dienste in den Kolonien, sondern in der Zentralverwaltung verwendet werden.

Konsularbeamte sind Reichsbeamte.

Die Verwaltungen der Schutzgebiete sind darauf angewiesen, unter Umständen auch Eingeborenen gewisse Amtsbefugnisse zu übertragen. Nach § 4 des Schutzgebietsgesetzes v. 25. Juli 1900 (RGBl. S. 812) findet das Bürgerliche Gesetzbuch und damit der § 839 auf eingeborene Beamte nicht ohne weiteres Anwendung.

Der § 4 des Schutzgebietsgesetzes lautet: „Die Eingeborenen unterliegen der im § 2 geregelten Gerichtsbarkeit und den im § 3 bezeichneten Vorschriften (dazu gehört auch das BGB.) nur insoweit, als dies durch Kaiserliche Verordnung bestimmt wird. Den Eingeborenen können durch Kaiserliche Verordnung bestimmte andere Teile der Bevölkerung gleichgestellt werden." Vgl. auch Delius, Handbuch des Rechtshilfeverfahrens. 3. Aufl. S. 400. Man wird jedoch den eingeborenen Beamten gleichwohl unter entsprechender Anwendung des § 839 BGB. den Geschädigten gegenüber für haftbar erklären müssen. Für Schäden, welche ein eingeborener Beamter bei Ausübung der öffentlichen Gewalt verursacht, schließt der Entwurf des neuen Reichsgesetzes die Haftung des Schutzgebietsfiskus aus. Wegen der Haftung bei Ausübung privatlicher Funktion siehe unten unter Nr. 5.

4. Im Gebiete des Reichs bestehen keine Kommunalverbände des Reiches. In den Schutzgebieten und ebenso in einzelnen Konsulargerichtsbezirken

kommen aber auch Verbände der bezeichneten Art vor (vgl. Verordnung, betreffend die Vereinigung von Wohnplätzen in den Schutzgebieten zu kommunalen Verbänden, vom 3. Juli 1899 — RGBl. S. 366 —, Gesetz über die Bildung deutscher Kommunalverbände in den Konsulargerichtsbezirken vom 3. Juni 1905 — RGBl. S. 541 —). Die Beamten dieser Verbände haften nach § 839 BGB. und wenn für den Beamten der Verband einzutreten hat, dieser. Nach dem neuen Gesetzentwurf wird die Regelung der Frage der Haftung der Verbände für den bei Ausübung der öffentlichen Gewalt durch ihre Beamten verursachten Schaden der Regelung im Wege kaiserlicher Verordnung überlassen, da die kommunalen Verhältnisse sowohl in den Schutzgebieten wie in den Konsulargerichtsbezirken noch derart in den Anfängen der Entwicklung stehen, daß es nicht angängig erscheint, im Gesetze selbst schon bleibende Vorschriften über die Einrichtungen und Verpflichtungen jener Verbände zu treffen.

5. Privatrechtliche Verrichtungen. Vgl. oben S. 5 und 328. Der Entwurf zum Reichsgesetze über die Haftung des Reiches für seine Beamten regelt nur die Haftung für Schäden, welche Reichsbeamte usw. bei Ausübung der öffentlichen Gewalt verursachen. Soweit es sich um Ausübung privatrechtlicher Vertretungsmacht handelt, ist die Haftung des Reiches für seine Beamten durch die §§ 31 und 89 BGB. geregelt. Es gelten also

insoweit die Ausführungen in den §§ 19 und 20 S. 328 ff. oben. Das Reich haftet Ausländern gegenüber unbeschränkt. Wird der Beamte direkt vom Geschädigten in Anspruch genommen, so haftet er gemäß § 839 BGB., es muß ihm also ein Verschulden zur Last fallen. Auch Ausländern gegenüber ist er haftbar. Wegen Erhebung des sogenannten Konflikts bei Personen des Soldatenstandes siehe unter Nr. 7. In gleicher Weise wie das Reich haftet der Fiskus eines Schutzgebietes und ein unter Nr. 4 genannter Kommunalverband für seine Beamten. Ob der Beamte ein Eingeborner ist oder nicht, ist gleichgültig, denn die §§ 31 und 89 BGB. sind hier entsprechend anzuwenden (s. oben Nr. 3 a. E.).

Nimmt das Reich (Schutzgebiet usw.) Regreß gegen den Beamten wegen des Schadens, welchen es hat tragen müssen, oder ist das Reich (Schutzgebiet usw.) durch den Beamten direkt geschädigt, so kommen die gesetzlichen Bestimmungen des Bundesstaates, in welchen der Reichsbeamte seinen dienstlichen Wohnsitz hat, nach § 19 RBG. zur Anwendung (s. oben § 5 S. 53 ff. oben) und wo es an solchen fehlt die Regeln des Dienstvertrages zur Anwendung. Vgl. RG. i. ZS. 63, 431. In den Konsulargerichtsbezirken, in Schutzgebieten und im Auslande überhaupt sind die Vorschriften des preußischen Rechts maßgebend. Vgl. § 19 des Gesetzes über die Konsulargerichtsbarkeit vom 7. April 1900.

Wegen der Geltendmachung des Anspruches gegen das Reich oder den Beamten siehe oben S. 349 ff.

Die Vertretung des Reichsfiskus ist eine verschiedene. Der Reichspost- und Telegraphenfiskus wird der Regel nach durch die Oberpostdirektion vertreten. Der Reichsmilitärfiskus wird von den Landeskontingentsverwaltungen vertreten, diese Vertretung liegt in der preußischen Verwaltung in der Regel der Korpsintendantur ob. (RG. i. ZS. 35, 13 u. 54, 201.)

6. Ausübung der öffentlichen Gewalt.

Es kann hier nur das bisherige Recht dargestellt werden, da das neue Reichsgesetz noch nicht erlassen ist. Wegen der Anwendung des alten oder neuen Rechts s. S. 17 oben. Der § 13 des Reichsbeamtengesetzes vom 31. März 1873 in der Fassung vom 18. Mai 1907 (RRBl. S. 245) bestimmt, daß jeder Reichsbeamte für die Gesetzmäßigkeit seiner amtlichen Handlungen verantwortlich ist. Laband, Staatsrecht des deutschen Reiches, 4. Aufl. Bd. I S. 447, zieht hieraus den Schluß, daß die Reichsbeamten für jede objektive Gesetzwidrigkeit ihrer Amtshandlungen einzustehen haben. Derselben Ansicht ist Dock i. Archiv f. öffentl. Recht 16, 263. Dies ist jedoch nicht richtig, denn das Verschuldungsprinzip ist nicht verlassen. Vgl. v. Schelhorn S. 533 und oben S. 200.

Der Reichsbeamte haftet also an sich gemäß § 839 BGB. Ob für ihn das Reich an erster Stelle oder als Bürge und auch gegenüber Ausländern haftet, richtet sich danach, ob der Reichsbeamte in einem Bundesstaate seinen amtlichen Wohnsitz hat, in welchem der Staat für seine Beamten in dieser Weise haftet. Vgl. § 19 RBG. Unter den Begriff des Staates i. S. des Art. 77 EG. z. BGB. fällt auch das deutsche Reich. Die auf Grund des Art. 77 erlassenen landesgesetzlichen Vorschriften treten in vollem Umfange an die Stelle des bisherigen Landesrechts. (RG. 54, 204.) Es kann also vorkommen, daß das Reich in einzelnen Bundesstaaten für seine Beamten haftet, in anderen dagegen nicht. Vgl. oben § 5 S. 53 ff. Das ist ein sonderbarer Rechtszustand. Für die Personen des Soldatenstandes gelten dieselben Grundsätze. (RG. i. ZS. 54, 128.)

Ist die schädigende Amtshandlung von einem im Auslande (in den Schutzgebieten oder in einem Konsulargerichtsbezirk) angestellten Beamten vorgenommen, so kommen die Vorschriften des preußischen Rechts entsprechend zur Anwendung. Vgl. § 19 des Ges. über die Konsulargerichtsbarkeit v. 7. April 1900.

So haftet das Reich nicht für die durch Verschulden eines Reichskonsuls (Unterlassung der Eintragung eines Reichsangehörigen in die Matrikel und infolgedessen Verlust der Staatsangehörigkeit) im Auslande verursachten Schäden (RG. III ZS. 25. Sept. 1906 bei v. Kamptz-Delius, Rechtspr. II, 878). Jetzt nach Emanation des preußischen Gesetzes von 1909 wird die Haftung des Reiches (Schutzgebietes usw.) eintreten.

Für im Inlande angestellte Reichsbeamte ist bei Amtshandlungen im Auslande das Recht des Bundesstaats maßgebend, wo sie ihren Wohnsitz haben.

Das Reichsgericht (Entsch. i. ZS. 54, 128) hat angenommen, daß wenn der Tatbestand des einheitlichen Amtsdelikts eines Reichsbeamten sich auf mehrere Orte erstrecke und deshalb zwei verschiedene Landesrechte bezüglich der Haftung des Reichsbeamten anwendbar sind, das dem Geschädigten günstigere Landesrecht für die Entscheidung maßgebend sei. Dieser Grundsatz kann nicht für richtig erachtet werden. Vgl. auch oben S. 18. Bei Reichsbeamten ist auch nicht das Landesrecht am Orte der Schadensstiftung maßgebend, sondern dasjenige, wo sie ihren amtlichen Wohnsitz haben (§ 19). Für einen in der preuß. Rheinprovinz angestellten Reichsbeamten z. B. haftete bisher das Reich nach Art. 1384 Cod. civ., während es für die im übrigen Preußen angestellten Beamten gar nicht haftete.

Ist das Reich durch den Beamten direkt geschädigt oder nimmt es Regreß gegen denselben, so gilt dasselbe, wie unter Nr. 5.

Wegen der Geltendmachung des Anspruchs gegen das Reich oder der Beamten s. oben S. 349 ff. und oben Nr. 5.

Der Entwurf zum neuen Reichsgesetze regelt die Haftung des Reichs (Schutzgebiets usw.) in derseben Weise, wie das preußische Gesetz von 1909. Er stellt die Personen des Soldatenstandes den Reichsbeamten überall gleich. Für die Angehörigen des bayrischen Kontingents soll jedoch der bayrische Landesfiskus haften. Die Haftung des Reiches wird ausgeschlossen für Beamte, welche, abgesehen von der Entschädigung für den Dienstaufwand, auf den Bezug von Gebühren angewiesen sind, z. B. Notare, Wahlkonsuln und für Beamte des auswärtigen Dienstes, sofern ihre Tätigkeit sich erstreckt auf die Gewährung des Schutzes gegenüber dem Auslande oder durch die auf die ausländische Staatshoheit oder auf ausländische Rechtsvorschriften zu nehmende internationale Rücksichten veranlaßt ist.

7. Vorentscheidung einer Verwaltungsbehörde (sog. Konfliktserhebung).

Bei Reichsbeamten ist die Erhebung des Konflikts nicht zulässig. Über den Schadensersatzanspruch entscheiden also die ordentlichen Gerichte ohne jegliche Beschränkung. Vgl. oben S. 380.

Für Personen des Soldatenstandes (preuß. Kontingents) kommt der § 6 des Ges. v. 1854 in Betracht. Für Angehörige der Marine und der Schutztruppen gilt der § 6 nicht. Ob das neue Reichsgesetz in den Fällen, wo das Reich für den Beamten usw. haftet, die Konfliktserhebung ausschließen wird, steht noch nicht fest. Vgl. oben S. 381.

8. Erhebung des Kompetenzkonfliktes (S. 52 und S. 385.) ist nur durch eine preuß. Behörde zulässig (OVG. 11, 403).

Anhang.

Haftpflichtfälle in der Praxis.

a) Ärzte. Ein Kreisphysikus hatte als Gefängnisarzt für eine Anzahl Gefangene, ohne sie vorher zu untersuchen, die Bescheinigung, daß sie wegen „Verdauungsstörungen" einer Zulage in 2. oder 3. Diätform bedurften, ausgestellt. Er ist, da diese Bescheinigung falsch war, zum Ersatz der dem Justizfiskus hierdurch erwachsenen Mehrkosten verurteilt (RG. Bolze 17 Nr. 185).

Ein Medizinalbeamter, der nicht mit der erforderlichen Sorgfalt bei Anlegung von Untersuchungsstationen, z. B. für Maul- und Klauenseuche, vorgeht, ist für den aufkommenden Schaden verantwortlich (OVG. 27. März 1908, Selbstv. S. 798).

b) Baumeister. Ein Regierungsbaumeister führt einen fiskalischen Bau wegen Verwendung besseren Materials um 20 000 Mark über den Anschlag aus. Die Lieferanten sind vom Fiskus bezahlt, der Beamte muß die 20 000 Mark ersetzen. Unerheblich 1. der höhere Sachwert, 2. Befehl des Regierungsrates, 3. Genehmigung der Überschreitung durch den Landtag (RG. E. 13, 258).

c) Feldmesser. Weder aus § 12 noch aus § 20 des preuß. Feldmesserreglements vom 2. März 1871 läßt sich ableiten, daß der Feldmesser bei Ausführung von Privataufträgen auch dann, wenn der Auftraggeber die Grenzfeststellung für überflüssig erklärt hat, die Richtigkeit der Grenzverzeichnung zu vertreten oder die Unmöglichkeit einer richtigen Grenzermittelung nachzuweisen habe. Es folgt nur daraus, die ihm im allgemeinen obliegende Sorgfalt und Akkuratesse auch auf die Ermittelung und Verzeichnung der Grenzen anzuwenden (RG. Bolze 5 Nr. 618).

d) Forstbeamte. Ein Oberförster beließ innerhalb seines Reviers sein geladenes Gewehr mit in Ruhe gesetztem Hahn im Wagen in der Obhut seines Kutschers, welchem kenntlich war, daß das Gewehr geladen war, und entfernte sich zu einem Abholungsgeschäft. Der Kutscher entlud durch unvorsichtiges Hantieren das Gewehr und traf einen Menschen. Unter Ablehnung von Sachverständigenbeweis, daß nach Jagdregeln das Gewehr zu entladen gewesen wäre, ist die Klage gegen den Oberförster abgewiesen (RG. Bolze 2 Nr. 380).

e) Gemeindebeamte. 1. Die Rechte und Pflichten des Vorstehers einer städtischen Sparkasse sind nicht nach den bei Vollmachtverträgen geltenden Regeln, sondern nach den für Staatsbeamte bestehenden Vorschriften zu beurteilen. Die Vorgesetzten einer solchen Kasse sind bei Vernachlässigung der ihnen als Vorgesetzten obliegenden Pflichten für die Unterschleife des Rendanten und anderer Untergebenen den Beschädigten verantwortlich, ohne daß diese den Nachweis über die Zeit und Art der Entstehung jedes einzelnen Defekts und dessen ursächlichen Zusammenhang mit der Pflichtwidrigkeit der Vorgesetzten zu führen haben (Obertr. 6. April 1853, Strieth. Arch. 9, 86).

2. Sowenig aus der Nichtgenehmigung einer Ausgabepost seitens der Stadtverordnetenversammlung ohne weiteres auf Schädigung des Gemeindevermögens durch die Zahlung geschlossen werden kann, ebensowenig ist die Vertretungspflicht des Magistrats von vornherein mit der Verpflichtung zur Erstattung der verausgabten Post in die Gemeindekasse zu identifizieren; vielmehr regelt sich die Vertretungsverbindlichkeit der Magistratsmitglieder nach den allgem. Vorschriften der §§ 88—91 II, 10 ALR. über die Versehen der Staatsbeamten (Obertr. 4. April 1877, Strieth. Arch. 77, 295).

3. Ein Gemeindevorsteher handelt nicht fahrlässig, wenn er wegen einer längeren Abwesenheit seinem Stellvertreter Blanketts amtlicher Formulare aushändigt, denn er durfte erwarten, daß die Blanketts sachgemäß ausgefüllt würden (RG. III ZS. 12. November 1907, Recht S. 1534).

4. Gemeindevorsteher bei Testamentsaufnahme s. oben § 10 S. 194.

5. Ein städtischer Beamter, welcher ohne nähere Erörterungen bezeugt, daß eine Rentenempfängerin noch Witwe sei, während sie verheiratet ist, ist schadensersatzpflichtig (OLG. Naumburg 18. Mai 1905).

6. Ein Krankenwärter bei einem städtischen Krankenhause ließ die für die Verpflegung der Kranken festgesetzten Geldbeträge durch auf dem Magistratsbureau beschäftigte Schreiber erheben. Das benutzten zwei Schreiber dazu, von demselben Quittungen auf den ihnen zugänglichen Formularen für Anweisungen in blanco unterschreiben zu lassen, welche sie dann mit Anweisungen von Zahlungen für angebliche, in Wirklichkeit nicht verpflegte Kranke ausfüllten. Der frühere Bürgermeister und bei dessen Behinderung der Stadtkämmerer haben derartige ihnen vorgelegte Anweisungen unterzeichnet und die beiden Schreiber haben die angewiesenen Beträge für sich erhoben. Jene sind zum Ersatz der von ihnen angewiesenen Summen an die Stadt verurteilt, weil sie die ihnen vorgelegten Zahlungsanweisungen blindlings unterschrieben haben, ohne sich auch nur die betreffenden Akten beilegen zu lassen, um sich aus denselben zu überzeugen, ob die Armensachen, in denen ihnen Anweisungen zur Unterschrift vorgelegt wurden, überhaupt existierten. Wenn die Anweisungen von dem Stadtsekretär kontrasigniert waren, so überhob sie das nicht ihrer eigenen Prüfungspflicht (RG. Bolze 20 Nr. 229).

f) Gerichtsbeamte. Richter.
Freiwillige Gerichtsbarkeit.

1. Ein Richter hatte eine Hypothekbestellung von Personen aufgenommen, die sich fälschlich für die Grundbesitzer (Eheleute A) ausgegeben hatten. Zwecks Prüfung der Identität hatte der Richter mit ihnen eine Unterredung von zehn Minuten über ihre Sachkenntnis gehabt, welche befriedigend ausfiel; auch hatte ein Kanzleigehilfe erklärt, daß er den erschienenen Mann auf Grund wiederholten Verkehrs an der Gerichtsstelle für den Ehemann A halte. Endlich hatten die Erschienenen einen Zettel des mitbeklagten Rechtsanwalts vorgezeigt, aus dem zu entnehmen war, daß sie bereits vor diesem, ohne Bedenken zu begegnen, als die Eheleute A aufgetreten waren. Gleichwohl ist der Richter zur Erstattung des erschwindelten Hypothekenbetrages verurteilt, weil ein Versehen darin gefunden wurde, daß er nicht alle ihm zu Gebote stehenden Mittel erschöpft, vielmehr eine unter den vorliegenden Verhältnissen besonders geeignete Ermittelungsart, nämlich Vergleichung der Unterschriften der Erschienenen mit den Unterschriften der wirklichen Eheleute A, welche nur unterkreuzen konnten, in den Grundakten, außer acht gelassen hatte (RG. 22. 4. 1895; E. 35, 214).

2. Das Obertribunal (Urt. vom 23. Febr. 1853; Strieth. Archiv Bd. 17 S. 51) hat angenommen, daß der zur Aufnahme eines Kaufvertrages er=

nannte richterliche Kommissarius zwar nicht verpflichtet sei, sich aus den Grundakten des zu verkaufenden Grundstücks auch über diejenigen Forderungen zu informieren, deren Eintragung bloß erst nachgesucht, aber noch nicht erfolgt ist, wenn er indes der Partei ihrem Wunsche gemäß aus den Grundakten über das zu erkaufende Grundstück Auskunft erteilt habe, so seien seine desfälligen Rechte und Verbindlichkeiten nach den besonderen Vorschriften über die Vertretungsverbindlichkeiten des Beamten abzumessen; er sei daher den der Partei aus seinem mäßigen Versehen verursachten mittelbaren Schaden zu ersetzen nicht verpflichtet. Mit Recht hebt Koch, Komm. z. ALR. zu § 88 II, 10 Anm. 2, demgegenüber hervor, daß diese Entscheidung nicht schlüssig sei, vielmehr die Prämisse und der Verbindungssatz zur Haftbarkeit führen müßten.

Es liegt eine Fahrlässigkeit des Richters der freiwilligen Gerichtsbarkeit vor, wenn der Text des Protokolls nicht den amtierenden Richter bezeichnet, sondern das Protokoll mit den Worten: „Kgl. Amtsgericht X, den ...“ beginnt, und mit den Worten: „V. w. o. Dr. E., Gerichtsassessor als Richter“ schließt (RG. 28. Nov. 1905, Seifferts Arch. 61, 316).

Der Vormundschaftsrichter, der die Nachprüfung ordnungsmäßig beschaffter Anlegung des Mündelgeldes nicht alsbald, sondern erst bei Ablegung der jährlichen Vormundschaftsrechnung vornimmt, verletzt nicht die ihm dem Mündel gegenüber obliegende Amtspflicht (RG. III ZS. 21. Febr. 1908, E. 67, 408).

Streitige Gerichtsbarkeit.

1. Prozeßrichter. Der Amtsrichter hatte auf eine zur Terminsbestimmung eingereichte Klage, in welcher Nachbringung der Prozeßvollmacht seitens des Rechtsanwalts versprochen war, verfügt, daß dieselbe nach 14 Tagen von der Gerichtsschreiberei wieder vorgelegt werden solle. Infolgedessen ist das Klagerecht bezüglich eines innerhalb 6 Monaten gemäß § 343 I, 5 ALR. geltend zu machenden Gewährleistungsanspruchs verloren gegangen. Der Richter haftet, denn war er der Ansicht, daß von ihm die Legitimation des Rechtsanwalts schon vor Anberaumung des Termins zu prüfen sei und die Terminsbestimmung wegen der fehlenden Prozeßvollmacht unstatthaft erscheine, so hätte er dies dem Rechtsanwalt eröffnen müssen. Von dieser Verpflichtung wurde der Richter auch nicht durch die Erklärung des Rechtsanwalts, daß die Vollmacht nachgebracht werden solle, entbunden, denn mit Rücksicht darauf, daß die Klage zur Terminsbestimmung eingereicht war, konnte kein Zweifel darüber obwalten, daß die Bestimmung des Termins sofort und nicht erst später nach Eingang der nachzubringenden Vollmacht begehrt wurde (RG. IV ZS. 12. März 1894, E. 33, 244).

2. Lädt der ersuchte Amtsrichter eine Person

als Zeugen, weil er versehentlich annimmt, dieselbe wohne in seinem Gerichtsbezirk, so ist er für die mehrerwachsenden Zeugengebühren haftbar. Er hätte prüfen müssen, ob der in der Requisition angegebene Wohnort in seinem Gerichtsbezirk belegen ist und die Requisition verneinendenfalls zurückgeben sollen (RG. Bolze 22, Nr. 211).

3. Der mit der Beweisaufnahme betraute Richter verletzt seine Amtspflicht nicht, wenn er unterläßt, von der Aufhebung des Beweisaufnahmetermins, die er auf das kurz vor demselben eingelaufene Gesuch des Prozeßbevollmächtigten der einen Partei bewilligt hat, den auswärtigen Prozeßbevollmächtigten der anderen Partei telegraphisch zu benachrichtigen. Findet sich dieser in Unkenntnis von der erst nach seiner Abreise ihm durch die Post zugestellten Aufhebung des Termins am Orte der Beweisaufnahme ein, so haftet der Richter der Partei nicht für die durch diese fruchtlose Reise ihres Prozeßbevollmächtigten entstandenen Kosten (OLG. Colmar 14. Oktober 1907, Recht S. 1321).

4. Offenbarungseid. Es liegt eine Verletzung der Amtspflicht vor, wenn der Richter auf Grund eines Vermögensverzeichnisses (§ 807 ZPO.), welches in betreff der Forderung Grund und Beweismittel nicht anführt, ohne die Nichtanführung zu begründen, den Offenbarungseid abnimmt und den Schuldner aus der Haft entläßt (RG. 30. Januar 1906 Jur.Woch. S. 176).

5. Der Konkursrichter kann nach § 839 BGB. dem Konkursgläubiger gegenüber zum Schadensersatz verpflichtet sein, wenn er die ihm obliegenden Amtspflichten der Beaufsichtigung des Konkursverwalters (§ 83 KonkO.) auch nur fahrlässig verletzt hat. Die Verletzung der Pflicht aus § 83 kann aber verneint werden, wenn der Konkursrichter von einer Kontrolle der zur Konkursmasse eingehenden Gelder und von einem Einschreiten gegen den Konkursverwalter mangels besonderer Anträge der Beteiligten oder erkennbarer Anzeichen von Unregelmäßigkeiten absah (RG. II. ZS. 20. Dezember 1904, Recht 1905 S. 225 Nr. 995).

6. Der Konkursrichter, der unterlassen hatte, eine angemeldete Forderung beim Ausbleiben der Gläubigerin im Prüfungstermin festzustellen und die Eintragung des Resultates in die Tabelle zu veranlassen, ist schadensersatzpflichtig, ohne sich damit entschuldigen zu dürfen, daß der Gerichtsschreiber den Eintrag in die Tabelle unterlassen habe (§ 128 KO.), und ohne den bei Ausschüttung der Masse nicht berücksichtigten Gläubiger an die übrigen Konkursgläubiger verweisen zu dürfen, gegen welche ihm ein Anspruch nicht zusteht (RG. Bolze 2 Nr. 557).

7. Ein Haftbefehl des Untersuchungsrichters oder des die Eröffnung des Hauptverfahrens beschließenden Gerichts ist als Urteil im Sinne des des § 839 Abs. 2 BGB. nicht anzusehen. Ein Schadensersatzanspruch aus § 839 BGB. ist gegen

den Richter aber nur dann gegeben, wenn er zur Verhaftung geschritten ist, ohne daß dringender Verdacht vorlag. Hierzu bedarf es des Nachweises, daß überhaupt keine objektiven Verdachtsgründe gegeben waren, oder daß derselbe unter Außerachtlassung der gebotenen Umsicht und Vorsicht Umstände nicht berücksichtigt hat, die zur Beseitigung des Verdachts offensichtlich hätten führen müssen (RG. III. ZS. 6. Februar 1906, Recht S. 376 Nr. 938). And. Ans. KG. 14. Juli 1905, Recht S. 473.

8. Ein Amtsrichter ist zum Ersatz des durch die mehrwöchige Verhaftung der Angeschuldigten wegen Meineids erwachsenen Schadens verurteilt, weil er den von ihr angetretenen Beweis, daß sie gar nicht vereidigt sei, was sich später als richtig herausstellte, obwohl das Sitzungsprotokoll des Schöffengerichts die Vereidigung nachwies, nicht sofort erhoben hat. Als Untersuchungsrichter hatte er die Verpflichtung, in gewissenhafter Weise zu prüfen, ob die Voraussetzungen für die Verhaftung der Beschuldigten sowie für die Fortsetzung der Haft vorhanden seien, nämlich daß dringende Verdachtsgründe gegen sie vorlagen. Unter dem Ermessen, nach welchem der Untersuchungsrichter bei der Beurteilung zu verfahren hat, inwieweit die Ausdehnung der Voruntersuchung und die Aufnahme von Beweisen zur Vorbereituug der Verteidigung der Angeschuldigten erforderlich erscheint, ist ein pflichtgemäßes, unter Anwendung der genauesten Aufmerksamkeit

auf Grund gewissenhafter Prüfung der Sachlage auszuübendes zu verstehen. Hier hatte der Richter trotz des bestimmten Beweisantrages eine weitere Aufklärung nicht erhoben, den Antrag ad acta geschrieben und die Voruntersuchung geschlossen. Der Richter kann sich auch nicht auf § 91 II, 10 ALR. berufen, weil nicht die Vorklage gegen den Vorsitzenden und den Gerichtsschreiber des Schöffengerichts, welche das unrichtige Protokoll aufgenommen haben, erhoben sei, denn sein Versehen ist selbständig. Neben ihm würden jene Personen solidarisch haften (RG. Bolze 20 Nr. 221).

9. Die Beschränkung der Haftung des Spruchrichters bezieht sich auch auf richterliche Entscheidungen, durch welche unter den Parteien streitige Rechtsverhältnisse entschieden oder festgestellt werden.

Hat aber ein Amtsrichter dem § 319 StPO. zuwider eine öffentliche Ladung zur Hauptverhandlung von Amts wegen angeordnet, obwohl die dem mittellosen Angeschuldigten zur Last gelegte Dienstentweichung mit Gefängnis bis zu acht Tagen oder Geldstrafe bis zu 30 M. bedroht ist, so haftet er dem Justizfiskus wegen Erstattung der hierdurch erwachsenen Kosten (RG. Bolze 18 Nr. 193).

10. Eine Haftung des Vorsitzenden, welcher das persönliche Erscheinen des Angeklagten zur Hauptverhandlung II. Instanz angeordnet hat, findet nicht statt (OLG. Posen 15. Okt. 1903, R. d. OLG. 9, 48).

11. Vgl. auch oben § 14 S. 280.

12. Der Versteigerungsrichter haftet für fehlerhafte Aufstellung der Zwangsversteigerungsbedingungen, sowie für irrtümliche Rechtsbelehrungen (OLG. Dresden, 23. Juni 1902, R. d. OLG. 5, 210).

Fahrlässig handelt der Versteigerungsrichter, welcher um 11 Uhr zur Abgabe von Geboten auffordert, und bereits um 12 Uhr 1 Min. den Termin schließt, obwohl er vorher erklärt hatte, es könne bis 12 Uhr 5 Min. geboten werden (OLG. Kiel 12. Dez. 1901, R. d. OLG. 4, 286, Anm. 1).

13. Ein Subhastationsrichter ist haftpflichtig, wenn er die Vorschrift des Art. 176 EG. z. BGB., wonach die Außerkurssetzung von Inhaberpapieren nicht mehr stattfindet, nicht beachtet (RG. 6. Juli 1906, Jur.Woch. S. 539).

14. Ist ein im Zwangsversteigerungsverfahren erteilter Zuschlag auf die vom Schuldner eingelegte Beschwerde, weil auf Gesetzesverletzung beruhend, aufgehoben worden, hat dann aber die erneute Versteigerung einen noch geringeren Erlös gehabt, so kann der Schuldner von dem Versteigerungsrichter, dem die Gesetzesverletzung bei der ersten Versteigerung zur Last fällt, zwar Ersatz der durch die Beschwerde gehabten Aufwendungen und der Kosten des zweiten Versteigerungstermins verlangen, nicht aber auch Ersatz der Differenz zwischen dem Ergebnis des ersten und dem des zweiten Versteigerungstermins (RG. 3. Januar 1908, Recht S. 126 Nr. 752).

Strafvollstreckung.

1. Die Strafvollstreckungsbehörde (Staatsanwalt oder Amtsrichter) hat bei Erlaß der Vollstreckungsanweisung nur den Inhalt des maßgebenden Urteils genau zu beachten, nach Erstattung der Entlassungsanzeige über den Gefangenen die Befolgung der Anweisung zu prüfen und, sofern sich hierbei ergeben sollte, daß derselben noch nicht vollständig genügt ist, die Fortsetzung der Vollstreckung zu veranlassen. Vgl. Obertr. 9. Dez. 1869 (JMBl. 1870 S. 71). Eine weitergehende Verpflichtung hat sie nicht. Insbesondere hat für rechtzeitige Entlassung des Gefangenen der Vorsteher des Gefängnisses zu sorgen. Dies ändert sich auch nicht, wenn der Gefangene während der Strafzeit in eine von dem Gefängnis getrennte Krankenanstalt gebracht ist. Bleibt der Gefangene nach Ablauf der Strafzeit in der Krankenanstalt, so haftet der Gefängnisvorsteher für die dadurch entstandenen Kosten (RG. 29. Januar 1885, Entsch. i. ZS. 13, 220).

In dem Falle, daß der Gefangene in eine Krankenanstalt überführt wird, hat nicht die Strafvollstreckungsbehörde, sondern gemäß Verfügung des preußischen Justizministers vom 14. August 1879 (JMBl. S. 237) II die Staatsanwaltschaft bei dem Landgericht zu prüfen, ob die Strafvollstreckung zu unterbrechen ist.

2. Zur Vermeidung der durch den Transport Verurteilter entstehenden Mehrkosten ist die Straf

vollstreckung in der Regel in dem Gefängnisse auszuführen, welches dem Aufenthaltsort des Verurteilten am nächsten liegt. Ein Amtsrichter in Köslin, welcher die Verurteilte von ihrem Aufenthaltsorte Bredow bei Stettin zum Zweck Verbüßung einer 14 tägigen Haftstrafe nach Köslin hatte transportieren lassen, statt die Strafe in Stettin zu vollstrecken, ist zum Ersatz der dem Justizfiskus hierdurch erwachsenen Kosten verurteilt (RG. Bolze 13 Nr. 212).

3. Vgl. auch „Staatsanwaltschaft".

Gerichtsschreiber. 1. Die Klage, welche darauf gegründet war, daß der Gerichtsschreiber eine den Wohnort eines Gläubigers falsch angebende Abschrift des Grundbuchblattes beglaubigt und dadurch veranlaßt hatte, daß der klagende Gläubiger zum Versteigerungstermin nicht geladen wurde, ist abgewiesen, weil der Gläubiger, wenn ihm das Zuschlagsurteil zugestellt war, die sofortige Beschwerde gegen dasselbe gehabt, aber versäumt hatte, und wenn es ihm noch nicht zugestellt war, die Beschwerde noch erheben konnte (RG. 2. Nov. 1886, Bolze 2 Nr. 559).

2. Die dem Gerichtsschreiber behufs Veranlassung der Zustellung im Amtsgerichtsprozeß am 23. Juni zugegangene Klage war als eine der Beschleunigung bedürfende nicht bezeichnet, der Verhandlungstermin auf den 30. September anberaumt; da auch dem Gerichtsschreiber eine eingehende Prüfung der Klage,

um zu ermessen, ob trotz der Hinausrückung eines Termins eine besondere Beschleunigung geboten war, nicht zur Pflicht zu machen sei, war darin eine den Gerichtsschreiber zum Schadensersatz verpflichtende Verschuldung nicht gefunden, daß er die Mitteilung an den Gerichtsvollzieher bis zum 29. Juni, wo die Zustellung zur Erhaltung des klägerischen Rechts spätestens hätte erfolgen müssen, nicht bewirkt hatte (RG. 21. Juni 1886, Bolze 3 Nr. 362).

3. Ein Aktuar hatte den Auftrag des Vorsitzenden des Schöffengerichtes, die Kosten zu liquidieren, nur in ungenügender Weise ausgeführt und wurde, da die Kosten wegen Verjährung nicht mehr gefordert werden konnten, zum Ersatz verurteilt (RG. Bolze 6 Nr. 285).

4. Ein Gerichtsschreiber war beauftragt, außerhalb des Gerichtsortes die Siegelung eines Nachlasses vorzunehmen. Er führte dieselbe nicht aus, weil ihm im Sterbehause dies unter Berufung auf eine private letztwillige Verfügung verweigert wurde, was sich später als unbegründet herausstellte. Die Kosten der zweiten Reise muß er dem Fiskus erstatten, weil er schon gelegentlich der ersten Reise bei der Weigerung polizeiliche Hilfe in Anspruch hätte nehmen müssen (RG. Bolze 7 Nr. 278).

5. Wenn der Gerichtsschreiber eine Klageschrift, die erst gegen den Schluß der Geschäftsstunden eingekommen war, nachdem die für den

Gerichtsvollzieher bestimmten Schriftstücke bereits abgeholt waren und der Gerichtsdiener das Gerichtsgebäude bereits verlassen hatte, noch schleunigst bureaumäßig behandelt und sodann durch einen besonderen Boten dem Gerichtsvollzieher zutragen läßt, auch auf den Umschlag noch den besonderen Vermerk setzt: „noch heute zur Post", so hat er alles getan, was geschehen konnte. Wenn dann der Bote, weil er niemand angetroffen, das Schriftstück in den Hausbriefkasten steckt und es hier am Montag von dem Gerichtsvollzieher erst vorgefunden wird, so trifft auch den Gerichtsvollzieher kein Verschulden (RG. 15. Juni 06, Bad. Rpr. 06, 300).

g) Kassenbeamte und Revisoren.

1. Der die Kasse revidierende Postdirektor und Oberpostsekretär hatten das von dem kasseführenden Postsekretär geführte Abrechnungsbuch mit dem der Hauptkasse zu vergleichen, da der Sollbestand ohne diese Vergleichung nicht festzustellen war. Die Unterlassung dieser Vergleichung qualifiziert sich als grobe Verschuldung (RG. B. 6 Nr. 811).

Die in Anspruch genommenen Revisoren wurden nicht dadurch entschuldigt, daß ihre Art der Revision die allgemein übliche war (RG. B. 6 Nr. 812).

Da sie solidarisch hafteten, so konnten sie sich auch nicht darauf berufen, daß auch ein Postinspektor die dienstliche Aufsicht vernachlässigt hätte, der nicht mitverklagt war (RG. B. 6 Nr. 813).

Die Revisoren waren verantwortlich für die nach

der ersten ungenügenden Kassenrevision verübten Unterschlagungen, weil im Falle der bei genügender Revision zu erzielenden Entdeckung der ungetreue Beamte entfernt sein würde und weitere Unterschlagungen nicht hätte verüben können (RG. B. 6 Nr. 187).

Sie sind auch verantwortlich für die zum Zweck der Verfolgung des ungetreuen Beamten und der Wiedererlangung des Unterschlagenen aufgewendeten Kosten als mittelbaren Schaden (RG. B. 6 Nr. 188).

2. Der Kassenrevisor, welcher bei einer außerordentlichen Kassenrevision die von ihm entdeckte Unregelmäßigkeit in der Kassenführung des Rendanten wahrgenommen, aber nicht zum Protokoll vermerkt hatte, wurde zur Erstattung der von diesem nach der Revision veruntreuten Summe verurteilt, weil ein pflichtmäßiges Verfahren des Beklagten fernere Unterschlagungen unmöglich gemacht haben würde. Zugleich wurde die solidarische Verurteilung neben der des Amtsrichters ausgesprochen, weil dieser, wenn er bei einer früheren Revision sorgfältig verfahren wäre, die Veruntreuungen schon damals wahrgenommen hätte. Haben beide pflichtwidrig gehandelt, so kann der Staat beide in Anspruch nehmen, jeden von der Zeit ab, zu welcher pflichtmäßige Sorgfalt den Schaden abgewendet haben würde (RG. Bolze 19 Nr. 263).

3. Richtig ist zwar, daß die Entdeckung der Defekte bei einer in früherer Zeit gehörig vorge-

genommenen Revision den ungetreuen Kassierer für die Zukunft (auch die Zeit, nachdem der wegen unterlassener Kontrolle in Anspruch genommene Bürgermeister nicht mehr im Amte war) unschädlich gemacht haben würde. Die Haftpflicht für die aus jener Vernachlässigung der Amtspflichten entstandenen Nachteile kann aber für eine Zeit nicht fortwirken, in welcher der Beklagte nicht imstande war, durch ordnungsmäßige Ausübung seiner Amtspflicht Nachteile zu verhüten (RG. Bolze 5 Nr. 325).

4. Dem Beklagten würde als Rechnungsführer und Mitglied der Sparkassendeputation ein haftbar machendes Verschulden zur Last fallen nicht nur dann, wenn er bestimmte Wissenschaft von den Unterschlagungen des Kassierers hatte und diese verschwieg, sondern auch, wenn er zwar keine bestimmte Wissenschaft, aber doch begründeten Verdacht hatte, daß der Kassierer der Kasse Gelder der Sparkasse veruntreute, und dennoch bei der Beaufsichtigung der Kasse und den Revisionen auf das von ihm eingeschlagene Verfahren sich beschränkte, durch welches wirklich vorgekommene Unterschlagungen nicht entdeckt werden konnten. Er muß dann die ihm zu Gebote stehenden Mittel anwenden, um die Richtigkeit der Bilanzen und Journale des Kassierers festzustellen, oder sonst geeignete Maßregeln ergreifen, durch welche der Grund oder Ungrund des Verdachts festgestellt wurde (RG. Bolze 5 Nr. 326).

5. Der Staat haftet für ungenügende Kontrolle

des Depositenwesens durch seine Aufsichtsorgane nur dann, wenn der Staat selbst den Deponenten gegenüber zur Kontrollierung verpflichtet war, nicht schon, wenn den Beamten in ihrem Verhältnisse zum Staate von diesem ein solche auferlegt war (RG. 18. September 1894, E. 33, 204).

6. Die Beamten der Hinterlegungskasse sind dem Hinterleger gegenüber zur Überwachung der Ausloosung hinterlegter Wertpapiere nicht verpflichtet. Es folgt dies aus § 38 Nr. 1 der preußischen Hinterlegungsordnung vom 14. März 1879 in Verbindung mit § 8 Nr. 1 des Ges. über das Hinterlegungswesen v. 19. Juli 1875. Diese klare gesetzl. Bestimmung konnte Nr. 27 der Ausführungsverfügung des Finanzministers zur Hinterlegungsordnung vom 29. Juli 1879, welche anordnet, daß durch die Hinterlegungskasse die Überwachung der Ausloosung und Kündigung der hinterlegten Wertpapiere insoweit stattfinden solle, als hierüber in den Ausloosungs- und Kündigungstabellen des Reichs- und Staatsanzeigers Veröffentlichungen erfolgen, nicht abgeändert werden. Wollte man dies aber annehmen, so würde zu prüfen sein, ob bei dem geringen Versehen des Beamten dem Hinterleger nicht ein grobes Versehen zur Last fällt, wenn er seinerseits die Ausloosung nicht überwacht (RG. in Gruchots Beiträgen 43, 1105).

7. Für den Ausfall einer Gerichtskostenforderung ist der Kassenkurator verantwortlich

gemacht, weil derselbe die vorläufige Niederschlagung der Kosten verfügt hatte, ohne Überzeugung davon zu nehmen, ob nicht durch den unterlassenen Antrag auf Arrestierung und Überweisung der für den Schuldner eingetragenen Hypothek, sowie Eintragung im Grundbuch die Kosten einzuziehen waren und hierdurch dem Fiskus die Befriedigung entgangen ist. Wenn auch die Hypothek für einen Dritten arrestiert war, mußte sich der Kassenkurator sagen, daß dieser Arrest durch anderweitige Befriedigung jenes Dritten wegfallen konnte, überdies war die Höhe des Arrestes nach dem Berichte unbestimmt gelassen und daraus war der Zweifel zu entnehmen, ob nicht ein Betrag der Hypothek freigeblieben sei und der Staatskasse überwiesen werden könne (RG. Bolze 3 Nr. 368).

8. Der Kassenbeamte haftet bei Zahlung ohne vorschriftsmäßigen Belag, wenn der Staat in Schaden kommt (RG. JurWoch. 16, 371 Nr. 66).

9. Ein preuß. Gerichtskassenrendant, der es unterläßt, eine für die Gerichtskasse nach Eintragung des Zwangsversteigerungsvermerkes hypothekarisch eingetragene Forderung zum Zwangsversteigerungstermin anzumelden, macht sich schadensersatzpflichtig, wenn die Kasse infolgedessen ausfällt (OLG. Köln 20. Dez. 1905, Recht 1906 S. 49).

10. Kassendefekt. Hat ein Beamter durch Außerachtlassung der gebotenen Vorsicht das Abhandenkommen von Geldern aus der ihm anvertrauten

Kasse verschuldet, so kann er zu seiner Entlastung nicht geltend machen, daß auch seine Vorgesetzten nicht genügend für sichere Aufbewahrung der Gelder gesorgt hätten (RG. III, ZS. 24. April 1908, Recht Nr. 2132).

h) Landschaft. Ein Verschulden der Mitglieder der Direktion der Landschaft, daß das Unschädlichkeitsattest ausgestellt war, ohne die Verwendung des für die Abveräußerung an den Verkäufer und Schuldner des Klägers gezahlten Preises zu kontrollieren, lag nicht vor, denn diese Pflicht gehört nicht zur Zuständigkeit der Direktion. Aus dem Umstande, daß die Unschädlichket bezeugt war, obgleich das Kaufgeld den Wert der Parzelle nicht erreichte, folgt die Haftung, weil Schätzungen zu einem verschiedenen Ergebnisse führen können, noch nicht. Auf ein Versehen läßt sich nur schließen, wenn der Unterschied gegen den von anderen Sachverständigen geschätzten Wert ein bedeutender ist (RG. Bolze 14, Nr. 206 und 209).

k) Militärpersonen. 1. Der Kläger, ein nicht mehr militärpflichtiger Ganzinvalide, hatte sich nach Beendigung seiner Badekur zur Nachkur nach Halberstadt begeben und war vom Bezirkskommando zu Iserlohn angewiesen, sich unverzüglich auf dem Bezirkskommando behufs ärztlicher Untersuchung zu melden, auf die verordnete Nachkur könne vorerst keine Rücksicht genommen werden, weil jedes hierauf bezügliche Attest fehle. Die Klage gegen den Bezirkskommandeur auf Ersatz der Reisekosten ist abgewiesen. Wenn man auch annehmen wollte, Kläger sei den Vorschriften der Kontrollordnung nicht unterworfen gewesen und der Bezirkskommandeur habe deren Vorschriften zuwidergehandelt, so fehlt es doch an einem Kausalnexus zwischen der Anordnung des Bezirkskommandeurs und dem Schaden. Kläger mußte aus dem Schreiben des Bezirkskommandos ersehen, daß er nach Beibringung eines Attestes einen andern Bescheid zu gewärtigen habe, der aus der Reise (statt Einsendung eines Attestes) entstehende Schaden ist also dem eigenem Verhalten des Klägers beizumessen (RG. Bolze 3 Nr. 255).

2. Ein Gendarm hatte, ohne daß er dazu berechtigt war, weil die Jagdpolizei lediglich dem Landrat zusteht, welcher ihm einen Auftrag nicht erteilt hatte, dem Kläger und dessen Jagdgästen die Fortsetzung der Jagd auf dem von dem Kläger erpachteten Gebiet untersagt; er ist deshalb zum Schadensersatz verurteilt (RG. Bolze 17 Nr. 183).

Ein Gendarm, welcher einen auf dem Felde frei herumlaufenden Hund des Klägers als angeblich toll durch einen Schuß getötet hatte, ist gemäß §§ 88, 89 II, 10 in Verbindung mit §§ 22, 23 I, 3; §§ 8, 15, 88 I, 6 ALR. zum Ersatze verurteilt, weil er bei Anwendung der gebotenen Aufmerksamkeit den Hund nicht für toll hätte halten dürfen (RG. Bolze 9 Nr. 187).

l) Polizeibeamte. 1. Ein Polizeipräsident darf einem Droschkenfuhrherrn, welcher sich weigert, nach dem neuen Tarif zu fahren, den Fahrschein nicht entziehen, wenn die betr. Polizeiverordnung (ein Droschkenreglement) noch nicht nach Maßgabe der Regierungsverordnung gehörig publiziert war. Er ist ersatzpflichtig für den Schaden, welcher durch die Nichtausübung des Gewerbes entstanden ist. Die Annahme einer Verschuldung des Beamten ist nicht schon deshalb abzulehnen, weil er aus der Bekanntmachung des Magistrats glaubte entnommen zu haben, die Verordnung sei publiziert; denn aus der Bekanntmachung des Magistrats ergibt sich nur, daß das Reglement im Servisbureau ausliegt. Die Regierungsverordnung fordert aber den öffentlichen Aushang des Reglements (RG. 23. Juni 1887, Bolze 4 Nr. 354 und 9 Nr. 181—183).

2. Ein Amtsvorsteher hatte in Ausübung der ihm wegen eines über den Deich führenden Weges zustehenden Polizei ein Inhibitorium gegen die den Weg einengende Ausführung der deichpolizeilichen Anordnungen des Deichhauptmanns erlassen und zur Durchführung kraft des preußischen Gesetzes vom 26. Juli 1876 § 33[3] Zwangsmaßregeln ergriffen. Solange dem Amtsvorsteher nicht nachgewiesen wird, daß er bei Anwendung der von ihm zu fordernden Aufmerksamkeit und Sachkenntnis anders handeln, etwa weil nicht Gefahr im Verzuge gewesen, Beschwerde hätte führen müssen, war

er hierzu befugt, also nicht schadensersatzpflichtig (RG. 30. Oktober 1886, Bolze 1 Nr. 529).

3. Weil nach § 132 des preuß. Gesetzes vom 1. 8. 1883 der Bezirksausschuß über die Einrichtung, Aufhebung und Veränderung der Kehrbezirke der Schornsteinfeger beschließt, war ein Beschluß des Kreisausschusses, welcher die Verordnung des Gemeindevorstandes bestätigt hatte, daß die Schornsteine von einem durch den Gemeindevorstand zu engagierenden Schornsteinfeger gereinigt und die Kosten von den Hausbesitzern aufgebracht werden sollten, von der Regierung aufgehoben. Inzwischen hatte der beklagte Gemeindevorsteher gegen die klagenden Hausbesitzer wegen der nach dem Kreisausschußbeschluß auf sie entfallenden Reinigungskosten Zwangsvollstreckung vollziehen lassen. Der Gemeindevorsteher ist zum Ersatz des durch die Pfändung entstandenen Schadens verurteilt, weil er so viel Gesetzeskenntnis haben mußte, um die Ungültigkeit des Kreisausschußbeschlusses einzusehen, und auch nicht durch die irrtümliche Meinung entschuldigt wird, daß er diesen Beschluß ausführen müsse (RG. Bolze 15 Nr. 174).

4. Neben einer unterhöhlten Wand der Sandgrube wurde Sand auf einen Wagen geladen. Die Wand stürzte ein und beschädigte eine Frau. Der Gemeindevorsteher ist zum Schadensersatz verurteilt, weil er nach der Kreisordnung vom 13. Dez 1872, § 29, die Pflicht hatte, zur Erhaltung der öffentl.

Sicherheit die erforderliche polizeiliche Anordnung sofort zu erlassen. Daß er die Beaufsichtigung durch eine dritte Person wahrnehmen lassen konnte, befreite ihn hier nicht, da er bei dem Abgraben des Sandes und dessen Aufladen anwesend war (RG. Bolze 8 Nr. 276).

5. Wenn ein Bürgermeister den Polizeibeamten befiehlt, dafür Vorsorge zu treffen (nötigenfalls mit Gewalt), daß der Handel an Stellen, wo er von der Marktordnung verboten ist, nicht stattfinde, so handelt er innerhalb seiner Amtsbefugnisse (§ 132[3] des Gesetzes vom 30. Juli 1883) und ist nicht schadensersatzpflichtig (RG. Bolze 23 Nr. 263).

6. Das Polizeipräsidium hatte mittels Verfügung die Pferdebahngesellschaften ersucht, einen neu erfundenen Klingelapparat einzuführen, und den btr. Erfinder benachrichtigt, es sei den Gesellschaften aufgegeben, den Apparat einzuführen. Demnächst wurde jener Verfügung wegen sachlicher Bedenken keine Folge gegeben. Die Klage eines Dritten, welcher durch die amtliche Mitteilung veranlaßt sein wollte, das Patent zu kaufen, gegen die Beamten, von denen die Mitteilung ausgegangen, ist abgewiesen, weil die Mitteilung der Wahrheit entsprach, indem notorisch Anordnungen der fragl. Art seitens der höheren Verwaltungsbehörden gegenüber den Direktionen gewerblicher Unternehmungen in Form von Ersuchungsschreiben erlassen werden (RG. Bolze 13 Nr. 275).

7. Der Beamte haftet auch für ein Versehen bei Ausführung einer von ihm unter Überschreitung seiner Amtsbefugnisse in amtlicher Eigenschaft vorgenommenen Handlung, also auch, wenn er innerhalb seines amtlichen Wirkungskreises zur Vornahme der fragl. Handlungen nicht befugt war (RG. Bolze 13 Nr. 217 und 23 Nr. 133). Vgl. aber oben § 10 Note 4 b.

Ein Bürgermeister hatte die Unterschriften der Schuldner und der Bürgen amtlich beglaubigt und die Solvenz der Bürgen für die übernommene Haftung amtlich bescheinigt.

8. Ein Polizeibeamter haftet, wenn er Anordnungen, welche von der vorgesetzten Behörde gemißbilligt sind, gleichwohl durchführt und dadurch Privatrechte verletzt (RG. 29. Mai 1902, Gruchot 46, 1103).

9. Es kann bei einem Polizeibeamten nicht ohne weiteres schon deshalb ein Verschulden angenommen werden, wenn der Beamte in einem zweifelhaften Falle seiner Auffassung folgt, während später die ihm vorgesetzte Behörde oder das erkennende Gericht ein anderes Verfahren für richtiger hält (RG. III. ZS. 5. Januar 1894, Gruchot 38, 1040).

10. Ein Polizeibeamter, welcher einem Gastwirt zusichert, ihn wegen künftiger Überschreitung der Polizeistunde nicht zu bestrafen, kann wegen hinterher erfolgter Verurteilung nicht auf Schadensersatz

belangt werden (OLG. Kiel 12. Juli 1901, R. d. OLG. 4, 58).

11. Aus der Tatsache, daß ein Polizeibeamter einen Verbrecher trotz Haftbefehls und trotz ausdrücklichen Ersuchens der Staatsanwaltschaft fahrlässigerweise entkommen läßt, können Privatpersonen Ansprüche auf Ersatz des ihnen durch die Flucht des Verbrechers erwachsenen Schadens nicht herleiten, da ihnen gegenüber der Polizeibeamte keine Amtspflicht zu erfüllen hatte (OLG. Hamburg 21. März 1908, Recht S. 302).

m) Post- und Telegraphenbeamte.

1. Der Beklagte, Telegraphenbeamter, hat den Text der Depesche, welche dem Gendarm aufgab, nach „Ortelsburg" zu kommen, grob versehentlich durch Substitution des Wortes „Johannisburg" geändert. Der Gendarm ritt dorthin. Zur Bezahlung der Rücktransportkosten des Pferdes an den preußischen Fiskus ist der Telegraphenbeamte verurteilt (RG. Bolze 22, 209). Die Einrede, daß der Fiskus nicht geschädigt sei, da die Regierungshauptkasse an die Kgl. Eisenbahndirektion die Transportkosten gezahlt habe, also nur eine Zahlung aus einer fiskalischen Kasse in eine andere vorliege, die Bestandsverminderung der einen durch die Bestandsvermehrung der anderen ausgeglichen sei, ist verworfen, weil der Anspruch der Staatseisenbahn auf die tarifmäßige Transportgebühr noch bestehe (RG. E. 37, 250).

2. Eine Firma hatte mit der Postverwaltung verabredet, daß sie die an ihre Adresse eingehenden Postanweisungen und Ablieferungsscheine über Wertsachen in verschlossener Mappe abholen lassen wolle, welche der betreffende Postbeamte mit dem bei der Post hinterlegten Schlüssel auf- und zuschließen sollte. Der Postsekretär wurde in Anspruch genommen, weil er eine Anzahl von Postanweisungen, deren Geldbeträge dann der Bote der Firma unterschlagen hatte, in die Mappe gelegt und diese nicht verschlossen habe. Die Klage ist abgewiesen, weil der Bote die Mappe öfter unverschlossen zurückgebracht habe, dies schon in der Zeit der ersten fünf Unterschlagungen der Postanweisungen bemerkt worden sein müsse, die klagende Firma aber niemals Beschwerde beim Postamte erhoben habe, so daß der Verlust der eigenen Nachlässigkeit der Firma zuzuschreiben ist (RG. Bolze 16 Nr. 205).

3. Es war auf Schadensersatz geklagt gegen zwei Telegraphenbeamte, von denen der eine das aufgegebene Telegramm zu lesen und dabei durch die Klaviatur des Hughes-Apparates zum telegraphischen Abdruck zu bringen hatte, während der andere dienstlich verpflichtet war, einen hierbei an Ort und Stelle zum Abdruck gelangenden Kontrollstreifen auf seine Übereinstimmung mit dem Originaltelegramm zu prüfen. Unrichtig war die Zahl 32000 statt 3200 telegraphiert. Der Kontrollbeamte ist bereits rechtskräftig verurteilt. Die Klage gegen den

das Telegramm aufnehmenden Beamten dagegen ist abgewiesen. Wenn auch objektiv ein Versehen vorliegt, so setzt ein vertretbares Versehen doch immer ein Verschulden voraus, welches in Außerachtlassung der gehörigen Aufmerksamkeit bestehe und bei deren Anwendung vermieden worden wäre. Bei der Einrichtung des Telegraphenbetriebes, bei welchem der Beamte zugleich zu lesen und mit der Hand auf der Klaviatur des Apparates zu operieren habe, und bei der zugleich gebotenen Eile ist das Vorkommen eines solchen Fehlers nach dem Maße der menschlichen Kräfte überhaupt unvermeidlich, zumal es sich um ein einziges fehlerhaftes Zeichen handelt, das durch einen Fingerdruck hervorgerufen wird (RG. in Gruchots Beiträgen 43, 500).

4. Die Vorsichtsmaßregeln, die in betreff der Auszahlung postlagernder telegraphischer Postanweisungen in der an die Postbeamten erlassenen Dienstanweisung angeordnet sind, begründen nicht bloß für dieselben im Verhältnis zu ihrer vorgesetzten Behörde, sondern auch gegenüber jedem Beteiligten eine Amtspflicht. Fahrlässig handelt der Postbeamte, der ohne Beobachtung jener Vorsichtsmaßregeln eine derartige Postanweisung an einen Unbefugten auszahlt. Der Schadensersatzanspruch gegen den Postbeamten fällt weg, wenn der Geschädigte die Verfolgung seines Schadensersatzanspruchs gegen den nach § 6 Abs. 4 des Postgesetzes v. 28. Okt. 1871 haftbaren Postfiskus hat verjähren lassen (OLG.

Colmar 5. Juli 1905, Recht S. 564 Nr. 2274). Letztere Annahme ist bedenklich. S. oben S. 34.

5. Die postalischen Bestimmungen, nach denen die Empfangsstelle eines Telegramms, um die Richtigkeit der ihr zugegangenen Depesche festzustellen, eine Kollationierung durch eine Rückdepesche an die Aufgabestelle herbeiführen kann, sind nicht lediglich interne Vorschriften, sondern auch Schutzvorschriften zugunsten des Publikums. Die Telegraphenbeamten haften deshalb für vorsätzliche oder fahrlässige Verletzung dieser Vorschriften (RG. 1. Februar 1904, Sächs. Archiv 14, 356).

6. Telegraphenbeamte haften für Versehen bei Beförderung von Telegrammen, es ist jedoch § 254 BGB. anzuwenden, wenn den Absender ein konkurrierendes Verschulden trifft, z. B. er es unterlassen hat, eine wichtige Zahl in Buchstaben anzugeben (RG. 1. u. 24. Febr. 1904, Sächs. Arch. 14, 356 u. 360) oder bei einer verstümmelt angekommenen Depesche, deren Unrichtigkeit er hätte erkennen müssen, eine Rückfrage unterläßt (OLG. Celle 9. April 1904, Recht S. 222).

n) Schiedsmänner.

Stellt ein Schiedsmann die Bescheinigung über Erfolglosigkeit des Sühntermins gemäß § 420 StPO. aus, ohne daß der Beklagte zum Termin durch den Polizeidiener geladen ist, so haftet er für die dem abgewiesenen Privatkläger erwachsenen Prozeßkosten, weil er sich vor Ausstellung des Attestes bei dem Polizeidiener hätte erkundigen müssen, ob die Ladung zugestellt war (RG. Bolze 22 Nr. 207).

o) Steuern.

1. Ein Distriktskommissar hatte auf Ermächtigung des Landratsamtes, aber gegen die preuß. Verordnung vom 7. Sept. 1879 § 54 wegen rückständiger Steuern ein Grundstück im Wege öffentlicher Lizitation meistbietend verpachtet. Die Rechte des Pächters sind von dem Ersteher des später gerichtlich subhastierten Grundstücks nicht anerkannt. Der Distrikskommissar ist zur Erstattung des Pachtzinses an den Pächter verurteilt. Wenn auch der Kläger auf Grund eines ungültigen Pachtvertrages nicht zahlen durfte, so liegt doch das überwiegende Versehen auf seiten des Beamten, welcher die gesetzlichen Bestimmungen kennen mußte und den dem bäuerlichen Stande angehörigen Kläger durch Vornahme der Verpachtung nicht in den Glauben versetzen durfte, es handele sich um eine gesetzlich zulässige Zwangsvollstreckungsmaßregel (RG. Bolze 11 Nr. 174).

2. Die wider einen Steuererheber auf Erstattung zu Unrecht erhobener Steuer eingelegte Klage ist abgewiesen, weil der Beamte nur subsidiär haftet und Kläger zunächst die Verwaltungsbehörde bis zu den obersten Instanzen wegen Zurückzahlung angehen müsse (RG. Bolze 22 Nr. 212).

3. Der Rechtsirrtum betr. Nichtheranziehung der Miterben zur Steuer ist nicht entschuldbar. Die

Entschuldbarkeit muß der Beamte beweisen. Er haftet dem Staat für den Schaden (GR. in Gruchots Beiträgen 30, 137).

4. Ein Gemeindevorsteher hatte unterlassen, ein Forsthaus in der Beschreibung der Gebäude eines Eigentümers aufzunehmen. Infolgedessen war dasselbe zur Gebäudesteuer nicht herangezogen. Als der Irrtum entdeckt wurde, war die Steuer schon verjährt. Der Gemeindevorsteher ist zum Ersatz der ausgefallenen Abgabe verurteilt (RG. Bolze 10 Nr. 270).

p) Staatsanwaltschaft.

1. Ein Amtsanwalt in Preußen hatte entgegen § 29 der Geschäftsanw. f. die AA. (JMBl. 1879 S. 217) einen von der Polizeibehörde vorläufig Festgenommenen weder dem Amtsrichter vorgeführt, noch dessen Freilassung angeordnet; der Festgenommene war vielmehr, nachdem er in das Gerichtsgefängnis aufgenommen, am folgenden Tage ohne weitere Anordnung in das städtische Lazarett wegen Krankheit überführt. Die Regreßklage des Justizfiskus, welcher die Krankenkosten der Stadt hat erstatten müssen, gegen den Amtsanwalt ist durchgedrungen, weil der Amtsanwalt allein über den Gefangenen die Verfügung hatte und letzterer trotz Überführung in die Krankenanstalt nicht entlassen, vielmehr zur Disposition der Justizbehörde geblieben war (RG. E. 10, 231).

2. Der Sekretariatsvorsteher muß für

die unverzügliche Erledigung einer mit dem Vermerk „Eilt“ versehenen Verfügung des Staatsanwalts auch außerhalb der gewöhnlichen Geschäftsstunden sorgen (RG. Bolze 23 N. 261).

3. Ein Hilfsbeamter der Staatsanwaltschaft hatte beschlagnahmte Fischereigerätschaften nicht sofort nach Zustellung des die Freigabe anordnenden Gerichtsbeschlusses herausgegeben, sondern erst sich an die Staatsanwaltschaft gewandt. Die Schadensklage wegen verspäteter Herausgabe ist abgewiesen, weil ein Versehen nicht schon dann vorliegt, wenn in zweifelhaftem Falle der Beamte seiner Auffassung folgt, während die ihm vorgesetzte Behörde oder das erkennende Gericht ein anderes Verfahren später für richtiger hält (RG. Bolze 18 Nr. 187).

4. Ein Staatsanwalt hatte versäumt, die Zurücknahme eines erledigten Steckbriefes anzuordnen und wurde, weil infolgedessen der verfolgt Gewesene verhaftet und transportiert wurde, zum Ersatz der Transportkosten an den Fiskus verurteilt (RG. Bolze 10 Nr. 272).

5. Siehe auch unter f (Strafvollstreckung).

q) Taxatoren.

1. Ein preuß. Gerichtstaxator, welcher eine Taxe über ein Grundstück anfertigte, welche davon ausging, daß auf diesem Grundstück ein Wohnhaus stehe, welches in Wahrheit auf einem anderen Grundstück stand, ist wegen grober Fahrlässigkeit zum Er-

satz des Schadens verurteilt, den der Kläger dadurch erlitt, daß er im Vertrauen auf die Richtigkeit der Taxe eine auf dem in der Taxe bezeichneten Grundstück haftende Hypothek erwarb (RG. Bolze 2 Nr. 556).

2. Ein amtlich bestellter und vereideter Taxator für ländliche Grundstücke hat wegen des von ihm bei Schätzung solcher Grundstücke begangenen Versehens mindestens dann, wenn er die Richtigkeit der Taxe auf den von ihm ein für allemal geleisteten Eid genommen hat, dritten Personen, welche durch ihren Glauben oder durch den Glauben ihrer Vertreter an diese Richtigkeit infolge jener Verfehlung einen Vermögensschaden erlitten haben, auch außerkontraktlich hierfür aufzukommen. Mitverschulden des Vormundes ist unerheblich (RG. Bolze 9 Nr. 184).

r) Wassergenossenschaft.

Der Vorsitzende des Vorstandes einer öffentl. Wassergenossenschaft, welcher glaubte, ohne Genehmigung des Vorstandes eine Anschaffung machen und dafür Zahlung leisten zu dürfen, wozu er nach dem Statut nicht berechtig war, haftet auf Ersatz, aber erst, wenn die von dem Empfänger mittelst der condictio indebiti zurückzufordernde Zahlung nicht zu erlangen ist (RG. Bolze 2 Nr. 561).

s) Lehrer.

Haftung eines Lehrers für die einem Schüler von einem anderen Schüler mittels eines sog. Pustrohrs auf einem

Schulfeste fahrlässigerweise zugefügte Körperverletzung. Nach § 88 ALR. II. 10 liegt den öffentlichen Volksschullehrern die Pflicht ob, diejenigen Schüler, in deren Ansehung sie die Schulzucht (§ 50 ALR. II. 12) auszuüben haben, während dieser Zeit zu beaufsichtigen. Es liegt auch in der Natur der Sache, daß zur Ausübung der Schulzucht auch die Aufsichtsführung gehört. Auch wenn ein in die zeitweilige Obhut eines Privatlehrers gegebenes Kind verletzt würde, würde ersterer haften, weil nach § 157 BGB. die Aufsichtsführung nach Treu und Glauben als von ihm vertraglich mit übernommen gelten müßte. Zwischen der eigentlichen Schulzeit und einem von der Schule veranstalteten Schulausfluge ist kein Unterschied zu machen (RG. VI. ZS. 14. März 07; Stettin, JW. 255 u. Recht 07, 654).

Zusätze.

Zu S. 5. Öffentliche Gewalt. Der Briefträger ist kein Beamter, dem eine öffentliche Gewalt anvertraut ist, da sich der staatliche Postbetrieb nicht als Ausübung einer öffentlichen Gewalt als Hoheitsrecht darstellt, sondern als staatliches Monopol oder Regal (OLG. Stuttgart 28. Okt. 1904, R. d. OLG. 9, 22).

Zu S. 116. Der Grundbuchrichter handelt nicht fahrlässig, wenn er einen auf Eintragung einer Sicherungshypothek gerichteten Arrestbefehl nicht schneller erledigt als sonstige bei ihm eingehende Anträge auf Eintragungen in das Grundbuch (RG. 24. März 1909, Recht Nr. 1681).

Zu S. 129. Ein Gemeindebeamter, der in Ausübung der ihm übertragenen staatlichen Funktionen dem Fiskus gegenüber seine Amtspflicht verletzt und denselben hierdurch zu Schaden bringt, ist hierfür auf Grund des § 839 Abs. 1 BGB. verantwortlich. Ein Dienstverhältnis zwischen dem Gemeindebeamten und dem Fiskus bestand nicht. Daraus, daß dem ersteren durch §§ 21, 23 Einkommensteuergesetzes Funktionen im Interesse des Fiskus auferlegt sind, folgt noch nicht, daß er insoweit als Staatsbeamter anzusehen ist. „Dritter" i. S. des § 839 BGB. braucht nicht eine Privatperson zu sein (RG. II. ZS. 7. Mai 1909, Recht Nr. 1886)

Zu S. 187 ff. Zu den Pflichten des Beamten gehört es auch, die Grenzen seiner Zuständigkeit innezuhalten, sich also der Vornahme solcher Handlungen zu enthalten, welche ausschließlich

Beamten anderer Art vorbehalten sind. Auch diese Pflicht ist eine Amtspflicht, welche den Beamten jedem gegenüber obliegt, welche von den Folgen der Amtsüberschreitung betroffen werden kann. Überschreitet daher ein Beamter vorsätzlich oder fahrlässig seine Amtsbefugnisse, z. B. indem er, obschon dazu nicht zuständig, amtlich eine Unterschriftsbeglaubigung vornimmt, so haftet er aus § 839 BGB. Die gleiche Haftung besteht aber auch dann, wenn er zwar in einem von ihm nicht zu vertretenden Irrtum über seine Befugnis zur Beglaubigung sich befand, aber bei der Beglaubigung sich einer Verletzung der allgemeinen ihm obliegenden Sorgfalt (nicht genügende Erkundigung hinsichtlich Echtheit der Unterschrift) schuldig gemacht hat. Denn der Beamte hat, auch wenn er in Überschreitung seiner Befugnisse, aber doch als Beamter handelt, die im Verkehr erforderliche Sorgfalt zu beobachten und die Folgen der Vernachlässigung dieser nach § 839 BGB. zu tragen (RG. III. ZS. 4. Mai 1909, Recht Nr. 1885).

Das Reichsgericht weicht also von unserer Ansicht ab und gibt seine Ansicht (Entsch. 60, 321) ausdrücklich auf. S. auch S. 405.

Zu S. 328. Privatrechtliche Verrichtungen. Der Staat (Verband) haftet, gleichgültig ob der Beamte im Inlande oder im Auslande tätig gewesen ist. Ist ein Ausländer (Nichtreichsangehöriger) der Geschädigte, so haftet der Staat (Verband) ebenfalls ohne Ausnahme. Auch der Beamte ist dem Ausländer, falls dieser ihn direkt beklagt, haftpflichtig. Nur bei Ausübung der öffentlichen Gewalt ist die Haftung des Staates Ausländern gegenüber eingeschränkt.

Zu S. 342. Haftpflicht gegenüber Dritten. Auch in diesem Falle ist die Erhebung des Konflikts zulässig. Vgl. S. 385.

Zu S. 367. Landschaften üben Hoheitsrechte (öffentl. Gewalt) aus bei Ausstellung von sog.

Unschädlichkeitsattesten (KomBer. d. HH. S. 7). Landwirtschaftskammern gemäß § 2 des Ges. v. 30. Juni 1894 insofern, als ihnen die Fürsorge für die Wohlfahrt des Berufsstandes der Landwirte und die Förderung der Land- und Forstwirtschaft übertragen ist (RG. V. ZS. 1. Mai 1909, JurWoch. S. 400).

Zu S. 372 und 393. Das Entscheidende ist, ob der Beamte eine unmittelbare, selbständige, klagbare Forderung gegen den Beteiligten hat. Für die städtischen Vollziehungsbeamten wurde in der Kommission des Herrenhauses (S. Ber. S. 18) in Uebereinstimmung mit der Staatsregierung die Anwendung des Abs. 3 verneint, weil nach der Verordnung über das Verwaltungszwangsverfahren v. 15. Nov. 1899 die Gebühren dem Beamten nicht unmittelbar von dem Beteiligten zustünden.

Auch Eichmeister und Landmesser fallen unter § 1 Abs. 3.

Zu S. 383. Das OVG. hat zwar angenommen:

Zum Schutz eines unbestimmten Beamten ist die Konfliktserhebung unzulässig (OVG. 11. Dez. 1908, DJZ. 1909 S. 774). Jetzt wird aber das Gegenteil anzunehmen sein, da es nach den Materialien ausdrücklich für zulässig erklärt ist.

Zu S. 394. In der Rheinprovinz besteht auch jetzt noch gemäß Art. 1384 Cod. civ. eine Haftpflicht des Staates für die Volksschullehrer; für die übrigen Lehrer haftet der Verband, in dessen Diensten sie stehen (KomBer. d. HH. S. 27). Vgl. RG. Entsch. i. ZS. 67, 117. Führt der Volksschullehrer nur Anweisungen des Kreisschulinspektors oder der Regierung aus, so haftet er nicht. Vgl. S. 178 ff.

Sachregister.

(Die Zahlen bedeuten die Seiten.)

G.

H.

J.

K.

L.

W.

Z.

C. Schulze & Co., G. m. b. H., Gräfenhainichen.

Guttentag'sche Sammlung

Deutscher Reichsgesetze.

Text-Ausgaben mit Anmerkungen. Taschenformat.

1. **Verfassung** des Deutschen Reichs. Von Dr. **L. von Rönne.** 9. Aufl. von Landrat **P. von Rönne.** 1904. 2 M. 40 Pf.

2. **Strafgesetzbuch** für das Deutsche Reich. Von Dr. **H. Rüdorff.** 22. Aufl. von Dr. **H. Appelius.** 1907 mit Novelle v. 17. II. 08. 1 M. 50 Pf.

3. **Militärstrafgerichtsordnung** nebst Einführungsgesetz Von Wirkl. Geheimen Kriegsrat Dr. jur. **A. Romen** u. Kriegsgerichtsrat Dr. jur. **Carl Rissom.** 1909. Im Druck.

4. **Handelsgesetzbuch vom 10. Mai 1897 unter Ausschluß des Seerechts.** 13. Aufl. **herausgegeben von Geh. Justizrat Prof. Dr. A. Mosse.** 1905. 3 M.

5. Allgemeine Deutsche **Wechselordnung.** 10. Aufl. von Justizrat Dr. **J. Stranz** und Rechtsanwalt Dr. **M. Stranz,** und das Reichsgesetz über die **Wechselstempelsteuer** von Geh. Regierungsrat **P. Loeck.** 10. Aufl. 1909. 3 M.

5a. **Wechselstempelsteuergesetz** apart. 10. Aufl. 1 M. 25 Pf.

6. **Reichsgewerbeordnung** nebst Ausführungsbestimmungen. Von **Berger** und **Wilhelmi.** 17. Aufl. bearbeitet von Oberverwaltungsgerichtsrat **H. Spangenberg.** 1907. 3 M.

Nachtragsband: enth. Novelle **„Kleiner Befähigungsnachweis"** von Geh. Ober-Regierungsrat **Spielhagen.** 1908. 30 Pf.

Ergänzungsband: **Preußische Ausführungsanweisung.** 1904. 2 M.

7. **Post- und Telegraphen-Gesetzgebung.** Nebst Weltpostvertrag und internationalem Telegraphenvertrag. 6. Aufl. von Geh. Ober-Postrat Dr. **M. König.** 1908. 4 M.

8. Die Reichsgesetze über den **Unterstützungswohnsitz die Freizügigkeit, den Erwerb und Verlust der Bundes- und Staatsangehörigkeit.** Von Geheimrat Dr. **J. Krech,** Mitglied d. Bundesamtes für das Heimatwesen. 7. Aufl. 1908. 3 M.

9. Sammlung **kleinerer strafrechtlicher Reichsgesetze.** Bearbeitet von **M. Werner,** Geh. Ober-Regierungsrat. 2. Aufl. 1903. 3 M.

10. Das **Reichsbeamtengesetz** von **J. Pieper.** 2. Aufl. 1901. 4 M. 50 Pf.

— In der Fassung von 1907 siehe Nr. 82.

11. **Zivilprozeßordnung mit Gerichtsverfassungsgesetz** in den neuesten Fassungen. Von **R. Sydow.** Fortgeführt von **L. Busch.** 11. Aufl. 8°. 1909. 6 M.

12. **Strafprozeßordnung und Gerichtsverfassungsgesetz** nebst den Gesetzen, betr. die Entschädigung der im Wiederaufnahmeverfahren freigesprochenen Personen und die Entschädigung für unschuldig erlittene Untersuchungshaft. Von Dr. **A. Hellweg,** Reichsgerichtsrat. 15. Aufl. 1908. 2 M.

13. **Konkursordnung und Anfechtungsgesetz.** Von **R. Sydow.** Fortgeführt von **L. Busch.** 10. Aufl. 1906. 2 M. 25 Pf.

14. **Gerichtsverfassungsgesetz** mit Einführungsgesetz. Herausgegeben von **R. Sydow.** Fortgeführt von **L. Busch.** 9. Aufl. 1905. 1 M. 50 Pf.

15. Das **Deutsche Gerichtskostengesetz** nebst den Gebührenordnungen für Gerichtsvollzieher, Zeugen und Sachverständige. Von **R. Sydow.** Weiter bearbeitet von **L. Busch.** 8. Aufl. 1907. Mit Nachtrag v. 1. VI. 1909. 2 M.

16. **Rechtsanwaltsordnung.** Von **R. Sydow.** 6. Aufl. von Justizrat **M. Jacobsohn.** 1907. 1 M. 20 Pf.

17. Die **Deutsche Gebührenordnung für Rechtsanwälte und das Preußische Gebührengesetz** vom 27. September / 6. Oktober 1899. Von **R. Sydow.** Fortgeführt von **L. Busch.** 8. Aufl. 1909. 2 M.

18. **Reichsstempelgesetz (Börsensteuer, Frachturkunde, Kraftfahrzeuge, Personenfahrkarte, Tantieme für Aufsichtsratsmitglieder).** Vom 15. Juli 1909. Von **P. Loeck,** Geh. Regierungsrat. 10. Aufl. 8°. M. Pf.

19. **Die Seegesetzgebung.** Von Dr. **W. E. Knitschky.** 4. Aufl. bearbeitet von Oberlandesgerichtsrat **Otto Rudorff** in Hamburg. 1908. 6 M.

20. **Krankenversicherungsgesetz.** Von weil. Dr. **E. von Woedtke.** 11. Aufl. von Geh. Reg.-Rat Dr. **G. Eucken-Addenhausen.** 1905. 3 M.

21. **Die Konsulargesetzgebung.** Von Professor Dr. **Ph. Zorn.** 2. Aufl. 1901. 3 M.

22. **Patentgesetz.** Nebst Ausführungsbestimmungen, völkerrechtlichen Verträgen und der Patentanwalts-Ordnung. 7. Aufl. bearbeitet von **R. Lutter,** Geh. Reg.-Rat im Kaiserl. Patentamt. 1908. 2 M. 80 Pf.

23. **Gewerbe-Unfallversicherungsgesetz.** Von weil. Dr. **E. v. Woedtke.** 9. Aufl. von **Franz Caspar,** Direktor im Reichsamt des Innern. 1907. 2 M. 50 Pf.

24. **Aktiengesellschaft und Kommanditgesellschaften auf Aktien.** Von Justizrat Dr. **H. Veit Simon** und Amtsrichter **L. Keyssner.** 1909. 6. Aufl. Im Druck.

25. **Brausteuergesetz** vom 15. Juli 1909. Von **A. Düffe,** Oberzollrevisor. 2. Aufl. 1909. Im Druck.

26. Die Reichsgesetzgebung über **Münz- und Notenbankwesen,** Papiergeld, Prämienpapiere und Reichsschulden. Von Dr. jur. **R. Koch,** Präsident des **Reichsbankdirektoriums.** 6. Aufl. 1909 Im Druck.

27. Die Gesetzgebung, betr. **das Gesundheitswesen** im Deutschen Reich. Von Dr. jur. **C. Goesch** und Dr. med. **J. Karsten.** 1888. 1 M. 60 Pf.

28. **Bau-Unfallversicherungsgesetz.** Vom 30. Juni 1900. Von **R. Chrzescinski,** Kaiserl. Regierungsrat. 3. Aufl. 1900. 2 M.

29. **Erwerbs- und Wirtschaftsgenossenschaften.** Von **L. Parisius** und Dr. **H. Crüger.** 12. Aufl. von Dr. **H. Crüger.** 1907. 1 M. 50 Pf.

30. **Invalidenversicherungsgesetz** vom 13. Juli 1899. Von weil. Dr. **E. v. Woedtke.** 10. Aufl. von Regierungsrat **H. Follmann.** 1906. 4 M.
Siehe auch Handausgabe von Freund Seite 24.

31 **Gewerbegerichtsgesetz.** Von Stadtrat **L. Mugdan.** 6. Aufl. bearbeitet von **W. Cuno,** Erstem Bürgermeister zu Hagen i. W. 1906. 2 M. 20 Pf.

32. Reichsgesetz, betr. die **Gesellschaften mit beschränkter Haftung.** Von **L. Parisius** und Dr. **H. Crüger.** 9. Aufl. von Dr. **H. Crüger.** 1908. 1 M. 40 Pf.

33. **Vereins- und Versammlungsrecht.** Von Dr. **E. Ball.** 2. Aufl. von Dr. **F. Friedenthal.** 1907. 2 M. 50 Pf.
Reichs-Vereinsgesetz vom 19. April 1908 vide Nr. 88.

34. Die **Abzahlungsgeschäfte.** Gesetz vom 16. Mai 1894. 2. vermehrte Aufl. besorgt von Dr. **E. Wilke,** Landgerichtsrat. 1901. 1 M. 20 Pf.

35. Die **Reichs-Eisenbahngesetzgebung.** Von **W. Coermann,** Kaiserl. Amtsrichter. 1895. 2 M. 25 Pf.

36. Gesetze, betr. die **privatrechtlichen Verhältnisse der Binnenschiffahrt und der Flößerei.** Von **E. Löwe,** Landgerichtsrat. 4. Aufl. 1909. 3 M.

37. Gesetz zur **Bekämpfung des unlauteren Wettbewerbes.** 4. Auflage. Von Justizrat **Pinner.** 1909. 1 M.

38/39. **Bürgerliches Gesetzbuch nebst Einführungsgesetz** von Dr. **A. Achilles.** In Verbindung mit Professor Dr. **André,** Kammergerichtsrat **Ritgen,** Ober-Landesgerichtsrat **Strecker,** Ministerialrat Dr. **Unzner** herausgegeben von Geh. Ober-Justizrat **Greiff.** 6. Aufl. 8°. 1909. 6 M. 50 Pf.

40. Gesetz, betr. die **Pflichten der Kaufleute bei Aufbewahrung fremder Wertpapiere (Depotgesetz).** Mit Erläuterungen. Von **F. Lusensky,** Geh. Ober-Regierungsrat. 2. Aufl. 1905. 1 M.

41. **Börsengesetz.** In der Fassung der Novelle vom 8. Mai 1908. 2. Aufl. Von Wirkl. Geh. Ob.-Regierungsrat **Th. Hemptenmacher,** Staatskommissar an der Berliner Börse. 1908. 2 M.

42. **Grundbuchordnung** nebst den preußischen Ausführungsbestimmungen. Mit Einleitung. Von Prof. Dr. **O. Fischer.** 5. Aufl. 1909. 2 M.

43. **Zwangsvollstreckung in das unbewegliche Vermögen** im Reiche und in Preußen. Mit Einleitung, Kosten- und Gebührentabellen. Von Dr. **J. Krech,** Kaiserl. Geh. Regierungsrat und Professor Dr. **O. Fischer.** 5. Aufl. 1907. 2 M.

44. Das Reichsgesetz über das **Auswanderungswesen** vom 9. Juni 1897. Von Professor Dr. **Felix Stoerk.** 1899. 2 M. 25 Pf.

45. Das **Entmündigungsrecht** unter Berücksichtigung der für Preußen geltenden Vorschriften nebst der preußischen Justiz-Ministerial-Verfügung vom 28. November 1899. Von Landgerichtsrat Dr. **P. Koll in Cöln.** 1900. 1 M. 50 Pf.

46. **Die Gesetze des Reiches und Preußens über die freiwillige Gerichtsbarkeit.** Von **Herm. Jastrow,** Amtsgerichtsrat. 4. Aufl. 1906. 3 M.

47. Das **deutsche Vormundschaftsrecht** und das preuß. Gesetz über die Fürsorgeerziehung Minderjähriger nebst den dazu gehörigen preußischen Nebengesetzen. Von **Max Schultzenstein,** Oberverwaltungsgerichtsrat und Amtsgerichtsrat Dr. **Paul Köhne.** 2. Aufl. 1901. 3 M.

48. Gesetze und Verordnungen, betr. den **Drogen-, Gift- und Farbenhandel** außerhalb der Apotheken. Von Dr. **Broh,** Rechtsanwalt. 1899. 1 M. 25 Pf.

49. Deutsche **Kolonialgesetzgebung.** Von Professor Dr. **Philipp Zorn.** 1901. 4 M. 50 Pf.

50. Der **Viehkauf** (Viehgewährschaft) nach dem Bürgerlichen Gesetzbuche. Nebst Verordn. betr. die Hauptmängel und Gewährsfristen beim Viehhandel. Von Rechtsanwalt Dr. **H. Stölzle** und Königl. Kreistierarzt **H. Weiskopf.** 4. Aufl. 1908. 4 M.

51. **Hypothekenbankgesetz** vom 13. Juli 1899. Von Dr. **H. Göppert,** Gerichts-Assessor. 1900. 1 M. 80 Pf.

52. Gesetz, betreffend die gemeinsamen **Rechte der Besitzer von Schuldverschreibungen.** Von Dr. **Heinrich Göppert,** Gerichts-Assessor. 1900. 2 M.

53. **Reichspreßgesetz** vom 7. Mai 1874. Kommentar von **A. Born,** Polizeiassessor. 1900. 1 M. 50 Pf.

54. **Die Reichsgesetzgebung über den Verkehr mit Nahrungsmitteln, Genußmitteln und Gebrauchsgegenständen.** Von Dr. **Georg Lebbin**, Nahrungsmittelchemiker. 1900. 2 M. 25 Pf.

55. **Das Recht der Beschlagnahme von Lohn- und Gehaltsforderungen.** Von Justizrat **Georg Meyer.** 3. Aufl. 1908. 2 M. 50 Pf.

56. Gesetz, betr. die **Bekämpfung gemeingefährlicher Krankheiten.** Nebst Ausführungsbestimmungen. Von Dr. **Bruno Burkhardt,** Regierungsrat, Mitglied des Kais. Gesundheitsamts. 1900. 1 M. 40 Pf.

57. **See-Unfallversicherungsgesetz.** Von **Dr. Max Mittelstein,** Oberlandesgerichtsrat in Hamburg. 1901. 2 M.

58. **Das Recht der unehelichen Kinder** nach dem BGB. Von **Hermann Jastrow,** Amtsg.-Rat. 1901. 1 M. 80 Pf.

59. Reichsgesetz über die **Beurkundung des Personenstandes und die Eheschließung.** Von Dr. **F. Fidler,** Amtgerichtsrat. 1901. 1 M. 80 Pf.

60. Gesetz, betreffend das **Urheberrecht an Werken der Literatur und der Tonkunst.** Von Landrichter **Otto Lindemann.** 2. Aufl. 1907. 1 M. 60 Pf.

61. Gesetz über das **Verlagsrecht.** Von Justizrat **Ernst Heinitz.** 1901. 1 M. 50 Pf.

62. Über die **privaten Versicherungsunternehmungen.** Von **H. Könige,** Reichsgerichtsrat. 2. Aufl. in Bearbeitung.

63. **Gesetzestafel des Deutschen Reichsrechts.** Systematisch geordnete Nachweisung des z. Z. geltenden Reichsrechts. Ergänzungsband zu der Guttentag'schen Sammlung Deutscher Reichsgesetze. Von **Hugo Bruhns, Syndikus.** 1902. 8°. 2 M. 50 Pf.

64. Gesetzsammlung betr. den **Handel mit Drogen und Giften.** Reichsgesetzl. Bestimmungen und Anhang mit den landesgesetzl. Verordnungen sämtlicher Bundesstaaten. Von Rechtsanwalt **H. Sonnenfeld,** Syndik. d. Berl. Drogisten-Innung. 1902. 3 M.

65. Das **Weingesetz** in der Fassung v. 1909. Mit Ausführungsbestimmungen von Dr. **Georg Lebbin,** Handels- u. Gerichtschemiker. 2. Aufl. 1909. Im Druck.

66. **Die Eisenbahn-Gesetzgebung.** Von **W. Pietsch,** Geh. exp. Sekretär im Reichs-Eisenbahn-Amt. 1902. 5 M.

67. **Militär-Strafgesetzbuch.** In Vorbereitung.

68. **Das Fleischbeschaugesetz.** Vom 3. Juni 1900. Von Dr. **Georg Lebbin,** Gerichtschemiker und Rechtsanwalt Dr. **Georg Baum.** 1903. 4 M.

69. **Reichsgesetz über die Naturalleistungen der bewaffneten Macht im Frieden** nebst den in Preußen geltenden Bestimmungen. Von Regierungsassessor Dr. **Walter v. Hippel.** 1903. 1 M. 25 Pf.

70. Das **Reichs-Haftpflichtgesetz,** betr. die Verbindlichkeit zum Schadensersatz für die bei dem Betriebe von Eisenbahnen, Bergwerken, Steinbrüchen, Gräbereien und Fabriken herbeigeführten Tötungen und Körperverletzungen, vom 7. Juni 1871. Von Regierungsrat Dr. **G. Eger.** 1903. Preis 3 M.

71. **Kinderarbeit in gewerblichen Betrieben,** v. 30. März 1903. Von **H. Spangenberg,** Oberverwaltungsgerichtsrat. 2. Aufl. 1904. 1 M. 60 Pf.

72. **Unfallversicherungsgesetz für Land- und Forstwirtschaft** von weil. Dr. **E. von Woedtke,** fortgesetzt von Dr. **Alfred Radtke,** Geh. Regierungsrat und Senatspräs. im Reichsversicherungsamt. 2. Aufl. 1904. 4 M. 50 Pf.

73. **Entschädigung für unschuldig erlittene Verhaftung und Bestrafung.** Nebst Anhang, enth. die dazu gehörigen Nebengesetze über Schadensersatz. Von Dr. jur. **A. Romen,** Wirkl. Geh. Kriegsrat und vortr. Rat im Kriegsministerium. 1904. 2 M.

74. Die **Kaufmannsgerichte** nebst den preuß. Ausführungsbestimmungen. Von Prof. Dr. **Max Apt,** Syndikus der Korporation der Berliner Kaufmannschaft. 3. Aufl. 1905. 2 M.

75. Reichsgesetz über die **Konsulargerichtsbarkeit.** Von Dr. jur. **A. F. Vorwerk,** Rechtsanwalt in Schanghai. 2. Ausgabe, mit dem Schutzgebietsgesetz und der Ausführungsverordnung, betr. die Rechtsverhältnisse in den Schutzgebieten. 1908. 2 M.

76. **Die Rechtshilfe im Verkehr mit den ordentlichen Gerichten nach deutschem Reichsrecht.** Von Landrichter Dr. **A. Friedländer.** 1906. 1 M. 80 Pf.

77. **Das Reichserbschaftssteuergesetz.** Vom 3. Juni 1906. Von **Ulrich Hoffmann,** Geh. Registrator im Kgl. Preuß. Finanzministerium. 1906. 2 M. 60 Pf.

78. **Zigarettensteuergesetz. Vom** 15. Juli 1909. **Von** Dr. **Cuno,** Regierungsassessor. 2. Aufl. 1909. Im Druck.

79. **Die Militärpensionsgesetze vom** 31. Mai 1906 nebst Ausführungsbestimmungen. Zum Gebrauch für Heer, Marine und Schutztruppe von Dr. jur. **A. Romen,** Wirklicher Geheimer Kriegsrat.

a) I. Teil: Offizierpensionsgesetz. 1907. 3 M. 50 Pf.

b) II. Teil: Mannschaftsversorgungsgesetz. 1908. 3 M. 50 Pf.

80. Reichsgesetzgebung über **gerichtliche Registerführung.** Von **Otto Lindemann,** Landrichter. 1906. 3 M.

81. Gesetz, betr. **Urheberrecht an Werken der bildenden Künste und der Photographie.** Von Dr. **Ludw. Fuld,** Rechtsanwalt. 1907. 1 M.

82. **Reichsbeamtengesetz** in der Fassung vom 18. Mai 1907 und seine Ergänzungen von Geheimrat Professor Dr. **Ad. Arndt.** 1908. 3 M.

83. Reichsgesetz über **den Versicherungsvertrag** nebst Einführungsgesetz. Von Dr. **Paul Hager** und Dr. **R. Behrend,** Regierungsräte im Kaiserl. Aufsichtsamt f. Privatversicherung. 1908. 5 M.

84. **Sammlung kleinerer privatrechtlicher Reichsgesetze** von Landrichter **Georg Müller.** 1908. 6 M. 50 Pf.
Enthält eine Fülle von Gesetzen, die anderweit fast garnicht oder nur schwer zu beschaffen sind.

85. **Scheckgesetz** mit Einleitung usw. Von Prof. Dr. **Max Apt.** 5. Aufl. Mit Postscheckordnung v. 6. XI. 1908. 1909. 2 M.

Postscheckordnung vom 6. XI. 08. Apart mit Erläuterungen u. Ausführungsbestimmungen. (30 Pf.)

86. **Die Auslieferungsverträge des Deutschen Reiches** von Landrichter **A. Cohn.** 1908. 4 M.

87. Gesetz zum **Schutz der Warenbezeichnungen.** Von Geh. Reg.-Rat, Mitgl. des Patentamts Dr. **Freund** u. Rechtsanwalt **Magnus.** 5. Aufl. 1909. 3 M. 50 Pf.

88. **Vereinsgesetz** vom 19. April 1908. Von Dr. jur. **A. Romen,** Wirkl. Geh. Kriegsrat. 2. Aufl. 1908. 1 M. 50 Pf.

89. **Vogelschutzgesetz** vom 30. Mai 1908 nebst den das Flugwild betr Bestimmungen der Preußischen Jagdordnung von Dr. jur. **Leo von Boxberger.** 1908. 1 M.

90. Die Haager Abkommen über das **Internationale Privatrecht** von Dr. **G. A. E. Bogeng.** 1908. 2 M. 20 Pf.

91. **Eisenbahn-Verkehrsordnung** vom 23. Dez. 1908. Mit Ausführungsbestimmungen. Von Regierungsassessor bei der Eisenbahndirektion Breslau Dr. **Ernst Blume.** 1909. 2 M. 50 Pf.

92. Gesetz, betr. den **Verkehr mit Kraftfahrzeugen.** Von Amtsrichter **Kirchner.** 1909. 2 M. 80 Pf.

93. Gesetz über die **Sicherung der Bauforderungen** vom 1. Juni 1909 v. Justizrat Dr. **E. Harnier.** 2. Aufl. 1909. 1 M. 30 Pf.

94. **Haftpflicht der Reichs- und Staats-Beamten** v. Dr. **H. Delius.** 2. Aufl. 1909. 3 M. 50 Pf.

8. **Vormundschaftsordnung**. Von **F. Schultzenstein.** Gültiges Recht siehe: Reichsgesetze Nr. 47.

9. Die Preußische **Grundbuchgesetzgebung**. Von Prof. Dr. **Fischer.** Vergriffen. Siehe: Reichsgesetze Nr. 42.

10. **Einkommensteuergesetz**. Von **A. Fernow,** Geh. Ober-Finanzrat. 7. Aufl. 1908/9. Mit Nachtrag v. 22. III. u. 26. V. 09. 3 M. 25 Pf.

11. **Gewerbesteuergesetz**. Von **A. Fernow,** Geh. Ober-Finanzrat. 4., vermehrte Aufl. 1905. 2 M.

12. **Allgemeines Berggesetz** für die Preußischen Staaten vom 24. Juni 1865. Von **W. Westhoff** und **W. Schlüter.** 2. Aufl. 1907. Mit Nachtrag v. 1909. 5 M.

13. **Ergänzungssteuergesetz** (Vermögenssteuergesetz). Von **A. Fernow,** Geh. Ober-Finanzrat. 4. vermehrte Aufl. 1907. 2 M. 40 Pf.

14. **Kommunalabgabengesetz.** Vom 14. Juli 1893 und Gesetz wegen Aufhebung direkter Staatssteuern. Von Dr. **F. Adickes,** Oberbürgermeister. 4. Aufl. 1906. 1 M. 50 Pf.

15. Die **Kreisordnungen** für den Preußischen Staat. Von **O. Kolisch,** Landgerichtsrat. 1894. 4 M.

16. **Konzessionierung gewerblicher Anlagen.** Preuß. Ausführungs-Anweisung zu §§ 16 u. ff. der Gewerbe-Ordnung. Von Dr. **W. v. Rüdiger,** Geh. Regierungs- u. Gewerberat. 2. Aufl. 1901. 2 M.

17. **Preußisches Gerichtskostengesetz.** Mit Kostentabellen. Von Dr. **P. Siméon,** Landgerichtsrat. 5. Aufl. 1908. 2 M. 60 Pf.

18. **Preußisches Stempelsteuergesetz vom** 30. Juni 1909. Mit Ausführungsbestimmungen und Tabellen. Von **P. Loeck,** Geh. Regierungsrat. 6. Aufl. mit Anhang. 8°. 1907/09. 6 M.

19. **Das Jagdscheingesetz.** Mit ausführlichen Erläuterungen. Von **F. Kunze,** Wirklichem Geh. Ober-Regierungsrat. 2. Aufl. 1899. 2 M.

20. **Die preußischen Erbschaftssteuergesetze.** Unter Berücksichtigung der Novelle vom 31. Juli 1895. Von **U. Hoffmann,** Geh. Registrator im Königl. preuß. Finanzministerium. 1905. 4 M.
(Reichs-Erbschaftssteuergesetz s. Reichsgesetze Nr. 77).

21. Gesetz über die **Handelskammern.** Von **F. Lusensky,** Geh. Regierungsrat. 2. Aufl. 1909. ca. 3 M.

22. Gesetz, betr. **Anstellung und Versorgung der Kommunalbeamten.** Von Dr. **W. Ledermann,** Magistratsassessor zu Berlin. 1899. 1 M. 25 Pf.

23. **Ausführungsgesetz zum Bürgerlichen Gesetzbuche.** Von Landrichter Dr. **P. Siméon.** 2. Aufl. 1905. 1 M. 80 Pf.

24. **Die Hinterlegungsordnung** in der Fassung des Ausführungsgesetzes z. BGB. v. 20. Sept. 1899 nebst Ausführungsbestimmungen. Von Regierungsrat Dr. **Georg Bartels.** 2. Aufl. 1908. 2 M.

25. **Preußische Kommunalbeamtengesetzgebung.** Von Magistr.-Assess. Dr. **Fr. Kremski,** Berlin. 1901. 3 M.

26. Gesetze über das **Diensteinkommen der Lehrer und Lehrerinnen, Ruhegehalt und Fürsorge für Hinterbliebene.** Tabelle zur Berechnung der Ruhegehalts-, Witwen- u. Waisenbezüge. Von Dr. **Ed. Cremer,** Beigeordneter. 1900. 2 M. 40 Pf.

27. **Gesetz,** betreffend die **Warenhaussteuer.** Von Geh. Ober-Finanzrat Dr. **G. Strutz.** 1900. 1 M. 20 Pf.

28. Gesetz über die **Fürsorgeerziehung Minderjähriger.** Von Landgerichtsdirektor Dr. **P. F. Aschrott.** 2. umgearbeitete Aufl. 1907. 2 M. 80 Pf.

29. **Gesetz,** betr. **die ärztlichen Ehrengerichte, das Umlagerecht und die Kassen der Aerztekammern.** Von Amtsgerichtsrat Dr. **F. Fidler.** 1901. 1 M. 50 Pf.

30. Die das **Preußische Staatsschuldbuch** und **Reichsschuldbuch** betr. Gesetze nebst Ausführungsbestimmungen. Von Wirkl. Geh. Ober-Finanzrat **J. Mücke,** Mitglied der Staatsschuldenverwaltung. 1902. 2 M.

31a. **Die geltenden Preußischen Gesindeordnungen.** Herausgegeben in zwei Bänden von **Stephan Gerhard,** Rechtsanwalt in Berlin. 1902.

Band I: Gesindeordnung für die altpreußischen Provinzen vom 8. XI. 1810, mit Erläuterungen unter Berücksichtigung der Ergänzungsgesetze und der Rechtsverhältnisse der Gesindevermieter, sowie die Gesindeordnungen für Neuvorpommern und Rügen und für die Rheinprovinz. 2 M. 50 Pf.

31b. **Band II:** Gesindeordnungen für Hannover, Schleswig-Holstein, Hessen-Nassau und den Regierungsbezirk Hohenzollern. 2 M. 50 Pf. Siehe auch Seite 24: Ratgeber von Grieben.

32. **Die Städteordnung für die sechs östlichen Provinzen Preußens** vom 30. Mai 1853. Von **Dr. jur. Walter Ledermann,** Magistrats-Assessor zu Berlin. 8°. 1902. 6 M.

33. **Rentenguts- und Anerbenrechts-Gesetzgebung in Preußen.** Von Landgerichtsrat **M. Peltasohn** und Rechtsanwalt **Bruno Peltasohn.** 1903. 3 M.

34. Sammlung der wichtigsten **preußischen Strafgesetze** nebst Anhang: Gesetz betr. polizeiliche Strafverfügungen vom 23. April 1883. Von **Otto Lindemann,** Amtsrichter. 1903. 2 M. 50 Pf.

35. **Geschäftsordnung für Gerichtsvollzieher.** Gerichtsvollzieherordnung und Gebührensätze von Amtsgerichtssekretär **Emil Exner.** 1904. 3 M. 50 Pf.

36. **Polizeiverordnungen in Preußen.** Von **Otto Lindemann,** Landrichter. 1904. 1 M. 50 Pf.

37. Gesetz über die **Enteignung von Grundeigentum** vom 11. Juni 1874. Von Landrichter **O. Meyer.** 1905. 2 M.

38. **Kreis- und Provinzial-Abgabengesetz.** Vom 23. April 1906. Von **Fr. Schmidt,** Gemeindevorsteher. 1906. 1 M. 25 Pf.

39. **Gesetz betr. die Unterhaltung der öff. Volksschulen.** Von **Dr. A. Marcks,** Reg.-Rat. 1906. 2 M.

40. **Verwaltungsstrafverfahren** bei Zuwiderhandlungen gegen die Zollgesetze und indirekte Reichs- und Landesabgaben, sowie die Bestimmungen über die Schlacht- und Wildpretsteuer vom 26. Juli 1897. Von **Dr. Richard Katzenstein,** Gerichtsassessor. 1907. 3 M. 60 Pf.

41. Die **preußischen Jagdpolizeigesetze.** Von **Fr. Kunze,** Wirkl. Geh. Oberregierungsrat und **R. Kühnemann,** Rechtsanwalt. 2. Aufl. 1907. 3 M. 60 Pf.

42. Die Gesetzgebung über die **Allgemeine Landesverwaltung** und über die **Zuständigkeit der Verwaltungs- und Verwaltungsgerichtsbehörden.** Von Rechtsanwalt **Dr. Karl Friedrichs**. 1908. 3 M.

43. Gesetz betr. die **Zulassung einer Verschuldungsgrenze** für land- und forstwirtschaftlich benutzte Grundstücke v. 20. August 1906 nebst Ausführungsvorschriften. Von Dr. jur. **R. Leweck,** Syndikus der Ostpreuß. Landschaft. 1908. 2 M. 40 Pf.

44. **Quellenschutzgesetz** vom 14. Mai 1908 nebst den Ausführungsbestimmungen von **Carl Voelkel,** Geheimer Bergrat. 1909. 1 M.

Guttentag'sche Sammlung von Text-Ausgaben mit Sachregister ohne Anmerkungen.

Taschenformat, elegant in Leinen gebunden.

Reichs-Justizgesetze: Gerichtsverfassungsgesetz. Zivilprozeßordnung. Konkursordnung. Strafprozeßordnung. 2. Aufl. In einem Bande geb. 3 M. 80 Pf.

Zivilprozeßordnung mit **Gerichtsverfassungsgesetz** und **Einführungsgesetzen.** 1909. 2 M.

Konkursordnung mit **Einführungsgesetz.** 80 Pf.

Bürgerliches Gesetzbuch nebst **Einführungsgesetz.** 10. Abdruck. 2 M. 50 Pf.

Handelsgesetzbuch nebst **Einführungsgesetz** u. **Seerecht.** 7. Abdruck. 1 M. 80 Pf.

Ausführungsanweisung zur Gewerbeordnung vom 1. Mai 1904 nebst der preuß. technischen Anleitung. 2 M.

Militärstrafgerichtsordnung nebst **Einführungsgesetz** u. Ges., betr. Dienstvergehen der richterlichen Militärjustizbeamten u. unfreiwillige Versetzung derselben usw. **Militär-Strafgesetzbuch** *) mit Abdruck der entsprechenden Bestimmungen des Reichs-Strafgesetzbuchs. 2. Aufl. 1 M. 50 Pf. *) Ist auch einzeln zu haben. Preis 1 Mk.

Wechselordnung in der Fassung der Bekanntmachung v. 3. Juni 1908. Mit Anhang: **Wechselprozeß und Ausführungsanweisung.** 1908. 1 M.

Die Preußischen Ausführungsgesetze zum Bürgerlichen Gesetzbuche und Nebengesetze. Text-Ausgabe ohne Anmerkungen. 5. Aufl. Taschenformat. Geb. in ganz Leinen Preis 1 M. 80 Pf.

Reichsfinanzgesetze v. 15. Juli 1909 einschließlich der **Reichsstempelgesetze** u. des **Erbschaftssteuergesetzes.** 1909. Geb. in ganz Leinen. M. Pf.

Guttentag'sche Sammlung von Text-Ausgaben mit Sachregister ohne Anmerkungen.

Die Preußischen Ausführungsgesetze, Verordnungen und ministeriellen Verfügungen zu dem Bürgerlichen Gesetzbuche und den Reichs-Justizgesetzen nebst anderen zugehörigen Gesetzen. Von **L. Busch.** 2. Aufl. von Gerichtsassessor **O. Eylau.** 8°. Preis geb. 4 M. 50 Pf.

Preußische Bürgerliche Gesetzsammlung. Sammlung der noch geltenden Landesgesetze privatrechtlichen Inhalts. Herausgegeben von den Gerichtsassessoren **D. Fischer** und **Dr. F. Schroeder.** 8°. 2 Bände Preis geb. in ganz Leinen 20 M.

Erster Band: **Das Allgemeine Landrecht mit den Einführungs-Patenten.** Preis 6 M.

Zweiter Band: **Gesetze von 1773—1902.** Preis 14 M.

Der Post-Überweisungs- und Scheckverkehr. Vortrag von Geh. Ober-Postrat **Max Aschenborn,** Vortragender Rat im Reichspostamt, nebst einem Abdruck der **Postscheckordnung** mit Ausführungsbestimmungen und Formularen. 30 Pf.

Preußisches Baupolizeirecht. Mit Kommentar der Baupolizeiverordnung für die Vororte von Berlin. Vom 28. Mai 1907. Von Gemeinde-Baurat **Carl Saß,** Königlichen Reg.-Baumeister a. D. Preis 6 M.

Fluchtliniengesetz. — Das Gesetz, betreffend die **Anlegung** und **Veränderung** von Straßen und Plätzen in Städten und ländlichen Ortschaften vom 2. Juli 1875. Des Kommentars von weil. Oberverwaltungsgerichtsrat R. Friedrichs. Sechste, völlig neubearbeitete Auflage. Von Senatspräsident Dr. jur. Hugo von Strauß und Torney. 1909. Im Druck.

Invalidenversicherungsgesetz vom 13. Juli 1899. Handausgabe mit Anmerkungen herausgegeben von Dr. Richard Freund, Vorsitzendem der Landes-Versicherungsanstalt Berlin. 3 Aufl. geb. 5 M.

Wie leitet man eine Versammlung? Geschäftlicher Handweiser für Vorsitzende. Von einem Mitgliede des deutschen Reichstages und des preußischen Abgeordnetenhauses. 2. Aufl. 1908. kart. 1 M.

Praktischer Ratgeber für Dienstherrschaften nach dem Preuß. Gesinderecht unter Berücksichtigung der neueren Entscheidungen bearbeitet von H. Grieben, Verwaltungsdir. a. D. u. Bürgermeister. 1908. 1 M.

Das Recht der Handlungsgehilfen und Handlungslehrlinge. Von Rechtsanwalt Hugo Horrwitz. 2. Aufl. 1905. (203 S.) Geb. in Leinen 3 M.

Die Registratur. 2. Auflage. 1906. Von Hermann Kollrack, Kgl. Polizeisekretär am Berliner Polizeipräsidium. 8°. (84 S.) Kart. 1 M. 40 Pf.

Die Pflichten des Waisenrates. Ein praktischer Leitfaden für Waisenräte und Verwaltungsbeamte. Von F. Baum, Geh. Justizrat und Vormundschaftsrichter. Achte vermehrte und verbesserte Auflage. 1906. 8°. (46 S.) 60 Pf.

Der Vormund, Gegenvormund, Pfleger u. Familienrat. Nach dem Bürgerlichen Gesetzbuch, dem Reichsgesetz über die Angelegenheiten der freiwilligen Gerichtsbarkeit und dem Ausführungsgesetz zum BGB. Ein praktischer Leitfaden. Von F. Baum, Geh. Justizrat und Vormundschaftsrichter. 1899. 8°. (64 S.) 50 Pf.

Schlagwort-Register.

R. = Nummer der Sammlung Deutscher **Reichs**gesetze.
P. = Nummer der Sammlung **Preußischer** Gesetze.
S. = Seite.

10, 80 000. IX. 09.